འདམ་གཞུང་གི་ལོ་རིམ་མེ་ལོང་།

当雄年鉴

2018

（总第7卷）

当雄县人民政府　主办
当 雄 县 编 译 局　编

方志出版社
Publishing House of Local Records

图书在版编目（CIP）数据

当雄年鉴. 2018 / 当雄县编译局编. -- 北京 : 方志出版社，2018.6

ISBN 978-7-5144-3121-6

Ⅰ. ①当… Ⅱ. ①当… Ⅲ. ①当雄县－2018－年鉴 Ⅳ. ①Z527.54

中国版本图书馆CIP数据核字(2018)第160733号

当雄年鉴（2018）

编　　者：当雄县编译局
责任编辑：刘方圆

出 版 人：冀祥德
出 版 者：方志出版社
地址　北京市朝阳区潘家园东里9号（国家方志馆 4 层）
邮编　100021
网址　http://www.fzph.org
发　　行：方志出版社图书经销中心
电话（010）67110500
经　　销：各地新华书店
印　　刷：河南金雅昌文化传媒有限公司

开　　本：889×1194　　1/16
印　　张：20.5
字　　数：479千字
版　　次：2018年6月第1版　　2018年6月第1次印刷
印　　数：001～500册

ISBN 978-7-5144-3121-6　　定价：350.00元

当雄县行政区划图

比例尺 1：1 450 000

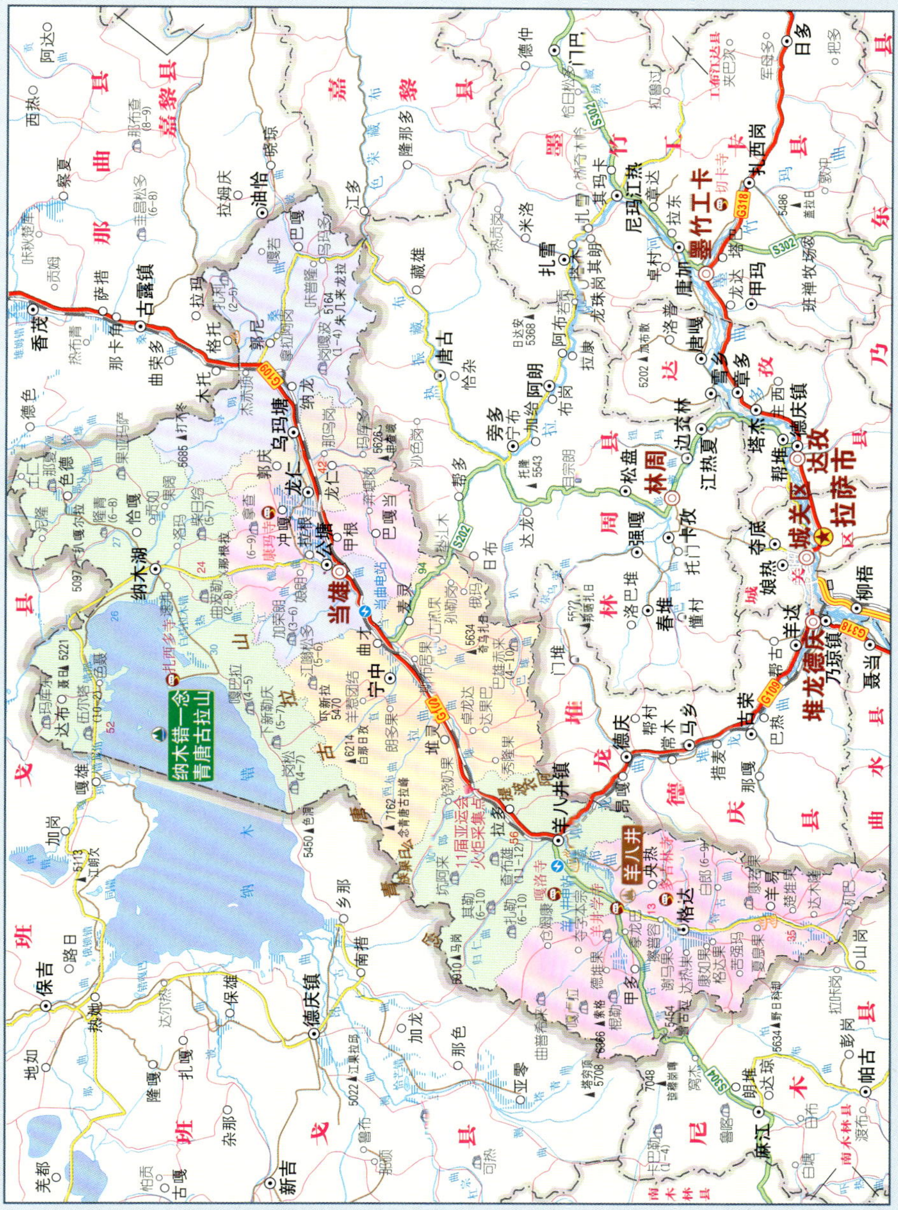

西藏自治区测绘局绘制　　藏S（2015）C05号

2017年7月21日，全国政协委员、国务院扶贫开发领导小组专家咨询委员会主任范小建（左二）在当雄县调研精准扶贫工作

2017年7月17日，教育部部长陈宝生（中）在当雄县调研

2017年7月20日，西藏自治区党委副书记、区人大常委会主任洛桑江村（右一）在当雄县调研

2017年1月25日，西藏自治区党委副书记、主席齐扎拉（中）在当雄县乌玛塘一级检查站慰问公安民警

2017年9月3日，西藏自治区党委副书记、主席齐扎拉（前排左二）在当雄县调研精准扶贫工作

2017年8月28日，中央第六环保督察组副组长、环境保护部副部长翟青（右五）实地查看扎西岛景点环境保护情况

2017年9月3日，西藏自治区党委副书记、常务副主席丁业现（前排左二），西藏自治区党委常委、拉萨市委书记白玛旺堆（前排左一）在当雄县纳木湖乡达布村调研

2017年9月12日，西藏自治区党委常委、拉萨市委书记白玛旺堆（中）在当雄县调研

2017年10月13日，西藏自治区人大常委会副主任赵正修（中）在当雄县宁中乡督导检查工作

2017年8月23日，西藏自治区副主席其美仁增（左五）在当雄县羊八井风湿病搬迁点调研

2017年8月18日，国家信访局副局长李皋（左三）、拉萨市人大常委会党组副书记央金卓嘎（左一）在当雄县调研信访工作

2017年10月22日，国土资源部地质环境司司长关凤峻（右六）在当雄县羊八井国家地质公园调研

2017年9月18日，国务院安委会第二十一督查组一行在当雄县督查安全生产大检查开展情况

2017年8月14日，江苏省新闻出版广电局党组书记、局长焦建俊（左二）在当雄县调研广电发展状况

2017年5月22日，西藏自治区党委组织部副部长张咏合（前排左一），拉萨市委副书记庄红翔（左三）一行在当雄县纳木湖乡调研

2017年5月20日，国家统计局西藏调查总队总队长胡国亮（右二）一行在当雄县调研统计工作开展情况

2017年10月21日，西藏自治区扶贫办党组书记江白（右四）在当雄县羊八井高原风湿患者集中搬迁安置点调研

2017年9月5日，西藏自治区新闻出版广电局党组副书记、局长韩辉（中），党组成员、副局长金美多吉（前排右三）在当雄县督查影视安全播出工作

2017年11月22日，拉萨市委副书记、市长果果（右三）在当雄县羊八井镇彩渠塘村宣讲党的十九大精神

2017年7月17日，拉萨市委副书记、市长果果（右五）在当雄县调研

2017年3月28日，那曲市政协党组书记、主席才仁朗公（左二）在当雄县交叉考核精准扶贫工作

2017年9月26日，拉萨市人大常委会副主任计明南加（前排左二）在当雄县幼儿园调研

2017年9月12日，公安部消防局审计组一行在当雄县公安消防大队检查指导工作

2017年7月4日，西藏自治区教育厅副厅长朱赟（中）在当雄县考察精准扶贫工作

2017年5月4日，西藏自治区环境保护厅党组副书记、副厅长次仁央宗（右三）参加当雄县创建“国家级生态文明建设示范县”启动仪式暨生态文明建设专家讲坛

2017年12月21日，西藏自治区新闻出版广电局党组成员、副局长明珍（左一），拉萨市委常委、宣传部部长吴亚松（右一）出席当雄有线数字电视开通仪式

2017年3月14—16日，拉萨市委常委、常务副市长暴剑（右六）在当雄县调研

2017年10月12日，拉萨市委常委、常务副市长暴剑（右一）在当雄县当曲卡镇调研

2017年10月20日，拉萨市委常委、市委统战部部长阿努次仁（右二），市民宗局局长达瓦次仁（左三）在当雄县嘎洛寺检查指导工作

2017年7月11日，拉萨市人大常委会党组副书记、总工会主席平措朗杰（前排左八）在当雄县龙仁乡龙仁村开展“三下乡”活动

2017年12月21日，拉萨市副市长朱建红（口）在当雄县乌玛塘乡郝如村慰问贫困群众

2017年7月21日，拉萨市副市长扎西白珍（右七）参加当雄县高原捡拾车发放仪式

2017年2月15日，拉萨市副市长、当雄县委书记张正在公塘乡看望贫困群众

2017年7月26日，拉萨市副市长、当雄县委书记张正（左二）调研赛马节筹备工作

2017年8月30日，北京市朝阳区党政代表团一行在当雄县交流学习

2017年9月1日，中共北京市朝阳区委组织部一行在当雄县学习考察座谈

2017年8月20日，西藏自治区环境保护厅生态处处长边巴拉姆（前排右一）带队检查华钰拉屋矿区

2017年11月23日，拉萨市消防支队支队长扎西多吉（右一）在当雄县公安消防大队检查指导工作

2017年12月26日，拉萨市国税局党组书记、局长孙清明（右四）在当雄县纳木湖乡驻村点开展精准扶贫结对帮扶

2017年11月20日，拉萨市农牧局局长崔勇刚（前排左三）、副局长左春伟在当雄县冻精站考察工作

2017年3月22日，拉萨市水利局党组书记强巴坚才（右一）在当雄县检查指导草场灌溉工程运行情况

2017年10月24日，拉萨市气象局局长陈友珍（右四）验收当雄县气象局观测场与老园区改造情况

2017年10月18日，县委副书记、县长其美次仁出席当雄县纳木错——念青唐古拉山风景名胜区管理局揭牌仪式

2017年11月13日，县委副书记、县长其美次仁参加“中国牛人大会”推广当雄有身份证牦牛肉

2017年5月9日，西藏自治区商务厅市场运行调节处副处长巴桑（中）带队自治区商务厅安全生产工作检查小组一行检查中石油西藏销售拉萨分公司当雄县加油站

2017年9月1日，江苏省司法厅基层工作处副处长顾树勇（左二）一行在当雄县司法局调研指导工作

2017年7月19日，当雄县召开精准扶贫精准脱贫勤劳致富先进典型表彰大会

2017年9月7日，当雄县召开党的十九大维稳安保攻坚战动员部署会

2017年6月23日，当雄县举办"党的恩情怎么报"主题演讲比赛

2017年6月28日，当雄县举办"庆七一 喜迎十九大 爱国歌曲大家唱"比赛活动

2017年4月9日，当雄县召开"四讲四爱"主题教育实践活动动员部署大会

2017年4月13日，当雄县召开全面推行"河长制"工作动员部署大会

2017年3月23日，当雄县经济工作会议召开

2017年3月24日，中共当雄县纪律检查委员会第二次全体会议召开

2017年11月22日，当雄县召开“六五”普法总结表彰大会暨“七五”普法动员部署会

2017年11月22日，当雄县召开2017年度县级“先进双联户”表彰大会

2017年11月30日，当雄县召开“四讲四爱”主题教育实践活动整体总结暨业务工作总结会

2017年3月28日，当雄县庆祝西藏百万农奴解放纪念日文艺演出

2017年5月6日，北京市中关村医院一行在当雄县纳木湖乡爱心捐赠

2017年5月24日，当雄县第二届“相约纳木湖畔·寻觅虫草之旅”活动开幕

2017年7月26日，当雄县举办“我与党旗共前进”活动

2017年8月2日，北京市昌平区广电中心向当雄县广播电视台捐赠直播车仪式

2017年8月8日，当雄县国家级非物质文化遗产“当吉仁”赛马节开幕式

2017年8月15日，西藏首部原生态全息歌舞剧《天湖四季牧歌》

2017年9月13日，当雄县举办教职工运动会

阿热湿地保护区

《当雄年鉴》编纂委员会

《当雄年鉴》编辑部

编辑说明

一、《当雄年鉴》2012年开始编纂，每年出版1卷，2018年卷为第7卷。

二、《当雄年鉴》以马克思列宁主义、毛泽东思想、邓小平理论、“三个代表”重要思想、科学发展观、习近平新时代中国特色社会主义思想为指导，坚持辩证唯物主义和历史唯物主义的立场、观点、方法，始终坚持“实事求是、质量第一、存史资政、服务大众”的办鉴宗旨，全面、系统、翔实地记述当雄县上一年度政治、经济、文化、社会等各项事业的基本情况，为社会各界与国内外人士了解和研究当今当雄县提供翔实资料。

三、《当雄年鉴》分为正文与彩页两部分。正文采取分类编辑法，以类目、分目、条目为主要框架结构，个别包含多方面资料的条目，则在段落间加插楷体标题提示，方便读者查阅全书。

四、《当雄年鉴（2018）》载录当雄县2017年经济社会发展的基本资料，设有特载、综述、大事记、政治、军事、法治、经济管理、社会事业、城市建设·环保、邮政·通信、金融、乡（镇）概况、附录等。

五、《当雄年鉴》的编辑宗旨，在于求真务实，力求真实生动地反映当雄县在改革开放和现代化建设中取得的崭新成就。

六、《当雄年鉴》所提供的内容和数据，分别来自于当雄县各有关部门和乡（镇）人民政府，经各级领导审核，但由于口径与统计方法不同，恐有不一致之处，使用时应以县统计局提供的数据为准。本书中农田土地面积的计量单位使用“亩”。

《当雄年鉴》编辑部

2018年4月1日

目 录

特 载

在中共当雄县第九届委员会第三次全体会议上的讲话 …………… 张 正 1
当雄县人民代表大会常务委员会工作报告 ………………………… 康加贵 12
政府工作报告 ………………… 其美次仁 17
政协第二届当雄县委员会常务委员会工作报告 ………………… 次仁桑玻 24
以习近平新时代中国特色社会主义思想为指导 坚定不移推进全面从严治党 ………………………… 王俊龙 29
当雄县人民法院工作报告 ……… 贡 嘎 34
当雄县人民检察院工作报告 ……………………………… 次仁多吉 37
关于2017年国民经济和社会发展计划执行情况与2018年国民经济和社会发展计划的报告 ……………… 当雄县发展和改革委员会 42
关于当雄县2017年财政预算执行情况和2018年财政收支预算的报告 …………………… 当雄县财政局 49

综 述

地理位置 …………………………… 54
概况 ………………………………… 54
经济发展 …………………………… 54
气候 ………………………………… 54
地貌 ………………………………… 55
矿产资源 …………………………… 55
旅游资源 …………………………… 55
自然资源 …………………………… 55
野生动物资源 ……………………… 55
经济药用植物 ……………………… 55

大事记

1月 ………………………………… 56
2月 ………………………………… 57
3月 ………………………………… 57
4月 ………………………………… 59
5月 ………………………………… 59
6月 ………………………………… 60
7月 ………………………………… 61
8月 ………………………………… 62
9月 ………………………………… 63

10 月 …… 64
11 月 …… 65
12 月 …… 66

政 治

中共当雄县委员会

概况 …… 67
理清发展思路 …… 67
经济发展 …… 67
九届二次全委会 …… 68
九届三次全委会 …… 68
社会局势持续稳定 …… 70
组织建设 …… 70
扶贫开发 …… 70
党风廉政建设 …… 71
全面深化改革 …… 71
生态文明建设 …… 72
援藏工作 …… 72
村级组织换届 …… 72
党管武装 …… 72
社会事业 …… 72
群团组织 …… 73

中共当雄县委办公室

概况 …… 74
支部建设 …… 74
提升办公室文字材料质量 …… 74
为县委决策提供参考 …… 74
规范化建设，提高办文效率 …… 74
做好重大会议会务工作 …… 75
发挥办公室桥梁纽带作用 …… 75
做好群众来访工作 …… 75
信息工作 …… 75
组织领导 …… 75
制度建设 …… 75
宣传教育 …… 75
督察工作 …… 75
党风廉政建设 …… 76
档案工作 …… 76

当雄县人民代表大会常务委员会

概况 …… 76
旗帜鲜明讲政治 …… 76
坚决服从服务于县委中心工作 …… 77
坚持党管干部原则 …… 77
围绕经济工作，决定重大事项 …… 77
围绕法律监督，开展执法检查 …… 77
围绕民生工作，组织代表考察 …… 77
围绕公正司法，进行司法监督 …… 78
代表服务管理 …… 78
代表履职活动 …… 78
代表建议督办 …… 78
对乡（镇）人大工作指导 …… 78
学习党的十九大精神 …… 79
开展“两学一做”学习教育 …… 79
组织建设 …… 79
扶贫帮困 …… 79
服务群众 …… 79
党风廉政建设 …… 79

当雄县人民代表大会常务委员会办公室

概况 …… 80
综合性文稿起草 …… 80
各项会议服务 …… 80
服务人大代表 …… 80
办公室内部管理 …… 80
转变作风 …… 81
乡镇人大工作 …… 81
人大宣传工作 …… 81
“两学一做”学习教育 …… 81
学习党的十九大精神 …… 81
党风廉政建设 …… 81

当雄县人民政府

概况 …… 82
经济发展 …… 82
精准扶贫精准脱贫 …… 82
净土健康产业 …… 82
旅游产业 …… 82
项目建设 …… 83
招商引资 …… 83
工业经济 …… 83
城乡发展 …… 83
环境保护 …… 83
教育事业 …… 84
医疗卫生 …… 84
文化事业 …… 84
社保体系 …… 84
民族团结 …… 84
信访工作 …… 84
安全生产 …… 84
工作作风 …… 84
党风廉政建设 …… 85
政务公开 …… 85

当雄县人民政府办公室

概况 …… 85
发挥参谋助手 …… 85
协调服务 …… 85
政务工作 …… 85
事务管理 …… 86
法治工作 …… 86
后勤保障 …… 86
理论业务学习 …… 86
党风廉政建设 …… 86

中国人民政治协商会议当雄县委员会

概况 …… 87
增进政治共识 …… 87
突出政治大局 …… 87
强化政治担当 …… 87
充分利用各类会议协商议政 …… 87
注重提案办理协商 …… 88
创新民主监督 …… 88
调研考察 …… 88
发挥委员主体作用 …… 88
政协机关建设 …… 88
对外交流与合作 …… 89
服务民生改善 …… 89
回应群众关切 …… 89
参与中心工作 …… 89

中国人民政治协商会议当雄县委员会办公室

概况 …… 89
开拓创新，理清工作思路 …… 90
求真务实，开创工作新局面 …… 90
加强协调，形成工作合力 …… 90
政协机关建设 …… 91

中共当雄县纪律检查委员会（监察局）

概况 …… 91
召开县纪委第二次全体会议 …… 91
党风廉政建设 …… 91
用好管党治党戒尺 …… 92
作风建设 …… 92
始终保持惩治腐败高压态势 …… 92
廉政教育 …… 93
严格依纪依规问责 …… 93
组织培训 …… 93
开展扶贫领域监督执纪问责工作 …… 93
严肃查处基层“微腐败” …… 94
巡视巡察工作 …… 94
政治规矩摆在首位 …… 95
把好选人用人关 …… 95
纠正“四风” …… 95
推动干部作风监督常态化 …… 95
除陋习、树新风 …… 95

突出日常监督,体现关心爱护 …… 95
坚守纪律底线,动辄则咎 …… 95
以严厉问责倒逼责任落实 …… 96

当雄县督查室

概况 …… 96
市委督查室下发督查、督办事项落实情况 …… 96
督办事项落实情况 …… 96
各项工作督查情况 …… 97
政协提案和人大建议案办理情况督查 …… 97

中共当雄县委组织部(编办)

概况 …… 97
县级干部思想政治教育 …… 97
党员思想政治教育 …… 97
普通群众思想政治教育 …… 98
干部教育培训 …… 98
干部选拔任用 …… 98
落实干部待遇 …… 98
做好引进人才与留用工作 …… 98
基层党组织建设 …… 99
党员队伍建设 …… 99
牧民党员党性教育 …… 99
有序推进权责清单工作 …… 99
实名制管理 …… 100
控编减编 …… 100
政府机构改革 …… 100
离退休干部职工思想政治建设 …… 100
老干部服务与管理 …… 100
规范办事流程 …… 100
打造“安专迷”型组工干部 …… 100
“两学一做”常态化制度化 …… 101
做好保障,分类指导 …… 101
做好宣传,营造氛围 …… 101
抓好学习,夯实基础 …… 101
创先争优强基础惠民生活动 …… 102
社会局势更加和谐稳定 …… 102
群众感党恩意识不断增强 …… 102
群众致富门路进一步拓宽 …… 102
为民办实事解难事 …… 102
落实惠民政策 …… 102
扶贫开发 …… 103
抓党建促脱贫攻坚工作 …… 103
脱贫攻坚“志智”双扶工作 …… 103
资金投入 …… 103
村(居)组织换届选举 …… 103
提高换届认识 …… 104
摸清换届底数 …… 104
打牢换届基础 …… 105
确保选举大会依法依规 …… 105

中共当雄县委宣传部

概况 …… 106
精神文明创建 …… 106
文化产业发展 …… 106
对外宣传 …… 106
文化执法 …… 107
网络建设和管理 …… 107
“四讲四爱”主题教育实践活动 …… 107
“立志”导向更加明朗 …… 107
摸清消极思想 …… 107
倡导核心价值 …… 108
弘扬主流思想 …… 108
“立行”构架更加得体 …… 108
“三结合”整体宣教模式 …… 108
“四针对”重点宣教模式 …… 108
“五带动”示范宣教模式 …… 109
“立改”举措更加具体 …… 109

中共当雄县委统战部(民族宗教事务局)

概况 …… 110
民族团结 …… 110
宗教工作 …… 110
创新寺庙管理 …… 110

寺庙创建评选 …… 110
党的十九大维稳 …… 111
兴边富民 …… 111
非公经济 …… 111
党外代表人士 …… 111
境外藏胞 …… 111
涉宗干部队伍建设 …… 111
信息调研 …… 111

当雄县总工会

概况 …… 112
政治理论学习 …… 112
自身建设 …… 112
慰问帮扶 …… 112
文体活动 …… 113
“五送”活动 …… 113
技能培训 …… 113
法律法规宣传 …… 114
树立先进典型 …… 114
建立和健全企事业职工代表大会制度 …… 114
增强职工安全意识 …… 114
会费收缴及管理 …… 115

共青团当雄县委员会

概况 …… 115
从严治团 …… 115
生态文明知识宣传普及 …… 116
加强思想引领,弘扬时代主题 …… 116
普遍联系青年,参与和服务大局 …… 117
整合社会资源,服务青少年成长 …… 117
凝聚青年力量,助力平安建设 …… 118

当雄县妇女联合会

概况 …… 118
自治区、拉萨市领导在当雄调研 …… 118
开展宣传教育活动 …… 118
开展健康服务活动 …… 119
开展妇联主题活动 …… 119
开展“巾帼”关爱活动 …… 119
举办各类文艺活动 …… 120
保障妇儿合法权益 …… 120
开展新“两规”编制工作 …… 120
村居“会改联”换届选举 …… 120

当雄县信访局

概况 …… 121
信访工作 …… 121
完善调解联动工作体系 …… 121
信访信息系统应用 …… 122
实施信访干部轮岗培训 …… 122
矛盾纠纷排查化解 …… 122
提高初信初访办理效率 …… 122
推动领导干部接访下访 …… 123
抓好党的十九大期间信访工作 …… 123

军 事

当雄县人民武装部

概况 …… 124
思想政治建设 …… 124
干部队伍建设 …… 124
征兵工作 …… 124

当雄县公安消防大队

概况 …… 125
火灾、救援情况 …… 125
思想政治教育 …… 125
开展消防安全检查 …… 125
冬春火灾防控 …… 126
寺庙火灾防控 …… 126
消防宣传 …… 126
开展岗位练兵活动 …… 126
提升部队综合保障能力 …… 127

法 治

中共当雄县委政法委员会

概况 …… 128
政法工作 …… 128
社会治理 …… 129
“网格化”管理 …… 129
队伍建设 …… 129
严打整治 …… 129
净化旅游环境 …… 130
“当吉仁”赛马节 …… 130
党的十九大维稳安保 …… 130
矛盾纠纷排查调处 …… 130
联户增收工作 …… 131
铁路护路联防 …… 131

当雄县公安局

概况 …… 132
“护城河”查验 …… 132
落实辖区矛盾纠纷排查化解机制 …… 132
社会面管控 …… 132
打击整治工作 …… 132
隐患排查到位 …… 133
道路交通宣传 …… 133
违法行为打击到位 …… 133
基层基础工作 …… 134
内保重点单位安全检查 …… 134
危爆物品安全监管 …… 134
涉危、涉爆物品审批与监管 …… 134
成品油管理 …… 134
开展“护校安园”专项行动 …… 134
旅馆业管理整顿 …… 134
娱乐场所管理整顿 …… 135
完善管理措施，严格依法管理 …… 135
开展“九小场所”消防安全检查 …… 135
养犬管理暨流浪犬清理整治 …… 135
“当吉仁”赛马节安保 …… 135
圆满完成党的十九大安保任务 …… 135

当雄县人民检察院

概况 …… 136
公诉侦查 …… 136
预防职务犯罪 …… 136
保持反腐高压态势 …… 136
控告申诉检察 …… 136
刑罚执行监督 …… 136
矛盾纠纷排查 …… 137
检务保障建设 …… 137
司法体制改革 …… 137
监察体制改革 …… 137
驻村工作 …… 137
班子建设 …… 137
队伍建设 …… 137
作风建设 …… 137
党建工作 …… 138

当雄县人民法院

概况 …… 138
审判执行 …… 138
司法为民 …… 139
党要管党、从严治党 …… 139
主动接受监督 …… 139

当雄县司法局

概况 …… 140
法治宣传 …… 140
健全普法宣传教育机构 …… 140
制订法治宣传工作计划 …… 140
人民调解 …… 140
队伍建设 …… 141
安置帮教 …… 141
法律援助 …… 141
社区矫正 …… 142

经济管理

当雄县发展和改革委员会

概况 …… 143
编制年度报告及经济运行分析 …… 143
项目建设 …… 144
交通建设 …… 144
项目申报 …… 144
开展联合执法大检查 …… 145
价格认定工作 …… 145
粮食工作 …… 145

当雄县财政局

概况 …… 145
科学编制年初预算 …… 145
经济运行情况 …… 146
财政宏观调控 …… 146
加大“三农”投入 …… 146
坚持保障和改善民生 …… 146
社会事业发展 …… 147
完善政法经费保障机制 …… 147
财政科学化精细化管理 …… 147

当雄县国土资源规划局

概况 …… 147
土地登记管理 …… 147
不动产登记工作 …… 148
集体土地确权 …… 148
矿产资源 …… 148
矿产建设管理 …… 148
地质灾害防治 …… 148
卫片执法 …… 149
严厉打击违法违规行为 …… 149
加快审批进度，推进项目落地 …… 149
土地利用规划 …… 149
信访工作 …… 149
普法宣传 …… 149

当雄县统计局

概况 …… 150
经济总量 …… 150
全社会固定资产投资 …… 150
农牧民人均收入 …… 150
社会消费品零售总额 …… 150
规模以上工业 …… 150
党建工作 …… 150
党风廉政建设 …… 150
全国第三次农业普查 …… 150
专项调查持续拓展 …… 150
数据质量实现新提高 …… 151
统计服务水准不断提升 …… 151
精准扶贫 …… 151
强基惠民 …… 151

当雄县工信（商务）局

概况 …… 151
党组织、党员队伍建设 …… 152
党风廉政建设 …… 152
社会消费品零售总额 …… 152
商务信息 …… 152
碘盐推广 …… 152
采取有效措施、搞活牧区市场 …… 152
确保重要商品市场供应 …… 152
杜绝安全生产事故发生 …… 152
成品油加油站油气回收专项整改 …… 152
市场管理 …… 153
商务信息上报工作 …… 153
商务执法 …… 153
工业企业情况 …… 153
工业企业指标数据完成情况 …… 153
工业企业 …… 153
统计工作 …… 154
促进企业安全生产 …… 154

履行节能职责 …… 154
招商引资指标数据完成情况 …… 154
组织领导 …… 154
项目库建立 …… 154
统计报表 …… 154
招商信息 …… 155
招商引资培训 …… 155
开展招商活动 …… 155
为企业创造良好环境 …… 155
定期招商督办 …… 155
创新招商项目，抓“接力” …… 155
跟踪招商力度，化“动力” …… 156
改进招商服务，提“能力” …… 156
项目合作呈多元化方向发展 …… 156

当雄县安全生产监督管理局

概况 …… 156
工作职能 …… 156
党建工作 …… 157
党风廉政建设 …… 157
安全生产 …… 157
安全生产大检查 …… 157
国务院安委会检查 …… 158
开展“安全生产月”活动 …… 158

当雄县国家税务局

概况 …… 158
税收征管 …… 158
党建工作 …… 159
西藏国税系统法治基地 …… 159
队伍建设 …… 160

当雄县旅游局

概况 …… 160
经济发展 …… 160
战略布局 …… 160
项目建设 …… 160
服务提升 …… 161
强化管理 …… 161
品牌营销 …… 161

当雄县工商行政管理局

概况 …… 162
企业年报公示 …… 162
“双随机”年报抽查 …… 162
提高商标品牌意识 …… 162
保障消费者权益 …… 162
食品安全整治 …… 163
旅游市场监管 …… 163
开展无证无照取缔工作 …… 163
巩固打击传销成果 …… 163
“当吉仁”赛马节物资交流会 …… 163
安全生产整治 …… 163
党建、党风廉政建设 …… 163

当雄县气象局

概况 …… 164
抗旱及汛期气象服务 …… 164
气象现代化建设 …… 164
党建、党风廉政建设 …… 164

当雄县净土产业投资开发有限公司

概况 …… 165
经营范围 …… 165
净土健康产业发展 …… 165
公司产品 …… 165
战略布局 …… 165
市场宣传 …… 165
探索水产业 …… 166
探索高原特色牦牛产业链 …… 166

当雄县羌塘旅游文化发展有限责任公司

概况 …… 166
经营范围 …… 167

旅游产业发展 …… 167
业务开展 …… 167
在建旅游项目 …… 167

社会事业

当雄县民政局

概况 …… 168
社会救助 …… 168
“五保”供养 …… 168
医疗救助 …… 169
临时救助 …… 169
核算中心 …… 169
社会救助业务培训 …… 170
“一门救助、协同办理”平台建设 …… 170
社会救助联席会议制度 …… 170
救灾救济 …… 170
“双拥”优抚 …… 171
儿童福利 …… 171
老龄工作 …… 171
慈善工作 …… 171
行政区划 …… 171
地名普查 …… 171
精准扶贫 …… 171
婚姻登记 …… 171
民政项目建设 …… 171
社会救助 …… 172

当雄县人力资源和社会保障局

概况 …… 172
职称评定 …… 172
高校毕业生管理 …… 172
城乡居民养老保险 …… 172
职工基本养老保险 …… 173
城镇居民医疗保险 …… 173
职工基本医疗保险 …… 173
生育保险 …… 173
工伤保险 …… 173
失业保险 …… 173
全民参保 …… 173
就业再就业 …… 173
技能培训 …… 173
基层平台 …… 173
精准扶贫转移就业 …… 174
劳动监察 …… 174
“四讲四爱”主题教育实践活动 …… 174
党支部工作 …… 174

当雄县卫生和计划生育委员会

概况 …… 174
包虫病综合防治 …… 175
精准扶贫精准脱贫 …… 175
农牧区医疗制度建设 …… 175
人民医院创二级乙等 …… 175
基本公共卫生服务 …… 175
基本医疗服务 …… 176
疾病预防控制体系建设 …… 176
“两降一升”工作 …… 176

当雄县食品药品监督管理局

概况 …… 177
党风廉政建设 …… 177
行政许可环节 …… 177
食品安全整治 …… 177
旅游沿线食品药品安全治理 …… 178
食品抽检 …… 178
举报、投诉案件处置 …… 178
校园食品安全专项整治 …… 178
国家食品安全城市创建 …… 178
普法宣传 …… 179

当雄县文化新闻出版广电局（文物局）

概况 …… 179

基层公共文化服务体系建设 …………………… 179
（四季牧歌剧场）建设项目 …………………… 180
文物、非物质文化遗产保护 …………………… 180
打造羌塘特色文艺品牌 …………………… 180
文化市场健康有序发展 …………………… 181
广电惠民工程 …………………… 181
有线数字电视正式开通 …………………… 181
安全播出 …………………… 181
完善新闻宣传报道工作机制 …………………… 182
电影放映 …………………… 182

当雄县畜牧局

概况 …………………… 182
动物防疫 …………………… 183
草业工作 …………………… 183
牧业经济管理站工作 …………………… 183
农机具购置补贴 …………………… 184
防抗灾工作 …………………… 184
政策性收入兑现 …………………… 184
业务项目 …………………… 184
农技推广服务中心建设项目 …………………… 184
羊易村牦牛标准化养殖建设项目 …………………… 184
冲嘎村牦牛标准化养殖建设项目 …………………… 185
牦牛养殖示范基地建设项目 …………………… 185
郭庆村牦牛养殖小区项目 …………………… 185
冷链设施建设项目 …………………… 185
天然草场改良建设项目 …………………… 185
科技工作 …………………… 185
林业工作 …………………… 185
牦牛短期育肥 …………………… 186
家庭牧场育肥 …………………… 186
合作社育肥基地 …………………… 186
牦牛肉市场推广 …………………… 186
探索适合当雄牦牛育肥新尝试 …………………… 186
精准扶贫产业脱贫 …………………… 186

当雄县扶贫开发办公室

概况 …………………… 187
强化产业保增收 …………………… 187
强化搬迁谋脱贫 …………………… 187
依托政策保障促脱贫 …………………… 188
团结社会力量促脱贫 …………………… 188
改善民生，提升公共服务力 …………………… 189
党建统领，压实责任打基础 …………………… 189
退出程序履行情况 …………………… 190
贫困人口退出履行情况 …………………… 190
贫困村退出审核公示情况 …………………… 190

当雄县水利局

概况 …………………… 190
防汛抗旱 …………………… 190
农村安全饮水工程 …………………… 190
“河长制”工作推进情况 …………………… 191

当雄县教育（体育）局

概况 …………………… 191
党建工作 …………………… 192
教育改革和发展 …………………… 192
理顺体制、优化管理 …………………… 192
推进教育“五个100%”工程 …………………… 192
队伍建设 …………………… 192
对牧民群众大学生子女资助力度 …………………… 193
推进以教脱贫，助力脱贫攻坚 …………………… 193
体育工作 …………………… 193
优化教育发展环境 …………………… 193

当雄县人民医院

概况 …………………… 194
思想政治工作 …………………… 194
业务学习 …………………… 194
医疗服务 …………………… 194
等级评审 …………………… 195
确保等级医院评审顺利通过 …………………… 195
抗菌药物临床应用 …………………… 195
推广优质护理服务 …………………… 195

应急工作管理 …… 196
藏医药工作 …… 196

当雄县中学

概况 …… 196
办学规模 …… 196
机构与师资 …… 197
党建工作 …… 197
教育科研 …… 197
德育工作 …… 197
后勤管理 …… 197
中考 …… 198
体育艺术 …… 198
均衡工作 …… 198

当雄县牦牛冻精站

概况 …… 198
品种改良 …… 198
冻精生产 …… 199
家畜遗传制作 …… 199
人才队伍建设和壮大 …… 199
人工授精培训 …… 199

城市建设·环保

当雄县住房和城乡建设局（城市管理局）

概况 …… 200
综治维护 …… 200
党风廉政建设 …… 201
“两学一做”专题教育 …… 201
2017年续建项目 …… 201
2017年新建项目 …… 202
2017年拟建项目 …… 202
廉租房实物配租及租赁补贴情况 …… 202
建筑施工工地管理 …… 202
城乡环境卫生综合整治 …… 203
城管执法 …… 203
环卫工作 …… 203
自来水管理 …… 203
行政审批登记管理 …… 204
人才培训 …… 204

当雄县环境保护局

概况 …… 204
推进中央环境保护督察迎检工作 …… 204
加强生态创建，推进生态文明 …… 205
严格把关环评、防范环境风险 …… 205
开展环境监测 …… 205
实施环保项目 …… 205
环境执法 …… 206
增强环保意识 …… 206
“禁白”工作 …… 206
设立生态岗位，推动生态脱贫 …… 207

当雄县综治委护路护线工作领导小组办公室

概况 …… 207
铁路护路联防工作 …… 207
成立领导小组 …… 207
召开专题工作部署会议 …… 208
护路工作 …… 208
开展铁路治安专项整治 …… 208
督导检查 …… 208
党的十九大期间铁路安保 …… 208
轮岗支援拉日铁路护路工作 …… 209
坚持“以劳养护”工作 …… 209
护路联防信息化建设 …… 209
队员思想政治教育 …… 209
队员综合培训 …… 209
爱路护路宣传到位 …… 210
建立建强党团组织 …… 210
党员示范引领 …… 210
后勤保障到位 …… 210
规范护路队员出勤补贴 …… 210

邮政·通信

当雄县邮政分公司

概况 …… 211
业务发展 …… 211
队伍建设 …… 211
市场监管 …… 211
加强学习、转变作风 …… 212
函件业务 …… 212
包裹业务 …… 212
报刊业务 …… 212
集邮业务 …… 212
速递业务 …… 212
代理金融业务 …… 212
农牧区邮政服务 …… 212

当雄县电信局

概况 …… 212
精准扶贫 …… 213
业务发展 …… 213
网络覆盖 …… 213
创新机制 …… 213

中国移动通信集团西藏有限公司当雄县分公司

概况 …… 213
业务发展 …… 213
网络覆盖 …… 214
创新机制 …… 214
队伍建设 …… 214

中国联合网络通信有限公司西藏自治区分公司当雄县营业部

概况 …… 215
企业责任 …… 215
团队建设 …… 215
网络建设 …… 215
业务发展 …… 216
市场管理 …… 216

金　融

中国农业银行股份有限公司当雄县支行

概况 …… 217
业务开展 …… 217
精准扶贫 …… 218

乡(镇)概况

当曲卡镇

概况 …… 219
经济运行情况 …… 219
学习宣传贯彻党的十九大精神 …… 219
“两学一做”学习教育常态化制度化 …… 219
党建工作 …… 220
脱贫攻坚 …… 220
民族团结 …… 220
教育工作 …… 221
民政工作 …… 221
卫生健康工作 …… 221
就业和社会保障 …… 221
基础建设 …… 221
生态环保 …… 221
牧业生产 …… 221

羊八井镇

概况 …… 222
牧业生产 …… 222
经济发展 …… 222
申报产业项目 …… 223
基础设施建设 …… 223

"四讲四爱"学习活动 …… 223
精神文明建设 …… 223
文化宣传 …… 223
学习党的十九大精神 …… 224
民生资金落实 …… 224
精准脱贫 …… 224
基层党建 …… 225
环境保护 …… 225
环境督导 …… 226
社会事业 …… 226
民生项目 …… 226
人大工作 …… 226
纪委工作 …… 227
人社工作 …… 227

纳木湖乡

概况 …… 227
经济发展 …… 228
专业合作社 …… 228
教育事业 …… 228
卫生服务 …… 228
基础设施不断完善 …… 229
精准扶贫 …… 229
精神文明建设 …… 229
基层党组织建设 …… 229
"四讲四爱"主题教育实践活动 …… 229

格达乡

概况 …… 230
牧业生产 …… 230
基础设施建设 …… 230
教育工作 …… 231
卫生工作 …… 231
社会民生工程 …… 231
社会保障事业 …… 231
作风建设 …… 231
工、青、妇工作 …… 231
人武工作 …… 231
"两学一做"教育实践活动 …… 231
"四讲四爱"主题教育实践活动 …… 232
村级组织换届 …… 232

公塘乡

概况 …… 232
机构编制 …… 232
经济发展 …… 232
村级组织换届 …… 233
精准扶贫 …… 233
畜牧工作 …… 235
统筹改善医疗卫生基础 …… 235
文化事业 …… 235
社保工作 …… 235
"四业工程" …… 235
基层党建 …… 235
自身建设 …… 235
党风廉政建设 …… 236
作风建设 …… 236
基层组织建设 …… 236
制度建设 …… 236
"四讲四爱"主题教育实践活动 …… 236
矛盾纠纷排查 …… 236
机关保卫 …… 237
安全工作 …… 237
巩固民族团结 …… 237
畅通信访渠道 …… 237
管理落实 …… 237

龙仁乡

概况 …… 237
经济发展 …… 238
基层党建 …… 238
学习教育 …… 238
村(居)换届选举 …… 238
党风廉政建设 …… 239

脱贫攻坚 …… 239
民族团结工作 …… 240
民生改善 …… 240
生态保护 …… 240

宁中乡

概况 …… 241
思想建设 …… 241
经济发展 …… 241
脱贫攻坚 …… 241
民族团结 …… 242
社会事业 …… 242
生态环保 …… 242
基层党组织建设 …… 242
党员队伍建设 …… 243

乌玛塘乡

概况 …… 243
机构设置 …… 243
党建工作 …… 244
宣传、文化工作 …… 244
畜牧工作 …… 244
教育工作 …… 244
合作医疗 …… 245
新型农村社会养老保险 …… 245
精准扶贫 …… 245
“四业工程” …… 245
民政工作 …… 245
环保工作 …… 245
铁路护路工作 …… 245
“双联户”工作 …… 245

附 录

受县(区)级以上表彰的先进集体名录 …… 247
受县(区)级以上表彰的先进个人名录 …… 250

索 引 …… 255

特　载

在中共当雄县第九届委员会第三次全体会议上的讲话

拉萨市副市长、当雄县委书记　张　正

（2017 年 12 月 22 日）

经过大家的共同努力，本次全会圆满完成了各项议程，就要胜利闭幕了。会议认真学习贯彻党的十九大和区、市党委九届三次全会精神，听取了县委常委会工作报告，审议通过了《中共当雄县第九届委员会第三次全体会议决议（草案）》，认真讨论了两个意见，开启了高举习近平新时代中国特色社会主义伟大旗帜，决胜全面建成小康社会，全面建设社会主义现代化当雄的新征程，全会达到了统一思想、凝聚共识、明确方向、提振精神的目的。

下面，我重点就如何贯彻落实党的十九大和区、市党委九届三次全会精神讲几点意见。

一、深刻学习领会党的十九大重大意义和科学内涵

党的十九大高举中国特色社会主义伟大旗帜，以马克思列宁主义、毛泽东思想、邓小平理论、“三个代表”重要思想、科学发展观、习近平新时代中

国特色社会主义思想为指导，分析了国际国内形势发展变化，回顾和总结了过去五年的历史性成就和历史性变革，做出了中国特色社会主义进入了新时代、我国社会主要矛盾已经转化为人民日益增长的美好生活需要和不平衡不充分的发展之间的矛盾等重大政治论断，深刻阐述了新时代中国共产党的历史使命，确立了习近平新时代中国特色社会主义思想的历史地位和指导地位，提出了新时代坚持和发展中国特色社会主义的基本方略，确定了决胜全面建成小康社会、开启全面建设社会主义现代化国家新征程的目标，对新时代推进中国特色社会主义伟大事业和党的建设新的伟大工程做出全面部署。党的十九大报告主题鲜明、思想深刻、内涵丰富、催人奋进，进一步指明了党和国家事业前进方向，是我们党团结带领全国各族人民在新时代坚持和发展中国特色社会主义的政治宣言和行动纲领，是马克思主义的纲领性文献。

对马克思主义的信仰，对社会主义和共产主义的信念，是共产党人的政治灵魂，是共产党人经受任何风险考验的精神支柱。习近平新时代中国特色社会主义思想是马克思主义基本原理与中国实际相结合的又一次理论飞跃，是21世纪中国的马克思主义，是马克思主义中国话最新成果，继承和吸收了中华民族优秀传统文化，蕴含着丰富的中华民族价值共识、精神追求、政治智慧、历史经验，为发展马克思主义做出了中国的原创性贡献。全县广大党员要自觉做共产主义远大理想和中国特色社会主义共同理想的坚定信仰者和者忠诚实践者，始终把习近平新时代中国特色社会主义思想作为强大精神支柱，作为汲取营养、武装头脑的思想武器，要补钙壮骨、立根固本，真正在思想深处、灵魂深处建立起对习近平新时代中国特色社会主义思想的信仰，进一步坚定共产主义远大理想和中国特色社会主义共同理想，挺直共产党人的精神脊梁，不为任何风险所惧，不为任何干扰所惑，沿着中国特色社会主义道路阔步前进。全县广大党员要以严格的党性要求和对党、对人民事业高度负责的精神，始终把习近平新时代中国特色社会主义思想作为行动指南，作为把握正确方向、推进事业发展的制胜法宝。认真掌握蕴含其中的坚定信仰信念、鲜明人民立场、强烈历史担当、求真务实作风、勇于创新精神和科学思想方法，转化为新的思维理念和思路举措，转化为做好工作的科学方法，努力运用习近平新时代中国特色社会主义思想的立场、观念、方法来观察形势、分析问题、指导工作，让思路更加清晰、方向更加明确、底气更加厚实。

全县各级党组织和广大党员要把学习宣传贯彻党的十九大精神作为当前和今后一个时期首要政治任务，从中央要求的十个方面深刻把握党的十九大精神内涵，充分认识党的十九大的政治意义、历史意义、理论意义、实践意义，更加坚定自觉地把思想和行动统一到党的十九大精神上来，统一到党的十九大做出的各项决策部署上来，把党的十九大提出的目标任务落到实处。

在学懂弄通党的十九大精神方面，要精读细研，学深悟透，在领会精神实质上下功夫，要原原本本、逐段逐句地研读习近平总书记在党的十九大上的重要讲话，全面准确把握十九大的理论观点和战略思想。要广泛宣传，营造氛围，在凝聚发展合理上下功夫，党的十九大精神是指导我们做好各项工作的行动纲领，是鼓舞干部群众干事创业的精神动力，要加大宣传力度，强化舆论引导，全方位搭建宣传平台，争当排头兵，真正使十九大精神深入人心。要精心组织，周密部署，在增强学习实效上下功夫，学习贯彻十九大精神，重在取得实效，贵在深入持久，要高度重视，统筹安排，党员领导干部要带头学习、带头宣传、带头贯彻、带头落实，把十九大精神转化为推动各项工作的具体行动。

二、以习近平新时代中国特色社会主义思想引领新时代当雄工作新航向

迈入新时代，面对新任务、新要求，我们要迎接新挑战。做好新时代当雄长足发展和长治久安工作，最关键的就是要坚持党对一切工作的领导。党政军民学，东西南北中，党是领导一切的。习近平总书记在党的十九大报告中旗帜鲜明地指出，中国特色社会主义最本质的特征是中国共产党的领导，中国特色社会主义制度的最大优越性是中国共产党的领导，把“坚持党对一切工作的领导”作为新时

代坚持和发展中国特色社会主义基本方略中的第一条。这是对我们党历史经验的深刻总结，也是我们党在新时代新征程中必须牢牢把握的根本方略。坚持党的领导是当代中国的最高政治原则，是实现中华民族伟大复兴的关键所在。坚持党的领导，首先是坚持党中央的集中统一领导。党中央制定的理论和路线方针政策，是全党全国各族人民统一思想、统一意志、统一行动的依据和基础。只有坚决服从党中央的集中统一领导，才能紧密团结人民，形成万众一心、无坚不摧的磅礴力量。全县各级党组织、全体党员特别是领导干部要切实扛起加强和维护党中央集中统一领导的政治责任，自觉向党中央看齐，向党的理论和路线方针政策看齐，向党中央决策部署看齐，自觉在以习近平同志为核心的党中央集中统一领导下履行职责、开展工作，坚决维护习近平总书记作为党中央的核心、全党的核心的地位，做到党中央提倡的坚决响应、党中央决定的坚决执行、党中央禁止的坚决不做。坚持主动将重大问题报请市委研究，认真落实党中央、区市党委决策部署并及时报告落实的重要进展。加强县委对当雄一切工作的领导，提高县委把方向、谋大局、定政策、促改革的能力和定力，始终确保县委统揽全局、协调各方。

站在新的历史起点上，我们要紧紧围绕党的十九大确立的一系列重大战略部署，按照区、市党委九届三次全会的要求，进一步明确当雄工作的目标任务和具体措施，以高度的政治自觉、思想自觉和行动自觉，开启当雄新的伟大工程。

第一，贯彻新发展理念，加快建设牧区现代化经济体系。坚持以发展产业为根本，紧扣社会主要矛盾的变化，着力解决县域发展不平衡不充分的问题，大力实施产业强县战略，优化升级传统产业，积极发展新兴产业，引进培育骨干企业，加快推进城镇化步伐，着力发展实体经济，切实推动经济持续健康发展，打造引领牧区经济转型升级的一面旗帜。

一要强势推进净土健康产业发展。全力破解畜牧业发展瓶颈。按照"大胆探索、先行试点、积极稳妥、规范提升"的思路，以牧业增效、牧民增收、牧区增绿为目标，以发展现代畜牧业经营主体为抓手，转方式、调结构、促改革、惠民生，加快推进净土牧场和家庭牧场建设，力争通过3–5年时间，实现家庭牧场在全县推广，将净土牧场打造成全市乃至全区的示范牧场，为全区牧业发展提供一个可复制、可推广、可借鉴的经验。按照走高端、拓市场、树品牌、强效益的举措，继续做好有"身份证"牦牛肉的市场推广工作，积极为"当雄牦牛"申请欧盟认证及美国市场有机牧场认证工作，完善牦牛肉追溯体系建设。加快推进水产业发展，加大对外宣传与合作，打响"当雄天然饮用水"地域品牌，不断提升当雄天然饮用水市场占有率，争创自治区品牌和著名商标3—5个。

二要全力推进文化旅游业发展。以建设全区全域旅游示范县为目标，力推"民族文化、草原风情、山水风景"三张名片，重点推进"两区一带一环线"精品旅游工程，整合"天湖·四季牧歌"剧场、大地景观、露天电影院、集装箱酒店、房车营地等项目，注重把文化元素注入旅游开发全过程，促进旅游、文化深度融合，打造集文化旅游、休闲度假、特色体验于一体的旅游发展升级版。强化宣传推介。继续在旅游卫视《神州揽胜》栏目播出《高原明珠当雄》宣传片，提升电影《天缘·纳木错》的影响力，举办国家非物质文化遗产"当吉仁"赛马节以及"相约纳木湖畔·寻觅虫草之旅"活动，继续与中央电视台进行深度合作，不断提升当雄旅游的知名度和影响力。完善基础设施。实施"岭.格萨杰布药泉酒店"度假村改扩建项目，大力支持羊八井蓝色天国地热开发项目，全力打造"高原地热温泉之乡"。深入挖掘文化旅游内涵，率先在牧区打造当雄原创"天湖四季牧歌"大型文化产业项目，充分挖掘草原游牧文化，加快推进"行者黑帐篷"游客服务点建设。严格保护开发。重点开发利用廓琼岗日冰川、唐滨湖、姆蓝雪山、阿热湿地等景区景点。实施"旅游+"战略，以"旅游+"为核心理念，重点推动旅游与净土牧场、民族特色小城镇、健康理疗、特种体育及互联网等现代服务业的融合发展，打造一批具有较强市场竞争力和影响力的新型旅游亮点。

三要加快推进新能源产业发展。紧紧抓住全区"十三五"期间光伏产业规划指标1/2落户当雄的政策机遇，加快推进羊八井—格达新能源产业园区建设，加快制定园区发展规划。破解制约园区发展的水、电、路、通讯等基础设施问题。要在政策允许的前提下，帮助落户企业尽快解决征地、拆迁、融资等实际问题，使其能早投产、早见效。加快推进县中学地热集中供暖试点工程，尽早在县城规划区范围内全面铺开实施地热集中供暖。

四要做强实体经济。要理直气壮做强做优做大国有企业。加快构建现代企业制度，激发各类要素活力，实行国有企业负责人薪酬绩效考核制度，推进县属国有企业与对口支援省市企业交流合作，加强资金、技术、人才积累，提升企业核心竞争力和引领经济发展能力。大力发展非公经济。积极落实支持非公经济发展政策措施，建立招商引资项目库，开展全产业链招商和全程式服务。构建亲清新型政商关系，促进非公有制经济健康发展和非公有制经济人士健康成长。

五要加快城乡基础设施建设。充分发挥现有基础设施的作用。有效利用好公租房、周转房、易地扶贫搬迁集中安置点、村级活动场所等项目的作用，全力抓好县城提质扩容。按照生产空间集约高效、生活空间宜居适度、生态空间山清水秀的要求，修编县城总体规划，完善各类修建性详规和专项规划，加快推进县城地热供暖、综合管廊、污水处理厂及污水收集系统、大型停车场建设，提升县城整体水平；大力实施绿化亮化、道路畅通、违建拆迁等提升工作，着力打造整洁美观、文明有序的县城环境。

六要大力实施乡村振兴战略。按照产业兴旺、生态宜居、乡风文明、治理有效、生活富裕的总要求，制定乡村振兴战略规划，着眼制约发展的瓶颈问题和群众生产生活难题，统筹推进全县基础条件和人居环境改善。全力抓好特色小城镇建设。加快推进羊八井和纳木湖特色小城镇建设，按照“规划一次到位、逐年分期建设、地上地下结合、注重工程质量”的原则，紧扣供水排污管网、集中供暖、垃圾处理、路网、市场等重点，结合旅游服务功能需求，加快完善小城镇设施建设，提升建设品位，切实增强辐射带动功能，打造全县特色小城镇建设样板工程。全力抓好小康安居工程建设。重点推进郭庆村整体搬迁项目，结合羊八井特色小城镇建设规划，加快将居住在羊八井镇境内气候恶劣、条件艰苦、经济资源匮乏的牧民群众进行搬迁集中安置。加快推进海拔 4500 米以上牧民群众的搬迁工作。全力扶持新经济主体。大力扶持特色养殖业和加工业发展，加大新型职业牧民培养力度，大力扶持牧民专业合作社、牧业龙头企业、净土牧场、家庭牧场等新型经营主体，鼓励发展牧业生产性服务组织，推进农村一二三产业融合发展。深化农村改革，赋予牧民群众更多财产权，增强牧业发展活力。健全自治、法治、德治相结合的乡村治理体系，促进牧区更加和谐、安定有序。加快培养造就一支懂农业、爱农村、爱农民的“三农”工作队伍。

第二，坚持发展社会主义民主政治，加强和创新社会治理。坚持党的领导、人民当家做主、依法治国有机统一是社会主义政治发展的必然要求，要长期坚持、不断发展我国社会主义民主政治，推进社会主义民主政治制度化、规范化、程序化，要坚持厉行法治，推进科学立法、严格执法、公正司法、全民守法。

一要发展社会主义民主政治。坚持发展社会主义民主政治，加快推进全面依法治县，体现人民意志、保障人民权益、激发人民创造活力，巩固和发展生动活泼、安定团结的政治局面。坚持党的领导、人民当家做主、依法治国有机统一。加强党的集中统一领导，支持人大、政府、政协和法院、检察院依法依章程履行职能、开展工作、发挥作用。改进党的领导方式和执政方式，扩大人民有序政治参与。巩固基层政权，完善基层民主制度。发扬民主作风，接受人民监督。认真落实人民代表大会制度。支持人大及其常委会充分发挥国家权力机关作用，依法行使立法、监督、决定、任免等职权。支持和保障人大代表依法履行职责、更好地发挥作用。加强人大及其常委会自身建设，完善人大专门委员会设置，优化人大常委会和专门委员会组成人员结构，提高依法履职能力。发展社会主义协商民主。推进协商民主广泛、多层、制度化发展，统筹推进协商民主工作。支持政协履行好职能，充分发挥人民政协作为社会主义协商民主重要渠道和专门协商机构的作用，把协商民主贯穿到政治协商、民主监督、参政议政全过程。加强政协委员队伍建设。深入推进依法治县。加快建设法治政府，坚持依法行政，完善并公布政府权力清单、责任清单和负面清单，进一步加大政务公开力度，严格规范公正文明执法。深入开展法制宣传教育，加大全民普法力度，引导人民办事依法、遇事找法、解决问题用法、化解矛盾靠法，提高领导干部法治思维和法治能力，形成全社会尊法学法守法用法的良好氛围。巩固发展爱国统一战线。坚持长期共存、互相监督、肝胆相照、荣辱与共的原则，支持民主党派按照中国特色社会主义参政党要求履行职能。发挥好党外知识分子和新的社会阶层人士的重要作用，最大限度地团结一切可以团结的力量。

二要深入持久开展反分裂斗争。坚决贯彻中央对达赖集团的斗争方针不动摇，坚持原则的坚定性和策略的灵活性相结合，积极应对“后达赖”向“达赖后”转变的重大挑战，按照中央对达赖集团的定性，深入揭批达赖集团的反动本质，深入揭批达赖集团变相搞“西藏独立”的各种反动图谋，教育引导各族干部群众自觉与达赖集团划清界限，强化国家安全意识，牢牢掌握斗争主动权。强化斗争意识，主动进攻、露头就打，依法严厉打击分裂国家、破坏民族团结的反动宣传活动、聚集闹事活动、暴力恐怖活动、煽动自焚活动，深入开展反渗透、反间谍、反分裂、反邪教斗争，坚决维护国家政治安全特别是政权安全、制度安全。

三要打造共建共治共享的社会治理新格局。要完善党委领导、政府负责、社会协同、公众参与、法治保障的社会治理体制，提高社会治理社会化、法治化、智能化、专业化水平。健全完善社会治安防控体系。加快完善基层治理体系，坚持工作重心下移，强化领导干部接访下访督访，充分发挥人民法庭、乡（镇）司法所、公安派出所、综治中心等基层政法综治部门（单位）的作用，健全完善社会矛盾预防和化解机制。推进县乡村综治中心规范化建设，搭建群防群治机制平台。深化网格化管理和“双联户”治理模式，壮大基层平安志愿者队伍和社情民意联络员、基层治保组织、社会组织等群防群治力量，综合运用法律、政策、经济、行政等手段和教育、协商、调解、疏导等办法化解各类矛盾纠纷，形成问题联治、工作联动、平安联创的局面。健全公共安全体系，牢固树立安全发展理念，完善安全生产责任制，依法打击各类违法犯罪活动，不断促进社会公平正义，形成有效的社会治理、良好的社会秩序，使人民群众获得感、幸福感、安全感持续增强。坚持法治与德治相结合，加快社会诚信体系建设，探索建立统一的信用记录平台，推进行业规范、社会组织章程、村规民约建设，营造诚实守信的良好社会风尚。加强国防教育、国防动员和国防后备力量建设，支持国防和军队改革，持续开展双拥工作，推动军民融合深度发展。

四要全面贯彻党的宗教工作基本方针。坚持宗教中国化方向，坚决防止“宗教热”，教育宗教界和信教群众正确认识和处理国法与教规的关系，培养一支政治上靠得住、宗教上有造诣、品德上能服众的宗教界高层代表人士队伍，引导宗教界对教义教规做出与社会发展时代进步要求相一致、与中华优秀传统文化相会通、与社会主义社会相适应的阐释。坚持法治思维，全面正确地贯彻党的宗教信仰自由政策，依法依规管理宗教事务。坚持独立自主自办原则，坚持藏传佛教不受境外势力操控作为寺庙管理的底线，不受境外势力干扰、操控。

五要巩固和深化民族团结。以创建全国民族团结进步示范县为目标，引导干部群众像爱护自己的眼睛一样爱护民族团结，让各民族像石榴籽一样紧紧抱在一起，铸牢中华民族共同体意识。坚持依法处理民族事务。在法治轨道上处理涉及民族因素的问题，不以民族身份划线搞选择性执法，不能把涉及少数民族成员的民事和刑事问题简单归结为民族问题，不能把一般社会矛盾纠纷简单归结为民族矛盾。全面贯彻落实党的民族政策。持续开展滴灌式民族团结教育，推进民族团结宣传教育“七进”活动，引导各族干部群众牢固树立“三个离不开”“三个认同”思想。

第三，提高保障和改善民生水平，让改革发展成果惠及各族人民。民生连着民心，保障和改善民生是当前工作的重中之重，是实现社会长治久安的基础支撑。要抓住人民最关心最直接最现实的利益问题，坚持民生为本，既尽力而为，又量力而行，采取有力措施，完善公共服务保障体系，使全县人民的参与感获得感幸福感更加充实、更有保障、更可持续。

一要坚决打赢脱贫攻坚战。坚持把脱贫攻坚作为经济社会发展的头等大事和第一民生工程，构筑专项扶贫、行业扶贫一、社会扶贫“三位一体”大扶贫格局，健全脱贫工作机制，强化脱贫责任制，按照“六个精准”“八个到位”的要求，统筹推进“五个一批”和“十项提升”工程，确保2018年实现整体脱贫。大力推进易地扶贫搬迁群众的就业服务工作，统筹推进色德、郭庆等特殊区域整体搬迁工程，推进人口、草场、资本、技术、信息等生产要素和公共资源适度整合集中，盘活搬出地的草场、宅基地，让原住地的生产资料成为搬迁户的稳定收入来源。因地制宜发展直接带动群众增收的产业，使贫困人口年均收入增长17%以上，让贫困群众不离乡不离土就能融入产业发展、实现脱贫致富。争取更多的援藏资金项目用于脱贫攻坚。严格执行脱贫攻坚责任制，严格执行乡（镇）党委书记、乡（镇）长不脱贫、不摘帽不调离的要求，建立乡镇干部、驻村工作队、村（居）干部脱贫攻坚考核评价体系，形成推动脱贫攻坚激励与约束相结合的长效机制。注重扶贫同扶志、扶智相结合，全面实施贫困户外出务工奖励政策，全面落实教育扶贫政策，完善贫困家庭子女就学救助体系，加大对贫困家庭子女特别是留守儿童的特殊关爱，切断贫困的代际传递；面向贫困群众积极开展素养提升、先进评比活动，持续提升贫困群众精气神；深入实施“四业工程”，强化贫困群众职业技能培训，着力培养贫困村（居）致富带头人、科技养殖能手、牧民经纪人，确保搬迁户至少实现1人稳定就业、稳定脱贫。

二要优先发展教育事业。教育是社会公平的基础，也是当雄发展的希望所在。坚持办好现代教育、人民满意的教育，落实立德树人根本任务，把社会主义核心价值观融入学校教育全过程，培养爱党爱国的社会主义建设者和接班人。着力解决教育供需矛盾。全面落实15年免费教育政策，确保教育经费“三个增长”。统筹本地生源、外地生源、外来务工人员子女就学需求，优化学校布局、推进标准化建设，持续推进义务教育均衡发展，努力抓好学前教育，推进教育公平。着力提高教育质量。全面深化“组团式”教育援藏，争取北京更多优势教育资源，破解基础教育资源短板。力争在这一领域有所突破。深入实施《当雄县关于进一步加强师资队伍建设（2016—2020）实施办法》，着力破解当雄艰苦偏远，教育人才流失严重的难题。力争到2020年，逐步建立“越往基层、越是艰苦、地位待遇越高”的激励机制，使当雄牧区教师来源保障有力，师资配置显著改善，教师队伍素质稳步提升，教师待遇依法得到保障，教师职业吸引力明显增强，均衡教育发展持续巩固。

三要千方百计扩大就业。就业是最大的民生。坚持就业优先战略和积极就业政策，以高校毕业生、困难群体、富余劳动力等就业群体为重点，以市场为导向，强化就业引导，转变就业观念，推进更高质量和更充分就业。以发展产业增就业、以推动产业带就业、以加强培训促就业，鼓励和支持牧民到城镇和企业就业、到内地务工经商，鼓励和支持内地经营者到当雄创业，带动群众就业创业，确保城镇登记失业率控制在2.2%以内。进一步完善民工工资保障卡制度、全面推行银行代发工资制度，依法保障劳动者合法权益。

四要完善社会保障体系。按照兜底线、织密网、建机制的要求，全面建成覆盖全县、城乡统筹、权责清晰、保障适度、可持续的多层次社会保障体系，筑牢社会保障“安全网”。全面实施全民参保计划，加快完善覆盖城乡居民的基本养老、基本医疗、失业、工伤、生育等保险制度，扎实推进“五险合一”制度改革。健全社会救助体系，完善城乡社会救助、最低生活保障制度。加强防灾减灾体系建设。加大保障性安居工程建设力度，重点建设廉租房、公租房，切实解决好低收入家庭、中等偏下收入家庭以及新就业人员等中低收入人群的住房问题。

五要加快建设健康当雄。要优化城乡医疗资源配置，加强以县医院能力提升、乡镇卫生院标准化建设、村居卫生服务全覆盖为重点的三级医疗卫生服务网络建设，消除基本公共卫生服务盲区。积极支持社会办医，鼓励发展民营医疗机构。全面推进藏医药事业传承与创新发展，结合现代医学技术进行开发利用。提高医疗服务水平，加快推进医疗人才组团式援藏工作，提升县人民医院服务水平，加快县藏医院建设。做好重大疾病、地方病、职业病预防控制，加大妇幼保健工作力度，健全卫生应急处突机制，提升公共卫生服务能力。大力发展健康事业，深入开展爱国卫生运动和全民健身运动，推动学校、企事业单位体育设施向社会开放，推进群众体育与竞技体育协同发展。要认清建设健康当雄的重大意义，直面体制改革滞后、专业管理水平弱、公共服务半径过大、人才不足且流失严重等突出问题，围绕健康当雄“五大任务”，坚持医疗卫生系统为主力，借力援藏资源，形成建设合力，同心同德推进健康当雄建设。

第四，加快生态文明体制改革，建设美丽当雄。坚定不移推进绿色发展，牢固树立绿水青山就是金山银山、冰天雪地也是金山银山的理念，落实最严格的生态环境保护制度，划定并严守生态保护红线、永久基本草原、城镇开发边界三条控制线，保蓝天、护碧水、守净土、美乡村、建体系，用心呵护“世界上最后一方净土”这块金字招牌，全面创建国家级生态文明示范县。

一要保持当雄良好水环境质量。全面控制污染物排放，从源头上控制新污染源产生，通过实施最严格水资源管理，严控地下水超采行为，控制用水总量，着力节约保护水资源，系统推进水环境治理，水生态修复，湿地保护恢复和水生态灾害防治，积极推进水生态文明县城创建工作。推进拉萨河源头流域治理和城市水系统恢复治理，推进阿热湿地保护及生态恢复，打造自然亲民的生态水系统，构建山水林田湖草生命共同体。加快完成污水处理和收集系统，到2020年县城污废水集中处理率达到90%，再生水利用率达到25%，全面落实“河长制”，定期公布河道污染物河长排行榜。

二要保持当雄优良空气质量。突出优化产业结构、能源结构和交通运输结构，积极开发利用太阳能、地热、风能等可再生能源，积极推广清洁能源，从源头上治理大气污染。强化大气污染防治，落实大气污染防治行动计划，开展废气、扬尘、油烟的联防联治，着力推动“散乱污”企业整治、重点行业污染治理，加快不达标产能依法整改或关停退出。突出抓好清洁供暖，实施煤、粪改气改电工程，推进县城和高海拔乡镇集中供暖工程，进一步扩大清洁能源覆盖面。推行“绿色施工”，减少施工扬尘。严格减排目标责任制，积极做好减排目标分解和督查工作，实行严格的目标责任制，加大对企业减排工作考核和约束力度。

三要保护当雄土壤环境。严守“土地红线”，强化土地执法监察，建立健全“政府主导、部门配合、多方参与”的土地执法综合防控体系。加强污染源监管，推进农业面源污染综合整治。完善生活垃圾清运体系，加强生活垃圾无害化处理设施建设，加强危险废物管理。推进垃圾分类和乡村医疗废弃物无害化处理工作。

四要开展乡村人居环境整治行动。因地制宜开展乡村人居环境综合化整治，加大重点污染源治理，加快羊八井镇、当曲卡镇、纳木湖乡等乡镇污水垃圾无害化设施建设。做好易地扶贫搬迁后闲置土地的生态恢复，优化乡村绿地布局，使乡村绿地、水系、湿地形成完整的生态网络。推进美丽乡村建设，加强村域规划管理，开展农房及院落风貌整治和村庄美化亮化硬化。

五要构建生态环境保护体系。建立健全领导干部任期生态文明建设责任制，强化“党政同责、一岗双责”，构建政府为主导、企业为主体、社会组织和公众共同参与的环境治理体系。加快环境治理市场主体培育，建立完善市场化运作、可持续的资源有偿使用和生态补偿机制。推进环境监察监测执法体制改革，支持环保领域社会组织发展，倡导文明、节约、绿色消费方式和生活习惯，把各族群众环境保护意识转化为保护环境的意愿和行动。

第五，坚定文化自信，推动社会主义文化繁荣发展。坚持中国特色社会主义文化发展道路，坚持党对意识形态工作的绝对领导，增强意识形态领域主导权和话语权，大力培育和践行社会主义核心价值观，弘扬主旋律，传播正能量，以高度的文化自信推进县域文化大繁荣大发展。

一要牢牢掌握意识形态工作领导权。坚持党管媒体原则和正确舆论导向，强化思想舆论阵地建设和管理。落实各级党委（党组）意识形态工作主体责任和党委（党组）书记第一责任人责任。把党委（党组）意识形态工作责任制纳入巡察工作安排，强化意识形态工作责任制考核。加强宣传思想阵地建设，强化文化调研、理论研究，发挥好基础调研和理论文章对于推进意识形态工作的建言献策作用，推出一批有参考价值的理论成果。高度重视传播手段建设和创新，建设、管理、运作好县级新闻传播平台，利用好区市及区外各类传播途径，融合传统媒体和新兴媒体，不断壮大主流媒体，提高新闻舆论传播力、引导力、影响力、公信力。加强“两微一端”建设，提高网络舆情队伍应急处置能力，让党的主张成为网上最强音。持续开展净化文化市场专项整顿，封堵和查缴政治性反宣品，规范文化市场经营秩序，积极营造健康向上、繁荣有序的文化市场环境。坚持不懈强化理论武装，推动新时代中国特色社会主义思想深入人心。

二要切实加强思想道德建设。深入开展社会主义核心价值体系学习教育，把社会主义核心价值观融入社会发展各方面，转化为人们的情感认同和行为习惯。坚持全民行动、干部带头，从家庭做起、从娃娃抓起，用社会主义核心价值观引领各族干部群众的共同价值追求，深化中国特色社会主义和中国梦宣传教育，大力弘扬民族精神和时代精神。深入实施公民道德建设工程，加强社会公德、职业道德、家庭美德、个人品德教育，在全社会形成向上向善、孝老爱亲，忠于祖国、忠于人民的浓厚氛围。深入开展“四讲四爱”主题教育实践活动，深化群众性精神文明创建活动，积极开展“五大文明行动”，广泛开展学雷锋志愿服务、时代楷模、身边好人“依法致富光荣、勤劳致富光荣”等典型评选，深入开展“重家庭、重家教、重家风”活动。深化创建文明村镇、文明学校、文明单位等系列活动，不断提高社会文明程度。

三要繁荣发展文化事业和文化产业。坚持以人民为中心的创作导向，深入人民、扎根生活，注重游牧文化、马文化和牦牛文化等民族传统文化的挖掘、保护与传承，创作反映时代主旋律、反映当地民风民俗的优秀文艺作品，推出一批讴歌党、讴歌祖国、讴歌人民、讴歌新时代的优秀节目，讲好新时代“中国梦当雄故事”。实施公共文化惠民工程，加大公共文化投入，健全完善文化基础设施体系，推动公共文化服务普及覆盖、均等化，丰富群众性文化活动，坚持办好国家非物质文化遗产“当吉仁”赛马节。充分挖掘利用文化资源，加大文化设施投入，促进文化旅游融合发展。分类推进文化体制、文化事业单位改革，构建把社会效益放在首位、社会效益和经济效益相统一的体制机制。

第六，坚定不移全面从严治党，不断提高党的执政能力和领导水平。毫不动摇坚持和完善党的领导，毫不动摇把党建设得更加坚强有力，以加强党的长期执政能力建设、先进性和纯洁性建设为主线，以党的政治建设为统领，以坚定理想信念宗旨为根基，以调动全县各级党组织和广大党员干部积极性、主动性、创造性为着力点，全面推进党的政治建设、思想建设、组织建设、作风建设、纪律建设，把制度建设贯穿其中，推动《中共当雄县委员会关于开展“抓两头促中间带基层”工程促进干部执行力建设的实施意见》落地见效，深入推进反腐败斗争，坚定不移推进全面从严治党向纵深发展。

一要坚定不移讲政治、守规矩。坚决维护党中央权威和集中统一领导。坚定执行党的政治路线，严格遵守党的政治纪律和政治规矩，在政治立场、政治方向、政治原则、政治道路上同党中央保持高度一致，自觉在以习近平同志为核心的党中央集中统一领导下履行职责、开展工作，任何工作都以贯彻党中央决策部署为前提，确保党中央的决策部署在当雄落地见效。加强县委对一切工作的领导。坚持和完善党的全面领导体制机制，提高党把方向、谋大局、定政策、促改革的能力和定力，确保县委总揽全局、协调各方。严肃党内政治生活。尊崇党章，严格执行新形势下党内政治生活若干准则，完善组织生活制度，用好批评和自我批评武器，增强党内政治生活的政治性、时代性、原则性、战斗性，自觉抵制商品交换原则对党内生活的侵蚀。完善和落实民主集中制。坚持民主基础上的集中和集中指导下的民主相结合，严格执行“三重一大”事项请示报告制度，各级党组织向上级党组织报告工作制度。发展积极健康的党内政治文化。大力弘扬忠诚老实、公道正派、实事求是、清正廉洁等价值观，坚决防止和反对个人主义、分散主义、自由主义、本位主义、好人主义，坚决防止和反对宗派主义、圈子文化、码头文化，坚决反对搞两面派、做两面人。

二要坚定不移抓教育、强信念。坚持用习近平新时代中国特色社会主义思想武装头脑，始终把深刻学习、用心领会习近平新时代中国特色社会主义思想作为汲取营养、提高本领的重要途径，作为武装头脑、做好工作的强大武器，作为增强全局意识，驾驭复杂局面的根本方法。充分发挥县委常委会和理论学习中心组的“龙头”作用，深入推进“两学一做”学习教育常态化制度化，扎实开展“不忘初心、牢记使命”主题教育，大力弘扬“老西藏精神”“两路”精神，使广大党员干部真正成为习近平新时代中国特色社会主义的思想的坚定信仰者、积极实践者、忠诚捍卫者。

三要坚定不移抓班子、强队伍。坚持党管干部原则，坚持德才兼备、以德为先，坚持五湖四海、任人唯贤，坚持事业为上、公道正派，认真落实“20字”好干部标准和民族地区“三个特别”政治标准，选优配强各级领导班子。着力解决干部能力不足、担当不够、本领恐慌、脱离群众的问题。树立用人导向。突出政治标准，着力提拔重用牢固树立四个意识和坚定四个自信、坚决维护党中央权威、全面贯彻执行党的理论和路线方针政策、坚决维护祖国统一、坚决与达赖集团做斗争、忠诚干净担当的干部。围绕改善干部队伍民族、专业、知识、年龄结构，突出专业匹配，重视培养使用年轻干部、女干部和党外干部，推进乡（镇）领导班子党政正职和县直部门正副职“一藏一汉”配备全覆盖。提升干部队伍素质。围绕提升党员干部“八种本领”，立足县域资源、统筹区内外资源、充分利用援藏资源，采取走出去、请进来的方式，强化干部教育培训。突出抓好市场经济、现代畜牧业、现代社会治理、依法行政等知识教育培训，提升干部队伍综合素质。严格教育监督。抓住“关键少数”，统筹教育监督资源，常态化开展教育引导和主动监督，防止小毛病变成大问题。深入治理“为官不为”，加大调整不适宜担任现职领导干部工作力度，推进干部能上能下。坚持严管和厚爱结合、激励和约束并重，完善干部考核评价机制，建立激励机制和容错纠错机制，注重关心关怀基层干部，认真做好老干部工作。补齐人才短板。坚持党管人才原则，强化各级党组织发现人才、集聚人才的能力，以识才的慧眼、爱才的诚意、用才的胆识、容才的雅量、聚才的良方，以培育人才、引进人才、留住人才为手段，补齐当雄改革发展稳定的人才短板。深化拓展人才和智力援藏，突出抓好组团式教育医疗畜牧人才援藏工作，充分发挥对口支援单位对专业人才的培养作用。

四要坚定不移抓基层、打基础。以建设学习型、服务型、创新型、引领型、战斗型基层党组织为目标，以提升组织力为重点，突出政治功能，不断提升党在基层的创造力、凝聚力、战斗力和领导力、号召力，确保基层党组织战斗堡垒作用和党员先锋模范作用充分发挥。要以落实好“三会一课”等基本制度为重点，分领域制定组织设置、领导班子建设、党员队伍建设、组织生活、活动载体、运行机制、经费保障、场所建设统一标准，积极推广“互联网+党建”“智慧党建”等做法，全面推进乡（镇）、村（居）、机关事业单位、学校、国有企业、非公企业和社会组织等领域党组织规范化建设，不断强化基层党组织“主心骨”作用。加强党员队伍建设。深入贯彻落实《党员发展细则》，注重提升党员发展质量，注重从致富带头人、“双联户”代表和发展稳定一线发展党员，突出抓好牧民青年党员培养，优化党员队伍结构，增强党员队伍生机活力。增强党员教育管理针对性和有效性，稳妥有序开展不合格党员组织处置工作。严肃党员不得信仰宗教纪律，决不允许党员信仰、传播和发展宗教，引导广大党员主动与达赖分裂主义集团做斗争、与贫困做斗争、与消极腐败做斗争、与封建迷信和陈规陋习做斗争。深化“强党固基扶村”和强基惠民工作。建立由村党组织统一调配、统筹分工的工作机制，确保下沉干部与村级组织班子成员优势互补、形成合力。

五要坚定不移严纪律、转作风。全面加强纪律建设。坚持把党的政治纪律放在首位，加大对六项纪律特别是政治纪律执行情况的监督检查和巡察力度，强化对中央和区市党委和县委重大决策部署执行情况的监督检查，以严明的政治纪律和组织纪律带动廉洁纪律、群众纪律、工作纪律、生活纪律严起来。坚持不懈改进作风。认真执行《中共中央政治局贯彻落实中央八项规定的实施细则》，把贯彻落实中央八项规定精神和区党委“约法十章”“九项要求”及市委“八项要求”化作自觉行动，巩固拓展作风建设成果。深入开展不作为慢作为专项整治，切实纠正党员干部队伍中存在的不思进取、不敢担当、玩忽职守等不作为问题和精神懈怠、作风漂浮、消极被动等慢作为问题，严防“四风”反弹回潮。

六要坚定不移反腐败、聚民心。压实“两个责任”。紧盯关键少数特别是“一把手”，严把政治关、廉洁关，逐级深化党委、纪委系统“双述”机制，坚持定期报告制度，严格责任落实检查考核，坚持失责必问、问责必严，夯实管党治党基础，推动全面从严治党向基层延伸。夺取反腐败斗争压倒性胜利。强化党委对反腐败工作的统一领导，坚持无禁区、全覆盖、零容忍，坚持重遏制、强高压、长震慑，力度不减、节奏不变，夺取反腐败斗争压倒性胜利。健全监督体系。完善县委巡察制度，用好巡察利剑，创新巡察方式，坚持问题导向，强化巡察成果运用，抓住典型严肃追责，让利剑高悬、震慑常在。全力推进监察体制改革，组建当雄县监察委员会，实行纪律检查委员会和监察委员会合署办公，实现对所有行使公权的公职人员监察全覆盖。改革审计管理体制，完善统计体制，把党内监督同国家机关监督、民主监督、司法监督、群众监督、舆论监督贯通起来，增强监督合力，构建起党统一指挥、全面覆盖、权威高效的监督体系。

三、站在新的起点上，坚决抓好党的十九大精神在当雄落地生根开花结果

现在，目标任务已明确，发展措施很具体。面对艰巨而繁重的任务，面对新的机遇和挑战，各乡（镇）、各部门特别是各级党员干部一定要见贤思齐，争当实干家，别当评论家，必须把自己摆进去，摆进当雄的事业中去，摆进自己的职责任务中去，踏踏实实、认认真真的干事创业，做到在其位、谋其政、干其事、负其责。

一要敢于担当抓落实。“一把手”，作为一个乡（镇）、一个村（居）、一个部门的“第一责任人”，一肩挑着推动经济社会发展的重担，一肩挑着管党治党的重任。面对任务和责任，要扎根当雄，主动作为，敢于担当，甘于奉献，以正确、灵活的方式方法，满腔的激情和热血真正把工作抓在手上、放在心上，扛在肩上，认真履职尽责，切实为广大干部做好表率、当好标杆，不辜负组织的嘱托和群众的期盼。

二要求真务实抓落实。要坚持求实创新、真抓实干，既挂帅，抓部署、抓协调，做好指挥员，又出征，抓督查、抓落实，做好战斗员，全力推进落实。要坚决纠正只说不做、不推不动的不良倾向，对县委、县政府定了的事、安排了的工作，要敢想敢干、敢闯敢试、雷厉风行。特别是对一些重难点工作，一定要开动脑筋、多想办法，不等不靠、不推不拖，坚决做到定了的事情件件算数，要干的工作项项落实。

三要增强本领抓落实。要想担负历史使命，取得伟大胜利，必须具有高强本领，提高斗争本领。要增强学习本领，主动加快知识更新、优化知识结构、拓宽眼界和视野。要增强政治领导本领，把党总揽全局、协调各方落到实处。要增强改革创新本领，保持锐意进取的精神风貌，善于结合实际创造性推动工作。要增强科学发展本领，做到谋发展、干实事、上项目自觉适应新常态、贯彻新理念。要牢固树立依纪依法办事平安无事思想，不断增强依法执政本领。要增强群众工作本领，真正把群众当“家人”，把群众反映的问题当“家事”，把服务群众的工作当“家业”。要增强狠抓落实本领，始终保持一种拼命劲头、一种实干精神。要增强驾驭风险本领，沉着冷静，临危不惧，积极主动，从容应对。

四要聚焦重点抓落实。要坚决杜绝坐在办公室“遥控指挥”，真正把走基层、摸实情、解难题作为推动落实的有效途径。今天会后，全体县级领导要结合各自分管工作，尽快沉到一线，集中时间，加强调度，强化督查，及时发现问题、解决问题，推进各

项工作高效落实。县综合督查室要加大对重点工作、重大项目、民生实事等工作的督查力度，动真碰硬抓督查、见人见事抓督查，对工作滞后、欠账较大的要坚决予以通报，造成严重后果的，严肃问责。

五要树好导向抓落实。抓落实的工作实践，检验着每个干部的思想品质、工作作风和实际能力，也是考察和选用干部的重要依据。用一贤人则群贤毕至，见贤思齐就蔚然成风。要完善干部考核评价机制，对干部干与不干、干好干坏、多干少干要有明确区分，大力褒奖那些埋头苦干、狠抓落实的干部，教育和调整那些只善空谈、不干实事的干部，问责和惩处那些因弄虚作假、失职渎职造成重大损失和严重后果的干部，建立能者上、庸者下、劣者汰的优胜劣汰机制，努力营造崇尚实干、恪尽职守、勇于奉献的工作氛围。各级党政组织、特别是“一把手”要带头贯彻落实会议的决策部署，切实履行好抓落实的职责，既要挂帅，又要出征，不仅要当指挥员，更要当战斗员，真正在抓落实上当先锋做表率。这里我要强调的是，对那些人浮于事、慵懒无为、整天只琢磨人不琢磨事、工作一年两年没起色的干部，要坚决做出调整，甚至启动问责程序。

抓落实不仅是工作要求，也是政治要求，必须脚踏实地，件件落实。抓落实的大敌，是形式主义、官僚主义。形式主义实质就是主观、功利、私心、私欲在作祟，是政绩观错位，责任心缺失；官僚主义实质就是官本位思想严重，权力观扭曲，做官老爷、高高在上，脱离实际、脱离群众。全县各级党组织和党员领导干部一定要坚持不务虚功，不图虚名，以抓铁有痕、踏石留印的韧劲，以钉钉子精神抓好工作落实。

同志们，迈入了新时代、开启了新征程，我们要奋力续写新篇章。让我们更加紧密地团结在以习近平同志为核心的党中央周围，高举习近平新时代中国特色社会主义思想伟大旗帜，不忘初心、牢记使命，立足当前实际、着眼未来发展，认真总结新的经验、大胆探索新的路子，真正做到发展有新思路、改革有新突破、各项工作有新举措，决胜全面建成小康社会、开启全面建设社会主义现代化当雄的新征程，谱写好实现中华民族伟大复兴中国梦、实现人民对美好生活向往的新篇章。

当雄县人民代表大会常务委员会工作报告

——在当雄县第十二届人民代表大会第三次会议上

当雄县人大常委会主任　康加贵

（2018 年 1 月 9 日）

2017 年的主要工作

2017 年，县人大常委会在县委的坚强领导下，以习近平新时代中国特色社会主义思想为指导，深入贯彻落实党的十九大精神和区市县第九次党代会精神，紧紧围绕县委中心工作和重大决策部署，依法行使职权、积极开展工作，用实际行动践行对以习近平同志为核心的党中央的坚决拥护和绝对忠诚。一年来，共召开 8 次常委会会议和 10 次主任会议，听取工作报告 4 个、专项报告 2 个，对 2 部法律法规实施情况开展执法检查，参与自治区和拉萨市人大组织的各类执法检查、调研 4 次，作出决议决定 8 项，较好地完成了县十二届人大二次会议确定的各项目标任务。

一、坚持党的领导，坚决捍卫核心

（一）旗帜鲜明讲政治，坚决维护习近平总书记核心地位。习近平总书记作为全党的核心、党中央的核心，是众望所归、实至名归，是党心所向、民心所向。常委会始终牢固树立"四个意识"、坚定"四个自信"，真正把思想和行动统一到习近平总书记重要讲话精神上来，统一到党中央重大决策部署上来，站稳政治立场，把握政治方向，坚定不移维护习近平总书记核心地位，坚定不移维护党中央权威，始终在思想上政治上行动上同以习近平同志为核心的党中央保持高度一致，为推动人大工作创新发展打牢了思想政治基础。

（二）坚决服从服务于县委中心工作，推动党委决策部署贯彻落实。坚持向县委请示、汇报制度，年初将人大全年工作计划报县委审定。凡审议重大问题，做出决议、决定，组织开展执法检查等，都事先向县委请示报告。在工作上，着眼于改革、发展、稳定大局，与县委、县政府、政协班子共同承担

历史责任，以不同的分工和角度服务全局性工作。确保了人民通过人民代表大会行使国家权利，党的主张经过人大法定程序转化为国家意志和人民意愿，党组织推荐的人选经过法定程序成为国家机关工作人员，较好地发挥了人大常委会的作用。

（三）坚持党管干部原则，依法任免国家机关工作人员。一年来，常委会共任免国家机关工作人员22人，依照宪法规定，共举行2次宪法宣誓活动。在依法行使人事任免权中，常委会认真履行法律赋予的职权，充分发扬民主，严格依法办事，坚持党管干部原则，严格依照法律程序办理，增强了国家机关工作人员的宪法意识和公仆意识。

二、服务发展大局，增强监督实效

（一）围绕经济工作，决定重大事项。常委会坚持把重大事项决定权的行使作为推动县域经济社会发展的重要抓手，认真实施监督法，围绕我县经济社会发展目标，先后召开3次专题会议，听取县人民政府2017年上半年经济运行情况和社会发展计划执行情况的汇报；2016年财政决算情况和2017年上半年财政预算收支执行情况的汇报；审查批准了县政府2017年财政预算调整方案。提出了进一步加强计划、财政工作，抓紧抓实项目建设，及时报告财政转移支付，推进预算管理规范化建设等意见，促进了我县经济持续健康发展。

（二）围绕法律监督，开展执法检查。常委会本着突出重点，讲求实效的原则，紧紧围绕全县工作大局，把县委重要决策的落实，政府重点工作的推进作为工作重点，依法监督，积极支持。

4月份，常委会组织24名区市县三级人大代表，对县相关部门贯彻执行《中华人民共和国环境保护法》情况进行执法检查。听取和审议了环境保护法贯彻实施情况的工作报告，实地察看了县垃圾填埋场、县医院医疗垃圾分类处理、建筑垃圾、生活污水排放等。针对执法检查中发现的问题，常委会提出要把环境保护作为新时期推进当雄发展十分重要的任务，要从全县的发展战略高度来思考环境问题，实行最严厉的环境保护制度。同时，积极配合区市人大常委会执法检查组在县域开展《中华人民共和国妇女权益保障法》调研工作。通过开展法律监督，有力地促进了依法行政和公正司法，进一步推动了法律法规在我县的正确贯彻实施。

（三）围绕民生工作，组织代表视察。4月份，县人大常委会组织人大代表和县直相关部门负责人组成人大代表视察团，对我县精准扶贫精准脱贫工作开展情况进行视察。视察中以落实各项惠民政策情况为重点，听取县脱贫攻坚指挥部工作开展情况汇报，实地查看拉根村易地搬迁点。视察中发现，产业扶持项目落地的不多，易地搬迁户稳定增收的渠道还不够宽。针对这些问题，常委会建议要针对不同的贫困原因、致富意愿和能力因户施策，强化集中安置就业保障，确保群众稳定就业，扎实推进扶贫攻坚进程，坚决打赢脱贫攻坚战。

（四）围绕公正司法，进行司法监督。围绕审判检察工作，9月份，人大常委会听取县人民法院和县人民检察院工作开展情况汇报，积极协调有关部门解决法院和检察院在行使职权中遇到的困难和问题。12月份，人大常委会组织部分人大代表参加法院公众开放日活动，观摩典型案件的庭审，并对法院和检察院建设提出了意见和建议。通过开展司法监督，人大常委会为推动司法规范化建设，推进司法公正，阳光执法、廉洁司法，发挥了法律赋予的监督职责，为我县经济社会发展和长治久安提供了强有力的司法保障。

三、加强代表工作，发挥代表作用

常委会高度重视并不断改进代表工作，努力为代表依法履职创造条件，代表主体作用得到更好发挥。

（一）代表服务管理不断优化。依托“人大代表之家”指导加强代表小组建设，全县104名县级人大代表共划分为12个代表小组，定期召开代表小组活动现场会，组织代表小组组长互相交流，不断推动代表小组建设规范化。常委会成员坚持走访、接待代表制度，及时向代表通报经济社会发展情况和常委会工作开展情况，拓宽代表知情知政渠道。同时，对全县乡（镇）人大主席进行履职培训，组织部分乡（镇）人大主席赴市人大参加培训学习，有效提高了服务代表的工作能力。

（二）代表履职活动更加丰富。邀请了20多名人大代表列席县人大常委会会议，50余名代表参加了常委会组织的执法检查、视察、调查、工作评议等活动，进一步扩大了代表对人大常委会工作的有效参与。安排30多名代表参加了座谈、听证、测评等活动，拓展代表履职平台。县乡人大分别组织代表开展了执法检查和集中视察，既推动了相关工作，又为代表提出高质量的议案建议提供了基础资料。

（三）代表建议督办切实加强。县十二届人大二次会议期间共收到1件议案和48件意见建议，为使代表提出的议案和建议尽快落到实处，5月份常委会主持召开议案建议交办会，要求各承办单位应在3个月内，最迟不超过6个月书面答复代表。对于条件不成熟或超出能力范围，短时间内无法办理的向代表作出说明，取得代表的谅解。交办会上，县长其美次仁同志代表各承办单位作了表态发言，表示要把办理代表议案建议与推动政府工作紧密结合，从而不断提升办理质量和效率。目前，这些议案建议均在规定的期限内得到办理，代表反映普遍较好，推动了代表建议办理由“答复满意”向“落实满意”转变。

（四）对乡（镇）人大工作的指导全面提升。为切实加强乡（镇）人大工作，县人大常委会不断加大工作力度，加强对人大主席的培训，常委会领导分片联系指导工作，进一步规范乡（镇）人民代表大会的召开和人大主席团的日常工作。在县人大常委会的指导下，各乡（镇）人大主席团主动作为，充分发挥人大在工作监督、法律监督、密切联系群众等方面的作用，及时把党的主张通过法定程序变成国家意志和人民群众的自觉行动。同时，保障了人民群众在行使管理国家事务、管理经济和文化事业、管理社会事务等方面的民主权利，维护了人民群众的切身利益，为我县全面建设奠定了坚实的群众基础。

四、坚持学习教育，强化自身建设

（一）加强学习，塑造浓厚的学风。一是开展学习十九大活动。常委会把学习宣传贯彻十九大精神作为当前和今后一个时期的重要工作，切实加强对学习宣传贯彻十九大精神的组织领导，把学习宣传贯彻落实党的十九大精神放到首要位置，制定了学习方案和计划。十九大召开以来，常委会共组织集中学习4次，参加县委集中学习6次，参加市级以上单位组织的学习2次，通过参加学习、组织宣讲、专题讨论、撰写心得等方式，把学习十九大精神的收获转化为解决问题的新思路、破解难题的新方法、推动工作的新举措，把智慧和力量凝聚到决胜全面建成小康社会，夺取新时代中国特色社会主义伟大胜利上来。二是开展“两学一做”学习教育。制定“两学一做”学习教育常态化制度化实施方案，将学习内容与三会一课制度相结合，每周组织集中学习，将组织法、代表法、选举法等法律法规的学习融入日常，切实增强学习的主动性，不断提高人大常委会组成人员的思想政治素质和业务工作水平。

（二）求真务实，塑造良好的工作作风。一是狠抓组织建设促作风。常委会始终坚持狠抓党建工作责任落实，不断加强党的思想建设、组织建设、作风建设和制度建设，把党建工作和人大日常工作同安排、同部署、同落实。一年来，共召开党建工作专题会议3次，开展讲党课活动4次。按照集体领导、民主集中、个别酝酿、会议决定的原则，常委会进一步细化了会前调查研究、会中审议等工作，切实站在党和人民的立场上搞调研、议大事、作决策。二是开展扶贫帮困促作风。积极开展扶贫送温暖活动，认真做好结对帮扶工作，定期走访慰问，为贫困户送上慰问品、慰问金，帮助协调解决就业、就医等方面的困难。同时，及时向贫困群众宣传党和政府的惠民政策，让群众感受到党和政府的关怀和温暖，增强他们自强不息、自力更生的决心和信心，争取早日过上幸福的生活。三是坚持服务群众促作风。常委会始终保持谦虚谨慎、不骄不躁的作风，坚持把为人民服务作为第一职责，把为群众办实事作为第一追求，把群众呼声作为第一信号，把群众满意作为第一标准。人大常委会在做出各项决议决定之前，都坚持做到扑下身子，深入基层，问政于民，问需于民，问计于民，努力使人大常委会的决策和工作更加符合实际，更加符合群众的利益和愿望。

（三）勤政为民，塑造廉洁党风。人大常委会的权力是人民赋予的，只能用来为人民谋利益。常委会始终坚持以人为本，勤政为民，尽心尽力履行好自己的法定职责。把关系改革发展稳定大局和人民群众最关心、最直接、最现实的利益问题作为重点内容加强监督，使人大工作顺应民心，贴近民生，切实把最广大人民群众的根本利益实现好、维护好、发展好。平时认真学习党风廉政建设的各项规定，认真履行“一岗双责”，全面落实党中央“八项规定”，坚持个人重大事项、廉洁从政报告制度和领导干部带头述责述廉制度。始终把自己的行为置于人民群众的监督之下，保持了为民、务实、清廉的良好形象。

各位代表！

回顾一年来的工作，所取得的成绩，是在县委正确领导下，县各级人大代表、常委会组成人员及人大机关工作人员履职尽责、扎实工作的结果，是县“一府两院”密切配合、团结协作的结果，是全县各族人民充分信任、大力支持的结果。同时，我们也清醒地认识到，面对人民群众反映强烈的突出问题，我们在回应社会关切、增强监督工作刚性、督促审议意见落实、推动相关问题解决方面还需持续发力；面对广大代表不断提升的履职需求，我们在加强代表履职服务保障、推动代表议案建议办理落实、更好发挥代表主体作用方面还需要进一步加强。在接下来的工作中，我们将认真改进自身存在的不足，更好的发挥人大在我县全面建设中的作用。

2018年工作重点

2018年，县人大常委会要以习近平新时代中国特色社会主义思想作为行动指南，持续深入抓好十九大精神的学习贯彻和落实。要在县委的坚强领导下，围绕中心，服务大局，依法履职，积极作为，认真履行宪法和法律赋予的职责，为推进我县长足发展和长治久安做出新贡献。

一、进一步加强党的领导，在坚持正确政治方向上确保有新提升

党的十九大精神和县委第九次党代会确定的宏伟目标，充分反映了全县人民的共同愿望，也是创新人大工作、建设法治社会的行动指南。常委会要把全县各级人大代表的思想和行动统一到县委的决策部署上来，要把人大工作置于全县经济社会发展大局中来谋划和推进。通过依法履行各项职权，积极推进县委重大决策部署的落实，做到在思想上与县委同心、目标上与县委同向、工作上与县委同步。

二、围绕新目标新举措，在增强人大监督实效上做到有新作为

适时听取和审议全县国民经济和社会发展计划执行情况、监察委员会工作开展情况报告；财政预算执行情况、审计工作报告；审议财政决算，审查批准财政预算调整报告。组织人大代表围绕全县重点项目建设、人居卫生与健康情况开展专题视察和调研。听取和审议县政府社会治安管理工作、法院执行工作的专项工作报告，进一步推进“一府一委两院”依法行政和公正司法。对环保法、预算法、食品安全法的贯彻情况进行执法检查。

三、着眼新常态新理念，在行使决定权和人事任免权上保证有新举措

常委会要认真研究供给侧结构性改革、转型创新发展、保障改善民生等方面的新需求，结合听取和审议“一府一委两院”工作报告、审查批准计划和财政预算等，选好切入点，拿出好办法，对带有全局性、根本性、长远性的重大事项适时做出决议决定。在行使人事任免权上，坚持党管干部和人大依法行使任免权有机统一，全面实施对“一府一委两院”任命人员的述职评议工作，坚持任命人员向宪法宣誓制度，积极探索任后监督的新途径，努力打造为民务实清廉的干部队伍。

四、借鉴新经验新方法，在发挥代表主体履职作用上做到有新突破

要采取走出去、请进来的方式，虚心学习，大胆实践，不断丰富代表履职的形式和内容。有计划地邀请代表列席常委会会议，重视和吸收列席代表的意见和建议。根据代表职业特点、业务专长和工作需要，邀请更多代表参与常委会视察调研、执法检查等相关活动，为代表发挥作用搭建更多平台。认真抓好代表学习培训工作，努力提升代表的履职能力和水平。进一步强化代表小组建设，创新载体，

不断丰富闭会期间代表活动。不断改进代表议案建议办理工作，加强跟踪督办，增强办理实效。

五、适应新形势新要求，在提高人大干部队伍素质上能够有新成效

持续抓好十九大精神的学习，坚持把思想政治建设放在首位，在思想上、行动上始终与习近平总书记为核心的党中央保持高度一致，与全县改革发展稳定的新需要保持一致。深入开展“不忘初心、牢记使命”主题教育，加强机关干部的思想、组织、作风建设，落实党风廉政建设主体责任，把纪律和规矩挺在前面，促进人大机关党员干部在思想作风和工作作风等方面都有进一步的改进和提升。高度重视人大宣传工作，全方位、多层次、广角度地展现人大干部的风采，营造尊崇法治、信仰法律的氛围。要加强同乡(镇)人大的联系，指导和帮助解决实际工作中遇到的困难和问题。要加强同兄弟县人大常委会的联系、沟通和交流，共同推进人大工作向前发展。

各位代表，当前我们走在全面建成小康社会的新征程上，站在依法履职的新起点上，时代赋予我们重任，人民寄予我们厚望，让我们在县委的坚强领导下，同心同德，扎实工作，认真履行宪法和法律赋予的神圣职责，为建设团结美丽健康幸福新当雄而努力奋斗。

政府工作报告

——在当雄县第十二届人民代表大会第三次会议上

当雄县人民政府县长 其美次仁

（2018 年 1 月 8 日）

2017 年工作回顾

一年来，县政府在市委、市政府和县委的坚强领导和县人大、县政协的监督支持下，团结依靠全县人民，认真贯彻落实党的十九大和区、市、县党委九届三次全委会精神，主动适应新常态，着力应对新挑战，积极展现新作为，圆满完成了全年各项目标任务，全县经济社会保持“稳中有进、稳中有升”的良好发展态势。

——经济指标全线飘红。全年实现地区生产总值 17.97 亿元，同比增长 10.1%。农林牧渔业增加值完成 3.13 亿元，同比增长 9.37%。规模以上工业增加值完成 4.30 亿元，同比增长 55.3%。全社会固定资产投资完成 36.55 亿元，同比增长 23.8%。社会消费品零售总额实现 1.87 亿元，同比增长 12%。地方财政一般预算收入完成 2.99 亿元，同比增长 19%。各项税收完成 3.9 亿元，同比增长 118.95%。财政八项支出完成 10.46 亿元，同比增长 20%。农牧民人均可支配收入达 14333.00 元，同比增长 13.5%。

——脱贫攻坚成效显著。依托当雄“净土产业、文化旅游和新能源”三大资源优势，申报确定产业扶贫项目 18 个，总投资约 8.87 亿元。实施“十项提升工程”建设项目 36 个，总投资约 5.03 亿元。扶持 12 家专合组织实施“短、平、快”项目，年内共发放分红资金 430.49 万元。通过“一卡通”为 144 名建档立卡贫困大学生发放资助金 146.74 万元。完成县域精准扶贫易地搬迁 5 个安置点建设项目，搬迁 92 户 456 人；正在加快推进经开区、堆龙德庆区安置点的搬迁工作。今年，全县 1850 户 8213 人建档立卡贫困群众人均纯收入越过了拉萨市 2017 年脱贫标准线，脱贫工作已完成县级自验、市级脱贫摘帽考核验收和自治区第三方评估及交叉考核验收。

——净土产业突破发展。出台《当雄县净土牧场建设试点方案》，对牦牛入股、草场租赁、牧民参与等提出政策意见。开展净土牧场和家庭牧场建设，基本完成净土牧场郭庆场的建设任务，同步完成15个家庭牧场的建设任务。通过对强度放牧、半舍饲养殖、全舍饲养殖三种模式进行比较，科学选定半舍饲育肥方式，全面提升牦牛育肥综合效益。投资1600余万元收购牦牛2000头，按照现代化精细切割方式推出以牛排系列为主的15种新产品，全面推向市场。在成都、苏州、天津、上海设立了一级代理商，并在成都设立当雄牦牛肉旗舰体验店，辐射带动全国市场。同时，继续加强品牌宣传，积极参加北京国际食材展览会、第六届中国饭店文化节、中国牛人俱乐部华东区“中国好牛肉”峰会等，特别是在中国牛人俱乐部华东区“中国好牛肉”峰会上，成功签订300吨牦牛肉的销售协议，迈出了我县牦牛肉销售走向国内高端市场的坚实一步。投资1.2亿元，对净土公司控股的纳木错实业有限公司厂房及设备进行更新，即将投产运营。在京、津、冀和长三角地区寻找一级代理商，拓宽销售渠道。今年，全县矿泉水和天然饮用水总产量7.36万吨，同比增长51.4%；总销量5.72万吨，同比增长55.4%；总产值2.35亿元，同比增长14.6%。

——全域旅游稳健开局。全年纳木错景区共接待国内外游客63万人次，实现旅游门票收入6500万元。完成当雄县全域旅游规划及姆蓝雪山、唐滨湖、廓琼岗日冰川3个子规划。进一步扩大当雄旅游影响力。继续在旅游卫视《神州揽胜》栏目播出《高原明珠当雄》宣传片。电影《天缘纳木错》已发行放映。动漫电影《纳木错》已获拉萨市文化产业扶持资金260万元。成功举办第二届“相约纳木湖畔寻觅虫草之旅”活动、纳木错环湖拉力赛及“当吉仁”赛马节，特别是今年的“当吉仁”赛马节，中央电视台新闻联播进行了两次报道，中央新闻频道进行了三次专题报道，当雄旅游的对外影响力进一步提升。不断完善旅游基础设施。投资1.2亿元，完成岭格萨杰布温泉酒店主体工程建设，全力打造“高原地热温泉之乡”。充分挖掘草原游牧文化，规范纳木错精品旅游线路服务设施功能，规划建设羊八井、宁中、纳木湖3个点的“行者黑帐篷”系列游客服务点，打造独具特色的牧家乐旅游品牌。投资6900万元，完成当雄原创“天湖四季牧歌”大型文化产业项目建设。全力整顿旅游市场秩序。投资130余万元，对全县旅游沿线铁皮摊位集中进行整改升级。开展旅游沿线违规私搭乱建清理专项行动，拆除违建厕所、商铺30余处。成立旅游联合执法队，每月开展执法检查2次，处理强买强卖、欺诈勒索等事件10余起。设立旅游服务执勤点5个，及时为游客提供服务，处理纠纷。

——繁荣当雄日新月异。全年共开复工项目138个，完成投资36.6亿元。康玛药泉度假村建设项目（一期）和羊八井镇精准扶贫易地搬迁工程（一期）2个拉萨市重点建设项目进展顺利。西藏羊八井国家地质公园建设项目“破冰”重启，阿热湿地国家级湿地公园申报和风景名胜区建设工作有序推进，格达乡防洪工程、羊八井特色小城镇建设项目开工建设，宁中乡麦灵村公路、县中学地热供暖试点、村级活动场所标准化建设、4个乡（镇）免疫室等一批民生项目顺利完工。完成396套周转房、415户棚户区改造建设任务。加快推进羊八井镇和纳木湖乡特色小城镇示范点建设，羊八井镇成功入围第二批全国特色小镇。顺利完成“十三五”规划中期项目调整，共调整项目97项，涉及资金42.77亿元。加快推进“羊八井－格达新能源产业园区”建设，今年，园区实现产值7873.18万元，园区的集聚效应正在不断显现。

——进取当雄成绩斐然。完成县属国有企业的改革重组，正在加快制定《国有企业负责人经营业绩考核办法》、《国有企业重大权限若干规定》和《国有企业负责人薪酬管理办法》等7项办法规定，加快推进当雄国有企业改革发展。调整《当雄县土地利用总体规划（2006—2020年）》，加快推进《当雄县县城控制性详细规划》的编制工作。完成县城主城区和8个乡（镇）的土地定级和基准地价评估工作，并通过拉萨市人民政府的评审。全年共落实招商引资项目27个，实际到位资金18亿元，同比增长15%。积极参加2017年拉萨市“走出去”和“请进来”的招商引资活动，组织开展招商活动10余次，特色产品展销10余次。积极参与北京农业嘉年华、北京国际餐饮食材展、重庆餐博会、广州中博会等项目推介会及特色产品展销会。以2017年拉萨市雪顿节招商引资项目推介会及集中签约活动、“当吉仁”赛马节招商等活动为契机，共签约重点项目5个，总投资12亿元。

——生态当雄美丽宜居。全面启动“国家生态文明建设示范县”创建工作，力争到2020年争创全市第一个“国家生态文明建设示范县”。本级财政投入1241.25万元，用于环境保护整治管理、基础设施建设、执法监测等工作的开展。制定完善环保相关工作制度和机制，迎接中央环保督察第六组对当雄的督察工作，全面整改落实中央环保督察组的反馈意见。印发《当雄县环境保护考核办法（试行）》和《当雄县环境违法行为有奖举报暂行办法》。认真落实“河长制”，完成纳木湖、唐滨湖，以及县域范围内2个骨干河流、15个支流共19个河（湖）长制的设立工作。对34家采砂点开展专项整治工作，关停24家无证采砂点，整合重组10家。深入开展“禁白”专项整治3次，进行环保宣传10余次。

——幸福当雄全面优化。投资6615万元，为各学校添置设施设备和实施学校“四化”工程，全县普惠性学前教育资源覆盖率达到100%，义务教育阶段学校达到自治区二类学校标准，全县义务教育均衡发展工作顺利通过自治区和国家验收。出台《当雄县关于进一步加强师资队伍建设的实施意见》，投入1000万元，积极探索稳步推进教师队伍发展的长效机制，有效破解当雄艰苦边远乡（镇）教学人才流失严重的问题。文化广电事业蓬勃发展，成功将邦典达索编织技艺、羊八井传统牲畜疗法、羊八井寺羌姆成功申报区、市级非物质文化遗产代表性项目名录。完成县级数字影院建设，当雄县有线数字电视正式开通。医疗卫生条件不断改善，投入140余万元，大力开展包虫病综合防治工作，已筛查48407人，筛查率达99.14%。县医院医技中心、龙仁乡、羊八井镇及纳木湖乡卫生院正式投入使用，县人民医院成功通过二级乙等综合医院评审。社会保障水平大幅提升，以基本养老保险等五大险种为核心，覆盖城乡的社会保障体系全面建立。高度重视双拥优抚安置工作，被自治区双拥办评为双拥模范县。进一步规范落实城乡五保、低保和大病医疗救助政策，全年共救助低保户1423户、4978人，兑现低保资金1314.74万元。落实“两线合一”资金878.32万元。设立重大变故救助基金350万元，全年城乡医疗救助398人次，救助资金251.72万元。代表拉萨市参加全区民政救助评估，高分通过自治区民政厅第三方评估组的全面评估，民政社会救助工作被评为全区优秀单位。

——和谐当雄团结安宁。全面落实“六建”、“六个一”和“9+5”等利寺惠僧政策，提高寺庙公共服务水平。全县253名在编僧尼全部享受养老保险、医疗保险、最低生活保障和免费健康体检。表彰县级和谐模范寺庙4座，表彰爱国守法先进僧尼291人次，表彰民族团结进步模范集体、个人和家庭共22个。不断建立完善网格化服务管理体系和963个联户单位基本信息数据库，共表彰“先进双联户”13个（149户），推荐市级“先进双联户”6个（74户），区级“先进双联户”4个（53户）。完善调整信访联动工作体系，妥善化解处理群众来信来访事件76批（件）185人次，排查矛盾纠纷53起，化解53起。开展“沙霸”“车霸”“路霸”等重点领域专项整治工作。开展“黄、赌、毒”集中整治行动，赌博现象得到有效遏制。开展安全生产大检查工作，狠抓国务院安委会各工作组反馈问题的整改落实，实现了伤亡事故总量、死亡人数和重特大事故起数“三个继续下降”的目标。出动人员，车辆参与铁路护路工作，总巡线里程达30万公里，青藏铁路当雄段连续11年保持安全运行。充分发挥“护城河”检查站作用，检查过境车辆81.18万辆次，人员240.63万人次，物品104.25万件次。圆满完成“萨嘎达瓦”、G20峰会、党的十九大期间的维稳安保任务，全县社会局势持续稳定、全面稳定，人民群众的安全感和幸福感显著提升。

与此同时，人民武装、审计、食药、残联、气象、档案、防震减灾、妇女儿童等工作取得新进展。

各位代表！成绩来之不易，这是区、市党委、政府和县委坚强领导的结果，是北京市无私援助的结果，是县人大、县政协监督支持的结果，是全县5万余名各族干部群众共同努力的结果，是各位代表、政协委员有效监督、参政议政的结果。在此，我代表县人民政府，向辛勤工作在全县各条战线上的广大干部群众，向给予政府工作大力支持的人大代表、政协委员、离退休老干部，向驻军指战员、武警官兵和政法干警，向所有关心支持当雄建设与发展的同志们、朋友们，表示衷心的感谢并致以崇高的敬意！

在肯定成绩的同时，我们也清醒地认识到，全县经济社会发展中还存在一些亟待解决的困难和问题：畜牧业优势释放不够、旅游业引领不强、城市管理水平有待加强、脱贫攻坚任重道远、安全生产形势依然严峻、政府工作人员执行力、责任担当和推动工作能力不够，等等。对此，我们将立足当前，着眼长远，采取有效措施，努力加以解决。

2018年主要工作

2018年是贯彻党的十九大精神的开局之年，是改革开放40周年，是决胜全面建成小康社会、实施“十三五”规划承上启下的关键一年，做好今年的政府工作意义重大。

2018年政府工作的总体要求是：坚持以马克思列宁主义、毛泽东思想、邓小平理论、“三个代表”重要思想、科学发展观、习近平新时代中国特色社会主义思想为指导，全面贯彻落实党的十九大和中央第六次西藏工作座谈会精神，深入贯彻落实习近平总书记系列重要讲话精神和治国理政新理念新思想新战略，按照县九次党代会和县十二届人大一次会议确定的思路目标，突出“稳中求进、进中求好、补齐短板”的工作总基调，以提高发展质量和效益为中心，更加注重经济结构调整和动力转换、改革和创新驱动、脱贫攻坚和城乡协调发展、投资拉动和项目建设、生态保护和绿色发展，全面推进经济、政治、文化、社会、生态文明和党的建设，不忘初心，牢记使命，创新突破，加快推进全面建成小康社会进程，为夺取新时代中国特色社会主义伟大胜利、实现中华民族伟大复兴中国梦做出贡献。

2018年全县经济社会发展的主要预期目标是：地区生产总值增长9.36%，规上工业增加值增长13%，全社会固定资产投资增长16.32%，社会消费品零售总额增长13.6%，地方财政一般预算收入增长10%，农牧民人均可支配收入增长14%。

围绕上述目标任务，我们将重点抓好七个方面的工作：

*一是坚定不移抓脱贫攻坚，富民增收要有新突破。*继续强化“一号工程”意识，坚持问题导向，加快落实政策措施，确保年内顺利通过国家验收，实现整体脱贫。攻坚思路要再优化。各乡(镇)要按照县委、县政府的要求，紧扣精准识别、精准退出、群众满意度三个关键，进一步细化完善各自年度工作计划，全面提升脱贫攻坚工作的针对性和实效性。富民产业要再落实。紧扣贫困群众稳定增收，大力发展村集体经济，积极走富民产业组织化经营、规模化发展的路子，特别要在牧民专业合作社的提质增效上采取实质性的扶持措施，充分调动牧民积极性、提高产品市场竞争力，争取成立一个、带动一片、致富一方。各方力量要再加强。将产业扶持与脱贫攻坚深度融合，切实把帮扶重点放在协调项目、筹办实事、发展产业上。抓住一切政策机遇，围绕产业、就业、教育、旅游、招商等方面，积极争取更多扶贫产业项目落地实施，为我县扶贫脱贫注入新的活力、奠定坚实的基础。强势推进已落实的产业项目建设，确保其早建成、早见效。

*二是坚定不移抓产业发展，产业竞争力要有新提升。*大力实施产业强县战略，优化升级传统产业，积极发展新兴产业，引进培育骨干企业，切实推动经济持续健康发展。要全力破解畜牧业发展瓶颈。全面贯彻落实吴英杰书记、白玛旺堆书记赴当雄调研时的重要指示精神，继续加快推进当雄净土牧场和家庭牧场建设，力争通过3—5年的努力，将净土牧场打造成全市乃至全区的示范牧场。要强势推进净土产业发展。继续做好有“身份证”牦牛肉的市场推广工作，积极为“当雄牦牛”申请欧盟认证及美国市场有机牧场认证，实现全年牦牛销售过亿元的目标。加快推进西藏象雄饮用水有限公司与

当雄圣地生物发展有限公司矿泉水生产建设项目，加大对外宣传与合作，打响“当雄天然饮用水”地域品牌，争创自治区品牌和著名商标3—5个，不断提升当雄天然饮用水市场占有率，实现水产业产值比2017年翻一番的目标。要全力推动全域旅游发展。深度挖掘文化旅游资源，注重把文化元素注入旅游开发全过程，全力抓好“天湖四季牧歌”情景剧的提升改进工作，促进旅游、文化深度融合。与中央电视台深度合作，高标准、高层次、高品质举办好2018年“当吉仁”赛马节、中国少数民族马术论坛、纳木错环湖拉力赛、“相约纳木湖畔寻觅虫草之旅”等活动，不断提升当雄旅游的知名度和影响力。与西藏自治区体育局联合举办2018年“第十六届中国西藏登山大会”，争取与西藏自治区体育局所属企业联合组建合营公司，开展常态化、商业化的户外登山运动。加快推进纳木错小城镇（游客集散中心）、“行者黑帐篷”（羊八井、宁中、纳木湖）3个点、“岭格萨杰布药泉酒店”的建设工作。坚持保护与开发并重的原则，有计划、有步骤地开发建设姆蓝雪山、唐滨湖、廓琼岗日冰川、阿热湿地等旅游景点。加快推进动漫电影《纳木错》的拍摄工作，开发当雄旅游文创产品。要继续推行“互联网+旅游”战略，加快推进智慧旅游景区建设。要加快推进“羊八井—格达”新能源产业园区建设。加快制定完善园区发展规划，破解制约园区发展的水、电、路、通讯等基础设施问题。要在政策允许的前提下，帮助落户企业尽快解决征地、拆迁、融资等实际问题，使其能早投产、早见效。

三是坚定不移抓项目建设，争取投资要有新成效。牢固树立抓发展必须抓项目的理念，矢志不渝抓项目、抓投资。要突出重点抓进度。2018年计划实施项目建设96项，计划年内完成投资约41.7亿元。各项目单位要紧紧抓住1—3月份当雄项目施工的“空白期”，加快推进全年项目的前期工作，确保按时开工，特别是国家、区、市、县确定的重点项目，要提早谋划，全力配合，强势推进，绝不留跨年工程。要优化环境抓招商。继续实施“走出去”和“请进来”的招商引资战略，进一步优化思想环境、政策环境、经营环境和服务环境，让县内外客商放心投资、安心经营、专心发展，力争全年招商引资实际到位资金增长15%以上。要规范程序抓管理。加强部门之间横向交流，认真研究解决规划、土地、征地拆迁及前期手续办理等方面的困难和问题，严把项目规划、用地、环评等审批关，突出抓好项目立项、设计、施工、验收四个关键环节，确保每一个项目依法依规、符合程序。

四是坚定不移抓基础设施，城乡建设要有新发展。坚持农业农村优先发展，实施乡村振兴战略，着眼制约发展的瓶颈问题和群众生产生活难题，统筹推进全县基础条件和人居环境改善。要全力抓好县城提质扩容。进一步修改完善县城总体规划和各类修建性详规和专项规划。继续实施保障性住房建设，年内计划新建周转房260套。深入实施绿化亮化、道路畅通、违建拆迁等提升工作，重点抓好县城综合管廊、县城停车场、县城节能改造、当曲河县城沿岸整治提升、县城污水处理厂等项目建设，着力打造整洁美观、文明有序的县城环境。要全力抓好特色小城镇建设。加快推进羊八井和纳木湖特色小城镇建设，紧扣供水排污管网、集中供暖、垃圾处理、路网、市场等重点，结合旅游服务功能需求，加快完善小城镇设施建设，提升建设品位，切实增强辐射带动功能，打造全县特色小城镇建设样板工程。要全力抓好小康安居工程建设。加快推进海拔4500米以上牧民群众的搬迁工作，结合羊八井特色小城镇建设规划，加快推进羊八井小康安居工程安置示范点建设。结合当雄净土牦牛产业示范园区项目建设，加快完成龙仁乡郭庆村整体搬迁工作。

五是坚定不移抓生态环境，环境优化要有新进展。牢固树立“绿水青山就是金山银山、冰天雪地也是金山银山”的理念，努力构建环境优美、生态文明的经济社会发展新格局。要全力推进国家级生态文明示范县创建工作。进一步细化创建标准、分解指标，落实各项创建措施。进一步修订完善《当雄县生态文明建设规划（2016—2020年）》，确保年内通过国家环保部的评审。全力配合做好生态保护红线划定和第二次全国污染普查工作。要加强生态环境保护与修复。加快实施纳木错扎西岛羊年转湖临时居住及商业搬迁点草场生态恢复工程。开展农村饮用水源地22个点的环境保护工程。继续做好109国道和旅游沿线补植增绿工作,继续实施退牧还草、人工种草、人工造林等工程。严格落实环评制度,严禁“三高”项目进入,进一步巩固“禁白”工作成果。全面落实“河长制”,加快推进县域内河流整治保护工作,打造“水清、河畅、岸绿、景美”的河流生态体系。要构建更加完善的生态环境保护体系。加强草场资源保护,重点查处违法占用草场尤其是天然草场的行为。严厉打击整治非法采矿、采砂行为,抓好矿山修复。全面落实《当雄县环境保护考核办法(试行)》和《当雄县环境违法行为有奖举报暂行办法》。要全力保持当雄水、空气、土壤环境的优良质量。全面控制污染物排放,从源头上控制新污染源产生。实施最严格水资源管理,严控地下水超采行为。积极开发利用太阳能、地热、风能等可再生能源,积极推广清洁能源。严守“土地红线”,强化土地执法监察,建立健全土地执法综合防控体系。

六是坚定不移抓民计民生,社会事业要有新变化。始终把民生需求作为根本导向,用足用好国家惠民政策,持续加大民生投入,不断提升公共服务均等化水平。要优先发展教育事业。将20%教育专项资金更多地向提升教学质量、改善教师待遇、提高学生综合素质等方面倾斜,进一步提升全县教育的“软实力”。启动实施第三期学前教育行动计划,进一步完善27个村级幼儿园规范化建设,强化对各类幼儿园特别是村级幼儿园的专业指导。推动义务教育向高位优质均衡发展,进一步加快缩小城乡教育差距。研究制定义务教育优质均衡自评制度,推动均衡发展由办学条件向办学内涵转变。全力做好迎接拉萨市素质教育验收的各项准备工作。要着力提升医疗卫生水平。继续巩固二级乙等综合医院创建成果,充分利用好援藏医疗队及组团式援藏的优势,加快提升县医院服务水平和医务人员的诊疗水平。加快推进乡级卫生院建设,完善乡级卫生院医疗设施设备。认真贯彻落实医疗救助政策,继续做好包虫病综合防治工作。要繁荣发展文化事业和文化产业。坚持以人民为中心的创作导向,注重游牧文化、马文化和牦牛文化等民族传统文化的挖掘、保护与传承。全面实施乡(镇)综合文化站升级改造工程,做好国家第三批公共文化服务体系示范区建设迎检工作。加快推进有线电视数字化改造工作,力争在年内实现县城内有线数字电视全覆盖。要健全完善社会保障体系。按照“兜底线、织密网、建机制”的要求,全面建成“覆盖全县、城乡统筹、权责清晰、保障适度、可持续的”多层次社会保障体系,筑牢社会保障“安全网”。全面实施全民参保计划,加快完善覆盖城乡居民的基本养老、基本医疗、失业、工伤、生育等保险制度,扎实推进“五险合一”制度改革。进一步加大双拥工作力度,争创全国双拥模范县。加快推进“双创”工作,让更多的年轻人,尤其是贫困家庭的孩子有更多的上升通道。

七是坚定不移抓社会稳定,社会管理要有新气象。要牢固树立“稳定压倒一切”的思想,紧扣工作大局,创新方式方法,全力维护社会大局和谐稳定。要旗帜鲜明反对分裂。坚决维护祖国统一和民族团结,始终保持高压态势,严厉打击各种分裂渗透、干扰破坏和暴力恐怖活动,筑牢反分裂斗争的铜墙铁壁。要认真做好社会矛盾化解。按照“属地管理、分级负责”的原则,扎实开展社会稳定风险评估,进一步加强工作力量,重心下移、关口前移,对各种苗头性隐患抓早、抓小,切实做好各类矛盾纠纷排查化解,严防群体上访和越级上访的发生。要全面加强社会管理创新。积极探索末端化、个性化、数据化、制度化的社会治理实践,建立健全公共安全体系。依托乡(镇)综治中心,全面推进网格化管理,从严落实信息掌控、治安防范等监管措施,深入推进“技防”当雄建设。要深入推进平安当雄建设。深入开展“七五”普法工作,特别加强对青少年、未成年人的公德教育和法制教育,大力开展寺庙僧尼法治宣传教育活动。持续推进基层“平安创建”活动,加大重点领域治安专项整治力度,严厉打击各类违法犯罪;落实安全生产责任制,加强道路交通、建筑工地、防火等安全隐患排查。坚决防止重大公共安全事故发生,有效巩固平安当雄建设成果。

加强政府自身建设

各位代表，新时代、新目标、新任务对政府工作提出了新的更高要求。我们将不忘初心，牢记使命，继续前进，切实做到担当有为、执行有力、勤政廉政、逐梦当雄，努力打造人民满意政府。

*一是要担当有为。*习近平总书记说："看一个领导干部，很重要的是看有没有责任感，有没有担当精神"。改革有风险，发展有得失，稳定有压力，这就要求各级领导干部必须要有所担当，有所作为。为此，我们要在全县树立"有为才有位"的用人导向，要把善抓发展、敢于担当、实绩突出作为选人用人的重要标准，为那些在大是大非面前敢于坚持原则和真理、在矛盾困难面前勇于承担重任、解决难题时有思路有办法的干部鼓劲撑腰，对那些不讲原则、不负责任、不敢担当甚至关键时刻畏首畏尾、退缩失职的干部及时惩戒，绝不能让"圆滑官"获利，让"老好人"占先。

*二是要执行有力。*深刻反思白玛旺堆书记在当雄县调研时提出的"执行力不强"的问题。把过程督查作为提高政府执行力的有效措施，政府的执行力不能简单地停留在公文履行、会议布置上，而应确保各项任务、目标、要求、措施落到实处，树立"说干就干、马上就办、办就办好"的雷厉风行工作作风，重拳整治为官不为、懒政怠政行为。进一步强化县委、县政府综合督查室的作用，强化督查考核，注重跟踪问效，特别是对全县重点工作要实行挂牌督办，限时办结，对重点工作挂牌督办三次以上的，项目主要负责同志一律停职反省，绝不姑息。切实做到监督与落实并行、问责与问效同步，让失责必问成为常态，确保政府工作高效推进。

*三是要勤政廉政。*全面贯彻落实党的十九大精神，深入开展"不忘初心、牢记使命"主题教育活动，时刻把责任记在心上、把事业扛在肩上、把工作抓在手上，鼓励干部担当履责，做到务实创新不停滞、埋头苦干不折腾、敢于碰硬不怕难，全力推动政府工作提速增效。全面落实从严治党要求，强化"一岗双责"，落实"两个责任"。坚持挺纪在前，严格遵守中央"八项规定"，驰而不息整治"四风"，严厉查处破坏发展环境、侵害群众利益等行为，坚定不移把政府系统党风廉政建设推向深入。

*四是要逐梦当雄。*习近平总书记指出"每一代人有每一代人的长征路，每一代人都要走好自己的长征路。"今天，我们的长征，就是要让每位在当雄工作的干部职工都要有以当雄为家的主人翁精神，苦熬不如苦干的务实精神，对事业负责的担当精神，为人民谋福祉的服务精神，在"敢于争第一、勇于创唯一"的意识形态引领下，凝聚起逐梦当雄的强大人文共识，团结带领全县人民全面同步实现小康，全力谱写逐梦当雄的新篇章。

各位代表，习近平总书记说："不能因现实复杂而放弃梦想，也不能因理想遥远而放弃追求。"让我们在市委、市政府和县委的坚强领导下，不忘初心，牢记使命，开拓进取，真抓实干，为全面同步建成小康社会而不懈奋斗。

政协第二届当雄县委员会常务委员会工作报告

——在政协第二届当雄县委员会第三次会议上

当雄县政协主席 次仁桑玻

（2018 年 1 月 7 日）

2017 年工作回顾

一年来，在县委的坚强领导下，在市政协的精心指导下，县政协高举中国特色社会主义伟大旗帜，以习近平新时代中国特色社会主义思想为指导，深入贯彻落实习近平总书记系列重要讲话精神、治国理政新理念新思想新战略，深入贯彻落实区市县委九届二次全会精神，统筹推进“五位一体”总体布局，协调推进“四个全面”战略布局，牢牢把握团结和民主两大主题，紧扣全县工作大局，认真履行政治协商、民主监督、参政议政职能，努力发挥社会主义协商民主的重要渠道和专门协商机构作用，较好地完成了县政协二届二次会议确定的目标任务，为推动我县经济社会发展做出了积极贡献。

一、坚持党的领导，是政协履职的正确方向

一年来，县政协深刻认识党的十八大以来关于政协工作的新形势、新要求，多种措施凝聚共识，筑牢共同思想政治基础，确保政协工作始终沿着正确的政治方向前进。

（一）增进政治共识。我们坚持把巩固共同思想政治基础贯穿于重大会议、活动之中，特别是党的十九大胜利闭幕后，以参加区市县委组织的专题学习和县政协党组、机关党支部理论学习、机关党员干部集中学习等形式，深入学习贯彻党的十九大精神。通过增进共识，引导政协机关干部，号召广大政协委员，牢牢把握“不忘初心、牢记使命”的新时代主题，树牢“四个意识”，增强“四个自信”，夯实团结奋斗的共同思想政治基础。

（二）突出政治大局。一年来，县委总揽全局、协调各方，着眼全县工作大局，大力支持政协依法遵章履职。县委常委会专题研究政协工作，听取县政协党组工作汇报，审议有关工作报告，及时解决政协工作中的重大问题。县政协坚持“县委中心工作推进到哪里，政协履职就跟进到哪里”，立足职能谋大事，找准定位抓重点，确保政协工作始终与县委同心同德、同心同向、同心同行，引导广大政协委员把思想和行动统一到县委、县政府的决策部署上来。

（三）强化政治担当。县政协党组不断强化党组领导核心作用，发挥政协党组把方向、定目标、保落实作用，把发挥党组领导作用与政协依章履行职责统一起来，确保党对人民政协工作的绝对领导。在政协日常事务中，党组成员以诚相待，互相支持，分工协作，密切配合。在贯彻民主集中制原则上，无论是党组会议研究重大问题，还是主席会议安排工作，都能够自觉坚持民主集中制原则，大事协商，小事沟通，自觉维护集体权威、班子团结。一年来共召开党组会议4次，主席会议6次，常委会议6次。

二、围绕中心服务大局，忠诚履职尽责

县政协常委会始终紧扣全县中心工作，发挥政协统战性、民主性、协商性、广泛性的作用，开展协商议政、调研视察，积极建言献策，为县委、县政府决策提供有力支持。

（一）充分利用各类会议协商议政。一年来，县政协及其常委会充分发挥人民政协协商民主重要渠道作用，进一步创新政协例会形式，组织不同层次、不同形式的协商座谈会7次，构建以全体会议为龙头，以议政性常委会和专题协商会为重点，以提案办理协商会为常态的多层次协商议政新格局。

（二）注重提案办理协商，不断提高提案办理质量。县政协将协商民主理念和协商工作方式贯穿于提案工作全过程。二届二次会议以来，共收到提案48件，经审查立案44件，立案率91.67%。及时召开提案交办会，按照归口管理、分级负责的原则，将44件提案，分别交给25个相关部门和单位归口承办。经政协二届第七次主席会议研究，常委会议通过，确定了2件事关全局、针对性强、建议比较具体的提案作为主席督办的重点提案，由主席、副主席领衔督办。县政协提案委联合县综合督查室及有关提案人采取多种方式进行提案督办，形成各承办单位积极承办提案的整体合力，确保办理工作落实落地，做到让政协委员满意，让人民群众受益。截至10月30日，所有提案均向政协委员书面答复完毕，答复率100%，委员对提案办理情况满意或基本满意率达95%。提案工作呈现出“党委重视、政府支持、政协主动、部门配合”的良好氛围。

（三）创新民主监督。县政协积极发挥自身优势，深入扎实地开展民主监督活动，为推进部门工作、优化全县行风政风做贡献。政协会议、协商座谈等是政协履职的主要形式和常规方式，更是政协民主监督的重要途径和有效办法。一年来，县政协多措并举，增强民主监督意识，规范民主监督形式，提升民主监督实效。聘任16名委员为民主监督员，10余名政协委员分别被县检察院、县法院等单位聘请为社会监督员或行风评议员。这些委员坚持以实事求是的态度参加政风督查和行风评议，发挥了政协委员在民主监督中的作用。

（四）调研视察聚焦发展。我们充分发挥政协人才荟萃、智力密集的优势，选准课题，精心组织，以全面建成小康社会的短板问题、经济社会发展的重要问题、人民群众普遍关心的实际问题作为重点调研、视察课题。围绕我县纳木错景区保护开发开展调研视察活动。注重调研视察过程，深入一线，沉到基层，采取实地查看、座谈讨论、文件查阅等方法，提出了有价值的建议，形成了有分量的调研报告，为促进我县环境保护、旅游发展等发挥了积极作用。同时，县政协组织委员两批次7人次赴堆龙德庆区调研如何组织基层委员参政议政、撰写提案，赴曲水县视察观摩委员在净土健康产业、精准脱贫事业中的引领带动作用，达到了开阔视野、增强履职能力等目的。

三、强力担当力促维稳，促进社会和谐稳定

常委会始终把维护稳定作为政协履职的首要政治任务，深入贯彻落实区、市县委关于维护稳定的重大决策部署，认真做好一线维稳带班值班工作和社会面巡查工作。在敏感时期，县政协党组成员，工作重心前移，进驻联系乡（镇），深入村（居）和寺

庙60余天，为群众办实事解难事20余件，指导服务宗教活动10余次，有力助推了我县社会局势持续稳定、长期稳定、全面稳定，彰显了县政协维护社会稳定的责任担当。

四、强化履职效能，加强自身建设

县政协党组充分发挥在政协工作中的领导核心作用，从推动政协工作的要求出发，总览全局、协调各方，为做好新形势下政协工作提供了坚强保障。

（一）发挥委员主体作用，提升履职能力水平。政协委员是人民政协履行职能的主体。县政协牢固树立“政协是委员之家、委员是政协之本”的理念，主动引导委员谋事，积极服务委员干事，努力保障委员成事，在发挥委员主体作用方面进行了一些有益的探索和尝试。一年来，县政协常委会围绕发挥委员主体作用，通过加强学习，打造懂政协的委员队伍；创新管理机制，激发委员履职活力；搭建履职平台，提升政协委员会协商的素质（协商议政平台、视察调研平台、界别履职平台）；增强服务意识，为委员善议政创造有利条件等一系列举措，不断激发委员履职积极性和主动性，有效提升了委员履职能力水平。

（二）注重加强政协机关建设。县政协坚持高标准、严要求，推进机关“两学一做”学习教育常态化制度化，制定了《当雄县政协机关党支部开展“两学一做”学习教育常态化制度化实施方案》，组织机关党员干部学党章党规、学系列讲话、做合格党员，切实抓好专题党课、专题研讨、专题民主生活会和整改落实四个关键动作，定期开展机关党支部“主题党日”活动，认真落实“三会一课”等党内基本政治生活制度。强化责任意识，落实从严治党主体责任，坚持把党风廉洁建设摆在突出位置，注重加强班子成员和机关干部党风廉政、思想道德和法律法规等方面的学习教育，自觉做到守纪律、讲规矩，知敬畏、存戒惧。

（三）加大对外交流与合作。一年来，接待区内外政协学习考察团5批次，100余人次，举办座谈交流会5次。积极参加区市政协有关会议。通过交流学习，开阔了视野，增长了见识，进一步提高了服务水平和履职能力。

五、坚持发挥优势，进一步拓展服务社会广度

县政协常委会坚持共享发展理念，把以人民为中心贯穿履职全过程，围绕人民群众最关心最直接最现实的利益问题真心建言，人民政协联系群众、团结社会各界人士的桥梁纽带作用得到进一步巩固。

（一）倾心服务民生改善。紧扣县委扶贫工作部署，县政协积极履行职责，全身心投入扶贫工作，深入调研，主动联系乡镇、结对帮扶户，全力助推我县精准扶贫精准脱贫工作。根据县委安排，主席、一名副主席全力参与县精准扶贫精准脱贫工作和市精准扶贫精准脱贫交叉督导验收工作。县政协机关认真做好对口扶贫工作，深入结对户家中走访，一起研究制订脱贫计划，谋划发展规划，参与帮助结对户解决生活难题，改善生活环境，推进精准脱贫。动员广大政协委员积极参与精准扶贫工作。

（二）倾情回应群众关切。我们进一步发挥社情民意“直通车”作用，拓展信息渠道，规范反映程序，形成工作合力。一年来，社情民意信息员自觉承担社会责任，把社情民意信息工作的重点更多地放在反映人民群众所需、所盼的事情上，放在反映社会弱势群体、特殊困难群众的实际困难上，反映了加大困难群体救助力度、丰富社区群众文化生活、提高全民医疗水平、推进牧区教育均衡发展等方面的社情民意信息，都事关人民群众“衣、食、住、行”切身利益。在反映民意、解决问题的同时，也密切了党群、干群关系，巩固了社会团结稳定，促进了社会和谐。

（三）倾力参与中心工作。县政协常委会深刻认识到，政协有为才有位。在充分履行政协“三项职能”的同时，坚持以“有为才有位”的意识引导全体政协委员和政协工作者，围绕县委中心工作，县政协班子成员主动担当，积极参与县精准扶贫、县宗教领域“四讲四爱”宣教活动、市精准扶贫交叉督导验收、县包虫病综合防治、信访维稳、旅游文化活动等工作。

各位委员，过去一年县政协常委会工作所取得的进展和成效，是县委坚强领导、高度重视的结果，是全县各级党委、政府和社会各界热情帮助、鼎力支持的结果，也是县政协各参加单位、广大委员和政协机关团结协作、共同奋斗的结果。在这里，我

代表县政协常委会表示衷心的感谢！

同时，我们也清醒地认识到，常委会工作仍存在一些不足。在推进协商民主建设方面有待创新，协商成果反馈机制有待健全，围绕协商议题调查研究有待深入，提案质量和办理成效有待进一步提高，政协交流联谊还有待加强。这些问题，我们将在今后的工作中采取有效措施加以改进。

2018年工作计划

2018年是全面贯彻党的十九大精神的开局之年，也是决胜全面建成小康社会、实施"十三五"规划承上启下的关键一年。新的一年，县政协工作的总体思路是：高举中国特色社会主义伟大旗帜，以习近平新时代中国特色社会主义思想为指导，全面贯彻落实党的十九大精神，深入贯彻落实习近平总书记系列重要讲话精神和治国理政新理念新思想新战略，统筹推进"五位一体"总体布局，协调推进"四个全面"战略布局，按照党的十九大和区市县委九届三次全会的部署要求，在县委的坚强领导下，围绕团结和民主两大主题，聚焦县委、县政府中心工作，把协商民主贯穿政治协商、民主监督、参政议政全过程，完善协商议政内容和形式，发挥社会主义协商民主的重要渠道和专门协商机构作用，为建设团结美丽健康幸福新当雄做出新的更大贡献。

一、学习贯彻党的十九大精神，在巩固共同思想政治基础上有新追求

党的十九大报告中强调："党政军民学，东西南北中，党是领导一切的"。坚持党的领导，是人民政协必须遵循的根本原则，也是人民政协事业不断进步发展的根本保证。当前和今后一个时期，我县政协的首要政治任务是把党的十九大精神学习好、领会好、贯彻好、落实好。学习贯彻党的十九大精神，就是要把牢正确政治方向，从政治和大局上向核心看齐，坚决维护以习近平同志为核心的党中央权威，坚决服从党中央的集中统一领导，自觉用习近平新时代中国特色社会主义思想指导我县政协事业发展，不断巩固团结奋斗的共同思想政治基础。要认真学习党的十九大关于加强人民政协工作的战略部署，坚持政协性质定位，加强协商民主建设，推动政协工作与时俱进，不断创新发展，充分发挥人民政协在新时代中国特色社会主义事业中的重要作用。要切实把人民政协履职成果落实到围绕中心、服务大局、助力民生的实践中，与县委、县政府同频共振，确保人民政协事业始终在党的绝对领导下健康推进，凝聚起同心共筑"中国梦"的磅礴力量。

二、围绕推进协商民主机制建设，在发展社会主义民主政治上有新作为

党的十九大报告中指出："协商民主是实现党的领导的重要方式，是我国社会主义民主政治的特有形式和独特优势""人民政协是具有中国特色的制度安排，是社会主义协商民主的重要渠道和专门协商机构"，这是在新的历史时期党中央对人民政协的顶层设计。要以构建中国特色社会主义制度优势的政治自觉，更好地发挥政协作为协商民主重要渠道和专门协商机构作用，提高政协协商的计划性和权威性。要推动协商民主广泛、多层、制度化发展，充分发挥界别、委员作用，努力形成多元协商主体。进一步健全委员全体会议、常委会议、专题协商会等协商平台，推进专题协商、界别协商、提案办理协商蓬勃开展，努力形成多层协商格局。按照"有事好商量、众人的事情由众人商量"的要求，坚持平等协商、民主议事，协助县委、县政府搞好同各界人士的协商，动员各界别就涉及界别相关领域的问题与县直有关部门进行界别协商，增进共识，促进团结。继续推动工作创新，提高协商座谈会质量，做好政协调研视察等各项工作，为县委、县政府科学民主决策提供参考。

三、围绕中心服务发展，在推进我县经济社会发展上有新贡献

深入贯彻党的十九大报告提出的"人民政协工作要聚焦党和国家中心任务""把协商民主贯穿政治协商、民主监督、参政议政全过程"的工作要求，坚持把推动科学发展作为履行职能的第一要务，紧紧围绕县委、县政府中心工作来谋划政协工作，找准围绕中心、服务大局的结合点和切入点，开展调研视察，认真协商议政，积极献计出力，推动全县经

济社会发展。贯彻落实党的十九大报告关于“加强人民政协民主监督，重点监督党和国家重大方针政策和重要决策部署的贯彻落实”的要求，聚焦全县中心工作、重大改革举措、重要政策贯彻执行情况，综合运用会议监督、视察监督、调研监督、提案监督等各种形式，提出意见建议。继续深化派遣民主监督员工作，逐步向全县各部门开展派遣监督工作，确保全年监督有课题、有计划、有载体、有效果。

四、围绕全面建成小康社会，在促进民生改善社会和谐上有新成效

我们要深刻领会党的十九大报告对我国社会主义主要矛盾做出的新判断，贯彻落实“坚持以人民为中心”的发展思想，人民政协要体现“人民”属性，要坚持履职为民的价值取向，把人民对美好生活的向往作为奋斗目标，认真贯彻落实县委脱贫攻坚部署，紧扣与全国同步进入全面小康社会这一目标，坚持完善规划、精准施策，扎实做好精准扶贫工作，助力如期完成脱贫任务并巩固脱贫成果。紧紧围绕教育、就业、医疗、住房、养老等社会保障、社会建设和社会管理中的重要问题，组织政协委员运用提案、视察、调研、社情民意信息等多种形式，建箴言、谋良策、出实招，协助县委、县政府解决好人民群众最关心、最直接、最现实的利益问题。要充分发挥人民政协作为统一战线组织的重要作用，注重发挥民族宗教界委员的特殊作用。希望广大宗教界委员要学习领会好、贯彻落实好党的十九大精神，主动适应新形势、新任务，切实增强“五个认同”积极引导宗教与社会主义社会相适应，为决胜全面建成小康社会做出应有贡献。宗教界委员要继续钻研佛教经典，不断扩大知识面，精思渐悟，主动服务，挖掘宗教教义教规中有利于社会和谐，健康文明的内容，做出弘扬主旋律，传递正能量的阐释，教育广大僧尼爱国爱教，遵规守法，维护稳定，引导信教群众勤劳致富，追求文明，过好今生；要争当遵守法律的表率，树立正确的历史观、民族观、国家观、文化观，积极移风易俗，主动弘扬新风；要在事关大局稳定的关键时刻，坚定地与党和人民站在一起，敢于担当，旗帜鲜明，大胆发声，绝不退缩；要协助各级党委政府做好僧尼和信教群众的教育引导工作，把他们的思想和精力转移到发展生产，追求健康文明生活方式，过好当下幸福生活上来。

五、围绕务实高效廉洁作风，在全面加强政协自身建设上有新举措

我们要以政治建设统领党的建设，充分发挥政协党组领导作用，深入学习新党章，严守政治纪律规矩，严肃党内政治生活，增强政治本领，锤炼忠诚担当品格，以党的建设新成效带动政协自身建设取得新进展。要提高常委会履行职能的整体水平，发挥好表率作用，常委们要带头参加政协组织的学习和调研视察等活动，认真撰写提案、社情民意信息和调研视察报告。要坚持求同存异、互相监督、肝胆相照、荣辱与共的原则，加强与党外人士的团结合作，促进民族关系、宗教关系的和谐，找到最大公约数，画出最大同心圆，从而达成共识，凝聚力量，彰显“各美其美、美美与共”的协商民主特色。要更加重视政协委员队伍建设，各位委员既要有想干事、真干事的自觉，又要有会干事、干成事的本领，把建设“懂政协、会协商、善议政”，“守纪律、讲规矩、重品行”高素质队伍作为推进政协履职能力现代化建设的重要抓手，按照“严管厚爱”的原则带好政协委员队伍，为政协高效履职提供坚实的人才队伍保障。全面落实党风廉政建设主体责任和意识形态主体责任，巩固和扩大“两学一做”学习教育成果，对内提升精气神，对外树立新形象，努力建设和保持好政协机关风清气正、积极健康的良好政治生态和工作作风。

各位委员、同志们，迈进新时代，开启新征程。党的十九大描绘了决胜全面建成小康社会，建设社会主义现代化强国的宏伟蓝图。人民政协的定位更加清晰，任务更加明确，使命更加光荣。目标越宏伟，使命越神圣，任务越艰巨，就越需要凝聚人心、汇聚力量、众志成城、奋发有为。让我们更加紧密地团结在以习近平同志为核心的党中央周围，高举习近平新时代中国特色社会主义思想伟大旗帜，在县委的坚强领导下，不忘初心、牢记使命，立足实际、着眼未来，不断推进人民政协事业新发展。为实现“两个一百年”宏伟目标、实现中华民族伟大复兴的中国梦当雄篇章而努力奋斗。

以习近平新时代中国特色社会主义思想为指导 坚定不移推进全面从严治党

——在中国共产党当雄县第九届纪律检查委员会第三次全体会议上的工作报告

县委常委、纪委书记、监委主任 王俊龙

（2018 年 3 月 30 日）

3 月 30 日，中国共产党当雄县第九届纪律检查委员会第三次全体会议在当雄召开，圆满完成了各项议程。出席这次会议的当雄县纪委委员 9 人，列席 190 人。拉萨市政府副市长、县委书记张正出席会议并作重要讲话。当雄县纪律检查委员会常务委员会主持会议。

这次全会的主要任务是：深入学习贯彻习近平新时代中国特色社会主义思想，全面贯彻落实党的十九大精神，贯彻落实十九届中央纪委二次全会精神特别是习近平总书记重要讲话和赵乐际书记的工作报告精神，贯彻落实自治区纪委九届三次全会精神特别是吴英杰书记重要讲话和王拥军书记的工作报告精神，贯彻落实拉萨市纪委九届三次全会精神特别是白玛旺堆书记重要讲话和王家民书记的工作报告精神，总结 2017 年纪检监察工作，部署 2018 年任务。

一、2017 年工作回顾

2017 年，在县委的坚强领导下，在拉萨市纪委的有力指导下，以张正同志为班长的县委团结带领全县各族人民以习近平新时代中国特色社会主义思想为指导，推进全面从严治党决心不变、初心不改，全县各级党组织管党治党政治责任显著增强，党的纪律建设全面加强，党风政风持续好转，反腐败斗争压倒性态势已经形成并不断巩固发展。全县各级纪检监察机关忠诚履职、敢于担当、从严监督、铁面执纪、严肃问责，党风廉政建设和反腐败斗争不断取得新成效、迈上新台阶。

（一）深入学习贯彻党的十九大精神，在学懂弄通做实上下功夫。始终把学习贯彻党的十九大精神和习近平新时代中国特色社会主义思想作为首要政治任务，反复学、经常学。召开专题学习会 4 次，累计发言人数 20 余人次，撰写心得体会 18 份，确保党的十九大精神碰思想、触灵魂、入心入脑见行动，真正转化为思想自觉和行动自觉，推动党的十九大精神落地生根。

（二）强化责任担当，主体责任意识明显增强。以担当强化责任。县委始终把党风廉政建设和反腐败工作摆在突出位置，抓住管党治党“牛鼻子”，做到大会小会必提全面从严治党要求，制定年度工作计划，把责任分解到下级党组织。张正书记亲自研究部署党风廉政建设和反腐败工作 14 次、作出批示 50 余次，亲自带队对 8 个乡（镇）落实党风廉政建设责任制进行考核验收，始终把责任落实到行动上。以“双述”促进履职。选取 6 家单位党组织书记在“双述”会议上现场述责述廉并接受评议质询，30 余家单位书面提交述责述廉报告，切实加强对“一把手”的监督。同时，各乡（镇）积极将“双述”工作延伸至村一级，不断加强村（居）党组织书记的监管。以约谈传导压力。县委成立9个约谈小组，对县委班子、人大、政府、政协党组成员和8个乡（镇）党委、纪委，32家县直部门主要负责人进行约谈，共计约谈92人，累计谈出存在的问题169条，并加强督促整改。以明责推动工作。听取乡（镇）纪委工作汇报7次，向县委汇报工作14次，向市纪委分管领导专题汇报工作3次。

（三）加强纪律监督，坚决维护纪律权威。严明党的纪律，确保政令畅通。认真开展贯彻落实重大决策部署专项检查，确保政令畅通，坚决维护党中央权威。出台《关于严禁违规收送礼金礼品和实行上交登记制度》，进一步增强全县党员干部廉洁从政意识。严明政治纪律和政治规矩。联合县委组织部下发《关于严禁共产党员信仰宗教的通知》《关于严禁共产党员和国家工作人员参与“萨嘎达瓦”宗教活动的通知》，集中力量对党员信仰宗教、参与宗教活动开展明察暗访。全年派出督导检查组42组次，分片区、分区域开展维稳督查100余次。严把党员干部政治关、廉洁关，扎实做好党风廉政意见回复工作，对拟提拔任用、评先评优人选出具党风廉政意见回复函26批246人次。严防“四风”问题反弹。共查处违反中央八项规定精神问题2件2人。开展党员干部参与赌博问题专项整治，开展明查暗访6次。

（四）严格执纪审查，促进标本兼治。整合资源优势。充分发挥反腐败协调小组职能，在县委统一领导下，精心统筹谋划，分析研判形势，做到信息互通、情报共享、优势互补。增强执纪效果。坚持惩前毖后、治病救人，用好监督执纪“四种形态”特别是第一二种形态，坚决减存量、遏增量。强化警示教育。转发中央和区市纪委典型案例通报，对自查典型案件通报曝光，将反面教材纳入警示教育内容，要求全县各级党员干部汲取教训、引以为戒，以身边事教育身边人。充分利用LED屏、“逐梦当雄”手机客户端和“幸福当雄”微信公众号等介质拓宽宣传渠道，积极营造风清气正的政治生态。定期组织开展单位主要领导讲廉政党课活动，全县各级党组织书记讲廉政党课共36场次。加强廉政文化建设。投入专项资金10万元用于廉政文化走廊建设，实现廉政文化举目可见。紧盯扶贫领域问题易发多发的风险点和关键环节，精准发力、从严执纪，围绕全县扶贫项目安排、资金落实等环节开展监督检查。全年查处扶贫领域问题线索14件，通报曝光2人、约谈4人，一批发生在扶贫领域的问题得到有效解决。

（五）深化纪检监察体制改革，推进党内监督和国家监督全覆盖。启动县委首轮巡察，派出2个巡察组，对2个党组织开展政治巡察，发现问题22个，移交问题线索（事项）2件，首轮巡察实现良好开局。县委强化政治担当，站位全局谋划，成立当雄县深化国家监察体制改革试点工作小组，推动组建挂牌、内设机构设置、案件线索移送、转隶人员调配等工作，平稳迈出改革试点工作坚实步伐。

（六）坚持打铁必须自身硬，着力打造过硬纪检监察干部队伍。加强自身建设。县纪委常委会坚持以上率下，带头严肃党内政治生活，认真贯彻执行民主集中制，充分发挥表率作用。班子成员始终保持坚强政治定力，模范践行“三严三实”，始终做到忠诚干净担当。提升履职能力。举办1期纪检干部培训班，对乡（镇）纪检干部、村（居）纪检监督员进行集中培训；选派干部参加中央纪委和区市纪委各类培训50余人次；组织学习中央和区市纪委关于部分纪检干部违纪典型案例15次；观看《打铁还需自身硬》电视片6场次；召开乡（镇）纪委工作情况汇报会2次。严防“灯下黑”。把“信任不能代替监督”“监督者更要接受监督”做实做细，出台《全县纪检监察干部“八小时以外”行为规范（试行）》，对苗头性、倾向性问题早发现、早提醒、早纠正，坚决做到防范于未然；开展全县纪检监察干部参与赌博或带有赌博性质娱乐活动专项整治工作，签订承诺书46份、撰写自查报告46份。

二、2018年重点工作

2018年是全面贯彻落实党的十九大精神的开局之年，是改革开放40周年，是决胜全面建成小康社会、实施“十三五”规划承上启下的关键一年，也是当雄县深化国家监察体制改革的开局之年，做好纪检监察工作责任重大。今年工作的总体要求是：以习近平新时代中国特色社会主义思想为指导，全面贯彻落实党的十九大和十九届二中、三中全会战略部署，按照十九届中央纪委二次全会和区市纪委九届三次全会决策部署，忠实履行党章和宪法赋予的职责，紧紧围绕坚持和加强党的全面领导，紧紧围绕维护习近平总书记在党中央和全党的核心地位，紧紧围绕维护党中央权威和集中统一领导，坚持党要管党、全面从严治党，着力加强党的政治建设，深化国家监察体制改革，持之以恒正风肃纪，深入推进反腐败斗争，积极营造风清气正的良好政治生态，建设忠诚干净担当的纪检监察干部队伍，为决胜全面建成小康社会提供坚强保证。

（一）始终把党的政治建设摆在首位，积极营造风清气正的政治生态

把严明政治纪律和政治规矩摆在首位。要加强对党章执行和党的十九大精神特别是习近平总书记治边稳藏重要战略思想贯彻落实情况的监督检查，加强对中央和区市县党委重大决策部署执行情况的监督检查，严肃查处有令不行、有禁不止的行为；严惩上有政策、下有对策的问题。要将党员信仰宗教、参与宗教活动作为监督检查重要内容，一经发现，严肃处理，既要追究直接责任人责任，又要追究单位教育监管责任。要严明反分裂斗争纪律和维稳工作纪律，把党员干部在反分裂斗争中的立场表现作为巡察和执纪监督的重点，严肃查处参与和资助分裂破坏活动、造谣诋毁党的领导以及妄议党的决策，追随十四世达赖的问题。

把维护风清气正的政治生态摆在更加突出位置。要加强党内政治生活监督检查，督促各级党组织严格执行新形势下党内政治生活若干准则，凡前三种形态处置的党员都要在民主生活会、组织生活会上作出说明或深刻检查。要严格执行双报告制度，乡（镇）纪委要定期向县纪委和同级党委报告工作，重要工作、重大事项、重要案件及时报告，既要报结果、也要报过程。要严肃查处对党不忠诚不老实、阳奉阴违的“两面人”和违背党的政治路线、破坏党内政治生态等问题。要严把选人用人的政治关、廉洁关、形象关，将选人用人情况作为日常监督、巡察监督重点，动态更新干部廉政档案，做深做细党风廉政意见回复工作；落实“纪检监察机关意见必听、线索具体的信访举报必查”的要求，对政治上有问题的一票否决，对廉洁上有硬伤的坚决不用，严肃查处选人用人上的不正之风和腐败问题。

（二）有序推进纪检监察体制改革，坚决沿着中央和区市部署前进

完善巡察监督机制。要围绕坚持和加强党的全面领导这个根本，以政治建设为统领，完善县委巡察机制，突出政治巡察，坚持问题导向，重点发现党的领导弱化、党的建设缺失、全面从严治党不力、违反“六大纪律”特别是政治纪律、组织纪律的问题。要坚持常规巡察与专项巡察相结合，延伸党内监督触角。强化巡视巡察成果运用，做好中央和自治区巡视及市县委巡察反馈意见整改工作，对整改不到位、问题不解决的，整改敷衍、责任不落实的，抓住典型严肃追责，让利剑高悬、震慑常在。

探索建立派驻机构。不断适应全面从严治党要求，整合资源、创新机制，探索开展向县直单位派驻纪检组试点工作，督促驻在单位党组织落实全面从严治党责任，找准找实管党治党存在的问题，真正把纪律立起来、严起来、执行到位，有效发挥“探头”作用。

深化监察体制改革。要深刻理解、准确把握纪检、监察两项职能，继续在深化细化工作方式方法上下功夫，最大限度发挥整合效应。要认真履行监督、调查、处置职责，全要素试用12项调查措施，用留置取代“两规”，依纪依法开展审查调查。要加强监督、调查、处置与监督、执纪、问责工作流程的融合，加强监察机关与审判机关、检察机关、执法部门的工作衔接；落实自治区纪委关于赋予乡（镇）纪委监察权的规定要求，推动监察工作向基层延伸。

（三）巩固作风建设新成果，以钉钉子精神打好攻坚战、持久战

推进作风建设常态化。要紧盯“四风”问题新形式、新动向，不断增强纠正“四风”的针对性和精准度，将中央八项规定精神和区党委“约法十章”“九项要求”、市委“八项要求”及其实施细则内化于心、外化于行，带动作风整体转变。要继续开

展党员干部参与赌博或带有赌博性质娱乐活动专项整治工作，一经发现，严肃处理。要坚决查处公车私用、公款吃喝、公款旅游和公款送礼等问题，严防“四风”反弹回潮。

拧紧作风建设螺丝钉。要聚焦习近平总书记在重要批示中指出的10个方面形式主义、官僚主义问题，突出对特权思想和特权现象的监督检查，着力解决一些单位“门好进、脸好看、事难办”的现象，深入开展不作为、慢作为、乱作为、冷硬横推等问题专项治理。要不断推进家风建设，引导党员领导干部坚持廉洁修身、廉洁齐家，发挥党员领导干部示范引领作用，推动社会风气持续向好。把党员干部意识形态领域的纪律、规矩意识作为重要监督内容，促进党员干部在党言党、对党忠诚，带头捍卫主流意识形态阵地。强化环保领域责任追究，紧盯环保领域违规违纪问题，从严执纪，倒逼环保责任落实。

（四）始终把纪律和规矩挺在前面，全面加强纪律建设

用好监督执纪“四种形态”。要把严管与厚爱结合起来。让党员干部习惯在监督和约束的环境中工作生活，最大限度防止干部出问题。要用好监督执纪“四种形态”。坚持宽严相济，把握政策界限，达到惩前毖后、治病救人的目的。要处理好干部担当干事和容错纠错的关系，旗帜鲜明地为敢于担当、踏实做事、不谋私利的干部撑腰鼓劲。

注重廉洁教育。要深入开展党章党规党纪教育，督促各级各单位把学习贯彻党章党规党纪作为必修课，提高警示教育的政治性。要建立健全定期通报制度，将反腐败成效向社会及时发布，扩大干部群众知晓率，对典型案例一律点名道姓通报曝光，把制度的笼子扎得更紧。要发挥反面典型警示教育作用，坚持警钟长鸣，用好用活“反面教材”。

（五）深化标本兼治，巩固发展反腐败斗争压倒性态势

坚持无禁区、全覆盖、零容忍。要对不收敛不收手，问题线索集中、群众反映强烈，现在重要岗位且可能还要提拔使用的进行重点审查，三种情况同时具备的作为重中之重；要严肃查处领导干部插手工程建设、土地出让、干预司法活动、买官卖官等行为。要重点查处腐化堕落、搞攻守同盟、对抗组织审查、转移赃款赃物、销毁证据等问题。

坚持重遏制、强高压、长震慑。要聚焦政治问题和经济问题相互交织形成利益集团的腐败案件，在构建不敢腐、不能腐、不想腐上同向发力。要强化党委对反腐败工作的统一领导，坚持受贿行贿一起查，力度不减、节奏不变。要加强问题线索集中管理，健全完善问题线索排查机制，确保问题线索台账情况明、数字准、责任清，处置及时规范。要引导广大党员干部持续解决好世界观、人生观、价值观这个“总开关”问题，坚定“四个自信”、增强“四个意识”，从思想源头上消除贪腐之念。

（六）坚决整治群众身边腐败问题，开展扶贫领域腐败和作风问题专项整治

突出工作重点。要坚持问题导向，明确整治重点。着力整治各级党委政府及行业主管部门履职尽责不力的问题，着力整治弄虚作假、数字脱贫，扶持对象不精准，脱贫成效不明显等问题。要实施精准监督，从严审查调查。认真开展扶贫领域腐败和作风问题专项治理，着力拓宽问题线索来源，及时高效处置问题线索。要凸显巡察作用，强化结果运用。着力发现贪污挪用、虚报冒领、截留私分、挥霍浪费、吃拿卡要、优亲厚友等突出问题，对胆敢向扶贫资金“动奶酪”“伸黑手”的严惩不贷。

严查基层“微腐败”。要积极发挥作用。乡（镇）纪委要发挥好“前沿阵地”作用，坚持原则、敢抓敢管，始终以零容忍的态度整治基层微腐败。要紧盯群众反映强烈的突出问题。坚决把惩治“绳贪”同扫黑除恶结合起来，严惩涉黑腐败，把全面从严治党覆盖到“最后一公里”。要扎紧制度笼子。堵塞制度漏洞，强化制度执行监督，发挥制度刚性作用，做到久久为功、善作善成。

（七）传导管党治党压力，以强有力的问责手段倒逼责任落实

扛起全面从严治党责任。要牵住主体责任“牛鼻子”。督促各级党组织切实担负起全面从严治党责任，定期向上级党委和纪委报告落实主体责任情况，持续深化约谈和“双述”工作，压紧压实责任。

要履行好纪委监督责任。协助党委推进全面从严治党工作，加大正风肃纪和腐败问题查处力度，紧盯“关键少数”，又要管住“绝大多数”，定期向同级党委和上级纪委报告监督责任落实情况。要落实好领导责任。坚持从“一把手”抓起，将管党治党责任层层传导，着力解决管党治党存在的突出问题。

做到失责必问、问责必严。严格执行问责条例及自治区实施办法，对执行党的路线方针政策不力，管党治党责任缺失、监督责任缺位、给党的事业造成严重损害，腐败问题多发频发，对巡视巡察整改不落实，党纪政务处分执行不到位等问题严肃问责，既要追究主体责任和监督责任，又要追究领导责任，对该问责而不问责的，也要严肃问责。

三、践行忠诚干净担当，锻造让党和人民信赖的纪检监察铁军

纪委是党内的“纪律部队”，在维护以习近平同志为核心的党中央权威和集中统一领导上，政治觉悟要更强、政治站位要更高、政治立场要更坚定。

（一）聚焦政治标准，着力提高政治觉悟。要坚定政治信仰。牢固树立“四个意识”，带头维护习近平总书记在党中央和全党的核心地位，始终在政治立场、政治方向、政治原则、政治道路上同以习近平同志为核心的党中央保持高度一致，对党绝对忠诚。要强化理论武装。深刻领会党章和习近平新时代中国特色社会主义思想，中纪委二次全会精神，认真学习区市纪委九届三次全会精神，在学懂弄通做实上下功夫，真正做到真学真懂真用。要增强履职能力。加强《宪法》和《国家监察法》的学习，练好看家的本领，切实打牢纪检监察干部履职根基，着力提升履职能力。

（二）牢记职责任务，始终保持担当精神。党章规定了纪委3项主要任务和5项经常性工作，各级纪检监察机关要认真履行好党章赋予的神圣职责，坚定信仰信念、强化责任担当、推动工作落实。要把强烈的担当精神转化为斗争的勇气，坚决同违反党章、破坏党的纪律、危害党中央集中统一领导和团结统一的言行作斗争，坚决捍卫习近平同志的核心地位，坚决捍卫党和人民的根本利益。要把主动作为的思想基础转化为强大的工作动力，对中央和区市党委、纪委作出的重大决策部署，雷厉风行抓好落实，切实推动全面从严治党、党风廉政建设和反腐败工作不断向纵深发展。

（三）立足主责主业，全面提升业务水平。要增强本领不足、本领恐慌、本领落后的危机感，聚焦中心任务，立足主责主业，不断夯实专业底子，补齐能力短板，全面提升专业素养。要加强教育培训力度，积极选派干部参加中央和区市纪委组织的各类培训，名额分配重点向乡（镇）纪委和村（居）纪检监督员倾斜，着力提升基层纪检干部业务水平。要积极适应国家监察体制改革对监察范围、职责、权限、程序等的重大改革和创新，主动适应纪法贯通的新要求。

（四）坚持刀刃向内，切实增强拒腐能力。要切实履行教育监管责任。深刻理解“严管就是厚爱”的内在逻辑，从严管思想、管作风、管纪律。要充分发挥党支部直接教育管理监督党员的作用。针对苗头性、倾向性问题严肃开展批评与自我批评，增强支部生活的经常性、严肃性、实效性，使支部成为党员正心修身、锤炼党性的党内政治生活熔炉。要强化监督制约，严防“灯下黑”。对反映纪检监察干部的问题线索必须认真核查，决不护短遮丑。要增强自觉意识。把“执纪者必先守纪，监督者必受监督”贯穿工作全过程，做守纪律讲规矩的表率，树忠诚干净担当的良好形象。

当雄县人民法院工作报告

——在当雄县第十二届人民代表大会第三次会议上

当雄县人民法院院长 贡 嘎

（2018 年 1 月 9 日）

2017 年工作回顾

2017 年，我院在县委的坚强领导、县人大的有力监督和上级法院的指导下，高举习近平新时代中国特色社会主义思想伟大旗帜，认真贯彻落实习近平总书记治边稳藏重要战略思想，贯彻落实中央关于西藏工作一系列决策部署，紧紧围绕"努力让人民群众在每一个司法案件中感受到公平正义"的目标，牢牢把握"公正司法、司法为民"工作主题，认真履行宪法和法律赋予的职责，为推进西藏长足发展和长治久安做出了积极贡献，自身建设也取得了明显成效。一年来，共受理各类案件 155 件(旧存 2 件)，与去年同比增长 34.78%。审、执结各类案件 150 件，结案率 96.77%，与去年同比增长 32.74%。

一、依法履行"三大职责"切实提升服务大局质量和效率

（一）以防控风险为重点，依法惩处刑事犯罪，全力维护社会大局稳定。一年来，共受理刑事案件 11 件，审结 11 件，结案率 100%。严格落实罪刑法定、疑罪从无等法律原则，依法保障被告人、被害人的各项诉讼权利，确保罚当其罪和无罪的人不受刑事追究。严格执行刑法修正案(九)及相关司法解释，依法审理了梁某行贿一案，发挥公开审判和典型案例警示教育作用，坚守法治反腐的前沿阵地。

（二）以服务创新、协调、绿色、开放、共享发展和保障民生为重点，依法化解矛盾促进和谐。一年来，受理民商事案件 103 件(旧存 2 件)，审结 102 件，结案率 99.03%。其中，受理婚姻家庭纠纷 36 件，合同纠纷 48 件，权属纠纷 19 件，诉讼标的额 605.7 万元。加强司法调解与人民调解的相互配合，形成良性互动，合力构建"大调解"格局，调解案件 67 件，撤诉 9 件，调撤率 74.51%。共为经济困难的当事人减免缓交诉讼费 10 余万元。

（三）始终坚持把维护社会公平正义作为法院工作的核心价值追求，坚决守牢"最后一道"防线的"最后一个"环节。积极构建"党委领导、政法委协调、人大监督、政协支持、法院主办、部门配合、社会参与"的综合治理执行难工作格局，充分利用网络查控系统强力执结案件 37 件，执结率 90.2%。其中执行和解 9 件。执结标的额 100.6 万元。

二、践行司法为民，深化司法公开，多渠道满足群众司法需求

一是落实以人民为中心的发展思想，努力把司法服务群众"最后一公里"变成"零距离"，用法院干警的辛苦指数换取各族群众的幸福指数。坚持以人民的呼声为第一信号，"把困难留给自己，方便留给群众"。深化拓展司法便民利民举措，推进阳光司法，努力减轻当事人的诉累。依托"车载流动法庭"、"法官包乡"等载体建立便捷的法治宣传网络，以人民群众司法需求为导向，不断提升法治宣传实效。一年来，共开展法治宣传 20 次，法治副校长进课堂 4 次，参与专题法治宣传 5 次，发放宣传册 1000 余册次，直接受教育人 1000 余人次。二是加快推进诉讼服务大厅建设，着力破解群众反映强烈的诉讼不便等问题。通过登记立案、导诉分流、诉前调解、查询案件信息、法律援助等功能的完善,做到功能齐全,设施完备,管理精细,作风优良。全面开通12368诉讼服务热线和微信公众号平台推动智能转接与人工服务衔接,全面落实便民诉讼措施。一年来,诉讼服务大厅共接待当事人700余人次,接受法律咨询250余人次,为人民群众提供了全面、便捷、温馨的一站式服务。扫除了群众诉讼障碍,减轻了群众诉累。三是坚持破解难题、补齐短板、夯实基础更加坚实。坚持把司法改革和“智慧法院”建设作为动力引擎,大力推进司法责任制为核心的司法体制改革,完成了我院法官职务套改,首批法官入额工作。入额法官12名,缩减6人,形成了优秀办案骨干向一线流动、审判质效不断提升、队伍活力不断迸发的一系列工作机制。推动信息化建设与法院工作融合互促。已完成羊八井镇派出人民法庭接通专网工程,实现了派出人民法庭案件录入、庭审直播等数字化功能,司法公开得到新的提升。开展网络庭审直播1次。

三、坚持党要管党、从严治党、司法作风明显改善

牢固树立“抓好党建是最大政绩”观念,坚持全面从严治党责任,推动人民法院全面从严治党不断向纵深发展。一是深入开展“两学一做”学习教育活动,坚定理想信念,筑牢思想根基,全体干警牢固树立“四个意识”,特别是核心意识、看齐意识,坚决在思想上政治上行动上同以习近平同志为核心的党中央保持高度一致。院党组带头组织专题研讨会4场次,带动全院干警开展集中学习7场次、个人自学5次,人均撰写心得体会3篇。二是坚持标本兼治,深入推进人民法院党风廉政建设和反腐败斗争。坚决落实管党治党主体责任,强化“一岗双责”。院党组带头廉洁自律,与各庭室签订《党风廉政建设目标责任书》,做到一级抓一级,层层抓落实,筑牢拒腐防变的思想防线;年初制定了《当雄县人民法院廉政监察员工作细则》并设置了廉政监督员岗位,着重对我院法官及其他工作人员的廉政建设、审判作风、纪律建设等情况进行监督。同时组织干警加强学习法官职业道德基本准则、《中国共产党廉洁自律准则》、《中国共产党纪律处分条例》、《新形势下党内政治生活若干准则》等。全年未发生干警违法违纪情况。三是深入推进法院队伍正规化、专业化、职业化建设,促进提升履职能力。认真落实中央《关于新形势下加强政法队伍建设的意见》,切实增强我院队伍创造力、凝聚力、战斗力,教育引导干警既要注重运用法治思维和法治方式,又要注重运用道德规范和公序良俗分析解决实际问题。尤其提升广大法官认定事实、采信证据、释法说理、撰写文书能力和群众工作能力。坚持把司法能力作为核心战斗力来抓,全年培训干警18人次。8名优秀干警得到不同级别的提拔重用,3名干警通过了国家司法考试。四是认真开展“强基础、惠民生”活动,助力脱贫攻坚战。2017年,通过派驻干警驻村和结对帮扶活动,深入贯彻我县扶贫攻坚工作会议精神,充分利用自身的业务优势,主动参与社会矛盾化解工作,合力推动各项精准扶贫的有效举措落地生根。一年来帮扶慰问资金达5万余元。

四、强化接受监督意识,主动接受监督

始终秉持监督就是支持,监督就是爱护的工作理念,自觉把审判工作置于党的领导和人大监督之下,加大与人大代表、政协委员及社会各界联系,认真听取人民群众的意见和建议,不断改进工作,推进法院建设发展。一年来向人大报告工作2次,邀请人大代表政协委员视察法院工作2次,召开专题座谈会3次。我院现有人民陪审员13名,参审案件16件。2017年12月4日,举办法院公众开放日活动,邀请人大、政协及社会各界代表20余人走进法院,向社会公众展示法院司法公开工作进程、工作亮点和工作成效。截至目前,邀请人大代表、政协委员、县纪委同志旁听评议公开庭审3次,进一步拉近了审判执行工作与群众的距离,保障了人民群众依法监督司法的权利。

一年来,当雄县人民法院面对群众期望高、司法改革任务重等压力,勇于担当、攻坚克难、奋发有为,各项工作取得了新成绩、新进展。得到了县委和上级法院的充分肯定。在此,我代表当雄县人民法院向一直以来给予法院工作支持帮助的县委、人大、政府、政协和有关部门表示衷心的感谢!

在总结工作成绩的同时，我们也清醒地认识到，距离党和人民群众的要求还有一定差距：一是审判执行工作服务大局有待进一步增强。审判质效不高，案结事不了现象仍然存在，执行案件积了清、清了积的现象没有得到根本遏制；二是个别法官的服务意识、责任意识有待进一步增强，对待群众的作风和态度有待进一步改进；三是个别干警学习不够，律己不严，司法理念和司法能力有待加强；四是信息技术应用有待进一步深化，重建设、轻应用现象依然存在。对此，我们将在今后的工作中，将加大力度予以改进。

2018 年工作思路和安排

2018 年我院的总体工作思路是：高举习近平新时代中国特色社会主义思想，深入学习贯彻党的十九大、习近平总书记系列重要讲话精神，按照县委九届三次全委会的部署要求，紧扣当雄长足发展和长治久安总任务，认真履行审判职责，全面深化司法改革和信息化建设，努力让人民群众在每一个司法案件中感受到公平正义。

一是坚持补钙壮骨、立根固本，使“四个意识”更加牢固。以“两学一做”学习常态化为抓手，抓住信仰信念这个核心，深入学习十九大精神和习近平总书记系列重要讲话精神，做到紧跟、深学、实干、笃行，不断夯实坚决拥戴、信赖、忠诚、捍卫以习近平同志为核心的党中央的思想基础，补好精神之钙，培育思想之源，确保法院工作正确的政治方向。加强廉政建设，改进司法作风，努力打造一支信念坚定、执法为民、勇于担当、清正廉洁的法院队伍。二是以司法改革为抓手，落实司法责任，更好地回应司法为民的新要求。紧紧依靠县委领导、人大支持，建立员额常态化动态调控、绩效考核等机制。推进以审判为中心的诉讼改革，健全审判监督机制，有效预防冤假错案。继续深化诉讼案件分流、涉诉信访工作改革，不断提高司法服务群众的水平。三是以信息化建设为保障，狠抓执法办案，更好地营造和谐稳定的新环境。充分运用网络查控、数字科技法庭等信息化平台，努力建设科学化现代化法院，让审执质效换挡提速。高度关注民生领域人民群众的新诉求，依法保障弱势群体合法权益。推进社会诚信体系建设，坚决打赢“执行难”这场硬仗。

各位代表，回望过去，我们不忘初心；展望未来，我们更需砥砺前行。面对新形势、新任务，我们坚决把思想和行动统一到以习近平同志为核心的党中央决策部署上来，以习近平新时代中国特色社会主义思想为指引，深入学习贯彻落实党的十九大精神，坚决在县委的坚强领导下，在县人大及其常委会的监督支持下，在本次会议精神的指引下，凝神聚气，奋进担当，忠实履行好宪法和法律赋予的神圣职责，为建设团结美丽健康幸福新当雄提供有力的司法保障和优质高效的司法服务。

当雄县人民检察院工作报告

——在当雄县第十二届人民代表大会第三次会议上

当雄县人民检察院检察长 次仁多吉

（2018 年 1 月 8 日）

2017 年工作回顾

2017 年，是党和国家历史上具有特殊意义的一年。党的十九大胜利召开，以习近平同志为核心的新一届党中央领导集体，站在历史和全局的高度，开启了建设中国特色社会主义伟大事业新的征程。一年来，我院在县委和市检察院的坚强领导下，在县人大及其常委会的有力监督下，在县政府的大力支持、县政协的民主监督和社会各界的关心支持下，以习近平新时代中国特色社会主义思想为引领，深入学习贯彻党的十八届历次全会、党的十九大精神，贯彻落实区市第九次党代会、九届三次全会精神，按照“五位一体”总布局和“四个全面”战略布局，牢固树立“五大发展理念”，筑牢“四个意识”，深化“两学一做”学习教育，扎实推进“四讲四爱”主题教育实践活动。紧紧围绕全县发展大局，突出执法办案、规范司法行为、推进司法改革、强化队伍建设，为全县经济发展、社会稳定提供了强有力的法治保障。

一、注重依法履职与服务大局相结合，全力保障经济发展和社会稳定

牢牢把握检察机关的宪法定位，紧紧围绕当雄县发展稳定大局，依法履行打击、惩治、监督、保护等检察职能，努力让人民群众在每一个司法案件中都感受到公平正义。

依法打击刑事犯罪，确保社会局势和谐稳定。依法履行批捕、起诉职责，全年共批准逮捕各类刑事案件 7 件 7 人，同比分别上升 14.28%；提起公诉 10 件 11 人（包括上一年期末未审结今年审结 1 件 1 人），同比分别上升 25%，正在审查 2 件 2 人，审结率达 83.4%，公诉的案件均得到有罪判决。同时加大案件信息和法律文书公开工作力度，网上公开程序性案件信息 65 件，公开法律文书 11 份，提升了检察工作透明度，保障人民群众的知情权。

坚持宽严相济刑事政策，营造平安和谐社会环境。围绕人民群众平安需求，积极参与社会治安防控体系建设，严格执行批捕起诉案件，同时积极贯彻宽严相济的刑事政策，对初犯、偶犯、未成年人和轻微刑事犯罪人员慎捕慎诉。全年起诉故意伤害等严重暴力犯罪 1 件 1 人。对无逮捕必要的不批捕 5 人，对犯罪情节轻微，不需要判处刑罚的，不起诉 1 人，减少了社会对抗、增进了社会和谐。

二、保障民生民利，维护群众合法权益

坚决打击危害群众利益犯罪。依法打击发生在群众身边、群众反映强烈、危害民生的犯罪案件，批准逮捕盗窃等多发性侵财案件 3 件 3 人，起诉 3 件 3 人，切实保障了人民群众的生命财产安全。

加强防范和化解社会矛盾。建立来信、来访，完善信访案件风险评估预警、检察长接待日、领导包案等制度，并妥善做好人员稳控、化解处理工作，在落实党的惠民政策、维护群众利益、促进经济发展等方面发挥了重要作用。

深入开展强基础惠民生活动。全年选派 1 名干警驻村，提供各类便民服务 90 余次，为民办实事

5 件，协助村两委班子做好龙仁乡郭庆村 46 户建档立卡贫困户全部脱贫。大力开展"四讲四爱"主题教育活动，围绕宣传党的十九大精神，组织感党恩教育、法治宣传、包虫病防治等各类宣传 8 场次，受教育群众达 521 人次。

三、强化反腐败工作力度，营造风清气正政治环境

保持反腐败高压态势。为进一步有效打击行贿国家公职人员的犯罪行径，在案件事实清楚，证据确实充分的基础上，将梁某向国家公职人员洛某行贿 30 万元一案（市检察院交办）侦查终结，并按照法定程序向当雄县人民法院提起公诉，当雄县人民法院公开审理了此案，庭审现场我院主动邀请县相关部门干部职工和村两委班子成员到开庭现场旁听，取得了良好的预防职务犯罪警示教育效果。

加大预防职务犯罪工作力度。一是开展环保领域预防职务犯罪专项工作，撰写预防调查报告 1 份；发出预防检察建议 2 份；二是组织参加行贿犯罪档案查询培训，并开通行贿犯罪档案查询系统，已实现与全国联网；三是由自治区人民检察院预防处牵头，市院预防处、堆龙德庆区院和我院三级预防部门联合自治区交通厅，前往国道 109 线拉萨至当雄段高等级公路项目建设指挥部，对工程概况、参建单位、招投标情况、基本建设程序执行情况、工程进展情况、征地拆迁及农民工管理情况等几个方面进行全面了解，并召开预防职务犯罪专题会议 1 次，开展预防职务犯罪法制宣传 1 次，有效防止了工程领域建设中出现违法现象；四是召集食药，卫生、教育、农牧、环保等部门负责人召开联席会议，确保扶贫、民生和生态文明建设领域不发生贪腐行为。

检察舆论影响力不断提升。充分展现检察官法律宣传队风采，开展普法宣传教育 6 次，宣传了《检察院刑事案件立案标准》《行贿犯罪档案查询指引》《举报须知》《职务犯罪罪名解读》《检察院贪污腐败立案标准》等相关法律法规和政策知识，共发放宣传单 600 余份，受教育的群众达 800 余人次。充分发挥"两微一端"全覆盖优势，发布检察动态 92 条，关注人数达 400 余人。全年警示教育基地共接待 320 余人次参观学习。

四、加强自身建设，落实全面从严治党责任

坚决落实管党治党主体责任，坚定不移推进全面从严治检。在当雄县委的领导下，当雄县人民检察院党组始终牢记全面从严治党永远在路上，坚决落实全面从严治党主体责任。党要管党、从严治党，是党的建设的一贯要求和根本方针。全面从严治党，核心是加强党的领导，基础在全面，关键在严，要害在治。全院干警从党的事业和检察事业发展全局，特别是推进"四个全面"战略布局的高度，深刻认识全面从严治党的重大意义，牢固树立不管党治党就是严重失职的观念，牢牢把握"全面""严""治"内涵，把强化问责作为重要抓手，坚决把当雄县委关于全面从严治党一系列部署要求不折不扣落实到检察工作中。班子领导以身作则、廉洁自律，履行好管党治党第一责任，层层传导压力，确保责任落实到位，引导全院干警增强纪律意识，主动在思想上画出红线、在行动上明确底线。

扎实开展"两学一做""四讲四爱"学习教育活动。为进一步推进"两学一做""四讲四爱"学习教育常态化、制度化，教育引导全院干警牢固树立"四个意识"，特别是核心意识、看齐意识，坚持用党章党规规范党员干部言行，用党的创新理念武装全党，引导全体党员做合格党员。全年组织各类政治理论学习活动达 48 次，开展主题党日活动 8 次，交流发言 25 余人次，党的十九大会议精神学习 5 次，撰写心得体会和个人对照检查材料 40 余篇，保证了党的路线方针政策和重大决策部署在检察机关得到不折不扣贯彻落实。

意识形态工作责任制进一步加强。意识形态工作是党的一项极端重要的工作，结合我院工作实际，制定了《中共当雄县人民检察院党组关于落实意识形态工作责任细则》。明确意识形态工作重要性和党组应当承担的相应责任，规定了意识形态工作监督考核和责任追究，明确党组责任、班子成员责任，确保责任层层压实、压力层层传导、工作层层落实。全院干警提高政治站位，旗帜鲜明地拥护党中央、区、市、县委关于意识形态工作的重大决策，深入贯彻落实意识形态工作责任制部署要求；要切实肩负起意识形态工作的主体责任，院领导班子

按照谁主管谁负责原则，各内设机构负责人各负其责，严格落实“一岗双责”要求，站在意识形态工作第一线，带头管阵地、把导向、强队伍；突出工作重点，注重深化融入结合，将意识形态工作与思想政治工作、检察业务工作、队伍建设工作全面结合起来。

锻造严肃认真的党内政治生活。深入学习贯彻《十九大新党章》、《关于新形势下党内政治生活的若干准则》《中国共产党党内监督条例》，健全党建工作责任体系，签订《党建工作责任书》《党风廉政建设责任书》《队伍建设责任书》，严格落实党组书记讲党课和支部书记讲党课制度，组织召开民主生活会和党支部组织生活会 2 次，做到了咬耳扯袖、红脸出汗。

从严从实推进党风廉政建设。深入贯彻落实“两个责任”和“三转”要求，扎实履行“一岗双责”，开展廉政谈话、廉政约谈，建立检察廉洁文化长廊，召开党风廉政建设工作专题会议 12 次。严格执行中央“八项规定”、区党委“约法十章”和市委“八项要求”，强化检务督察，没有出现维稳备勤不落实、办公办案不作为等违法违纪问题。

加强党建组织领导，落实工作责任制。年初为落实党建工作责任制，加强对党建工作的组织领导，推动我院党建工作目标任务落到实处。我院党组把党建工作安排到重要议事日程上来，成立以党组书记为组长、党组成员为副组长、科室负责人为成员的党建工作领导小组，督促党支部共同抓好机关党建工作，同时院党组为进一步做好做大这项工作，建立了党建活动室，并督促院党支部支部结合实际制定出台《当雄县人民检察院党建工作责任制》《当雄县人民检察院党建联系点制度》《当雄县人民检察院党支部理论学习计划》等，并层层签订了《党建工作目标责任书》，认真落实各项责任制，确保了责任明确，工作落实到位。

五、强化检察监督规范权力运行，确保每一起司法案件公平公正

强化源头监督，提升侦查机关执法规范化水平。加强刑事立案监督工作，防止有案不移、有案不立、以罚代刑现象发生。检察院历时 4 天赴羊八井镇、当曲卡镇派出所、刑警大队和交警大队等有关单位，对近几年办案情况进行监督，同时排查公安机关刑事案件立案工作开展情况，以抽查方式，走访案件当事人、了解案发情况和处理结果，案件当事人对当时的案件处理结果比较满意，未发现任何立案不当等现象。

强化刑罚执行监督，促进人权司法保障。为进一步完善刑罚执行同步监督机制，认真抓好了在押、释放、超期羁押等方面的监督工作。一是针对我县看守所正在改建，相关犯罪嫌疑人、被告人均关押在市公安局看守所，为确保监管场所管控到位，我院主动与市公安局看守所进行沟通协调，及时开展监所检察工作，了解犯罪嫌疑人的思想动态，保障了在押人员合法权益。二是对辖区内的社区矫正人员管控情况进行了全面摸底工作，并与矫正人员进行面对面交谈，了解其思想动态，在检查中我院对社区矫正人员的档案归档情况、报道接收情况、日常监管落实情况、外出请销假落实情况等进行了全面的检查，在检查中发现的的问题，我院按照法定程序，对管控部门下发了 1 份检察建议和 1 份纠正违法通知书予以整改，严防脱管漏管现象发生。

强化民行控申工作，健全权益保障机制。办理各类民事行政监督案 2 件，对食药、卫生和环保部门对我县食品卫生和环境保护工作开展情况进行监督；并派专人对县亮洁餐具消毒公司和中小学生食堂卫生情况进行督导检查，在检查中发现的问题及时反馈给相关管理部门，并发出书面检察建议 2 份，均得到相关单位的采纳。

六、增强内劲强化发展，检察事业不断迈上新台阶

坚持司法改革不放松。根据区市检察院司法改革具体方案，有序进行我院司法体制改革工作，首批 4 名检察官通过统一考核进入员额。按照检察官、检察辅助人员、司法行政人员分别占队伍编制总数的 16%、36%、16%，对全院检察人员分类定岗，顺利完成检察官员额制改革和人员分类改革，同时在县委的关心和支持下，为我院解决了 3 名主任科员，5 名副科级，1 名副主任科员，进一步充实完善了党组班子成员，下设的 6 个部门均配齐职数。

全面落实监察体制改革。根据中央、区市县委

关于做好监察体制改革工作的各项通知精神，明确目标任务，积极做好监察体制改革转隶工作，撰写当雄县人民检察院关于内设机构划分情况和转隶部门情况报告2份，派专人对转隶部门固定资产进行一一排查登记，做好各项移交前准备工作。

深入开展扶贫帮扶工作。2017年，我院组织全院干警深入到乌玛塘乡郭尼村和纳木湖乡达布村开展扶贫帮扶工作2次，送去了价值2万元的慰问品，全院19名党员干部与52名贫困户结对帮扶，为贫困户理清脱贫思路，鼓励贫困群众积极参与培训就业和自主创业。

基础设施建设迈上新台阶。一是建立了当雄县人民检察院案件管理中心和检察办案区；二是根据市检察院的统一部署，建立了当雄县人民检察院检察指挥调度系统；三是在县委和县政府的关心和支持下，对办公楼和职工周转房进行了维修，很大程度上改善了干警的工作和生活环境。

积极创建“一院一品”，亮出工作特色。为认真贯彻执行全区检察机关深入开展“一院一品”创建工程部署和要求，紧紧围绕服务经济建设这个中心，检察院在县委、拉萨市人民检察院的坚强领导和县政府的大力支持下，坚持标本兼治、综合治理的方针，结合工作实际，打造“预防职务犯罪”工作品牌，对警示教育基地案例展板进行全面更新，自主整理相关材料，印刷了共价值6万余元的《当雄县人民检察院预防职务犯罪案例丛书》和《预防职务犯罪宣传手册》，同时共开展了当雄县预防职务犯罪调查工作4项，召开联席会议1次，结合预防职务犯罪调查工作发出检察建议2份，行业预防4次，形成预防报告4份；开展送法进机关进乡镇活动3次，利用警示教育基地开展廉政教育活动5场次，受教育人数达400余人。

各位代表，2017年当雄县检察工作的发展进步，离不开县委和上级检察院的正确领导，离不开县人大及其常委会的有力监督，离不开县政府、县政协及社会各界的关心、支持和帮助。在此，我代表县检察院向各位代表及长期关心支持检察工作的各级领导和各界人士表示衷心的感谢！

在充分肯定成绩的同时，我们也清醒地看到，当前检察队伍和检察工作依然存在一些突出的短板和不足：服务发展大局、服务人民群众的举措仍然需不断丰富；强化诉讼监督、推进公益诉讼等工作仍然存在短板；在司法体制改革进入“后改革时期”，完善配套措施，提升改革体系化、精细化还需认真思考、加以实践；提升信息化应用水平，落实案件数据大平台建设，确保每一起案件公平公正，经得起历史考验，还要继续努力。对于这些问题，我们将高度重视、认真研究，切实加以解决。

2018年工作安排

站在新时代的起点上，我院将紧密团结在以习近平同志为核心的党中央周围，高举中国特色社会主义伟大旗帜，以马列主义、毛泽东思想、邓小平理论、“三个代表”重要思想、科学发展观、习近平新时代中国特色社会主义思想为指导，坚决把学习宣传党的十九大精神贯穿全年检察工作始终；在当雄县委和拉萨市检察院的领导下，充分发挥法律监督职能，紧紧围绕全县经济社会发展大局和市检察院的工作部署，以执法办案为中心，以强化法律监督、强化自身监督、强化队伍建设为总要求，统筹推动当雄检察工作全面发展，为建设幸福美丽当雄提供有力的司法保障。

一、着力运用法治手段，服务和保障全县工作大局

坚持把检察工作放在全县大局中谋划和推进，充分发挥检察机关监督职能，不断提升用法治方式服务改革的能力，更加有效地为我县发展提供法制保障。牢牢把握司法为民公正司法这一主线，坚持在司法中服务、在服务中司法的理念，加强对县重点项目建设、投资结构转换、生态环境、民生改善等重点问题的检察监督，为促进经济社会全面、稳定、快速发展做出积极贡献。

二、着力强化法律监督，促进法制建设

依法打击危害国家政治安全和严重影响人民群众安全感的犯罪，运用法治思维和法治方式处理重大敏感案件；依法打击各类破坏市场经济秩序的犯罪，平等保护各类社会主义市场经济主体的合法

权益；切实加大惠农扶贫、征地拆迁、安全生产、教育医疗等领域的法律监督。

三、着力推进检察改革，打造特色亮点工作

按照中央、区、市关于司法改革的实施方案要求，积极稳妥推进检察人员分类管理、检察官职业保障制度、检察官办案责任制，抓紧制定相关配套措施。深入推进检务公开，加强和改进人民监督员工作，促进检察制度自身完善。把深化检察改革和推进工作机制创新结合起来，力争在检务公开、延伸监督触角、强化案件管理、化解社会矛盾等方面探索一批新经验、新做法。

四、着力规范司法行为，提升司法公信力

扎实推进规范司法行为专项整治工作，更加重视检察工作的规范化建设，努力提高自身监督能力和水平。把程序公正放到更加突出的位置，全面强化监督与自我监督。突出法律监督，拓宽接受外部监督的渠道和途径，健全和完善检务公开制度，主动接受人大、政协、媒体、群众的外部监督，约束和规范检察权正确行使。

五、着力抓好队伍建设，增强发展动力

切实加强思想政治建设和领导班子建设，继续深化“两学一做”等专题教育，确保检察工作正确的政治方向。持续开展多形式的十九大学习活动，提升队伍素质。严格落实党风廉政建设“两个责任”，强化检察纪律的刚性约束，坚决查处检察人员违纪违法案件，努力建设一支信念坚定、作风过硬、业务精通、清正廉洁的检察队伍。

各位代表！新时代开启新征程、新时代赋予新使命、新时代呼唤新作为。我们将紧跟时代步伐，在习近平新时代中国特色社会主义思想的指导下，在区市县党委、上级院的坚强领导下，认真落实本次会议精神，不忘初心跟党走、牢记使命筑忠诚，以永不懈怠的精神状态和一往无前的战斗姿态，凝聚起推进检察工作科学发展的磅礴力量，为率先全面建成小康社会、全面建设社会主义现代化新当雄做出新的更大贡献。

名词解释

1. 审查起诉：指人民检察院对侦查机关侦查终结移送起诉的案件和自行侦查终结的案件进行审查，依法决定是否对犯罪嫌疑人提起公诉、不起诉或者撤销案件的诉讼活动。

2. 法律监督：按照我国宪法和法律规定，法律监督是指运用国家权力，依照法定程序，检查、督促、和纠正法律实施过程中严重违法的情况，以维护国家法制的统一和法律正确实施的一项专门工作，是检察机关的专门职责。法律监督的内容，主要是国家机关及其公职人员的公务活动的合法性；其范围包括，对国家机关制定的规范性法律文件的合法性的监督、对行政执法和司法活动的合法性的监督。

3. 宽严相济刑事政策：是党中央在构建社会主义和谐社会新形势下提出的一项重要政策，是我国的基本刑事政策。它对于最大限度预防和减少犯罪、化解社会矛盾、维护社会和谐稳定，具有特别重要的意义。

4. 行贿犯罪档案查询：是检察机关为预防贿赂犯罪，促进社会信用体系建设，录入并建立的行贿犯罪信息查询系统，目前已实现全国联网。

5. 羁押必要审查：羁押必要性审查，是指人民检察院依据《中华人民共和国刑事诉讼法》第九十三条规定，对被逮捕的犯罪嫌疑人、被告人有无继续羁押的必要性进行审查，对不需要继续羁押的，建议办案机关予以释放或者变更强制措施的监督活动。

6. 社区矫正：将符合社区矫正条件的罪犯置于社区内，由专门的国家机关，在相关社会团体和民间组织以及社会志愿者的协助下，在判决、裁定或决定确定的期限内，矫正其犯罪心理和行为恶习，并促进其顺利回归社会的非监禁刑罚执行活动。

7. 案件信息公开：人民检察院应当及时向社会发布下列重要案件信息：(一)有较大社会影响的职务犯罪案件的立案侦查、决定逮捕、提起公诉等情况；(二)社会广泛关注的刑事案件的批准逮捕、提起公诉等情况；(三)已经办结的典型案例；(四)重大、专项业务工作的进展和结果信息。

8.“两微一端”：是指微博、微信及新闻客户端。

关于2017年国民经济和社会发展计划执行情况与2018年国民经济和社会发展计划的报告

——在当雄县第十二届人民代表大会第三次会议上

当雄县发展和改革委员会

（2018年1月8日）

一、2017年国民经济和社会发展计划执行情况

2017年，在县委、县政府的坚强领导下，在县人大、政协的监督指导下，紧紧围绕年初确定的各项目标任务，牢牢把握稳中求进的工作总基调，深入实施“六大战略”，县域经济保持了“稳中有进、稳中有升”良好的发展态势。2017年全县地区生产总值达到17.97亿元，同比增长10.1%；全社会固定资产投资完成36.55亿元，同比增长23.8%；地方财政一般预算收入完成2.99亿元，同比增长19%；规模以上工业增加值完成4.30亿元，同比增长55.3%；社会消费品零售总额达1.87亿元，同比增长12%；农牧民人均可支配收入达14333.00元，同比增长13.5%；各项税收完成3.9亿元，同比增长118.95%；农林牧渔业增加值完成3.13亿元，同比增长9.37%；财政八项支出完成10.46亿元，同比增长20%。

（一）进一步优化产业结构，不断加快转型升级步伐。2017年，三大产业分别实现增加值3.13亿元、10.29亿元、5.1亿元，同比增长9.37%、22.04%、9.9%，三大产业结构2017年为17:55:28。一是牧业生产基础进一步稳固。畜牧业作为我县主导产业，是现代农业的基础产业，是具有相对优势、鲜明特色、独具竞争力的重要产业，关系着全县的发展和牧民的增收。全年牲畜总存栏506784头（只、匹），其中大牲畜284078头（匹），羊222706只。幼畜成活率达到94.2%；出栏率达到36.4%；牲畜死亡率控制在0.01%以内。2017年农林牧渔业产值达到5.31亿元，其中牧业产值0.56亿元，农业产值4.73亿元，农林牧渔服务业0.02亿元。探索打造可持续发展的牦牛产业链条。投入资金3936.42万元，实施精准扶贫集中搬迁畜牧产业配套项目。投入资金10391.89万元，开展净土牧场和家庭牧场建设。精准发力，全力开拓当雄牦牛销售市场。投入资金1610余万元收购牦牛2000头，以精细切割方式推出以牛排系列为主的15种新产品。实现牦牛肉销量78万斤，收入2507万元，直接受益群众达2000余户（户均增收1500元）。投资45万元在中央电视台农业频道（CCTV-7）《农业气象》栏目中，开通“当雄牦牛”左侧形象展示版块及当雄县—当雄牦牛主产区右侧公告展示板块。着力加强牧业生产能力，进一步提升当雄有“身份证”牦牛肉在内地市场的知名度和认可度，提升质量效益和市场竞争力。二是工业经济持续快速增长。2017年我县规模以上工业增加值达到4.30亿元，同比增长55.3%；规上工业销售产值9.17亿元，同比增长31.94%；规上工业税收2449万元，同比增长94%；

工业投入16.02亿元，同比增长40%。三是旅游服务业提档升级。以建设全区全域旅游示范县为目标，力推“民族文化、草原风情、山水风景”三张名片，重点推进“全域旅游”的建设。结合环纳木错旅游发展思路和乡村旅游富民工程，高起点规划纳木湖乡特色小城镇及游客集散中心，着力将纳木错打造成为全区旅游品牌“皇冠上的明珠”。投入资金100余万元，对全县旅游沿线铁皮摊位集中进行整改升级。投资1.2亿元，实施建设完成“岭格萨杰布温泉酒店”主体工程，结合纳木错景区、阿热湿地和羌塘草原风光，实施“温泉+景区”联合开发。整合羊八井、宁中和格达温泉资源，启动“温泉+”旅游模式，全力打造“高原地热温泉之乡”。成功举办2017年度国家级非物质文化遗产文化“当吉仁”赛马节及第二届“相约纳木湖畔寻觅虫草之旅”、纳木错环湖拉力赛，不断促进文化与旅游产业联动发展。坚持以新闻媒体宣传为主导，以游客间接宣传为补充的营销策略。2017年继续在旅游卫视《神州揽胜》栏目播出《高原明珠当雄》宣传片，《天缘纳木错》电影发行放映，极大提升当雄在全国的知名度。全年纳木错景区共接待国内外游客63万人次，实现旅游门票收入6500万元。

（二）项目建设支撑有力，投资拉动成效增强。一是持续发力推进项目建设。始终坚持项目带动战略，着力推进“四个一批”建设项目，强力推动投资持续增长，积蓄发展后劲。截至12月10日，全县共开复工项目138个，累计完成投资36.6亿元，其中：续建项目19个，累计完成1.43亿元；新建项目118个，累计完成24.75亿元（招商引资项目15个，累计完成投资8.68亿元）；109国道控制性工程当雄段投入建设资金10.42亿元。审批基本建设项目可研（立项）103项，初步设计概算（实施方案）57项，实施项目检查督查20余次。当雄县市级重点项目康玛药泉度假村建设项目和羊八井镇精准扶贫易地搬迁工程（一期）等一批项目按照年初建设计划如期建设完成；积极协调解决重启历史遗留西藏羊八井国家地质公园建设项目，全面推进并已完成项目一期建设。坚持“开工一批、筹备一批”的工作思路，积极开展重大项目前期工作，切实加强业务指导和向上衔接。完成了羊八井镇G109至拉多村1组公路工程、县城污水处理厂及收集系统建设项目、藏系绵羊养殖基地建设项目等项目前期准备工作。一批关系群众切身利益的民生项目和长远发展的重大项目稳步推进。“十三五”规划中期调整项目97项，涉及资金42.77亿元。二是不断加大招商引资力度，招商引资成效显著。把招商引资作为深化改革开放和发展合作的重要举措，全面实施“走出去”和“请进来”的招商战略，立足产业和项目招商，创新思路包装推荐项目，积极主动寻求招商合作，使招商引资工作取得了重大突破。重点加大对山泉饮用水生产销售、风力光伏发电项目、牦牛皮革、羊毛等方面的招商引资力度，完善招商引资项目库。全年，落实招商引资项目27个，其中投资额在5000万元以上的企业有24家，合同总协议资金214.02亿元，实现招商引资到位资金18.03亿元，同比增长35.4%，招商引资完成目标任务的100.2%，全县招商经济呈现出可观局面。园区建设不断加快。全面启动“羊八井－格达新能源产业园区”建设，打造以羊八井地热电站为轴，光伏与风能产业连线成片发展的新能源及旅游观光区，为全区新能源产业示范园区建设进行探索，提供借鉴。全年，园区实现产值7873.18万元，园区的集聚效应正在不断显现。

（三）民生保障坚实有力，社会事业快速发展。一是教育优先发展得到强化。坚持把教育摆在优先发展的战略地位，将20%教育专项资金更多地向提升教学质量、改善教师待遇、提高学生综合素质等方面倾斜，进一步提升全县教育的“软实力”。投资6615万元，开展校园文化建设，为各学校添置设施设备和实施学校“四化”工程，全县普惠性学前教育资源覆盖率达到100%。2017–2018学年，全县小学适龄儿童入学率为99.64%；全县初中适龄少年入学率为98.68%。小学在校巩固率为99.79%；初中在校巩固率为99.19%。全县学前两年入园率为72.07%；学前三年入园率为53.84%。全县进城务工人员随迁子女入学率为100%；留守儿童入学率为100%；适龄三类残疾儿童少年入学率为63.08%。二是医疗卫生条件逐步完善。加快推进乡级卫生院建设，完善乡级卫生院医疗设施设备，全力提升乡级卫生院医疗水平。投资3265万元，全面建成县人民医院医技综合楼、纳木湖乡和羊八井镇标准化乡（镇）卫生院、龙仁乡卫生院改扩建、四个乡镇计划免疫室及县人民医院急缺设备配置等项目。宁中乡卫生院改扩建项目正在筹建实施中，县、乡、村三级医疗服务一体化进一步完善，为分级诊疗制度提供了保障。2017年，国家及自治区财政下拨农牧区医疗经费2068万元，县级配套700万元。农牧民应参合人数为48163人，实际参合人数为47911人（除在编僧尼），个人筹资143.16万元，参合率为100%。孕产妇报销565人，报销金额234.92万元；特殊门诊报销21人，报销金额13.83元；学生绿卡报销金额2.15万元；家庭账户核销6.57万人次，核销金额505.77万元。三是城乡公共基础设施建设更加有力。着力解决制约发展的瓶颈问题和群众生产生活难题，统筹推进全县基础条件和人居环境改善。投资6631.13万元，实施建成26个村级活动场所标准化建设项目，大大改善了村级基础设施环境；投资363.19万元，实施当雄县农贸市场大门两侧商品房建设项目。实施宁中乡曲才5组（唐滨湖）公路工程、麦灵村1组至6组公路工程、羊八井镇省道304至桑巴萨1组公路工程、羊八井镇至大竹卡公路改建工程等21个新续建交通项目，保障了牧民群众日常出行安全。四是社会保障体系不断健全。以基本养老保险等五大险种为核心，覆盖城乡的社会保障体系全面建立。进一步规范落实城乡五保、低保和大病医疗救助政策，全年共救助低保户1423户、4978人，兑现低保资金1314.74万元。落实“两线合一”资金878.32万元。五保老人意愿集中供养率达100%。设立重大变故救助基金350万元，全年城乡医疗救助398人次，救助资金251.72万元；临时救助59人次，落实救助资金12.83万元。公共服务和社会保障普惠化、优质化水平进一步提升。五是公共文化服务事业成效显著。投资8809.34万元，实施游牧文化旅游产业示范园基础设施和综合文化活动中心、广播电视调频发射台站基础设施、县级有线数字化等项目建设，公共文化服务体系和文化阵地不断完善。情景剧“天湖四季牧歌”成功试演。民间艺术团为各乡镇（村、组）、部队、学校、对外交流等累计出场场次达54场，观众人数达3万余人。全县广播电视覆盖率达到99.5%，综合覆盖率稳步提升。农牧区电影放映工程，共放映电影872场次，观影人员达300849人次。六是粮食流通市场供需平衡。严格落实食品安全要求，严把质量关。全年粮食供给充足，粮食安全得到有效保障。七是脱贫攻坚成效显著。始终把脱贫攻坚作为最大的政治任务和全县的“一号工程”，以“六脱”举措为重点，以党建脱贫为基础、以干部结对帮扶为关键、以“十项提升工程”为目标，集众智、聚合力，为决胜全面小康提供保障。申报确定产业扶贫项目18个，总投资约8.87亿元。实施“十项提升工程”建设项目36个，总投资约5.03亿元。扶持12家专合组织实施“短、平、快”项目，年内共发放分红资金430.49万元。今年，1850户8213人建档立卡贫困群众人均纯收入越过了拉萨市2017年脱贫标准线，实现了脱贫。

（四）加快改革创新步伐，依托净土健康产业，加快转变传统牧业生产方式。按照“大胆探索、先行试点、积极稳妥、规范提升”的思路，以牧业增效、牧民增收、牧区增绿为目标，以发展现代畜牧业经营主体为抓手，转方式、调结构、促改革、惠民生，加快推进净土牧场和家庭牧场建设。在全区率先投入4800余万元推广牲畜电子耳标系统和当雄有“身份证”牦牛肉畜产品，通过输入牲畜基本信息，对牲畜进行有效管控，降低输入性疫源引发的疫情风险，同时每年为新增加的需要佩戴电子耳标的牲畜进行佩戴。创新探索可持续发展的现代牧业形式，完成了郭庆净土牧场和15个家庭牧场的基本建设。对当雄牦牛育肥方式进行新尝试，通过对强度放牧、半舍饲养殖、全舍饲养殖三种模式所得数据进行分析显示半舍饲育肥是比较适合当雄实际和经济效益较高的育肥模式。多措并举，全力打造高原特色“水城”。投入资金1.2亿元，对净土公司控股的纳木错实业有限公司厂房及设备进行更新，现已投产运营。投入资金1.85亿元，新建西藏象雄饮用水有限公司。投入资金6800余万元，与当雄圣地生物发展有限公司合作开发天然饮用水。今年，全县天然饮用水实现总产量 7.36 万吨，同比增长 51.4%；实现水总销量 5.72 万吨，同比增长 55.4%；水生产企业实现总产值 2.35 亿元，同比增长 14.6%。

（五）生态文明建设扎实有效持续推进。本级财政投资 1241.25 万元，用于环境保护管理、环境质量监测、环境保护宣传、环境监测执法、环卫综合整治、城镇绿化、环境保护基础设施运维等工作的开展；国家重点生态功能区转移支付投入 294.44 万元，实施环境基础设施能力建设，环境质量极大提升。加快推进国家级生态文明建设示范县创建工作。完成 25 个行政村、5 个乡（镇）的自治区级生态创建工作。认真落实"河长制"，完成纳木湖、唐滨湖，以及县域范围内 2 个骨干河流、15 个支流共 19 个河长制的设立工作。开展对 34 家采砂点的专项整治工作，关停 24 家无证采砂点，整合重组 10 家。深入开展"禁白"专项整治 3 次，进行"禁白"环保宣传 10 余次。推进羊八井镇和纳木湖乡特色小城镇示范点建设，城乡人居环境不断优化。

各位代表，成绩来之不易，经验弥足珍贵。在肯定成绩的同时，我们必须清醒地看到，我县经济建设仍然存在旅游业引领不强、工业发展后劲不足、畜牧业优势释放不够、产业项目推进缓慢、发展不平衡不充分等方面的问题，在下一步工作中，我们将立足当前，着眼长远，采取有效措施，努力加以解决。

二、2018 年国民经济和社会发展计划

2018 年是贯彻党的十九大精神的开局之年，是改革开放 40 周年，是决胜全面建成小康社会、实施"十三五"规划承上启下的关键一年，我们将牢牢把握稳中求进、进中求好、补齐短板的工作总基调，坚持以提高经济发展质量和效益为中心，全面推进供给侧结构性改革，保持稳增长、促改革、调结构、惠民生、防风险综合平衡，调动各方积极性，狠抓工作落实，全力促进县域经济持续健康发展和社会大局稳定。

2018 年经济发展工作的总体要求是：坚持以马克思列宁主义、毛泽东思想、邓小平理论、"三个代表"重要思想、科学发展观、习近平新时代中国特色社会主义思想为指导，全面贯彻落实党的十九大和中央第六次西藏工作座谈会精神，深入贯彻落实习近平总书记系列重要讲话精神和治国理政新理念新思想新战略，按照县九次党代会和县十二届人大一次会议确定的思路目标，突出稳中求进、进中求好、补齐短板的工作总基调，以提高发展质量和效益为中心，更加注重经济结构调整和动力转换、改革和创新驱动、脱贫攻坚和城乡协调发展、投资拉动和项目建设、生态保护和绿色发展，全面推进经济、政治、文化、社会、生态文明和党的建设，不忘初心，牢记使命，创新突破，加快推进全面建成小康社会进程，为夺取新时代中国特色社会主义伟大胜利、实现中华民族伟大复兴中国梦做出贡献。

2018 年全县国民经济和社会发展主要预期目标是：地区生产总值增长 10%；规上工业增加值增长 13%；全社会固定资产投资增长 18％；社会消费品零售总额增长 14％；地方财政收入增长 10%；农牧民人均可支配收入增长 14%。

围绕上述目标任务，我们将重点做好以下七个方面的工作：

（一）加快产业融合步伐，激发产业发展新活力

大力实施"产业强县"战略，扎实推进现代产业体系重大专项，加快改造提升传统产业和发展壮大新兴产业，推动产业向中高端水平迈进。加快一二三产业融合发展步伐，不断激发产业发展新活力。

打造主导产业集中体系。以净土健康产业为统领，加快发展现代畜牧业和精品旅游业，深度开发水资源，加快推进"羊八井－格达新能源产业园区"建设，打造"1+4"主导产业体系，不断促进一、二、三产业深度融合发展。

强势推进净土健康产业发展。按照特色产业带格局，实施畜产品品牌战略，逐步建立完善产地标识和质量追溯体系，积极打造当雄高原优质牦牛肉、酸奶、奶酪等特色绿色品牌，加强畜产品产销衔接。2018 年，计划投入资金 4520 万元，实施村级兽医室、人工种草与天然草场改良、牦牛养殖基地、

藏系绵羊养殖基地、县级及五乡镇乡级农牧业防抗灾物资储备库等项目建设,实现天然草场永续利用和畜牧业可持续发展。依托我县畜牧业资源优势,以农牧业供给侧结构性改革为主线,探索建立可复制、可推广的新牧区建设模式。以牧业产业为基础,净土公司为运作平台,以生态循环型、休闲观光型、园区集聚型现代牧业示范园区为依托,以"有身份证的牦牛肉"品牌产业链,重点围绕牧区如何建设、牧业如何发展、牧民如何致富等,积极探索建立当雄县净土牧场,改变传统放牧模式,形成组织化、集约化、规模化、现代化的牧业产业发展新路子,形成"互联网+公司+园区+牧户"的发展新模式。

全力推动全域旅游发展。围绕打造旅游精品线路方案,坚持开发与保护并重原则,合理开发纳木错、唐滨湖、阿热湿地、念青唐古拉山等旅游资源,加大景区景点配套设施建设力度。计划投入资金9000万元,推进景区游客集散服务中心、廓琼岗日冰川、姆蓝雪山、唐滨湖、行者黑帐篷游客接待中心等旅游开发项目建设,高标准打造精品旅游项目,把旅游产业打造成当雄的一张响亮名片,不断提高当雄的知名度和美誉度,为我县经济社会发展注入更多动力,增添更多活力。预计到2018年末,力争全年游客接待和旅游收入分别增长15%、18%以上。

着力推进服务业市场化进程。以市场化、产业化、社会化为方向,把加快服务业发展作为经济结构调整、提升城镇功能和居民生活品质的重要途径,努力提高服务业对经济增长和全社会就业的贡献率。

着力推进"拉萨市光伏精准扶贫基地"建设。计划投资40亿元,根据国家发展改革委、国务院扶贫办、国家能源局、国家开发银行、中国农业发展银行《关于实施光伏发电扶贫工作的意见》及国家能源局印发的《关于加快推进深度贫困地区能源建设助推脱贫攻坚的实施方案》文件精神,结合《拉萨市当雄县新能源开发规划》,全力推进全市贫困人口脱贫致富,当雄县净土实业有限公司特申请共同建设"拉萨市光伏精准扶贫基地",建设400兆瓦集中光伏电站,解决全市16000名建卡贫困人口脱贫(其中:当雄县贫困人口8000人,市其他县扶贫人口8000人)。

(二)着力突出重点项目建设,助推全县经济全面持续快速发展

牢固树立发展必须抓项目的理念,精心谋划,有效推动,以大项目好项目吸引投资、调整结构、改善民生、推动发展。2018年计划实施项目建设96项,计划年内完成投资约41.7亿元。一是进一步再完善项目储备库。密切关注国家投资方向和发展规划,结合我县资源优势和产业布局,按照"开工一批、储备一批"项目建设思路,建立完善并动态更新"项目库"。二是高效推进项目前期工作。明确时间表、落实责任人,完善部门协作机制、优化前置办理流程,有效利用项目前期经费,提前做好2018年规划项目前置手续工作。抓紧做好县委党校、藏系绵羊养殖基地、龙仁乡郭庆村至乌玛塘乡中心一小公路工程、羊八井镇G109至拉多村1组公路工程等一批重大项目的前期工作推进,力争尽早开工建设。三是强抓项目建设进度。督促项目责任单位落实项目投资,积极创造用工、用料、用电和用水等建设条件,加强项目建设阶段性监管,全力狠抓项目建设进度目标任务的落实。四是规范程序抓管理。加强部门之间横向交流,认真研究解决规划、土地、征地拆迁及前期手续办理等方面的困难和问题,严把项目规划、用地、环评等审批关,突出抓好项目立项、设计、施工、验收四个关键环节,确保每一个项目依法依规、符合程序。同时,强化施工过程监管,确保工程质量安全。五是强化资金专项管理。在项目实施过程中,严格根据工程实施进度计量,如实填报当雄县基建工程拨款申请表,项目总监、驻工地代表、项目负责人等逐级把关、严格审核,项目竣工验收后,及时上报财政评审,加强项目资金审计,保证工程资金安全和使用效率。

(三)不断完善基础设施,提高支撑保障能力

强化完善交通设施建设。进一步加大道路交通投资建设力度。2018年计划投资23亿元,实施G109那曲至拉萨段公路改建工程(当雄段)、纳木错环湖公路项目、省道206建设项目等项目建设,着力解决村组道路出行问题。调动乡(镇)、村两级

积极性，大力开展农村公路维修养护工作，构建城乡客运体系。组建当雄县农村客运公司，全面开通客运班线，为农牧民群众出行提供安全、便捷客运服务。

加快实施水利基础设施建设。计划投资5988万元，实施建设格达乡护岸工程、堆龙曲羊八井镇防洪工程、宁中乡曲才村车曲防洪工程。加快推进达曲河（当雄段）治理工程、当曲河县城沿岸整治提升工程建设步伐，切实提高县域河道防洪能力，改善农牧民生产生活条件。

加快文化广播事业发展。加大完善公益性文化事业，加强公共文化设施建设，为文化发展繁荣创造良好的社会环境。

全力抓好城乡建设提质扩容。计划投资4.79亿元，推进实施建设县城污水处理厂及收集系统项目、小康安居郭庆村整体搬迁项目、既有建筑节能改造项目、县城停车场建设项目、村级活动场所标准化建设附属配套项目、乌玛塘乡农贸市场建设项目、2017年度周转房建设项目等，改善基础设施条件，提升人居环境质量。

（四）社会事业发展全面提速，民生保障提高到新水平

突出抓好教育事业。继续加大教育事业的投入、着力完善城乡教育基础设施建设。计划投入1500万元，继续实施村级幼儿园改扩建；计划投入2010万元，实施羊八井中心小学改扩建、乌玛塘乡第二中心小学改扩建、县完全小学教工宿舍、公塘乡教师周转房等项目。确保适龄儿童入学率达到99.5%以上，初中阶段入学率达到98%以上。

着力提升医疗卫生水平。计划投资2040万元，实施妇幼保健站新建项目、藏医院新建项目、疾控中心建设项目等；加大对医疗卫生事业投入力度，降低医药成本，加强医疗转型，提高服务质量，提升服务报酬，扭转农牧区大病统筹资金68%流向县级以上医疗机构这一局面。充分利用医疗组团式援藏这一政策优势，紧紧围绕“中病不出县、小病不出乡”这一目标任务，加强医院管理，提升医技服务水平。充分发挥我县的优势资源和藏医药资源积极培育新的健康产业，进一步探索“旅游+健康”服务业发展模式。

健全完善社会保障体系。进一步提高社会保障水平，不断扩大城乡居民养老保险覆盖面，抓好失业、工伤、生育保险等待遇落实工作，切实兜住民生底线，确保兜底贫困户的收入水平与拉萨市脱贫标准实现“两线合一”。

（五）高度重视生态环境，环境优化显现新进展

牢固树立“绿水青山就是金山银山、冰天雪地也是金山银山”的理念，努力构建环境优美、生态文明的经济社会发展新格局。加强生态环境保护与修复。划定并坚守生态红线，所有新建项目必须严格落实环评，严禁“三高”项目进入，进一步巩固“禁白”工作成果。继续做好109国道和旅游沿线补植增绿工作，继续实施限牧还草、人工种草、人工造林等工程。加强草场资源保护，重点查处违法占用草场尤其是天然草场的行为。严厉打击整治非法采矿、采砂行为，抓好矿山修复。全力做好纳木错景区和阿热湿地保护开发工作。争创国家级生态文明县。全面落实“河长制”，加快推进县域内河流整治保护工作，打造“水清、河畅、岸绿、景美”的河流生态体系。全力抓好环境综合整治。在巩固提升去年环境整治成效的基础上，认真落实环境保护目标管理和责任追究制度，突出标本兼治、多管齐下，加大对城乡环境污染综合整治力度，下功夫解决公共基础设施不配套、管理水平低和脏、乱、差等突出问题，努力营造卫生整洁、秩序井然、安全文明的人居环境，提升当雄对外形象。

（六）坚定不移抓脱贫攻坚，富民增收实现新突破

认真贯彻落实区、市党委、县委的决策部署，强化“一号工程”意识，坚持问题导向，加快落实相关政策措施，确保年内顺利通过国家验收。紧扣贫困群众稳定增收，大力发展农村集体经济，积极走富民产业组织化经营、规模化发展的路子，特别要在牧民专业合作社的提质增效上采取实质性的扶持措施，充分调动牧民积极性，提高产品市场竞争力，争取成立一个就能带动一片、致富一方。将产业扶持与脱贫攻坚深度融合，积极衔接汇报争取，切实把帮扶重点放在协调项目、措办实事、发展产业上；

抓住一切政策机遇，围绕产业、就业、教育、旅游、医疗、招商等方面，积极争取扶贫产业项目落地实施，为我县扶贫脱贫注入新的活力、奠定坚实的基础。

（七）完善体制建设，深化改革开放

积极推进政府职能转变，强化政府的社会管理和公共服务职能，深化行政体制改革、经济体制改革、牧区改革、社会体制改革、文化体制改革、投资体制改革，依法行政，公开政务，努力形成决策科学、权责对等、分工合理、执行顺畅、监督有力的行政管理体制。

进一步完善和落实招商引资政策措施，创新招商引资工作方式方法，简化审批手续，提高办事效率，增强服务意识，改进服务方式、提高服务水平，形成“引进一个，建好一个，带来一批”的联动效应。力争2018年度招商引资到位资金增长10%以上。

深化对口支援工作。主动加强与北京对口援助区的交流合作，强化资源互补，着眼于增强内生动力，集中解决制约发展的最突出问题。按照“互惠互利、优势互补、长期合作、共同发展”的原则，注重援藏资金向基层一线和民生倾斜，形成经济援藏、教育援藏、就业援藏、科技援藏、干部人才援藏的全方位援藏工作格局。

各位代表，2018年，我们将按照县委、县政府的决策部署，深入学习贯彻落实党的十九大会议精神，开拓进取，真抓实干，勇于担当，不断推动我县经济社会发展和长治久安，确保圆满完成年度各项目标任务，为全面同步建成小康社会而不懈奋斗。

关于当雄县 2017 年财政预算执行情况和 2018 年财政收支预算的报告

——在当雄县第十二届人民代表大会第三次会议上

当雄县财政局

（2018 年 1 月 8 日）

一、2017 年财政预算执行情况

2017 年全县财政工作在县委的坚强领导下，在上级财政部门的关心和支持下，在北京市的无私援助下，高举习近平新时代中国特色社会主义思想伟大旗帜，认真贯彻落实党中央关于西藏工作的一系列决策部署，按照县委的要求围绕中心、服务大局，尽职尽责、扎实工作，重点突出“稳中求进、进中求好、补齐短板”的工作总基调，抓住发展和稳定两件大事，全力保障“六大战略”实施，积极支持全县经济“又好又快”发展，为确保全县经济社会全面协调可持续发展，确保全县社会局势长治久安，提供了可靠的物质保障和有力的财力支撑。

（一）全县 2017 年公共财政预算及变更情况

当雄县十二届人大二次会议批准的 2017 年度全县地方财政收支预算为：财政总财力 85669.56 万元（其中：上级财政补助收入 57769.56 万元，地方财政收入 27900 万元）。

（二）全县 2017 年公共财政预算执行情况

自治区、拉萨市财政对我县的财力补助不断增加和地方财政收入超收，2017 年全县财政总财力达到 85669.56 万元，比上年决算增加 7539.56 万元，增长 9.65%。

全县公共财政预算收入达到 29911 万元，其中：税收收入完成 15689 万元，比上年决算数增加 7579 万元，增长 93.45%；非税收入完成 14222 万元，比上年决算数减少 2783 万元，下降 16%。

二、2017 年财政主要工作

（一）加强财政宏观调控，促进经济又好又快发展。2017 年是实施“十三五”规划的关键之年，全县财政工作在县委、县政府的正确领导下，积极应对严峻复杂的宏观经济形势，解放思想，迎难而上，共克时艰，认真贯彻落实“稳增长、促改革、调结构、惠民生”各项决策部署，全力以赴抓收入，多措并举优支出，确保民生改善和重点建设支出需求，全县财政收入保持了平稳增长态势，有力支持了全县经济社会跨越式发展。加强收入征管，做到应收尽收。财政局积极与税务部门加强协调配合，完善征管手段、加大稽查力度、挖掘增收潜力、堵塞征收漏洞，保证了税收收入的平稳增长和及时足额入库。与此同时，进一步完善行政事业性收费收入缴入国库工作。截至 2017 年底，实现税收收入 15689 万元。

（二）不断加大“三农”投入，推进社会主义新农村建设。按照县委关于巩固和加强农牧业基础地位，全面推进农牧区小康建设的精神，遵循“因地制宜，突出重点，农牧结合，协调发展”的指导方针，继续加大对农牧业的投入，全面推进社会主义新农村建设。加大涉农资金投入，全县农林水事务支出

达到6960.75万元。安排资金3245.7万元，用于农业发展；安排资金545.19万元，用于水利发展；安排资金3169.86万元，用于农开发展，做好扶贫工作，加快贫困群众增收步伐。

（三）坚持保障和改善民生，健全社会保障制度体系。按照以人为本的要求，把保障和改善民生作为推进改革、促进发展、维护稳定的大事。截至2017年末，社会保障和就业支出达到5409.32万元。一是完善城乡社会保险制度。及时足额发放离退休人员养老金，实现了养老保险制度全覆盖。二是完善城乡各项保险制度。做足做实职工医疗保险个人账户，在职职工保健经费直接记入本人医疗保险账户。三是继续提高标准，保障特困群众基本生活需要。调整了城镇居民最低生活保障标准和农村居民最低生活标准、“五保户”供养标准。四是落实自然灾害资金，确保受灾群众生活。

（四）大力支持社会事业发展，促进基本公共服务均等化。全县教育支出达到28625.31万元。支持城乡义务教育、薄弱学校改造和校园安全建设，改善办学条件，提高教学能力；进一步提高城乡义务教育保障水平，继续免收城镇义务教育阶段在校生学杂费、作业本费。将城镇困难家庭子女纳入“三包”经费保障范围，进一步提高义务教育阶段“三包”经费保障标准。医疗卫生支出达到3995.05万元。及时下达鼠疫防控、农村医疗救助、公共卫生项目等专项经费，进一步改善基层卫生室医疗条件。

（五）完善政法经费保障机制，确保社会局势稳定。按照“稳定压倒一切”原则，2017年，投入资金6975.62万元，不断加大反分裂斗争和维护稳定工作的投入力度，促进全县社会局势稳定和长治久安，支持民族宗教、治安巡防、流动人口服务与管理、政法部门维护稳定等工作，为十九大胜利召开提供了有力保障。

（六）深入推进财政科学化精细化管理，强化财政监督稳步推进国库集中支付改革。一是完善政府预算体系。按照新《预算法》要求，编制公共财政预算、政府性基金预算、国有资本经营预算、社会保险基金预算，建立定位清晰、分工明确的政府预算体系，加大政府性基金预算与一般公共预算的统筹力度。二是盘活财政存量资金。进一步提高财政资金使用效益，对存量资金实行常态化、制度化管理。截至目前，盘活以前年度的单位结转结余、财政专户各类结转结余资金2021.08万元。三是规范专项资金管理。根据上级要求，推进国库集中支付改革，加强专项资金管理，专项资金统一通过国库单一账户直接支付。四是公开财政预决算。进一步扩大范围细化内容，将县本级财政及预算单位年度财政预算、部门预算及“三公”经费预算信息和年度决算信息向社会全面公开，接受社会监督。全面推行国库集中支付制度改革，建立了以国库单一账户为核心的集中支付体系，组织相关业务人员进行了国库集中支付流程培训。11月13日国库集中支付电子化管理上线运行。

各位代表，在县委的正确领导下，通过全县广大财政干部的共同努力，2017年各项财政工作取得了新的成绩。在总结成绩的同时，我们也清醒地认识到，当前我县财政工作中仍然存在着一些薄弱环节，一是目前影响我县经济发展的不确定因素较多，要实现财政增收和经济发展的目标面临着很大的压力和严峻的考验；二是随着各项社会事业的进一步发展和反分裂斗争的不断深入，财政刚性支出因素增多，给我县财政增添了新的难度；三是财务管理存在混乱现象，需进一步规范财务管理问题。对于这些问题，我们将认真研究，通过创新理念、更新观念、加强管理逐步加以解决和完善。

三、2018年财政收支预算（草案）

根据新预算法、《国务院关于编制中央预算和地方预算的通知》（国发〔2015〕65号）要求，结合我县国民经济和社会发展目标以及全县财力情况，我们认真编制完成了2018年全县财政收支预算（草案），现将有关情况说明如下：

（一）预算编制指导思想

高举习近平新时代中国特色社会主义伟大旗帜，贯彻落实党的十九大和中央第六次西藏工作座谈会精神，特别是“治国必治边、治边先稳藏”的重要战略思想和"努力实现西藏持续稳定、长期稳定、全面稳定"的重要指示，贯彻落实中央经济工作会议和区、市经济工作会议精神，坚持稳中求进、改革创新，继续实施积极的财政政策，确保实现稳增长、促改革、调结构、惠民生、防风险的宏观调控目标；充分发挥财税政策促进产业结构调整、经济转型升级和培育发展新动力的重要作用，加大财政资金统筹使用力度，盘活存量、用好增量，优化财政支出结构，突出"六大战略"，重点保障基本民生支出，从严控制一般性支出。深化财税体制改革，健全政府预算体系，完善预算管理各项制度，加大预算统筹力度，切实推进预算公开透明。加强地方政府性债务管理，切实防范财政风险，促进经济持续健康发展。

（二）预算编制基本原则

1. 预算安排总体坚持量入为出，收支平衡。预算支出安排充分考虑财力可能，按照轻重缓急的顺序，优先考虑刚性及重点支出需求，确保年初预算编制收支平衡，不编赤字预算。

2. 收入预算安排坚持实事求是，积极稳妥。收入预算安排充分考虑国家及自治区政策调整因素，结合预算执行情况，既保证一定增幅，又确保与全县经济社会发展实际相适应。

3. 支出预算安排坚持量入为出，统筹兼顾。支出预算安排坚持有保有压、重点突出。牢固树立过紧日子思想，严格控制各部门、各单位的机关运行经费和楼堂馆所等基本建设支出，进一步压缩"三公"经费支出。将财力更多地向基本民生等重点领域倾斜。

4. 预算编制工作力求全面完整，讲求绩效。将政府的收入和支出全部纳入预算管理。及时将拉萨市对下转移支付提前告知有关单位，将资金尽可能地落实到具体项目和单位。据实安排项目支出预算。加大结余结转资金统筹力度。推进预算绩效管理，提高财政资金使用效益。

（三）2018年全县公共财政收支预算安排情况

——全县公共财政预算总财力。2018年全县公共财政预算总财力为86858.23万元，比上年年初公共预算增加1188.67万元，同比上涨1.39%。其中：上级补助收入56058.23万元，地方财政收入30800万元。

——上级补助收入构成情况。总财力中上级补助收入56058.23万元的主要构成：一是返还性收入1300万元；二是一般性转移支付51023.88万元；三是专项转移支付2734.35万元；四是预算稳定调节基金1000万元。

——全县地方公共财政收入预算安排。2018年全县地方财政一般收入预算计划安排30800万元，比上年预算增加2900万元，增长10.39%。

——全县公共财政支出预算安排及保障重点。全县财政一般公共支出预算安排86858.23万元，比上年年初预算增加1188.67万元，同比增长1.39%。按照现行收支分类，2018年度全县财政一般公共支出分项目安排情况为：

1. 一般公共服务安排20809.26万元，比上年增加3384.54万元，增长19.42%。

2. 国防支出安排300万元，比上年增加200万元，增长2倍。

3. 公共安全支出安排6967.15万元，比上年减少19.5万元，下降0.28%。

4. 教育支出安排29184.08万元，比上年增加335.77万元，增长1.16%。

5. 科技支出安排837万元，比上年减少167.36万元，下降16.66%。

6. 文化体育与传媒支出安排1881.29万元，比上年增加760.69万元，增长67.88%。

7. 社会保障和就业支出安排4380.87万元，比上年减少1383.57万元，下降24%。

8. 医疗卫生支出安排5918.94万元，比上年增加1466.68万元，增长32.94%。

9. 节能环保支出安排799.08万元，比上年减少650.93万元，下降44.89%。

10. 城乡社区事务支出安排2008.02万元，比上年减少1315.03万元，下降41.58%。

11. 农林水事务支出安排9263.5万元，比上年减少3701.81万元，下降28.55%。

12. 交通运输事务支出安排38.24万元，比上年增加28.24万元，增长2.82倍。

13. 资源勘探电力信息等事务支出安排348.22

万元,比上年减少 320.5 万元,下降 47.93%。

14. 商业服务业等事务安排 181.03 万元,比上年减少 393.26 万元,下降 68.48%。

15. 国土资源气象等事务支出安排 1240.6 万元,比上年增加 128.55 万元,增长 11.56%。

16. 粮油物质储备管理事务支出安排 40 万元,与上年持平。

17. 预备费安排 616 万元,按本级公共财政预算收入的 2% 计提。

18. 其他支出安排 2044.95 万元。

(四)本年度财政公共支出预算安排的具体情况

本年度财政公共支出中,除优先保证人员工资发放和行政事业机构的正常运转外,重点支持县委、县政府各项中心工作有效开展,支持全县经济社会协调可持续发展,支持各项民生政策全面落实。初步计划,2018 年县本级财政支出主要向以下方面倾斜:

——加强社会保障,切实保障和改善民生。2018 年计划对教育、科技、文化、卫生、社保、环境保护等社会公共事业投入 43001.26 万元,比上年增加 15166.4146 万元,增长 54.49%。继续改善城乡各类教学机构特别是农村中小学办学条件,加快职业教育发展。落实好教育"三包""两免一补"和非义务教育阶段贫困生救助政策,改善教职工生活待遇。支持文化产业加快发展,打造特色旅游文化品牌;继续支持广播电视、新闻出版、群众文化等事业健康发展。支持全县精神文明建设,提高全民素质;继续把医疗卫生工作重点放在农村,提高农村公共医疗保障能力。进一步改善医疗机构办公条件。进一步完善养老保险、医疗保险、失业保险、生育保险、工伤保险;加大对精准扶贫的扶持力度,妥善解决困难群众生产生活问题;重点支持农牧民转移就业,鼓励大中专毕业生自主择业。

——加强公共安全,努力实现长治久安。2018 年计划安排公共安全支出 6967.14 万元。其中包括社会治安综合治理专项经费、突发公共事件应急处置资金、普法专项资金、消防部队专项经费、处置疑难信访案件专项经费、加强和创新寺庙管理经费等。支持突发公共安全事件应急处突工作;支持社会治安综合治理、平安当雄建设及流动人口服务与管理,加大对社会面的管控力度;提高消防部队经费保障标准;加大解决社会热点、难点问题的资金投入,妥善处理疑难信访案件,化解社会矛盾,维护社会正常秩序和社会局势的长期稳定。

——加强基层政权建设,保证基层党组织正常运行。为保障我县基层组织的建设,县委、县政府不断加大财政投入,为基层组织的政权建设、活动开展、人员培训等各方面都提供了切实的资金保障,确保基层组织工作健康发展和人员队伍的稳定成长;加大基层党组织工作和活动经费投入,丰富基层党组织的活动内容和形式;加强党的路线、方针、政策的宣传力度,进一步提高基层党组织的战斗力和凝聚力;加强基层政权建设,保障基层党建经费。2018 年我县基层政权建设款和基层党组织建设专项经费达到 3882.54 万元,用于加强基层党组织的阵地建设;健全基层组织干部教育培训经费保障制度。大力支持基层组织的"三个培养"工程建设、加强基层干部技能培训、提高基层干部管理水平、投入党员教育培训费、保障基层组织干部培训工作顺利开展;建立党内激励关怀帮扶资金。走访慰问"三老"人员、尽能力帮助慰问贫困党员、结对帮扶有困难的党员。

四、依法理财,科学管理,确保 2018 年财政一般公共预算任务圆满完成

各位代表,新的一年,站在新的起点,我们将在县委、县政府的坚强领导下,深入学习贯彻党的十九大精神,自觉接受人大监督,虚心听取政协的建议和意见,奋发进取、开拓创新、扎实工作,努力完成 2018 年财政预算任务,为我县全面建成小康社会做出新的积极贡献。

(一)抓增收节支出,确保财政平稳健康运行。高度关注经济走势和中央财税政策调整影响,加强财政运行动态分析。牢固树立勤俭节约的思想,严格控制一般性行政支出,控制会议规模、档次,对公车购置及运行费用、公务接待费用等实行更严格的管理。进一步强化公共预算执行意识,加强公共预

算执行的监督和管理，增强部门公共预算执行的严肃性和约束力，切实做好公共预算平衡工作。

（二）抓对上争取资金和项目，增强全县经济发展后劲。充分发挥财政资金导向性、引导性和“四两拨千斤”的效益，引导和鼓励民间资本投向重大基础设施、重大民生项目、新兴产业和现代服务业等项目。积极向上争取资金，认真研究、准确把握国家产业政策和投资导向，立足于早计划、早动手，加强前期调研和筛选工作，建立起完备的项目库，增强横向联系、纵向沟通，保证对上争取资金和项目工作落到实处，取得新突破。

（三）抓深化改革，不断提高财政管理水平。一是深入推进绩效评价工作，在全面总结分析上年工作开展情况的基础上，进一步提高我县财政绩效评价工作的覆盖面，努力挖掘深度，提升内涵，探索建立绩效评价结果与预算管理有效结合的长效管理机制。二是逐步理顺全县地方政府债务管理制度，不断细化监管环节，动态掌握债务规模，健全完善政府偿债准备金制度，增强防范风险能力。三是进一步规范政府性投资项目资金管理，建立政府性投资项目库管理系统，严把资金拨付审核关，避免资金使用风险。四是公开财政预决算。进一步扩大范围细化内容，将县本级财政及预算单位年度财政预算、部门预算及“三公”经费预算信息和年度决算信息向社会全面公开，接受社会监督。五是国库集中支付完善到位，转变会计集中核算中心职能，全面实行国库集中支付工作。六是健全乡镇财政所管理职能，全力推进标准化财政所建设。七是不断强化财政自身建设，进一步转变作风，提高工作效率，以财政信息大平台建设为依托，提高财政管理质量和水平；同时加强财政廉政制度建设，严肃财经纪律，规范职权行为，全面提升财政干部队伍整体素质，努力建成一支群众满意的财政干部队伍。

各位代表，2018 年是贯彻党的十九大精神的开局之年，是改革开放 40 周年，是决胜全面建成小康社会、实施“十三五”规划承上启下的关键一年，我们将牢牢把握“四个全面”这条主线，在县委、县政府的坚强领导下，自觉接受人大对财政工作的指导和监督，认真听取政协委员的意见和建议。高举习近平新时代中国特色社会主义思想伟大旗帜，深入贯彻落实党的十九大和中央第六次西藏工作座谈会精神，贯彻总书记治边稳藏重要战略思想和给隆子县玉麦乡群众的回信精神，统筹推进“五位一体”总体布局，牢固树立和贯彻落实新发展理念，坚持以人民为中心的发展思想，继续改革创新，坚定信心，团结协作，开拓进取，扎实工作，为全县经济跨越式发展、社会局势长治久安、奋力建设“美丽幸福新当雄”，抒写中国梦当雄新篇章提供强有力的物质保障。

综 述

【地理位置】 当雄县属拉萨市纯牧业县，位于西藏自治区中部，藏南与藏北的交界地带，拉萨市北部，距拉萨市170公里。县域国土面积1.23万平方公里，平均海拔4300米。地理坐标为东经90° 45′ —91° 31′，北纬29° 31′ —31° 04′ 。北部与班戈县、那曲县接壤，南与林周县、堆龙德庆县交界，东部一隅与那曲嘉黎县相连，西南与尼木县毗邻，青藏公路（国道109线）由东向西横贯全境。东北至西南硕长，长185公里，西北至东南狭窄，宽约65公里，其中最窄处约34公里。

【概况】 全县下辖6个乡2个镇、28个村（居）委会，172个村民小组，全县总人口52351人。在职干部职工1800人，退休干部职工272人，全县共有党组织支部130个，党员4354人，其中牧民党员3328人。现有中学1所，在校生2111人，教职员工148人；小学9所，在校生5259人，教职员工331人；幼儿园13所，在园幼儿1046人，教职工11人。有牧家书屋28个、寺庙书屋22个、文化站8所（含县文化活动中心）、文艺演出团体1个；县中心医院1所，医务人员61人，乡镇卫生院7所、医务人员64名；防疫站1所，专职人员12人；“五保户”96人，享受城镇最低生活保障388户、689人，享受农村最低生活保障1475户、4778人。全县共有各类宗教场所24个，其中有僧无场所2个，嘎巴点13个，旦康2个，大型寺庙4座，小型寺庙3座。

【经济发展】 2017年，实现地区生产总值17.97亿元，增长10.1%；公共财政预算收入完成2.99亿元，增长19%；全社会固定资产投资完成36.55亿元，增长23.8%；规模以上工业增加值完成4.3亿元，增长55.3%；社会消费品零售总额完成1.87亿元，增长12%；农牧民人均纯收入达到14333.00元，增长13.5%；城镇登记失业率控制在2.2%以内。全年共接待游客63万人次，下降16.1%；实现旅游收入6500万元，下降11.8%；旅游业带动相关产业实现收入2.8亿元，增长8.5%。全年招商引资合同引进项目27个，协议资金214亿元，实际到位资金18亿元，增长15%。全县牲畜存栏505223头（只、匹），其中，牦牛279303头，羊221519只，山羊61540只，马4401匹。仔畜出生36785头（只、匹），成活率98%，肉产量11058.46吨，奶产量16155.4吨。

【气候】 受大气环流和地形影响，当雄县气候的主要特点为冬季寒冷、干燥，夏季温暖湿润，雨热同期，干湿季分明，天气变化大。年均温度1.7℃，年均降雨量459.6毫米，年均蒸发量1891.4毫米，年均日照时数2837.9小时，年均太阳辐射总量187.9千卡／平方厘米每年，年均≥ 0℃，积温1800℃，无霜期仅62天，牧草生长期仅90—120天。地表温度平均为4.8℃，从头年11月至翌年4月有6个月的土地冻结期，全年八级以上风力平均达17.8天，多发生在12月至次年3月份之间。大雪、冰雹、霜冻、干旱、大风等自然灾害频繁。

【地貌】 当雄地貌类型复杂。著名的念青唐古拉山脉沿县的西北横穿全境,海拔 7111 米的主峰位于县辖宁中乡境内,第十一届亚运会圣火取自念青唐古拉山主峰下。总地势由西北向东南倾斜,东北部为高原平原,西北部和东南半壁皆为高峻山地,其间夹着近同念青唐古拉山走向的山间构造宽谷盆地,呈现岭谷平行相间的较有规则的条状地形。盆地海拔都在 4200 米以上,山地海拔最高为念青唐古拉山主峰 7111 米,相对高差 3000 米左右。在北部高原上,有西藏第一大湖——纳木错。地貌分为四个地貌单元,西北部冰蚀高山、极高山,东部高寒中山,北部高原湖盆地和中部洪积宽谷盆地。

【矿产资源】 当雄县境内矿产资源有砂锡、铅锌、玉石、高岭土、石膏、火山灰、石灰石、水晶石、硫磺、泥炭等,其中以羊八井热田和羊易热田最为著名,1980 年就建设羊八井第一台 3000 千瓦机组发电,至1992年羊八井共装机组9台,总容量25180千瓦,年发电量 1 亿千瓦,向拉萨和当雄供电。已探明并开采的矿产资源有乌玛乡的石膏矿,储量 1 亿吨,还有高岭土、火山灰、铅锡、铅锌矿和以铜矿为主的稀有金属矿,均有相当的储量和品质。

【旅游资源】 当雄县主要名胜古迹和旅游景点有:世界海拔最高的咸水湖——纳木错、历史名城冲嘎固始汗夏宫遗址、享有盛名的藏传佛教噶当派创始地——仲敦巴旧址、藏北八塔、嘎洛寺(噶举派)、羊井寺(噶举派)、康玛寺(格鲁派)、多吉林寺(噶举派)。羊八井镇拥有驰名中外的地热电站,喷景壮观。海拔 4718 米的纳木错是西藏著名的佛教圣地之一,是全国第二大咸水湖,享有“圣湖”的美誉。与“圣湖”遥遥相对的是“神山”念青唐古拉山。主峰下是 1990 年第十一届亚运会圣火采集点,同时也是牧民从事宗教活动及赛马、赛歌的好地方。当雄县宁中度假村借用天然的温泉资源,配以相应的设施,是一个旅游修养的绝佳之地。

【自然资源】 当雄自然资源丰富,境内草场广阔,天然草场总面积 691500 公顷,林地 90398.29 公顷,年鲜草可利用量为 629336.95 吨。当雄天然草场分为 4 个草场类,6 个草场亚类,15 个草场组,33 个草场型。优良草场占全县可利用草场的 68%,质量中等的占 29%。根据 2011 年草原生态保护补助奖励机制核定:草畜平衡理论载畜量为 87.0399 万只绵羊单位的牲畜。当雄土地资源特点是山地冰川、河谷多,高山寒漠土、粗骨土、草甸土、高山草原土、亚高山草原土、草甸土和沼泽土 8 类,高山草甸土是当雄分布最广、面积最大、最主要的土壤类型,占当雄土壤总面积的 51.85%,人工草场 32000 公顷,灌溉面积 6000 公顷。

【野生动物资源】 有野兔、盘羊、黄羊、野驴、旱獭、石羊、高原鼠兔、狐狸、黄鼠狼、狼、豹、猞猁、麻雀、乌鸦、雪鸡、山鸡、水鸭、黄鸭、大雁、白天鹅、黑颈鹤、秃鹫和鹰等。

【经济药用植物】 有冬虫夏草、藏贝母、藏雪莲花、单子麻黄、红景天、龙胆、甘遂、云南黄芪等。

(德庆曲珍)

大事记

1月

3日　根据拉萨市关于下达2016年农村低保对象生活补贴资金的通知要求，当雄县积极行动兑现农村低保户1193户4513人，其中A类735人，B类115人，C类3663人，补助标准为A类1075元，B类1615元，C类2222元，共落实资金9115036元。

8日　拉萨市副市长、当雄县委书记张正主持召开当雄县2016年度党员领导干部民主生活会，市纪委第五纪检组组长谢永杰，市委组织部干部教育科成晋到会指导。

10日　郭庆村4组63岁的一位老人在家中突发脑溢血倒地危及生命。该家人向驻村工作队求救后，立即安排人员和4组组长，并考虑到患者的病情严重和家庭条件（该户属低保户）安排车辆第一时间把患者送到自治区人民医院救治。

11日　拉萨市政协副主席、市民宗局党组书记拉巴顿珠在羊八井寺、嘎洛寺调研当雄县民族宗教事务工作。县委常委、统战部部长边巴扎西陪同。

16日　拉萨市副市长、当雄县委书记张正在羊八井检查指导精准扶贫工作。

22日　当雄县宗教界人士齐聚一堂，举行宗教界代表人士座谈会，对全县宗教领域各项工作开展情况作全面总结，对2017年涉宗领域工作做详细安排部署。

23日　当雄县委、县政府扎实开展精准脱贫工作，投入350万元设立群众重大变故救助金和大病救助金，为38名建档立卡贫困户患者报销住院费用62.28万元。

24日　县委常委、统战部部长边巴扎西先后在多吉林寺、羊八井寺、嘎洛寺看望慰问广大僧尼和驻寺干部。

25日　自治区党委副书记、主席齐扎拉一行在拉萨市委副书记、市长果果及市、县相关领导陪同下，对当雄县乌玛塘乡一级检查站值岗人员、宁中乡曲才村精准扶贫搬迁点贫困户开展节前慰问。

26日　全县采取转移就业、创新金融等方法促进就业带脱贫，为精准扶贫对象组织技能培训11期1290人，通过转移就业547人，带动244户902人脱贫。

27日　为让全县各族人民深切感受民族传统文化的深厚内涵和极大魅力，度过一个欢乐、平安、祥和、文明的节日，当雄县积极营造祥和、文明的节日氛围。

28日　共青团当雄县委员会召开以“引导青年创业、助力精准扶贫”为主题的当雄县优秀创业青年座谈会，县委副书记、县长其美次仁，作重要讲话，相关部门负责人、11名优秀创业青年参加。

29日　县委副书记、县长其美次仁带领在岗县级领导，分成三个慰问组到当雄县各阶层，开展春节慰问活动。

2月

3日　执法人员对重点区域内的各批发店、超市、蔬菜店以及道路两边的食品摊位等，主要就经营证照是否齐全、有无销售过期“三无”食品以及是否违规经营和占道经营等问题进行检查。共检查食品摊位20余家、批发店7家、超市3家、酸奶店4家、蔬菜店7家，共没收过期食品饮料三种，价值150余元，另外，有部分摊位直接将散装食品暴露在阳光下，易遭受各种污染，执法人员要求摊主立即采取保护措施，并对其进行批评教育。

4日　由县强基办牵头，县发改委等相关单位一行验收组先后对曲才村2013年和2014年强基惠民项目，曲才村砖厂和曲才村两用商品房项目进行实地检查验收。

5日　自治区党委常委、拉萨市委书记白玛旺堆在当雄县调研，并看望慰问基层干部群众。

6日　当曲卡镇开展青少年寒假自我保护宣传教育活动。

7日　全县召开牲畜疫情防控大会，进一步规范应急处置程序，严格执行24小时值班，随时发现、及时举报，消除全县境内疫情安全隐患。

9日　团县委开展以“团情关怀送温暖、扶贫帮困暖少年”为主题的慰问活动。

11日　拉萨市广电局组织，当雄县文广局实施的“文艺、法规、服务”三下乡活动在格达乡央热村举行。

12日　自治区体育局组织西藏登山队、西藏登山运动管理中心、自治区体育产业和设施开发管理中心等单位就羊八井高山训练基地资源盘活、实现常态化运营等问题召开研讨会。

13日　拉萨市政府办公厅驻堆灵村工作队通过实地走访调研，深入牧户家中了解民情，帮民解困，并送去慰问品。

14日　县委副书记、县长其美次仁在羊八井勘察小康安居工程项目建设用地。

15日　自治区国土厅厅长梁建平在县委常委、宣传部部长格桑加措陪同下，在羊八井镇桑巴萨村和拉多村看望慰问结对帮扶对象及驻村工作队。

16日　县人社局组织精准扶贫搬迁户在公塘乡拉根村搬迁点开展“当雄县2017年精准扶贫搬迁户引导培训”，邀请市就业局副局长扎西顿珠、劳动仲裁科副科长索朗次仁作引导培训。

17日　举行当雄县2016年度“爱国守法”模范文明家庭表彰大会。

19日　当雄县分别在老干部活动中心和拉萨市老干部活动中心举办迎藏历火鸡年慰问座谈会。

20日　宣传部联合文广局、安监局、工商局、公安局、消防大队等文化执法成员单位对全县网吧、KTV等经营场所进行专项大检查。

21日　自治区国土厅厅长梁建平在羊八井桑巴萨村和拉多村看望慰问结对帮扶对象及驻村工作队。

22日　拉萨市政协副主席、市民服务中心党组书记、副主任岳国红在政协副主席、卫生局局长巴桑陪同下，在当由卡村嘎巴点和公塘乡甲根村二组、四组、五组看望慰问结对帮扶户、“村两委”及驻村工作队。

23日　当雄县组织召开2016年度“爱国守法”模范文明家庭表彰大会。

24日　拉萨市人大常委会党组副书记、工会主席平措朗杰和市总工会副调研员、法律保障部部长拉巴卓嘎分别在龙仁乡、格达乡慰问困难群众和牧民工会会员。

25日　县委副书记、脱贫攻坚指挥部总指挥长樊锋旭带领县扶贫办工作人员在宁中乡曲才村扶贫安置点，公塘乡拉根村扶贫安置点看望慰问搬迁群众。

26日　由人民日报社、新华社、中央电视台、中央人民广播电台、中国国际广播电台、中国新闻社、中国日报社等11家中央媒体组成记者团在当雄县就精准脱贫、农牧业供给侧改革工作开展实地调研。

3月

3日　为保障乌玛塘乡郭尼村村民用电，团市委驻乌玛塘乡郭尼村工作队从先进集体奖中拿出

5000元为乌玛塘乡郭尼村购买变压器。

4日 近日来全县再次迎来降雪，109国道及当纳公路形成冰雪路面，县公安局动员109国道和当纳公路沿线各检查站、派出所、警务站及交警大队各执勤中独立民警积极开展道路交通安全管理和服务工作。

5日 3月5日是国际消费者权益保护日，当雄县开展以“网络诚信 消费无忧”主体宣传活动。

6日 县政协副主席、卫计委主任巴桑参加纳木湖乡中心小学和幼儿园先心病筛查和体检工作，正式启动当雄县本年度先心病筛查工作。

7日 县食品药品监督局、教育局联合启动春季学校及周边食品安全专项检查活动，以保障各学校师生饮食安全，杜绝食品安全事故。

8日 市政协委员、阜康医院总经理陈彬带领12名医务人员在当雄县公塘乡甲根村开展免费义诊，送医、送药、送健康上门。

9日 当雄县公安局网安大队、县委宣传部网信办联合在县完小开展网络安全宣传活动。

10日 县防疫站安排专业技术人员分两组为期两天对全县各中、小学、幼儿园进行全面消毒，并宣传传染病相关知识，共消毒11所中、小学、幼儿园，学生宿舍554间，教室188间，食堂18间，厕所25间。

11日 纳木错再次飘起雪花，致使旅游专线当纳公路大部分路段结冰，给群众和游客出行造成极大隐患，县公安局民警顶风冒雪，日夜坚守工作岗位，共出动救援车辆4台，解救受困群众8人。

12日 公安局网安大队联合宣传部网信办在县完小开展以“关注校园网络安全，打造晴朗网络空间”为主题的网络安全宣传活动。

13日 当雄县纳木错—念青唐古拉山风景名胜区管理局揭牌成立。

14日 拉萨市委常委、常务副市长暴剑在当雄县调研。

15日 当雄县“创新成就梦想、创业成就未来”——青年“双创”工作座谈会在204会议室召开，县委副书记、县长其美次仁，县委常委、组织部部长徐建华等领导，以及10名优秀创业青年共计28人参加。

16日 当雄县选举张正、贡嘎宗吉、晋多3名同志为拉萨市出席党的十九大基层代表候选人推荐人选建议名单。

17日 当雄县脱贫攻坚指挥部组织召开2017年度脱贫攻坚动员部署大会，再次“吹响集结号，发起总攻令”，明确2017年度攻坚任务。

18日 拉萨市委常委、常务副市长暴剑在当雄县调研基层党建和经济发展，市政府副秘书长张治军，县委、县政府主要负责同志陪同。

19日 当雄县普降大雪，当纳中队民警接到报警电话，当纳公路上一辆载有孕妇的车被困，无法前进，孕妇出现身体不适，急需送往医院，接到报警，救援民警以最快的速度到达现场。

20日 县妇联联合县司法局、人社局在县城中心开展妇女维权法制宣传活动。

21日 当雄县举办“转变观念、脱贫致富”专题培训，各乡（镇）党委副书记、28个村（居）党支部第一书记、支部书记、主任及驻村工作队共计148名参加培训。

22日 当雄县妇联联合县总工会、团县委、县民政局到县“两新”组织妇委会——西藏冰川矿泉水厂，进行妇女职工维权宣讲，受到该水厂妇女职工的热烈欢迎，参加活动的女职工达20余人。

23日 中国共产党当雄县第九届委员会第二次全体会议暨经济工作会议召开，审议通过《中国共产党当雄县第九届委员会第二次全体会议决议（草案）》，全面部署2017年经济社会发展工作。

24日 中国共产党当雄县纪律检查委员会第二次全体会议隆重召开。

25日 拉萨市水利局党组书记强巴江才带队，副局长腾宝亭，市水利设计院院长在当雄县调研水利事业发展情况。

27日 当雄县组织开展“学雷锋、促环保”活动。

28日 当雄县各界隆重纪念西藏百万农奴解放58周年，开展一系列丰富多彩的民族团结纪念活动。

29日 中国人民政治协商会议第二届当雄县委员会第二次会议召开，应到委员73人，实到61人，因事因病请假12人，符合《中国人民政治协商会议章程》规定。

30 日 共青团拉萨市委员会副书记普旦在当雄县调研非公企业团建、基层团建及大学生创新创业工作开展情况。

同日 当雄县举行第十二届人民代表大会第二次全体会议，应到代表 106 名，实到 94 名代表，因事因病请假 12 名，符合法定人数。

4 月

1 日 春季来临，为杜绝学生春季安全事故的发生，增强学生的安全防范意识，各学校进行“关注安全、关注生命”的春季安全知识讲座。

6 日 当雄县开展“清明节、缅怀先烈”主题教育活动。

7 日 当雄县召开 2016 年述职述廉评议会，市委巡察二组巡查员何平到会指导。

10 日 当雄县召开“四讲四爱”主题教育实践活动动员部署会。

11 日 当雄县举办首届“工会杯”篮球比赛。

12 日 当雄县开展“12331”投诉举报主题宣传教育活动。

13 日 当雄县召开全面推行河长制工作动员部署会，县委副书记樊锋旭主持，县委副书记、县长其美次仁出席并讲话，在岗县级领导、各单位负责人参加会议。

20 日 为进一步增强全县各级领导干部职工的环境保护意识，不断提高依法履职能力，全面提高知法守法水平，当雄县召开领导干部职工环境保护工作培训会。

24 日 当雄县当曲卡镇举办迎“五一”庆“五四”运动会。

25 日 纳木湖乡召开 2016 年度村党支部第一书记、书记述职述廉评议质询会。

5 月

2 日 自治区人大常委会内务司法工委副主任涂汉平一行在当雄县，就当雄县实施《西藏自治区实施〈中华人民共和国妇女权益保障法〉办法（修订草案）》进行调研。

3 日 当雄县举办 2017 年第一期基层党建业务知识培训，邀请市委党校和组织部、宣传部相关人员为各乡（镇）党建专职副书记、各村（居）党支部第一书记、各基层党组织书记等共计 120 余人参加。

4 日 当雄县创建“国家生态文明示范县”启动仪式暨生态文明建设专家讲坛。

5 日 拉萨市委机要局在当雄县委机要局检查指导工作。

8 日 当雄县工商联召开第二次代表大会，会议听取工商联一届一次执委会以来工作报告，审议通过《当雄县工商联一届执委会工作报告》《当雄县工商业联合会第二次代表大会选举办法（草案）》。

9 日 团县委、人社局联合举办当雄县“脱贫致富靠双手、技能培训进万家”农牧民贫困青年驾驶技能培训，共吸纳全县精准扶贫建档立卡贫困青年 19 名。

10 日 拉萨市委常委、常务副市长占堆一行在当雄调研，通过实地查看、听取汇报、查阅资料等形式先后到县中学、公塘乡中心小学实地查看学校的办学条件。

15 日 当雄县离退休党支部召开关于“畅谈十八大以来的变化、展望十九大胜利召开”和“建言十九大”活动。

16 日 宁中乡堆灵村开展“四讲四爱”喜迎党的十九大主题教育实践活动。

16—25 日 当雄县举办“青春喜迎十九大、不忘初心跟党走”第三届干部职工 5 人制足球比赛。

17 日 进一步深化宗教界人士爱国意识、加强交流、增进共识、开阔视野，学习借鉴内地宗教事务管理经验做法，加强创新管理，组织全县宗教领域 30 名爱国守法先进僧尼代表赴内地考察学习。

18 日 中国佛教协会西藏分会副会长直孔琼仓洛桑强巴，中国佛教协会西藏分会秘书长范红斌，中国佛教协会西藏分会教务处处长边巴次仁和拉萨民宗局副局长、市佛教协会秘书长次仁罗布带队的自治区 2017 年爱国爱教宗教服务下乡宣讲团，在当雄县康玛寺宣讲“四讲四爱”主题教育实践活动，24名僧人参加。

同日 当雄县疾控中心开展以“每天一点碘 健康多一点”为主题的防治碘缺乏病宣传教育活动。

19日 拉萨市委常委、常务副市长占堆在当雄县调研教育均衡验收工作准备情况。

20日 拉萨市与北京市人力资源社会保障局承办的2017年就业援藏——北京市全面向西藏高校毕业生专场招聘会在拉萨举行，当雄县积极响应，精心组织全县36名未就业高校毕业生参加。

21日 自治区组织部副部长张永合一行自治区党委组织部（编办）第四调研组在市委常委、组织部部长庄红翔、市委组织部常务副部长达瓦等陪同下在当雄县开展组织编制重点工作调研。

22日 为纪念西藏和平解放66周年，进一步唱响共产党好、社会主义好、伟大祖国好、改革开放好、民族团结好的时代主旋律，组织全县干部职工观看革命历史题材故事片《勇士》。

23日 县域万民群众在“永做讲党恩爱核心的好群众”宣传横幅上签名留念，衷心表达对党的热爱、对核心的拥戴，也是对党做出的最庄严的承诺。

24日 拉萨市人大常委会党组副书记、市总工会主席平措朗杰在当雄县督导检查“四讲四爱”主题教育实践活动开展情况。

25日 当雄县纳龙村扶贫货物运输专业合作社向纳龙村牧户兑现2015—2016年运输利润分红和草场补偿费共计480万元，全村288户1535人受益。

26日 拉萨市举办第三届民间艺术团文艺调演颁奖晚会，当雄县民间艺术团24名演员参加演出，选送舞蹈《织毡子》《瑞雪狂舞》，表演唱《幸福游牧一家人》等节目，从不同角度展示当雄县悠久的游牧文化传承。

27日 当雄县第二届“相约纳木湖畔、寻觅虫草之旅”活动在当雄县乌玛塘乡巴嘎村正式启动。

31日 当雄县中学开展“四讲四爱”暨“尊法、学法、守法、用法”法制宣传教育活动。

6月

1日 县委常务副书记王猛在纳木湖乡中心小学看望慰问贫困青少年儿童，并送去节日礼物。

2日 当雄县“四讲四爱”宣讲组在宁中乡一小组组织开展“四讲四爱”主题教育实践活动第二节“讲团结爱祖国”示范宣讲。

3日 为全面开展好第46个“6·5”世界环境日宣传活动，进一步增强广大牧民群众的生态环保意识，环境保护局联合县安监局等10余家单位和8个乡（镇）紧紧围绕“绿水青山就是金山银山”的世界环境日主题，开展宣传活动。

4日 为进一步推进全县信息化建设工作，加快实施28个村（居）全区试点接入县乡党政信息网，实现县乡村网络互联、信息互通，切实解决基层取送、报送信息总是“在路上”的尴尬，县委机要局邀请市委机要局副局长马兴贵和海泰方圆公司运维工程师高云飞对各单位县乡当政信息网使用管理人员共计75人进行管理培训。

6日 当雄县委组织部通过实地查看、查阅资料、听取汇报等方式检查全县12个软弱涣散党组织整改情况。

7日 当雄县举办“喜迎十九大—我向习爷爷说句心里话”暨庆“六一”国际儿童节做“四讲四爱”好少年演讲比赛。

8日 北京市中关村医院党委在当雄县纳木湖乡小学开展爱心捐赠活动。

12日 当雄县邀请区党委机要局信息化密码安全保障处负责人，市机要局负责人对全县各单位县乡党政信息使用管理人员等共计80余人举办第四期县乡党政信息网使用管理培训。

13日 县委副书记杨作云在龙仁乡曲登羊阁村、郭尼村调研净土牧场和家庭牧场开展情况。

14日 当雄县流动党校相关工作人员在羊八井镇宣讲党的惠民政策活动，共计60余人参加。

15日 多吉林寺、驻地部队联合在多吉林寺开展军民团结主题活动，驻地部队官兵向寺庙尼姑传授大棚蔬菜种植技术。

16日　电影《天缘·纳木错》在西藏拉萨市华美巨幕影城举行首映。

同日　拉萨市副市长、当雄县委书记张正在城关区主楼321会议室主持召开九届十三次常委会议。

17日　当雄县总工会牵头，在教职中心举行驾驶培训开班典礼，启动县域部分贫困户B照驾驶培训，20名贫困户参加开班典礼。

18日　当雄县中考来临之际，县食药局组织工作人员，集中对中学周边餐饮行业进行食品安全大排查，杜绝食品安全隐患，防止食品安全事故。

19日　当雄县举办第一期未就业高校毕业生SYB培训班，训期共10天，全县30名未就业高校毕业生参加。

20日　当雄县召开安全生产和生态环境保护专题推进会，专题部署迎接国务院安委会安全生产巡查暨迎接中央环保督察工作。

同日　当雄县举办推进“两学一做”学习教育常态化制度化专题讲座，邀请自治区党校党建教研部教授进行授课，共计150余人参加听课

21日　拉萨市副市长、当雄县委书记张正考察中学学生中考，检查重点巡考、监考，医务室准备情况、试卷密封和封卷情况等，详细了解考生人数、交通秩序、安全保卫、考场突发事件应对等工作。

同日　当雄县组织开展推进“两学一做”教育常态化专题讲座。

22日　当雄县主要领导和各乡镇主要负责人参加全区换届工作电视电话会议。

23日　当雄县水利局组织召开2017年度防汛抗旱工作会议，部署相关县域防汛抗旱工作。

24日　被誉为“东方之星”的中国斯诺克明星丁俊晖在当雄，推广台球运动。

25日　为切实推进公安机关体育锻炼深入开展，认真贯彻落实《当雄县公安局迎接十九大忠诚保平安主题教育实践暨忠诚教育月学习教育活动》精神，举办“迎十九大忠诚保平安暨庆七一”篮球联赛。

26日　拉萨市妇联联合拉萨市恒大医院在当雄县多吉林寺、嘎洛寺等开展“四讲四爱”主题教育实践“送医送药送健康”进寺庙活动。

27日　当雄县委组织部、宣传部牵头组织开展“我与党旗共前进’的登山比赛活动。县直各支部党员、当曲卡镇、公塘乡牧民党员共计100余人参加。

同日　当雄县举办“庆七一 迎十九大 党的恩情怎么报”演讲比赛，县涉宗领域、教育系统等30余名选手参加演讲。

28日　县水利局与相关施工方面完成县域范围内的纳木错、唐冰湖及2个骨干河流、15个支流共19个河长制公示牌的设立工作。

29日　当雄县公安局治安大队户籍股全面启动异地居民身份证换证、补办、挂失申报和丢失招领工作。

30日　自治区新闻出版广电局副局长金美多吉带领检查组一行在当雄县分别就意识形态责任制工作、广播电视安全播出、安全保卫、保密工作进行检查。

7月

1日　为隆重庆祝中国共产党成立96周年，进一步增强基层党组织的凝聚力和战斗力，激励基层党组织与广大党员继承和发扬党的光荣传统，增强党性意识，凝聚智慧力量，当雄县各级党组织举办形式多样的庆祝中国共产党成立96周年活动。

同日　民政部海峡两岸婚姻家庭服务中心副主任、西藏自治区民政厅副厅长从飞军带队调研当雄县基层民政工作开展情况。

2日　自治区义务教育均衡发展评估验收组对当雄县创建“全国义务教育发展基本均衡县”工作进行为期3天的评估验收工作。

3日　当雄县委党校组织开展“坚定理想信念”专题培训活动，邀请市委党校陈乐博士为当雄县党员干部开展培训。

4日　县嘎洛寺举办以驻寺干部、干警、尼姑共同参与的“讲团结爱祖国、加强民族团结、建设美丽西藏”书法比赛。

5日 自治区教育厅副厅长朱赟带队的自治区第一督察组在当雄县检查精准扶贫精准脱贫工作进展情况。

6日 当雄县在龙仁乡中心小学举办“四讲四爱”主题教育实践活动第三节点（讲贡献爱家园）示范宣讲，青少年学生、牧民群众、教职员工1000余人参加。

7日 当雄县第二届青年创新创业大赛总决赛在会议中心隆重举行。

8日 为深入贯彻落实区综治委护路联防工作领导小组会议和全区铁路护路联防工作视频会议精神，按照综治委铁路护路联防工作领导小组专项整治及安保工作的安排部署，为规范废品收购的行为，确保铁路运输生产安全，当雄县护路办联合县工商局、当雄警务区、县公安局治安大队对沿线废品收购站进行检查督导并签订拒绝收购铁路器材责任书。

9日 由当雄县水利局牵头，县民宗局、县财政局、县发改委、县卫生局相关人员联合对寺庙饮水工程进行自验。

10日 自治区信访局副局长郭顺成率队在当雄县信访局督导检查信访工作开展情况。

11日 为切实提高妇女健康水平及妇女宫颈癌和乳腺癌（以下简称“两癌”）的早诊早治率，当雄县妇联按照市妇联的安排，组织乡（镇）、县直机关和“两新”组织妇女到拉萨阳光泌尿生殖医院做“两癌”免费体检。

13日 拉萨市质量技术监督局组织监察人员分组对学校、企业、医院大型公共场所锅炉、电梯、压力容器、管道等设备的使用情况进行重点细致的检查，未发现较大的安全隐患。

14日 当雄县医院组织人员在羊八井镇桑巴萨居委会为牧民群众免费进行健康体检，包括量血压、测血糖、测血型、肝功能、肾功能、心电图、B超等多项服务。

15日 当雄县宗教领域“四讲四爱”主题教育实践活动领导小组组织县各宗教活动场所20名僧尼代表及5名驻寺干部到拉萨市爱国主义教育基地、先进寺管会等地进行主题教育参观活动。

16日 当雄县委与北京市昌平区委组织部联合在中共石油大学举办提升基层干部行政能力培训，为期17天，30名乡（镇）干部、下沉干部等参加培训。

17日 教育部党组书记、部长陈宝生一行6人在当雄县羊八井镇中心小学进行调研考察，指导教育教学工作。

同日 当雄县乌玛塘乡迎来一年一度的赛马节，千余名群众相聚草原，共享盛世。

18日 当雄县召开精准扶贫精准脱贫勤劳致富先进典型表彰大会。

19日 北京东城区政协主席宋甘澍带队，东城区人大常委会副主任毛炯，副区长赵凌云等一行11人在当雄县考察对口援助工作。

20日 自治区党委副书记、人大常委会主任洛桑江村在当雄县宁中乡、龙仁乡调研家庭牧场。

24日 纳木湖乡政府邀请南京农业大学李祥妹博士为发展壮大旅游业出谋划策，进一步深入挖掘旅游业发展潜力，助推当地精准扶贫精准脱贫，助力当地牧民群众致富增收。

25日 当雄县教（体）局结合“四讲四爱”主题教育实践活动，举办第一届“希望杯”U13八人制足球比赛圆满结束，公塘乡中心小学代表队获得冠军。

26日 拉萨市副市长、当雄县委书记张正在赛马场考察赛马节筹备事项。

30日 当雄县召开本年度“当吉仁”赛马节动员部署会，各乡（镇）、县直各单位负责人参加。

31日 县委宣传部、县民政局联合举办“军民鱼水情、共筑中国梦”庆祝中国人民解放军建军90周年军地联欢文艺会演。

8月

1日 当雄县格达乡在央热村2组举行地质灾害应急演习。演练假想央热村2组地质灾害隐患点受强降雨影响，险情已处临灾，发生泥石流，将对央热村2组部分居民形成威胁，监测人员发现威胁后立即发出预警信号，并及时通过吹口哨，敲锣，打电话等多种形式，告知村民转移，乡、村领导小组启动应急预案，组织抢险队伍，疏散群众，抗灾抢险。

2日 纳木湖乡利用赛马节为契机，开展“赛马＋宣讲”活动。

3日 当雄县羊八井镇入围第二批全国特色小镇。

8日 传承300余年的国家非物质文化遗产“当吉仁”赛马节正式开幕，赛马节沿袭传统的走马、马术表演、服装表演、马长跑、短跑、中跑、招商引资签约活动等项目。

9日 “当吉仁”赛马节期间，当雄县禁白办组织相关单位，以边宣传边发放的方式，开展以“争做环保先锋文明代代相传”为主题的宣传活动。

15日 中央第六环境保护督察组西藏自治区工作动员会召开后，拉萨市副市长、当雄县委书记张正立即组织召开全县贯彻落实动员会精神安排部署迎接中央环境保护督察相关工作。随后县委副书记、县长其美次仁召开环境保护督察工作协调会，明确职责，进一步细化做好环境保护督察有关工作。

17日 国家信访局副局长李皋在当雄县调研信访工作，查看信访接待中心、联合接访中心、信访信息系统运行情况。

18日 北京控股集团一行12人在当雄县实地考察洽谈风力发电配套的系列产品开发项目。

19日 北京市东城区政协副主席颜华带领北京市东城区政协代表在当雄县考察对口援建工作。

20日 自治区藏语委办（编译局）党组副书记、主任（局长）洛布等一行督察调研当雄县藏语文工作开展情况。

23日 自治区副主席、区脱贫攻坚指挥部副总指挥长其美仁增在当雄县羊八井调研精准扶贫风湿病患者集中搬迁安置点及其配套产业工作进展情况。

25日 历经四天的第十一届拉萨纳木错徒步大会圆满闭幕，来自全国各地的62名队员参加。

26日 拉萨市副市长、当雄县委书记张正主持召开中央环境保护督察工作推进会，对近期各项工作进行再部署。

27日 当雄县人社局劳动监察大队接到民工举报，由拉萨市城投公司专包给黑龙江省龙安第六安装工程有限公司，再分包给包工头董文才的羊八井易地搬迁工程项目，因未签订劳动合同和相关协议产生劳资纠纷，涉及民工50余人拖欠工资69万元，接到举报后，高度重视，立即组织人员进行调查取证，经过积极协调，最终促使双方达成共识。

28日 中央环保督察组副组长翟青一行在当雄督导调研。

29日 由当雄县委宣传部、总工会、团县委和妇联共同主办“相约七夕、缘定当雄”联谊活动。

30日 为进一步提升广大青少年识毒、防毒、拒毒意识，羊八井镇党委副书记、团委分管领导扎西曲珍组织辖区村（居）主要负责人、派出所民警到镇中心小学开展以“珍爱生命，远离毒品”为主题的禁毒宣传活动。

9月

1日 中共北京市朝阳区委组织部一行在当雄县学习考察。

4日 拉萨市村（居）组织换届选举工作第三指导检查组组长、市委组织部副部长赵翔及其他成员一行在当雄检查指导村居换届前期筹备工作及“回头看”工作。

5日 当雄县举办村（居）组织换届选举工作培训会，各乡（镇）党委书记、村（居）第一书记等共计90余人参加培训。

6日 拉萨市委组织部副部长赵翔在乌玛塘乡调研督导村（居）换届前期工作及抓党建促脱贫工作开展情况。

7日 县委副书记、县长其美次仁等县级领导分别带队在县中学、公塘乡中心小学、职教中心、中心幼儿园等12所学校亲切看望慰问一线教师。

8日 当雄县举办2016年度新吸收补充僧尼入寺前培训。

11日 当雄县召开“四讲四爱”主题教育实践活动第四节点总结暨回头讲工作部署会。

12日 自治区党委常委、拉萨市委书记白玛旺堆在当雄县羊八井蓝天国际、赛马场、龙仁乡调研。

13日 当雄县消防大队联合县中学开展消防知识培训及应急疏散演练，共计1000余人参加。

同日 为进一步规范当雄县娱乐场所经营行为，净化文化市场，严查是否存在噪音污染对群众生活带来的影响。由县文化执法大队牵头组织6家等单位对县城2家文化娱乐场所进行检查。

14日 为保障人民群众身体健康和饮食安全用药安全，确保群众过上幸福健康生活，当雄县食药局对县城批发店、超市、药店等进行大排查。

15日 县司法局组织开展当雄县2017年行业性专业性人民调解员培训，行业性专业性人民调解员、8个乡（镇）司法所负责人、28个村（居）调委会主任参加培训。

16日 当雄县第十二届人民代表大会常务委员会第六次会议在405会议室召开，县人大常委会组成人员、县人民法院、县人民检察院、县财政局、县发改委负责人参加会议，会议由县人大常委会主任康加贵主持。

17日 国家安全生产应急救援指挥中心信息管理部主任孔亮带队，第二十一综合督察组一行6人在当雄县督察安全生产，听取工作汇报，实地视察相关工作。

19日 当雄县委宣传部、县教体局、县公安网安大队、县网信办、县文化市场综合执法大队等职能部门，联合深入乡（镇）、学校开展以"网络安全为人民、网络安全靠人民"为主题的宣传教育活动。

20日 县委副书记、县长其美次仁主持前三季度经济运行情况分析会，研判当前形势，部署第四季度经济发展事项。

22日 当雄县在拉萨市政府420会议室召开《当雄县志（2001—2010）》复审会议，会议由拉萨市政府办公厅副调研员张玉虎主持，西藏自治区党史地方志编审处副处长范晓燕、拉萨市有关专家学者和当雄县有关负责人参加。

24日 当曲卡镇集中清理当曲河、帕空曲沿岸及河道白色垃圾，并向沿岸居民、个体工商户宣传生态环境保护政策及相关知识，激励全员参与。

25日 团市委驻当雄县乌玛塘乡郭尼村工作队结合"四讲四爱"主题教育实践活动"回头讲"，邀请西藏文化艺术团，寓讲于乐、寓讲于事，开展"宣讲教育+文化下乡、时时惠民"活动，推升宣讲效果，300余人参加。

26日 团县委举办"青创扶贫，益暖当雄"关爱帮扶重点青少年活动，创业青年公益团为当雄县单亲、留守、孤残、服刑在教人员子女等42名重点青少年送去价值8700元的慰问品。

27日 县委常委、统战部部长边巴扎西带队，县委统战部、县民宗局、县文广局、县安监局、县消防大队等相关单位集中检查9个县域区级文物保护单位和文物保护点安全保护工作。

28日 当雄县主题教育实践活动领导小组集中表彰38户"最美家庭"和"文明家庭"，受表彰家庭表示，将以崭新的姿态，继续发扬优良作风，以推动勤劳致富、家庭和睦、爱岗敬业、民族团结等社会主义新风尚的具体行动，喜迎党的十九大胜利召开。

同日 为确保党的十九大期间当雄县新闻出版广播电视安全播出，自治区新闻出版广电局党组副书记、局长韩辉，区新闻出版广电局党组成员、副局长金美多吉一行安全督查组，督察当雄县影视安全播出工作。

29日 在当雄烈士陵园举行爱国主义教育暨第三届烈士纪念日烈士公祭日活动，副县长骆宁主持，县委常务副书记王猛等参加公祭。

30日 团市委驻当雄县乌玛塘乡郭尼村工作队结合"四讲四爱"主体教育实践活动"回头讲"，共计300余人参加活动。

10月

1日 当雄县交警迅速动员部署国庆、中秋、十九大期间全县道路交通安全管理工作，成立组织机构，明确集体责任的职责任务，突出管理重点和方法步骤，以统揽全局、协同作战的思维引领工作大局。

4日 自治区人大常委会副主任赵正修在当雄县检查督导党的十九大期间维稳工作开展情况。

5日 公安局组织开展党的十九大期间安全保

障演练，全面提升各领域安全保卫能力，以召开誓师大会的方式，号召全县各族各界人士投入到党的十九大期间各类安全生产、保护群众安居乐业生产生活环境的行动中来。

8日　拉萨市副市长林生一行在当雄县嘎洛寺调研“四讲四爱”主题教育实践活动情况，检查指导寺管会喜迎党的十九大胜利召开期间的安全保障工作。

9日　拉萨市林业局局长次达带队的项目验收组在当雄县验收国民经济和社会发展“十二五”规划期间林业项目。

10日　自治区党委常委、拉萨市委书记白玛旺堆在当雄县宁中乡堆灵村就村（居）组织换届、脱贫攻坚、党的十九大期间维稳、强基惠民等一系列工作进行检查指导。

11日　为促进当雄县司法局和三亚市司法局长期交流合作，实现资源共享和优势互补，县委副书记、县长其美次仁与海南省三亚市司法局蒲慧芳副局长共同签订《三亚市司法局与当雄县司法局友好合作框架协议》，并举行签字仪式。

12日　各驻村工作队坚持以“想群众之所想、急群众之所急”为工作思路，先后解决群众饮水、通电等急难问题11件，累计投入资金117万元，落实完成项目8个，投资116.38万元。

13日　全县各乡（镇）利用村级经济专项扶持资金，28个村（居）村级集体经济实现全覆盖，年收入达10万元以上的有14个。

14日　当雄县人大常委会主任康加贵，县委常委、政法委书记、公安局局长扎西亚培在公塘乡甲根村、龙仁乡曲登羊阁村、龙仁乡政府，乌玛塘乡政府、护路营区、一级检查站等单位开展慰问督导检查。

15日　自治区环境保护厅专家组布多教授、鲁旭阳博士会同拉萨市环境保护局一行4人，对当雄县2017年自治区级生态创建工作进行现场考核验收。

16日　北京援藏第八党支部五位医生：钱燕玲、张翊、韩永鹏、王雪莲、马长龙分别来自北京海淀区的五个医院，在拉萨市当雄县援藏。

18日　中国共产党第十九次全国代表大会隆重开幕，习近平总书记代表第十八届中央委员会向大会做报告。全县各级党政机关党员干部职工、牧民群众、青少年学生、寺庙僧尼收看开幕式现场直播。

19日　拉萨市委常委、统战部部长阿努次仁，拉萨市民宗局局长达瓦一行在当雄县羊八井寺、嘎洛寺、多吉林寺调研当雄县宗教领域各乡工作开展情况及党的十九大期间寺庙安全保障落实情况。

30日　当雄县公安局交警大队全面启动稽查布控系统，24小时、全天候对过往每一辆车进行快速辨识、快速分析、精确制导、精准打击，对发现问题的车辆及时发出预警信息，并针对预警车辆重点拦截检查，对相关违法行为进行严肃处理。

11月

1日　全县8个乡（镇）已完成免疫注射工作，共免疫注射牲畜共计562564头（只），其中牦牛290819头、黄牛6336头、绵羊191758只、山羊73651只，真正做到秋季畜禽动物疫病防疫全覆盖。

3日　县委副书记、常务副县长、迎接中央环保督察工作领导小组副组长郭春杰带队，联合各协办单位深入各涉案乡（镇）、企业、合作社、纳木错景区，对全县12个中央环境保护督察举报案件，5个区、市环境保护突出问题及各乡（镇）自查自纠环境保护相关问题开展为期4天的环保督察“回头看”工作，切实推进环保问题整改落实到位。

5日　拉萨市副市长、市脱贫攻坚指挥部副总指挥长、办公室常务副主任、以业脱贫专项推进小组组长扎西白珍在羊八井精准扶贫风湿患者集中搬迁点慰问。

6日　当雄县妇联会同县司法局、团县委看望慰问宁中乡、乌玛塘乡等3户服刑人员，鼓励他们自立自强，战胜生活困难，不畏困难，健康成长。

8日　当雄县妇联带队组织当曲卡镇两个试点村的相关负责人实地察看堆龙德庆区东嘎镇桑木村“会改联”工作示范点。

10日　宁中乡人民政府隆重举行2017年度精准扶贫产业项目分红仪式，县人大常委会副主任、乡党委书记朗嘎主持会议，全体干部职工及各村“两委”班子、驻村工作队和贫困户出席分红仪式。

14日 拉萨市环保局副局长王宣同带队的拉萨市环境保护考核初评工作组在当雄县开展2017年环境保护目标争先进位考核暨自治区环境保护考核初评工作。

21日 当雄县召开“六五”普法总结表彰大会暨“七五”普法动员部署会，总结“六五”普法经验成效，安排“七五”普法工作任务。

22日 拉萨市委副书记、市长果果在当雄县羊八井镇宣讲党的十九大精神。

23日 当雄县召开2017年度县级“先进双联户”表彰大会。

24日 县委理论学习中心组举行新党章专题报告会，特邀自治区党委党校、党史党建教研部副主任、副教授平措老师作专题报告。

28日 县委理论学习中心组召开第25次理论学习扩大会议，专题学习党的十九大精神，县“四大班子”成员、在岗县级领导、当曲卡镇和公塘乡及县各单位负责人参加会议。

29日 召开党的十九大期间全县专职铁路护路工作总结表彰大会，市维稳办主任扎西多吉，县人大常委会主任康加贵，县委副书记、常务副县长郭春杰，受表彰的护路代表参加会议。

30日 当雄县召开“四讲四爱”主题教育实践活动总结暨业务规则总结会。

12月

6日 全县28个村(居)组织换届选举和新成立的彩塘村“两委”班子成员选举工作圆满完成，已选举产生新一届村(居)党组织班子成员156名，村(居)民委员会班子成员161名，村(居)务监督委员会班子成员85名。

7日 县委常委、宣传部部长格桑加措带队的党的十九大精神宣讲团在羊八井镇彩塘村宣讲党的十九大精神。

12日 中国食品报社主办，中国牛羊肉产品联盟协办的“中国好牛肉”——“12·12”上海峰会隆重举行，“纳木错”应组委会邀请参加，县长其美次仁在会上发表致辞，介绍当雄县牦牛的生长环境及存栏数量，对当今牛羊肉市场进行剖析，最后呼吁大家关注进口牛肉的同时，要更多支持中国民族品牌。

13日 当雄县组织召开九届县委第一轮巡察动员部署会，共计126人参加会议，拉萨市副市长、县委书记张正出席并作重要讲话。

19日 当雄县隆重召开创先争优强基础惠民生活动第六批驻村工作队总结表彰暨第七批驻村工作动员部署大会。

21日 当雄县组织党员干部参加党的十九大精神宣讲报告会。

同日 拉萨市副市长朱建红主持当雄县广播电视台有线数字电视开通仪式，自治区新闻出版广电局党组成员、副局长明珍，市委常委、宣传部部长吴亚松，市政府办公厅、市委宣传部、自治区新闻出版广电科技处副调研员石勇出席。

同日 拉萨市委常委、宣传部部长吴亚松率队在当雄县当曲卡镇督导调研“四讲四爱”主题教育实践活动及党的十九大精神的学习贯彻落实情况。

22日 当雄举行九届三次全委会。出席这次全会的有县委委员16人，候补委员5人。县纪委委员和有关方面负责人列席会议。

25日 拉萨市总工会党组成员、副主席冉龙平带队市总工会考核组在当雄县就2017年度工会工作落实情况进行考核。

政 治

中共当雄县委员会

【概况】 2017年，坚持以习近平总书记系列重要讲话精神和治国理政新理念新思想新战略重要思想，特别是“治国必治边、治边先稳藏”“加强民族团结、建设美丽西藏”重要指示为指引，全面贯彻落实中央、区、市决策部署，坚持稳中求进工作总基调，坚持五大新发展理念，瞄准长足发展和长治久安总目标，紧紧围绕推进供给侧结构性改革这条主线，全面推进经济社会持续健康发展，社会局势持续巩固深化，全面从严治党向纵深推进，推动全县各项工作上一个新台阶。开创全县思路理念创新、产业布局科学、县委一班人精诚团结，干部职工激情创业的新局面。

【理清发展思路】 年内，始终坚持党中央的集中统一领导，确保经济社会发展的正确政治方向；必须始终坚持习近平新时代中国特色社会主义思想，把这一伟大思想贯彻于当雄工作的全过程；必须始终坚持以人民为中心的思想，坚持人民主体地位，始终把人民利益摆在至高无上的地位，保持同人民的血肉联系，同人民想在一起、干在一起；必须全面贯彻落实新时代党的建设总要求，要把党的政治建设摆在首位，严格遵守政治纪律和政治规矩；必须始终把习近平总书记治边稳藏重要战略思想贯穿于工作的各个领域，转化为干事创业的力量源泉，进一步明确当雄工作的目标任务和具体措施，以高度的政治自觉、思想自觉和行动自觉，推动当雄各项事业奋勇前进。

【经济发展】 2017年，全县实现地区生产总值17.97亿元，同比增长10.1%；全社会固定资产投资完成36.55亿元，同比增长23.8%；地方财政一般预算收入完成2.99亿元，同比增长19%；规模以上工业增加值完成4.30亿元，同比增长

2017年8月28日，中央环保督察组副组长翟青（中）一行在当雄县督导调研

2017年9月12日，西藏自治区党委常委、拉萨市委书记白玛旺堆（左一）在当雄县调研

55.3%；社会消费品零售总额实现1.87亿元，同比增长12%；农牧民人均可支配收入达14333.00元，同比增长13.5%；各项税收完成3.9亿元，同比增长118.95%；农林牧渔业增加值完成3.13亿元，同比增长9.37%；财政八项支出完成10.46亿元，同比增长20%。

【九届二次全委会】 中共当雄县第九届委员会第二次全体会议，于3月23日在当雄举行。县委委员20人出席会议，县纪委委员和有关方面负责人列席会议。

全会由县委常委会主持，拉萨市副市长、当雄县委书记张正代表县委常委会向全委会做工作报告。全会充分肯定2016年县委常委会工作，一致认为，在市委的坚强领导下，在北京市的无私援助下，县委常委会团结带领全县各族人民，深入贯彻落实中央精神和区、市党委的决策部署，在思想上、政治上、行动上同以习近平为核心的党中央保持高度一致，始终做到在思想上拥戴核心，政治上信赖核心，组织上忠诚核心，行动上捍卫核心。重点做深入学习贯彻习近平总书记系列重要讲话精神、深入贯彻落实中央第六次西藏工作座谈会及党的十八届六中全会精神、切实加强党的建设、强化党风廉政建设"两个责任"、扎实开展"两学一做"学习教育、圆满完成县乡领导班子换届和2016年度脱贫攻坚任务等大事。全县呈现出经济增速快、质量效益好、民生改善实、社会局势稳的良好局面。

全会提出，2017年发展的主要预期目标：全县地区生产总值增长14%，达到16.99亿元；地方财政一般预算收入增长16%，达到2.96亿元；全社会固定资产投资增长22%，达到36亿元；工业增加值增长30%，达到3.71亿元；社会消费品零售总额增长15%，达到1.96亿元；农牧民人均可支配收入增长16%，达到15832.19元；城镇登记失业率控制在2.2%以内。

全会要求，要坚决贯彻落实中央精神和区市党委决策部署，贯彻落实好市委"六大战略"，举全县之力坚决打赢脱贫攻坚战。坚定不移维护社会稳定，坚定不移推进经济社会发展，坚定不移保护好生态环境，坚定不移加强党的建设。要强化政治意识、大局意识、核心意识、看齐意识，特别是核心意识和看齐意识。要以"零容忍""零懈怠"的精神，扎实做好迎接中央环保督察相关准备工作。加大巡察督察，保证村（居）"两委"换届的风清气正，圆满完成；努力实现全县经济社会持续健康发展。全会号召，全县各级党组织和广大党员干部要凝心聚力、顽强拼搏，众志成城、持续发力，以昂扬向上的斗志、久久为功的恒心、改革创新的精神，深入贯彻实施市委"六大战略"，扎实推进精准扶贫精准脱贫各项工作，深入推进团结美丽健康幸福新当雄建设，以优异成绩迎接党的十九大胜利召开。

【九届三次全委会】 中共当雄县第九届委员会第三次全体会议，于12月22日在当雄举行。出席此次全会的有县委委员16人，候补委员5人。县纪委委员和有关方面负责人列席会议。

全会由县委常委会主持，审议通过拉萨市副市长、当雄县委书记张正代表县委常委会向全委会所做的工作报告。并对《中共当雄县委员会关于高举习近平新时代中国特色社会主义思想伟大旗帜决胜全面建成小康社会开启建设社会主义现代化当雄新征程的意见》和《中共当雄县委员会关于开展“抓两头促中间带基层”工程 促进干部执行力建设的实施意见》进行讨论。

全会认为，党的十九大是在全面建成小康社会决胜阶段、中国特色社会主义进入新时代的关键时期召开的一次十分重要的大会，回顾和总结过去五年的历史性成就和历史性变革，做出中国特色社会主义进入新时代、我国社会主要矛盾已经转化为人民日益增长的美好生活需要和不平衡不充分的发展之间的矛盾等重大政治论断，深刻阐述新时代中国共产党的历史使命，确立习近平新时代中国特色社会主义思想的历史地位和指导地位，提出新时代坚持和发展中国特色社会主义的基本方略，对决胜全面建成小康社会、开启全面建设社会主义现代化国家新征程的目标，对新时代推进中国特色社会主义伟大事业和党的建设新的伟大工程具有重大现实意义和深远历史意义。

全会要求，全县各级党组织和广大党员要把学习宣传贯彻党的十九大精神作为当前和今后一个时期首要政治任务，从中央要求的十个方面深刻把握党的十九大精神内涵，充分认识党的十九大的政治意义、历史意义、理论意义、实践意义，更加坚定自觉地把思想和行动统一到党的十九大精神上来，统一到党的十九大做出的各项决策部署上来，把党的十九大提出的目标任务落到实处。

全会认为，区、市党委九届三次全会全面正确地贯彻党的十九大精神，对决胜全面建成小康社会，全面建设社会主义现代化西藏、现代化拉萨做出全面部署，为全区、全市当前和今后一个时期各项工作指明方向、提供遵循，学习好、领会好、贯彻好区市党委九届三次全会精神，对做好当雄各项工作具有重大而深远的意义。

全会认为，当雄第九次党代会以来，县委常委会团结带领全县各族人民，始终在思想上政治上行动上与习近平总书记为核心的党中央保持高度一致，坚决维护总书记的核心地位，坚持“五位一体”总体布局和“四个全面”战略布局，加强党的全面领导，紧紧围绕发展、稳定、生态三件大事，正确处理“十三对关系”，大力实施“六大战略”，解放思想、开拓创新、狠抓落实，奋力推动各项工作取得新的积极进展。

全会指出，《中共当雄县委员会关于高举习近 平新时代中国特色社会主义思想伟大旗帜决胜全面建成小康社会开启建设社会主义现代化当雄新征程的意见》，从深刻领会党的十九大重大意义、新时代当雄工作的指导思想和目标任务、建设牧区现代化经济体系、加强和创新社会治理、保障和改善民生、建设美丽当雄、推动社会主义文化繁荣发展、坚定不移全面从严治党等八个方面对当雄决胜全面建成小康社会、开启全面建设社会主义现代化当雄新征程做出全面部署，并研究出台《中共当雄县委员会关于开展“抓两头促中间带基层”工程 促进干部执行力建设的实施意见》，既充分贯彻党的十九大和区市党委九届三次全会精神，又充分体现县委与以习近平为核心的党中央保持高度一致的政治自觉、思想自觉和行动自觉，充分反映当雄各族群众追求美好生活的迫切

2017年3月14日，拉萨市委常委、常务副市长暴剑（前排右三）在当雄县调研

需要，符合中央要求、区市党委部署，切合当雄实际，必须坚定不移地抓好贯彻落实。

全会指出，在新的历史起点上，当雄面临着新的形势和任务，发展上处于脱贫攻坚和全面建成小康社会的决战决胜阶段，稳定上处于长治久安的重要阶段。全县上下要按照党的十九大提出的新任务新部署新要求，牢记习近平总书记关于西藏工作的殷殷嘱托，坚持党中央的集中统一领导，加强县委对当雄一切工作的领导，提高县委把方向、谋大局、定政策、促改革的能力和定力，确保县委总揽全局、协调各方。全县各级党组织、全体党员特别是领导干部都要切实扛起加强和维护党中央集中统一领导的政治责任，牢固树立“四个意识”，坚决维护以习近平总书记为核心的党中央权威，自觉向以习近平总书记为核心的党中央看齐，始终做到总书记和党中央提倡的坚决响应，总书记和党中央决定的坚决执行，总书记和党中央禁止的坚决不做，始终在思想上政治上行动上与以习近平总书记为核心的党中央保持高度一致。

全会号召，迈入新时代、开启新征程，全县干部群众要奋力续写新篇章。要更加紧密地团结在以习近平总书记为核心的党中央周围，高举习近平新时代中国特色社会主义思想伟大旗帜，不忘初心、牢记使命，立足当前实际、着眼未来发展，认真总结新的经验、大胆探索新的路子，真正做到发展有新思路、改革有新突破、各项工作有新举措，为决胜全面建成小康社会、开启全面建设社会主义现代化当雄的新征程而努力奋斗。

【社会局势持续稳定】 年内，全面贯彻落实中央治藏方略和区市各项维稳措施，牢固树立稳定压倒一切思想，始终做到不动摇、不懈怠，深入开展反分裂斗争，严密防范和依法打击各类分裂破坏活动，不断巩固各民族共同团结奋斗、共同繁荣发展的良好局面，确保全县社会局势的和谐稳定。

2017年7月18日，北京市东城区代表团一行在当雄县调研

【组织建设】 年内，新建、改扩建26个村级活动场所，年底前全部投入使用。全面落实《党政领导干部选拔任用工作条例》，坚持从艰苦边远、基层一线、维稳一线选拔任用干部，提拔调整干部2批次125人，为全县各项事业发展注入新的活力和动力。全县12个软弱涣散基层党组织全部晋位升级。优化党组织设置，把28个村党支部调整设置为党委、党总支，在172个村民小组设立党支部，做到党组织设置横向到边、纵向到底。圆满完成28个村级基层组织换届和羊八井镇易地搬迁安置点彩渠塘村委会设立及选举工作。出台村（居）离任干部生活保障办法、提高村干部基本报酬和业绩考核奖励金。深入推进“强党、固基、扶村”工作。群团组织联系和服务群众的作用愈发凸显。

【扶贫开发】 年内，坚持将精准扶贫精准脱贫作为最大的政治任务来落实，以“六脱”举措为重点，以党建脱贫为基础、以“十项提升工程”为目标，集众智、聚合力，为决胜全面小康提供保障。通过产业项目带动、社会力量积极参与、国家政策扶持、党员干部群策群力，1850户8213人建档立卡贫困群众已通过县级自验和拉萨市验收，实现“三不愁、三有、三保障”。

2017年8月14日，拉萨市副市长、当雄县委书记张正看望贫困群众

【党风廉政建设】 年内，认真履行全面从严治党主体责任，充分发挥党委总揽全局、协调各方的领导核心作用，不断提高党的执政能力和领导水平，厚植党在牧区的执政基础。牢牢把握意识形态领域的主动权。坚持用改革创新的精神谋划工作，准确把握意识形态领域工作的特点和规律，抓住“逐梦当雄”“网信当雄”等新型媒体，加强社会主义核心价值观教育，大力弘扬民族精神和时代精神，唱响主旋律、传播正能量。持续开展打击“藏独”反宣品专项清查和“扫黄打非珠峰工程”等专项行动，进一步净化文化市场空间。强化作风和廉政建设，对照职能职责进行党性分析，认真查摆在作风、纪律等方面存在的问题。成立25个约谈小组，对全县76个党组织主要负责人进行约谈，共计约谈172人，谈出问题283条，已全部整改到位。进一步加强廉政教育，切实把纪律和规矩挺在前面，始终保持遏制腐败的高压态势，严肃惩治懒政庸政怠政和不作为慢作为行为。全年因落实主体责任不力被问责2人。认真整改落实市委巡察一组对乌玛塘乡巡察反馈意见。成立县委巡察办，开展对安监局、水利局的第一轮巡察工作。全面落实监察体制改革各项决策部署，成立监委会的各项前期工作已全部完成。抓好制度建设，全面落实中央“八项规定”精神，严格落实《关于新形势下党内政治生活的若干准则》，坚持“三会一课”、民主生活会、民主评议党员、党员谈心谈话、党员领导干部双重组织生活等制度，坚决防止“七个有之”，严肃党内政治生活，严守党纪党规，纵深推进党内政治生活经常化、规范化、科学化、制度化。严禁党员干部信仰宗教、参与宗教活动，坚决杜绝对党不忠诚、做“两面人”的不良倾向，切实维护党章党规的严肃性和权威性。

【全面深化改革】 在新的历史条件下，要解决在发展中遇到的问题，就必须要有改革创新的勇气和魄力，才能以新视野、新思路、新方法将其解决，才能更好地推动社会发展。各级各部门紧紧围绕全县中心工作，创新思想、超前谋划、多方争取，项目建设工作取得重大突破，拉动经济增长作用明显，康玛药泉度假村建设项目、羊八井镇精准扶贫易地搬迁工程等重点项目进展顺利，保障性住房、特色小城镇建设、小康安居工程等项目有序推进，纳木湖乡中心小学、纳达公路、县中学地热供暖工程等一批民生项目顺利完工，全年共开复工项目137个，累计完成投资达24.32亿元。国民经济和社会发展“十三五”规划项目中期调整工作顺利完成，共调整项目97项，涉及资金42.77亿元。把招商引资作为深化改革开放和发展合作的重要举措，全面实施“走出去”和“请进来”的招商战略，立足产业和项目招商，创新思路包装推荐项目，积极主动寻求招商合作，使招商引资工作取得重大突破。全年招商引资引进项目27个，实际到位资金18亿元，同比增长15%。全面启动“羊八井—格达新能源产业园区”建设，打造以羊八井地热电站为轴，光伏与风能产业连线成片发展的新能源及旅游观光区，为全区新能源产业示范园区建设进行探索，提供借鉴。2017年园区产值7873.18万元，园区的集聚效应正在不断显现。

【生态文明建设】 年内，坚持生态优先，绝不以牺牲生态环境为代价发展经济，大力推进绿色发展，努力构筑高原生态安全屏障。投资1241.25万元，用于环境保护管理、环境质量监测、环境保护宣传、环境监测执法、环卫综合整治、城镇绿化、环境保护基础设施等方面，环境质量极大提升。迎接中央环保督察六组对当雄片区的督察工作，全面整改落实中央环保督察反馈意见。深入开展“禁白”活动，群众的环保意识进一步增强。认真落实河长制，完成纳木湖、唐滨湖区域以及县域范围内2条干流、15条支流共19个河段河长制设立工作。开展对34家采砂点的专项整治工作，关停23家无证采砂点。分步实施阿热湿地保护开发工程，完成湿地内46户207名牧民群众的搬迁工作。深入抓住羊八井镇入围第二批全国特色小镇名录的契机，推进羊八井镇和纳木湖乡特色小城镇示范点建设，城乡人居环境不断优化。

【援藏工作】 援藏工作开展以来，北京市委、市政府以强烈的大局意识、政治意识及兄弟般的友情对当雄县进行对口援助。北京市坚决贯彻落实习近平总书记“治国必治边、治边先稳藏”的重要战略思想，按照习近平总书记“优化援藏干部人才结构、增加专业技术人才援藏比重”的重要指示精神，不断创新援藏模式、加大援藏力度、提升援藏实效，有力巩固和发展以干部援藏为龙头的全方位、宽领域、多层次的援藏工作格局，为推动当雄经济社会发展稳定注入强大的动力。2017年援藏项目共3个，项目总投资7500万元，其中援藏资金5500万元，县财政自筹2000万元，使当雄县的基础设施得到明显改善，公共服务能力和牧民群众生产生活水平显著提高，人均收入逐渐增加。

【村级组织换届】 年内，及时成立由县委主要负责人任组长的村（居）组织换届选举工作领导小组和8名县级干部担任组长的指导检查组，认真拟订《当雄县村（居）组织换届选举工作实施方案》。出台村（居）离任干部生活保障办法，提高村干部基本报酬和业绩考核奖励金。全县共开展调研9次，召开座谈会17次，个别谈话260余人次，储备村（居）后备干部126名。深入了解现有村（居）“两委”班子运行、班子成员作用发挥、后备干部推选，村（居）干部思想动态以及可能出现的不稳定因素等情况，准确把握村（居）底数。

共登记选民30769人，涉及发放离任补贴的村干部294名，拟需资金332.89万元。圆满完成28个村级基层组织换届和羊八井镇易地搬迁安置点彩渠塘村委会设立及选举工作。

【党管武装】 年内，严格按照“注重学习提能力、加强领导重责任、突出班子强队伍、重视双拥促和谐、投入资金解难事”的总体要求，认真贯彻落实上级关于加强国防后备力量建设及双拥工作的一系列指示精神，紧紧抓住全面深化改革有利契机，创新发展理念，突出工作重点，加强统筹协调，把握关键环节，建立“主官抓总、常委分工”的责任机制，努力形成抓战备工作的合力，为当雄县国防后备力量的建设和经济社会的发展提供有力保障。

【社会事业】 年内，坚持以人民为中心的发展思想，始终把保障和改善民生放在更加突出的位置，紧紧围绕群众所思、所想、所盼、所需，加大民计民生投入，着力解决群众最关心、最直接、最现实的利益问题，全力办好各项惠民实事，民生支出占财政总支出的70%以上，各族群众的幸福指数不断提高，并在共建共享的发展中有更多的获得感。教育优先发展。大力改善办学条件，全面提升教育质量，出台《当雄县控辍保学措施》《当雄县关于进一步加强师资队伍建设的实施意见》等12项政策性文件，有效破解当雄艰苦边远乡镇教学人才流失严重的问题。义务教育均衡发展工作高分通过自治区和国家验收。医疗卫生服务水平不断提高。整合援藏资金，加大医疗卫生基础设施建设，县医院医技中心，羊八井镇、纳木湖乡标准化卫生院已投入使用，创建县级二级乙等医院，已通过自治区专家评审，并进入公示阶段，进一步提高医疗保障水平。深入巩固基本药物制度，稳步推进基本公共卫生服务，健全完善城乡医疗体系，大力开展包虫病防治工作。常态化开展食品安全监督检查，全县无重大食品安全事故发生。文化事业发展迅速。当雄新闻栏目顺利试播，有线数字电视正式开通，《天缘·纳木错》电影发行放映，成功举办2017年度国家级非物质文化遗产“当吉仁”赛马节，并在中央电视台专题报道，当雄在全国的知名度得到极大提升。完成当雄县综合文化活动中心“天湖四季牧歌”有氧剧场建设，情景剧“天湖四季牧歌”成功试演，进一步丰富牧民群众的业余文化生活。社会保障水平大幅提升。以基本养老保险等五大险种为核心，覆盖城乡的社会保障体系全面建立。进一步规范落实城乡“五保”、低保和大病医疗救助政策。“五保”老人意愿集中供养率达100%。使用重大变故救助基金实施医疗救助398人次，救助资金251.72万元；临时救助56户，救助资金10.83万元。公共服务和社会保障普惠化、优质化水平进一步提升。

【群团组织】　年内，为进一步深化妇女法制宣传和维权服务，深化“依法治市巾帼在行动”，以“三八”妇女维权周、全民国家安全教育日、社会管理综合治理宣传周和“民族团结宣传月”等节日节点为契机，通过采取发放宣传资料、现场解答等形式，着重宣传《中华人民共和国妇女权益保障法》《中华人民共和国未成年人保护法》《中华人民共和国婚姻法》和《中华人民共和国反家庭暴力法》等各类法律法规，共发放相关宣传资料5600余份，受益牧民群众达3300余人次，其中，妇女群众达1500余人次，进一步营造全社会关爱妇女儿童的良好氛围。工会组织从增强自身活力和凝聚力出发，对工会的组织体制、工作机制、工作方法和活动方式进行适时调整，为适应社会主义民主政治和法制建设的要求，在实现工会组织群众化的同时，加强工会组织的民主化和法制化建设，努力提高工会干部的整体素质。扩大工会组织覆盖率和入会率，最大限度地把广大职工吸引和组织到工会中来，为工会组织及时增添新鲜血液，截至年底，共发展会员563人，其中农牧民工会员410人，新组建工会组织3个。全县各级团组织通过组织座谈会、主题团日、演讲比赛、社会实践等形式，全面贯彻落实党的十九大精神和习近平总书记系列重要讲话精神，利用各种载体组织开展学习10余次，受教育3000余人次，发放各类宣传资料6000余份，把党的理论和路线方针政策贯彻落实到共青团工作各方面、全过程，自觉承担起引导青少年听党话、跟党走的政治任务，大胆履职、积极作为，把广大团员青年最广泛最紧密地团结在党的周围。

（熊　强）

2017年9月30日，烈士陵园烈士公祭

【领导名录】

拉萨市副市长、当雄县委书记

张　正

县人大常委会主任

康加贵（藏族）

县委副书记、县长

其美次仁（藏族）

县委副书记

樊锋旭

县委常务副书记

王　猛（北京援藏）

县委副书记、常务副县长

郭春杰（北京援藏）

县委副书记

杨作云

县政协主席

次仁桑玻（藏族）

中共当雄县委办公室

【概况】 2017年，高举中国特色社会主义伟大旗帜，坚持以习近平总书记系列重要讲话精神和治国理政新理念新思想新战略重要思想，特别是“治国必治边、治边先稳藏”的重要战略思想和“努力实现西藏持续稳定、长期稳定、全面稳定”的重要指示，紧紧围绕“四个全面”战略布局，牢牢把握“稳中求进、好中求快”的总基调，坚持解放思想，与时俱进，求真务实，开拓创新，积极发挥参谋助手、综合协调和保障服务作用，较好地完成各项目标任务，为县委各项工作的开展，为全县经济社会又好又快发展做出应有的贡献。

【支部建设】 年内，县委办积极适应自身建设的新形势、新任务和新要求，坚持集中学习和自学相结合，利用每周四支部集中学习时间，深入学习贯彻党的十九大精神，习近平新时代中国特色社会主义思想，中央、区、市、县全委会议及经济会议等重要会议、文件精神，并要求学深学透、必知必会，提笔能写。通过学习，全办干部职工的理论素养、创新意识、廉政意识、业务水平都得到明显提升。同时，办公室坚持在本职岗位上干中学和外出培训学相结合。安排3人分别到市委保密办、督查室、信息科跟岗学习各1个月，安排3人分别参加第十期全国（市）机要局长培训班、第五期西藏基层密码干部培训班、市委机要系统2017年业务骨干赴北京集中培训班培训，安排1人参加拉萨市国家保密局保密专兼职干部保密培训班，安排1人参加第三期全国县级档案馆长培训班，全年累计安排干部外出培训8人次。

2017年5月27日，县委常委、县委办公室主任刘刚在公塘乡冲嘎村贫困户了解家庭基本情况

【提升办公室文字材料质量】 年内，规范文件起草、审核和签发流程，严把公文质量关。在起草工作文稿上贴近县委思路，把握好“五关”，即政治关、政策关、法律关、文字关和格式关，提高以文辅政能力。年内，全办共起草、修改、审核各类文字材料300余篇，其中领导讲话稿、致辞、主持词等70余篇，各类总结汇报材料100余篇，得到市委主要领导批示2条。

【为县委决策提供参考】 年内，紧紧围绕全县大局和县委中心工作，针对经济社会发展中存在的突出问题和人民群众关注的热点、焦点问题，就净土牧场建设、牦牛产业发展、全域旅游等课题深入基层到实地开展专项调研，形成一批有深度、有分量的调研成果，为当雄发展提供决策参考；按照年初既定目标任务，为确保2017年全县农牧业农村工作各项决策部署得到落实、见到实效，印发《当雄县2017年农村工作目标任务分解表》，进一步明确县委农村工作领导小组相关成员单位责任分工，促进工作落实，并及时汇总归纳全县农村重点工作每月推进情况并上报市委农工办。

【规范化建设，提高办文效率】 年内，按照中央、区、市党委办公厅的要求，指导全县各乡（镇）和县直各部门规范公文格式，严格落实退文制度。进一步规范县委办文件收发和传阅制度，不断提高公文流转效率。2017年，共收到上级党委来文451份，办理发文106份，处理各级、部门文件、传真、请示、领导批示件1000余份。

【做好重大会议会务工作】 年内，积极筹备完成县委九届二次、九届三次全委会议、县委常委会议、迎接上级领导调研座谈会等会议。全年共承办各级大小会议60余场次，各项会议均圆满完成。

【发挥办公室桥梁纽带作用】 年内，不断密切与人大办、政府办、政协办之间的协调，增进“四大班子”领导成员之间的沟通，切实加强与乡（镇）、县直部门的联系，积极为领导、部门、基层和群众提供优质高效的服务。

【做好群众来访工作】 年内，热情接待群众来访，对群众反映的问题，及时转交相关单位办理。

【信息工作】 年内，围绕县委中心工作和改革、发展、稳定大局，以实现“第一手情况”“第一道研判”“第一时间报送”为目标，高度重视紧急信息报送，抓好党委信息报送，努力做到紧急信息报送不出错，党委信息有特色、出亮点。加强电子政务内网、县乡党政网使用管理，2017年6月，当雄县县乡党政信息网延伸到各村（居），率先在全市实现县乡村信息互联互通。2017年，组建一支由乡镇、县直各单位党政信息网专职人员、技术指导工程师组成的微信交流群，方便全县信息工作经验沟通交流，同时便于解决县乡党政信息网使用过程中存在的问题。全年共上报信息850条（篇），其中动态780余条，专报70余篇，被《拉萨信息》采用信息40余条（篇）。

【组织领导】 年内，调整充实以县委常委、办公室主任刘刚为组长，县委、人大、政府、政协等所属涉密部门负责人为成员的当雄县保密工作领导小组。

【制度建设】 年内，制定完善《当雄县保密工作制度》《保密文件管理、归档制度》《涉密信息保密审查制度》等使保密工作管理得到进一步规范化。

【宣传教育】 年内，加强保密宣传教育工作。认真贯彻落实上级保密部门各项工作部署，邀请上级业务部门专业人员开展讲座，组织学习保密基础知识、通报失泄密案例，组织观看保密警示教育篇，进一步提高领导干部和涉密人员保密管理知识和防范技能。购置一套保密检查工具，移动存储介质检查技能得到进一步提升。

【督察工作】 年内，制定督查工作规划，重点围绕市委、市政府下发各类督办件及县委、县政府重要工作部署，对县委、县政府安排的相关工作，人大建议、政协提案，各项民生政策、项目建设、经济运行情况、干部职工在岗在位情况、环境卫生整治以及带班值班等情况进行督察，同时，对重要会议、文件精神贯彻落实情况的督促检查，完成全年县委重要会议议定事项落实情况的督查工作，有力促进区市县党委、政府各项决策部署的落地生根。全年，深入乡（镇）督促检查100余次，深入县直各项目单位及施工地30余次，上报各类督察专报48期，督察简报10期，下发督办通知10期、督察通报6起。2017年，当雄县共收到市人大代表建议5件，政协委员提案4件，共9件，县人大代表建议49件、政协委员提案44

2017年11月23日，党办支部组织学习党的十九大精神

件，共 93 件，截至年底，已全部办结，办结率达到 100%。

【党风廉政建设】 年内，县委办高度重视党风廉政建设和反腐败工作，多次利用支部周四支部学习时间，研究部署党风廉政建设工作，把党风廉政建设责任制明确责任，层层分解落实。同时，严格按照上级关于加强党风廉政建设和反腐败斗争工作部署，认真贯彻落实党内监督条例和纪律处分条例，深入开展党风廉政教育，不断提高干部职工思想政治素质和拒腐防变能力，坚持不懈地抓好党风廉政建设和反腐败斗争。进一步建立完善办公室车辆管理、后勤接待等各项规章制度，并严格管理，做到廉洁自律，遵纪守法。

【档案工作】 3 月，新建的县级综合档案馆开始投入使用，综合档案馆占地面积达 736.64 平方米，其中档案库房面积达到 299.16 平方米。现有馆藏档案 2769 卷，40219 件档案，主要为县委、县政府文书档案。档案馆编制 5 人，实有 2 人。全县现有档案员 51 人。在 6 月之前，完成所有 2016 年度文书档案收集、整理、归档工作。根据区、市档案局要求，制定《当雄县关于到期档案接收进馆的实施方案》，下发传达到全县各单位、各乡（镇），为顺利完成到期档案接收进馆任务奠定扎实的基础。通过以会代训、业务指导方式的培训等加大全县档案人员的档案业务知识的培训。对档案馆出入人员进行及时登记，对借阅文件，及时登记基础上，在归还期内进行催收，全年清点、查阅、借阅、安全检查、为县直部门工作开展提供便利，获得较好的评价。

（熊　强）

【领导名录】

县委常委、县委办主任

　　刘　刚

县委办常务副主任

　　邓　洪

当雄县人民代表大会常务委员会

【概况】 2017 年，当雄县人大常委会以习近平新时代中国特色社会主义思想为指导，深入贯彻落实党的十九大精神和区市县第九次党代会精神，紧紧围绕县委中心工作和重大决策部署，依法行使职权、积极开展工作，用实际行动践行对以习近平总书记为核心的党中央的坚决拥护和绝对忠诚。

2017 年，共召开 8 次常委会会议和 10 次主任会议，听取工作报告 4 个、专项报告 2 个，对 2 部法律法规实施情况开展执法检查，参与自治区和拉萨市人大组织的各类执法检查、调研 4 次，作出决议决定 8 项，较好地完成县十二届人大二次会议确定的各项目标任务。

【旗帜鲜明讲政治】 年内，县人大常委会始终牢固树立“四个意识”、坚定“四个自信”，真正把思想和行动统一到习近平总书记重要讲话精神上来，统一到党中央重大决策部署上来，站稳政治立场，把握政治方向，坚定不移维护习近平总书记核心地位，坚定不移维护党中央权威，始终在思想上政治上行动上同以习近平同志为核心的党中央保持高度一致，为推动县人大工作创新发展打牢

2017年2月22日，拉萨市人大常委会党组副书记、市总工会主席平措朗杰（左一）在当雄县龙仁乡慰问结对帮扶户

思想政治基础。

【坚决服从服务于县委中心工作】年内，坚持向县委请示、汇报制度，年初将县人大全年工作计划报县委审定。凡审议重大问题，做出决议、决定，组织开展执法检查等，都事先向县委请示报告。在工作上，着眼于改革、发展、稳定大局，与县委、县政府、政协班子共同承担历史责任，以不同的分工和角度服务全局性工作。确保人民通过人民代表大会行使国家权利，党的主张经过人大法定程序转化为国家意志和人民意愿，党组织推荐的人选经过法定程序成为国家机关工作人员，较好地发挥县人大常委会的作用。

【坚持党管干部原则】年内，县人大常委会共任免国家机关工作人员22人，依照宪法规定，共举行2次宪法宣誓活动。在依法行使人事任免权中，常委会认真履行法律赋予的职权，充分发扬民主，严格依法办事，坚持党管干部原则，严格依照法律程序办理，增强国家机关工作人员的宪法意识和公仆意识。

【围绕经济工作，决定重大事项】年内，县人大常委会坚持把重大事项决定权的行使作为推动县域经济社会发展的重要抓手，认真实施监督法，围绕当雄县经济社会发展目标，先后召开3次专题会议，听取县人民政府2017年上半年经济运行情况和社会发展计划执行情况的汇报；2016年财政决算情况和2017年上半年财政预算收支执行情况的汇报；审查批准县政府2017年财政预算调整方案。提出进一步加强计划、财政工作，抓紧抓实项目建设，及时报告财政转移支付，推进预算管理规范化建设等意见，促进当雄县经济持续健康发展。

2017年3月21日，当雄县人大常委会主任康加贵在基层调研

【围绕法律监督，开展执法检查】4月，人大常委会组织24名区市县三级人大代表，对县相关部门贯彻执行《中华人民共和国环境保护法》情况进行执法检查。听取和审议《中华人民共和国环境保护法》贯彻实施情况的工作报告，实地查看县垃圾填埋场、县医院医疗垃圾分类处理、建筑垃圾、生活污水排放等。针对执法检查中发现的问题，常委会提出要把环境保护作为新时期推进当雄发展十分重要的任务，要从全县的发展战略高度来思考环境问题，实行最严厉的环境保护制度。同时，积极配合区市人大常委会执法检查组在县域开展《中华人民共和国妇女权益保障法》调研工作。通过开展法律监督，有力地促进依法行政和公正司法，进一步推动法律法规在当雄县的正确贯彻实施。

【围绕民生工作，组织代表考察】4月，县人大常委会组织人大代表和县直相关部门负责人组成人大代表考察团，对当雄县精准扶贫精准脱贫工作开展情况进行视察。考察中以落实各项惠民政策情况为重点，听取县脱贫攻坚指挥部工作开展情况汇报，实地查看拉根村易地搬迁点。考察中发现，产业扶持项目落地的不多，易地搬迁户稳定增收的渠道还不够宽。针对这些问题，常委会建议要针对不同的贫困原因、致富意愿和能力，因户施策。强化集中安置就业保障，确保群众稳定就业，扎实推进扶贫攻坚进程，坚决

2017年5月17日，当雄县人大常委会副主任张道顺在宁中乡调研

打赢脱贫攻坚战。

【围绕公正司法，进行司法监督】 9月，县人大常委会听取县人民法院和县人民检察院工作开展情况汇报，积极协调有关部门解决法院和检察院在行使职权中遇到的困难和问题。12月，县人大常委会组织部分人大代表参加人民法院公众开放日活动，观摩典型案件的庭审，并对人民法院和人民检察院建设提出意见和建议。通过开展司法监督，人大常委会为推动司法规范化建设，推进司法公正，阳光执法、廉洁司法，发挥法律赋予的监督职责，为当雄县经济社会发展和长治久安提供强有力的司法保障。

【代表服务管理】 年内，依托“人大代表之家”指导加强代表小组建设，全县104名县级人大代表共划分为12个代表小组，定期召开代表小组活动现场会，组织代表小组组长互相交流，不断推动代表小组建设规范化。县人大常委会成员坚持走访、接待代表制度，及时向代表通报经济社会发展情况和县人大常委会工作开展情况，拓宽代表知情知政渠道。同时，对全县乡（镇）人大主席进行履职培训，组织部分乡（镇）人大主席赴市人大参加培训学习，有效提高服务代表的工作能力。

【代表履职活动】 年内，邀请20多名人大代表列席县人大常委会会议，50余名代表参加县人大常委会组织的执法检查、考察、调查、工作评议等活动，进一步扩大代表对县人大常委会工作的有效参与。安排30多名代表参加座谈、听证、测评等活动，拓展代表履职平台。县乡人大分别组织代表开展执法检查和集中视察，既推动相关工作，又为代表提出高质量的议案建议提供基础资料。

【代表建议督办】 当雄县十二届人大二次会议期间共收到1件议案和48件意见建议，为使代表提出的议案和建议尽快落到实处，5月常委会主持召开议案建议交办会，要求各承办单位应在3个月内，最迟不超过6个月书面答复代表。对于条件不成熟或超出能力范围短时间内无法办理的向代表作出说明，取得代表的谅解。交办会上，县长其美次仁代表各承办单位作表态发言，表示要把办理代表议案建议与推动政府工作紧密结合，从而不断提升办理质量和效率。截至年底，这些议案建议均在规定的期限内得到办理，代表反映普遍较好，推动代表建议办理由“答复满意”向“落实满意”转变。

【对乡（镇）人大工作指导】 年内，为切实加强乡（镇）人大工作，县人大常委会不断加大工作力度，加强对乡（镇）人大主席的培训，常委会领导分片联系指导工作，进一步规范乡（镇）人民代表大会的召开和人大主席团的日常工作。在县人大常委会的指导下，各乡（镇）人大主席团主动作为，充分发挥人大在工作监督、法律监督、密切联系群众等方面的作用，及时把党的主张通过法定程序变成国家意志和人民群众的自觉行动。同时，保障人民群众在行使管理国家事务、管理经济和文化事业、管理社会事务等方面的民主权利，维护人民群众的切身利益，为当雄县全面建设奠定坚实的群众基础。

【学习党的十九大精神】 年内，县人大常委会把学习宣传贯彻党的十九大精神作为当前和今后一个时期的重要工作，切实加强对学习宣传贯彻党的十九大精神的组织领导，把学习宣传贯彻落实党的十九大精神放到首要位置，制定学习方案和计划。党的十九大召开以来，县人大常委会共组织集中学习4次，参加县委集中学习6次，参加市级以上单位组织的学习2次，通过参加学习、组织宣讲、专题讨论、撰写心得等方式，把学习党的十九大精神的收获转化为解决问题的新思路、破解难题的新方法、推动工作的新举措，把智慧和力量凝聚到决胜全面建成小康社会，夺取新时代中国特色社会主义伟大胜利上来。

【开展“两学一做”学习教育】 年内，制定“两学一做”学习教育常态化制度化实施方案，将学习内容与“三会一课”制度相结合，每周组织集中学习，将《中华人民共和国全国人民代表大会组织法》《中华人民共和国全国人民代表大会和地方各级人民代表大会代表法》《中华人民共和国全国人民代表大会和地方各级人民代表大会选举法》等法律法规的学习融入日常，切实增强学习的主动性，不断提高人大常委会组成人员的思想政治素质和业务工作水平。

【组织建设】 年内，人大常委会始终坚持狠抓党建工作责任落实，不断加强党的思想建设、组织建设、作风建设和制度建设，把党建工作和人大日常工作同安排、同部署、同落实。年内，共召开党建工作专题会议3次，开展讲党课活动4次。按照集体领导、民主集中、个别酝酿、会议决定的原则，县人大常委会进一步细化会前调查研究、会中审议等工作，切实站在党和人民的立场上搞调研、议大事、作决策。

【扶贫帮困】 年内，积极开展扶贫送温暖活动，认真做好结队帮扶工作，定期走访慰问，为贫困户送上慰问品、慰问金，帮助协调解决就业、就医等方面的困难。同时，及时向贫困群众宣传党和政府的惠民政策，让群众感受到党和政府的关怀和温暖。增强他们自强不息、自力更生的决心和信心，争取早日过上幸福的生活。

【服务群众】 年内，县人大常委会始终保持谦虚谨慎、不骄不躁的作风，坚持把为人民服务作为第一职责，把为群众办实事作为第一追求，把群众呼声作为第一信号，把群众满意作为第一标准。人大常委会在做出各项决议决定之前，都坚持做到扑下身子，深入基层，问政于民，问需于民，问计于民，努力使县人大常委会的决策和工作更加符合实际，更加符合群众的利益和愿望。

【党风廉政建设】 年内，县人大常委会始终坚持以人为本，勤政为民，尽心尽力履行好自己的法定职责。把关系改革发展稳定大局和人民群众最关心、最直接、最现实的利益问题作为重点内容加强监督，使人大工作顺应民心，贴近民生，切实把最广大人民群众的根本利益实现好、维护好、发展好。平时认真学习党风廉政建设的各项规定，认真履行“一岗双责”，全面落实党中央“八项规定”，坚持个人重大事项、廉洁从政报告制度和领导干部带头述责

2017年3月22日，当雄县人大常委会组织对政府部门新任命人员开展宪法宣誓活动

述廉制度。始终把自己的行为置于人民群众的监督之下，保持为民、务实、清廉的良好形象。

（央 宗）

【领导名录】

主 任

康加贵（藏族）

副主任

张道顺

拉巴旦增（藏族）

仁 青（藏族）

朗 嘎（藏族）

2017年4月17日，人大办公室工作人员在乌玛塘乡慰问结对帮扶户

当雄县人民代表大会常务委员会办公室

【概况】 2017年，当雄县人大常委会办公室以习近平新时代中国特色社会主义思想为指导，认真贯彻落实党的十九大精神，深入开展“两学一做”学习教育，紧紧围绕县人大常委会中心工作，团结拼搏，开拓创新，扎实工作，圆满完成各项任务，为县人大及其常委会依法履职和机关有序高效运转提供良好服务保障。

【综合性文稿起草】 年内，认真起草好常委会年度工作计划，力求使常委会的工作紧扣县委中心工作和全县发展大局，并按月份排好“工期”，推进办公室工作有条不紊地实施，为常委会依法行使监督、决定、任免等各项职权提供优质服务，充分发挥“以文辅政”的重要作用；认真起草好常委会工作报告、工作总结，全面客观准确反映常委会过去一年所做的工作及提出今后一年工作思路，为常委会总结工作经验和谋划来年工作提供有益参考。

【各项会议服务】 年内，以提高会议质量为重点，切实把好上会议题关、材料关、分组讨论安排关、常委会审议意见督办关，不断提高办公室服务水平。2017年，高效优质地完成人民代表大会、常委会会议、主任会议（简称“三会”）等重要会议23次，其中人民代表大会会议1次、常委会会议8次、主任会议10次。

【服务人大代表】 年内，做好人大代表培训工作。成功举办两期县乡人大代表培训班，共有28名基层人大代表参加。做好县人大常委会组成人员走访代表工作。精心起草好调整县十二届人大常委会组成人员联系基层县人大代表走访工作方案，切实加强常委会组成人员与人大代表的密切联系，不断畅通社情民意反映和表达渠道；做好闭会期间代表服务工作。精心拟定代表小组活动方案、确定视察路线和后勤保障等各项服务工作，圆满完成常委会交给的2次代表小组活动的组织协调和服务工作。圆满完成市人大代表到当雄开展年终专题调研活动。积极组织协调部分市县人大代表参加市县人大常委会组织开展专题调研、督办代表建议、观摩法院案件庭审等活动。坚持给县人大代表赠订《中国人大》杂志，为代表依法履职积极创造条件，认真督办代表建议。联合县督查室，深入县发改委、教育局、水利局等单位进行督办，切实加大对代表建议督办力度，提高代表建议的落实解决率。截至年底，代表所提的49件议案建议已全部办理完毕并答复代表，代表们对办理结果满意度较高。

【办公室内部管理】 年内，健全完善公文处理制度，实行分级负责制，做到层层把关，严格审核，进一步规范公文的写作、审核、签发、印制、发送等程序，确保零差错、零失误。采用电子政务进行收发文件，大大提高办文效率。对所有来文来电都能及时准确地签收办理，无发生耽搁送阅、影响工作的现象。切实强化机关车辆、财务、公务接待等管理，为常委会及机关提供优质高效的后勤保障。此外，积极加强与县委办、县政府办、县政协办、县人民法院、县人民检察院等相关部门的沟通联系，互相支持配合，为机关日常工作顺畅运转营造和谐良好的环境。

【转变作风】 年内，办公室按照县人大常委会年度工作计划的安排，以深入开展“两学一做”学习教育为契机，坚持把深入调查研究作为转变工作作风的突破口，深入开展精准扶贫、环境保护等专题调查研究，充分听取和吸收基层群众意见建议，综合分析汇总形成调研报告，为常委会会议审议专项工作报告、发出审议意见书提供重要参考依据。

【乡镇人大工作】 年内，组织乡镇人大主席、副主席列席县人大常委会会议及参加常委会开展的专题调研等活动，认真审核乡镇人大会议材料，精心指导乡镇人代会，切实提高乡镇人大干部的综合素质，深入开展“人大代表之家”各项工作。按计划开展丰富多彩的代表活动，为进一步提升乡镇人大工作水平夯实基础。

2017年11月15日，人大办公室组织学习党章

【人大宣传工作】 年内，认真做好《中国人大》等刊物的征订工作。通过下发征订文件、上门征订等方式，不断加大人大刊物在全县国家机关的普及。认真做好人大宣传工作。与市人大常委会联合大力宣传当雄县经济社会发展和民主法制建设情况，宣传效果取得良好的反响。

【“两学一做”学习教育】 年内，深入开展“两学一做”学习教育常态化制度化的动员学习、问题查摆、整改落实和巩固提高等工作，进一步加强机关干部职工纪律作风建设，增强学法律、懂政策、守纪律、讲规矩意识，工作作风得到明显转变，机关工作效能明显提高。

【学习党的十九大精神】 年内，办公室把学习宣传贯彻十九大精神作为当前和今后一个时期的重要工作，切实加强对学习宣传贯彻党的十九大精神的组织领导，把学习宣传贯彻落实党的十九大精神放到首要位置，制定学习方案和计划。党的十九大召开以来，共组织集中学习6次，通过参加学习、组织宣讲、专题讨论、撰写心得等方式，把学习党的十九大精神的收获转化为解决问题的新思路、破解难题的新方法、推动工作的新举措，把智慧和力量凝聚到决胜全面建成小康社会，夺取新时代中国特色社会主义伟大胜利上来。

【党风廉政建设】 年内，认真学习贯彻《中国共产党廉洁自律准则》《中国共产党纪律处分条例》，严守党的政治纪律和政治规矩，严格执行中央“八项规定”精神，进一步完善制度、强化措施、加强监管，优化经费支出，建设节约型、廉洁型机关。自觉接受人民群众和县人大代表的监督，进一步树立和维护人大机关干部的良好形象。

（韦祥余）

【领导名录】

副主任

央 宗(女,藏族,主持工作)

当雄县人民政府

【概况】 2017年,全县上下认真贯彻落实党的十九大和区、市、县党委九届三次全委会精神,主动适应新常态,着力应对新挑战,积极展现新作为,圆满完成2017年各项目标任务,全县经济社会保持“稳中有进、稳中有升”的良好发展态势。

【经济发展】 2017年,当雄县实现地区生产总值17.97亿元,同比增长10.1%;农林牧渔业增加值完成3.13亿元,同比增长9.37%;规模以上工业增加值完成4.30亿元,同比增长55.3%;全社会固定资产投资完成36.55亿元,同比增长23.8%;社会消费品零售总额实现1.87亿元,同比增长12%;地方财政一般预算收入完成2.99亿元,同比增长19%;各项税收完成3.9亿元,同比增长118.95%;财政八项支出完成10.46亿元,同比增长20%;农牧民人均可支配收入达14333.00元,同比增长13.5%。

【精准扶贫精准脱贫】 2017年,依托当雄“净土产业、文化旅游和新能源”三大资源优势,申报确定产业扶贫项目18个,总投资约8.87亿元。实施“十项提升工程”建设项目36个,总投资约5.03亿元。扶持12家专合组织实施“短、平、快”项目,年内,共发放分红资金430.49万元。通过“一卡通”为144名建档立卡贫困大学生发放资助金146.74万元。完成县域精准扶贫易地搬迁5个安置点建设项目,搬迁92户456人。正在加快推进经开区、堆龙德庆区安置点的搬迁工作。2017年,全县1850户8213人建档立卡贫困群众人均纯收入越过拉萨市2017年脱贫标准线,脱贫工作已完成县级自验、市级脱贫摘帽考核验收和自治区第三方评估及交叉考核验收。

2017年7月6日,县委副书记、县长其美次仁,县委常务副书记王猛在乌玛塘乡调研

【净土健康产业】 2017年,出台《当雄县净土牧场建设试点方案》,对牦牛入股、草场租赁、牧民参与等提出政策意见。开展净土牧场和家庭牧场建设,基本完成净土牧场郭庆场的建设任务,同步完成15个家庭牧场的建设任务。投资1600余万元收购牦牛2000头,按照现代化精细切割方式推出以牛排系列为主的15种新产品,全面推向市场。在成都、苏州、天津、上海设立一级代理商,并在成都设立当雄牦牛肉旗舰体验店,辐射带动全国市场。对净土公司控股的纳木错实业有限公司厂房及设备进行更新,即将投产运营。在京、津、冀和长三角地区寻找一级代理商,拓宽销售渠道。

【旅游产业】 2017年,纳木错景区共接待国内外游客63万人次,实现旅游门票收入6500万元。继续在旅游卫视《神州揽胜》栏目播出《高原明珠当雄》宣传片。电影《天缘纳木错》已发行放映。成功举办第二届“相约纳木湖畔寻觅虫草之旅”活动、纳木错环湖拉力赛及“当吉仁”赛马节,特别是2017年的“当吉仁”赛马节,中央电视台新闻联播进行两次报道,中央新闻频道进行三次专题报道,当雄旅游的对外影响力进一

2017年12月29日，县委副书记、县长其美次仁同县净土公司相关负责人在纳木错实业矿泉水厂考察

步提升。

投资1.2亿元，完成“岭格萨杰布温泉酒店”主体工程建设，全力打造“高原地热温泉之乡”。充分挖掘草原游牧文化，规范纳木错精品旅游线路服务设施功能，规划建设羊八井、宁中、纳木湖3个点的“行者黑帐篷”系列游客服务点，打造独具特色的牧家乐旅游品牌。投资6900万元，完成当雄原创“天湖四季牧歌”大型文化产业项目建设。投资130余万元，对全县旅游沿线铁皮摊位集中进行整改升级。开展旅游沿线违规私搭乱建清理专项行动，拆除违建厕所、商铺30余处。成立旅游联合执法队，每月开展执法检查2次，处理强买强卖、欺诈勒索等事件10余起。设立旅游服务执勤点5个，及时为游客提供服务，处理纠纷。

【项目建设】 2017年，共开复工项目138个，完成投资36.6亿元。康玛药泉度假村建设项目（一期）和羊八井镇精准扶贫易地搬迁工程（一期）2个拉萨市重点建设项目进展顺利。顺利完成“十三五”规划中期项目调整，共调整项目97项，涉及资金42.77亿元。

【招商引资】 2017年，完成县属国有企业的改革重组，正在加快制定《国有企业负责人经营业绩考核办法》《国有企业重大权限若干规定》和《国有企业负责人薪酬管理办法》等7项办法规定，加快推进当雄国有企业改革发展。调整《当雄县土地利用总体规划（2006—2020年）》，加快推进《当雄县县城控制性详细规划》的编制工作。完成县城主城区和3个乡（镇）的土地定级和基准地价评估工作，并通过拉萨市人民政府的评审。2017年共落实招商引资项目27个，实际到位资金18亿元，同比增长15%。积极参加2017年拉萨市“走出去”和“请进来”的招商引资活动，组织开展招商活动10余次，特色产品展销10余次。积极参与北京农业嘉年华、北京国际餐饮食材展、重庆餐博会、广州中博会等项目推介会及特色产品展销会。以2017年拉萨市雪顿节招商引资项目推介会及集中签约活动、“当吉仁”赛马节招商等活动为契机，共签约重点项目5个，总投资12亿元。

【二业经济】 2017年，当雄县矿泉水和天然饮用水总产量7.36万吨，同比增长51.4%；总销量5.72万吨，同比增长55.4%；总产值2.35亿元，同比增长14.6%。加快推进“羊八井—格达新能源产业园区”建设，2017年，园区实现产值7873.18万元，园区的集聚效应正在不断显现。

【城乡发展】 2017年，完成396套周转房、415户棚户区改造建设任务。加快推进羊八井镇和纳木湖乡特色小城镇示范点建设，羊八井镇成功入围第二批全国特色小镇。

【环境保护】 2017年，全面启动“国家生态文明建设示范县”创建工作，力争到2020年争创全市第一个“国家生态文明建设示范县”。本级财政投入1241.25万元，用于环境保护整治管理、基础设施建设、执法监测等工作的开展。制定完善环保相关工作制度和机制，迎接中央环保督察第六组对当雄的督察工作，全面整改落实中央环保督察组的反馈意见。印发《当雄县环境保护考核办法（试行）》和《当雄县环境违法行为有奖举报暂行办法》。认真落实“河长制”，完成纳木湖、唐滨湖，以及县域范围内2个骨干河流、15个支流共19个河（湖）长制的设立工作。对34家采砂点开展专项整治工作，关停24家无证采砂点，整合重组10家。深入开展“禁白”专项整治3次，进行环保宣传10余次。

【教育事业】 2017年，投资6615万元为各学校添置设施设备和实施学校“四化”工程，全县普惠性学前教育资源覆盖率达到100%，义务教育阶段学校达到自治区二类学校标准，全县义务教育均衡发展工作顺利通过自治区和国家验收。出台《当雄县关于进一步加强师资队伍建设的实施意见》，投入1000万元，积极探索稳步推进教师队伍发展的长效机制，有效破解当雄艰苦边远乡（镇）教学人才流失严重的问题。

【医疗卫生】 2017年，医疗卫生条件不断改善，投入140余万元，大力开展包虫病综合防治工作，已筛查48407人，筛查率达99.14%。县医院医技中心、龙仁乡、羊八井镇及纳木湖乡卫生院正式投入使用，县人民医院成功通过二级乙等综合医院评审。

【文化事业】 2017年，文化广电事业蓬勃发展，成功将邦典达索编织技艺、羊八井传统性畜疗法、羊八井寺羌姆申报区、市级非物质文化遗产代表性项目名录。完成县级数字影院建设，当雄县有线数字电视正式开通。

【社保体系】 2017年，社会保障水平大幅提升，以基本养老保险等五大险种为核心，覆盖城乡的社会保障体系全面建立。高度重视“双拥”优抚安置工作，被自治区双拥办评为双拥模范县。进一步规范落实城乡“五保”、低保和大病医疗救助政策，2017年共救助低保户1423户、4978人，兑现低保资金1314.74万元。落实“两线合一”资金878.32万元。设立重大变故救助基金350万元，2017年城乡医疗救助398人次，救助资金251.72万元。代表拉萨市参加全区民政救助评估，高分通过自治区民政厅第三方评估组的全面评估，民政社会救助工作被评为全区优秀单位。

【民族团结】 2017年，全面落实“六建”“六个一”和“9+5”等利寺惠僧政策，提高寺庙公共服务水平。全县在编僧尼全部享受养老保险、医疗保险、最低生活保障和免费健康体检。表彰县级和谐模范寺庙4座，表彰爱国守法先进僧尼291人次，表彰民族团结进步模范集体、个人和家庭共22个。

【信访工作】 2017年，完善调整信访联动工作体系，妥善化解处理群众来信来访事件76批（件）185人次，排查矛盾纠纷53起，化解53起。开展“沙霸”“车霸”“路霸”等重点领域专项整治工作。

【安全生产】 年内，开展安全生产大检查工作，狠抓国务院安委会各工作组反馈问题的整改落实，实现伤亡事故总量、死亡人数和重特大事故起数“三个继续下降”的目标。

【工作作风】 年内，认真执行《中共中央政治局贯彻落实中央八项

2017年9月20日，当雄县党政代表团一行在北京市东城区洽谈纳木错矿泉水、牦牛肉销售等相关事宜

规定的实施细则》，把贯彻落实中央“八项规定”精神和区党委“约法十章”“九项要求”及市委“八项要求”化作自觉行动，巩固拓展作风建设成果。深入开展不作为慢作为专项整治，切实纠正党员干部队伍中存在的不思进取、不敢担当、玩忽职守等不作为问题和精神懈怠、作风漂浮、消极被动等慢作为问题，严防“四风”反弹回潮。

【党风廉政建设】 年内，紧盯关键少数特别是“一把手”，严把政治关、廉洁关，逐级深化党委、纪委系统“双述”机制，坚持定期报告制度，严格责任落实检查考核，失责必问、问责必严，夯实管党治党基础，推动全面从严治党向基层延伸。强化党委对反腐败工作的统一领导，坚持无禁区、全覆盖、零容忍，坚持重遏制、强高压、长震慑，力度不减、节奏不变，夺取反腐败斗争压倒性胜利。对不收敛不收手，问题线索反映集中、群众反映强烈，现在重要岗位且可能还要提拔使用的要进行重点审查，三种情况同时具备的要作为重中之重。

【政务公开】 年内，扎实推进制度建设，不断完善政务服务体系，坚持以习近平总书记系列重要讲话精神为指导，以群众的满意程度为检验工作的主要指标，以全面提高机关管理和服务水平为宗旨，以公正、便民和廉政、勤政为基本要求，以监督制约行政权力的行使为着力点，认真抓好政务公开，保障公众对政府工作的知情权、参与权与监督权，进一步促进机关工作的公开、公正、规范和高效运行，提高机关为民执政、科学理政、依法行政、从严执政的水平，增强机关政务工作的透明度，密切党群干群关系，推动全县经济社会健康快速发展。

（德庆曲珍）

【领导名录】

县委副书记、县长

其美次仁（藏族）

县委副书记、常务副县长

郭春杰（北京援藏）

县委常委、副县长

文　林（蒙古族，内蒙古调藏）

游关涛（湖北调藏）

副县长

旺堆罗布（藏族）

张　洁（北京援藏）

骆　宁

多吉平措（藏族）

普布扎西（藏族）

郑　莉（女）

胡小平

当雄县人民政府办公室

【概况】 2017年，当雄县人民政府办公室以第十九次全国代表大会精神及习近平总书记系列讲话精神为指导，全面贯彻落实县九届三次全委会精神，自觉服从和服务于全县经济社会发展大局，紧紧围绕县委、县政府中心工作，积极履行参谋助手职责，强化服务，狠抓落实，保证政府工作的优质高效运转，为全县经济社会平稳较快发展发挥积极作用。

【发挥参谋助手】 年内，围绕县委、县政府工作重点，围绕影响经济社会发展的重大问题、社会热点难点，深入调查研究，提出对策建议，充分发挥参谋助手作用。始终坚持把信息作为服务领导的重要渠道抓紧、抓好。加强信息体系建设，拓宽信息渠道，强化信息整理，集中反映领导关注的重点、群众关心的热点和改革过程中的难点，及时反馈工作动态和社情民意。年内，采编上报政务信息362条。

【协调服务】 年内，对重大工作部署、阶段性中心工作、重点项目建设、重大活动认真组织，加强调度，多方协调，抓好落实，促进各方面工作相互衔接，形成合力。圆满完成政府常务会、县长办公会、专题会等各种会议服务工作。注重协调好领导班子与领导之间、领导与领导之间的关系，处理好政府与县委、人大、政协的关系，重视与县委办、人大办、政协办的沟通协调。充分发挥办公室的桥梁纽带作用，注重建立和培养工作协作关系，注重协调处理好县直部门之间、部门与乡（镇）、乡（镇）与乡（镇）间的关系。

【政务工作】 年内，坚持精心办文、节俭办会、高效办事。把文字工作作为办公室的“第一要务”来抓，牢固树立精品意识和效率意识。对重要文稿撰写，强化集体撰写制度，集中集体智慧，努力把

2017年4月3日，政府办公室主任普布扎西参加全市政府系统办公室主任会议并获得先进个人奖

【理论业务学习】 年内，始终把学习作为办公室素质提升的重要途径，根据办公室工作实际，制定年度学习计划，进一步健全完善办公室学习制度，坚持开展集中学习与自学相结合的理论、业务学习，有效提高干部的业务和理论水平。坚持重大事项班子集体研究，广泛征求意见，推进决策的科学化、民主化，充分调动班子成员的主动性、积极性和创造性。坚持以人为本、民主管理，经常开展谈心交心活动，办公室内部始终保持团结协作、积极向上的工作氛围。

文稿质量提高到一个新水平。积极推进公文流转规范化建设，严格收发文程序，降低差错率。年内，印发政府文件484份，政府办公室文件105份。坚持热情、节俭、规范，精心搞好政务接待，体现地方特色，不搞铺张浪费。

【事务管理】 年内，政府信息公开工作进一步加强，在财政预决算、征地拆迁补偿、住房保障等重点领域的信息公开力度得到加强，各类政府信息发布的及时性、规范性进一步得到提高。建立较为全面的政府应急管理体系。根据新形势、新变化、新要求，认真做好突发性公共事件应急管理工作，突出重点，综合协调，狠抓落实，卓有成效地开展工作。在各类突发性公共事件中，办公室全体成员保持临战状态，加强应急值班，有力保障各项抢险救灾工作顺利进行。

【法治工作】 年内，全面推进依法行政，围绕中心，打造法制性政府，聘请政府法律顾问。增强依法行政能力，聘请专家开展知识讲座。加强县政府规范性文件管理，从计划、起草、审查、备案和清理五个阶段分别做详细的阐述，加大法制办的审查力度，全面完成全县范围内的规范性文件清理工作。

【后勤保障】 年内，政府办坚持以“创建学习型机关”为重要抓手，以学习启迪思路的创新，以学习促进作风的转变，以学习推动效能的提高，努力实现后勤工作“管理科学化、服务社会化、保障法制化”，取得一定的成效。同时要求每名工作人员在“钻”“勤”“有心”“优”上下功夫，变被动服务为主动服务，不断提高服务能力和水平，全县各单位对政府办的服务皆非常满意，后勤保障服务工作再上新台阶。

【党风廉政建设】 年内，从宣传教育入手，加强廉政思想教育，不断增强党员干部廉洁自律的自觉性。班子成员以身作则，率先垂范，严格遵守干部廉洁自律各项规定，耐得住寂寞，守得住清贫，干净干事。干部职工始终坚持自重、自省、自警、自励，从严规范自身言行，时刻与党的纪律要求保持一致。注重自身形象，严守党的纪律，严格依法办事，着力打造清正廉洁的干部队伍。带头狠刹各种不良风气，办公室干部职工从未利用职务之便谋取不正当利益，2017年无违反廉政准则、违规经商办企业、以权谋私、违法违纪行为发生。

（德庆曲珍）

【领导名录】

主　任

普布扎西（藏族）

副主任

德庆曲珍（女，藏族）

陈　　彬

中国人民政治协商会议当雄县委员会

【概况】 政协当雄县委员会成立于2012年5月，是中国人民政治协商会议的地方组织，在中共当雄县委员会领导下开展工作。政协当雄县委员会自成立以来，在当雄县委员会的坚强领导下，坚持围绕党和政府各个时期的中心工作，以高度的责任感和主人翁精神，充分发挥政协委员作用。通过召开政协全体委员会议和常务委员会议，以总结、研究、部署政协工作和到牧区、城镇、企事业、寺庙考察调研等，对全县经济、政治、文化、科技、城镇建设、局势稳定进行调查研究，了解人民群众普遍关心的难点、热点问题，掌握第一手资料，为党委、政府决策提供依据。

2017年，政协当雄县委员会委员名额75名（实有委员73名、机动名额2名），共设6个界别，即中共界、群团界、教体文卫界、工商界、农牧科技界、民族宗教界。其中主席1名、副主席3名，常务委员11名，办公室主任1名。

【增进政治共识】 年内，坚持把巩固共同思想政治基础贯穿于重大会议、活动之中，特别是党的十九大胜利闭幕后，以参加区市县委组织的专题学习和县政协党组、机关党支部理论学习、机关党员干部集中学习等形式，深入学习贯彻党的十九大精神。通过增进共识，引导政协机关干部，号召广大政协委员，牢牢把握“不忘初心、牢记使命”的新时代主题，树牢“四个意识”，增强“四个自信”，夯实团结奋斗的共同思想政治基础。

【突出政治大局】 年内，县委总揽全局、协调各方，着眼全县工作大局，大力支持政协依法遵章履职。县委常委会专题研究政协工作，听取县政协党组工作汇报，审议有关工作报告，及时解决政协工作中的重大问题。县政协坚持“县委中心工作推进到哪里，政协履职就跟进到哪里”，立足职能谋大事，找准定位抓重点，确保政协工作始终与县委同心同德、同心同向、同心同行，引导广大政协委员把思想和行动统一到县委、县政府的决策部署上来。

【强化政治担当】 年内，当雄县政协党组不断强化党组领导核心作用，发挥政协党组把方向、定目标、保落实作用，把发挥党组领导作用与政协依章履行职责统一起来，确保党对人民政协工作的绝对领导。在政协日常事务中，党组成员以诚相待，互相支持，分工协作，密切配合。在贯彻民主集中制原则上，无论是党组会议研究重大问题，还是主席会议安排工作，都能够自觉坚持民主集中制原则，大事协商，小事沟通，自觉维护集体权威、班子团结。一年来共召开党组会议4次，主席会议6次，常委会议6次。

【充分利用各类会议协商议政】 年内，当雄县政协及其常委会充分发挥人民政协协商民主重要渠道作用，进一步创新政协例会形式，组织不同层次、不同形式的协商座谈会7次，构建以全体会议为龙头，以议政性常委会和专题协商会为重点，以提案办理协商会为常态的多层次协商议政新格局。

2017年12月26日，拉萨市政协副主席拉巴顿珠在当雄县政协检查指导工作

【注重提案办理协商】 年内，当雄县政协将协商民主理念和协商工作方式贯穿于提案工作全过程。二届二次会议以来，共提出提案48件，经审查立案44件，立案率91.67%。及时召开提案交办会，按照归口管理、分级负责的原则，将44件提案，分别交给25个相关部门和单位归口承办。经政协二届第七次主席会议研究，常委会议通过，确定2件事关全局、针对性强、建议比较具体的提案作为主席督办的重点提案，由主席、副主席领衔督办。县政协提案委联合县综合督查室及有关提案人采取多种方式进行提案督办，形成各承办单位积极承办提案的整体合力，确保办理工作落实落地，做到让政协委员满意，让人民群众受益。截至年底，所有提案均向政协委员书面答复完毕，答复率100%，委员对提案办理情况满意或基本满意率达95%。提案工作呈现出“党委重视、政府支持、政协主动、部门配合”的良好氛围。

【创新民主监督】 年内，当雄县政协积极发挥自身优势，深入扎实地开展民主监督活动，为推进部门工作、优化全县行风政风做贡献。政协会议、协商座谈等是政协履职的主要形式和常规方式，更是政协民主监督的重要途径和有效办法。年内，县政协多措并举，增强民主监督意识，规范民主监督形式，提升民主监督实效。聘任16名委员为民主监督员，10余名政协委员分别被县检察院、县法院等单位聘请为社会监督员或行风评议员。这些委员坚持以实事求是的态度参加政风督查和行风评议，发挥政协委员在民主监督中的作用。

【调研考察】 年内，充分发挥政协人才荟萃、智力密集的优势，选准课题，精心组织，以全面建成小康社会的短板问题、经济社会发展的重要问题、人民群众普遍关心的实际问题作为重点调研、考察课题。围绕当雄县纳木错景区保护开发开展调研视察活动。注重调研视察过程，深入一线，沉到基层，采取实地查看、座谈讨论、文件查阅等方法，提出有价值的建议，形成有分量的调研报告，为促进当雄县环境保护、旅游发展等发挥积极作用。同时，县政协组织委员两批次7人次在堆龙德庆区调研如何组织基层委员参政议政、撰写提案，赴曲水县视察观摩委员在净土健康产业、精准脱贫事业中的引领带动作用，达到开阔视野、增强履职能力等目的。

【发挥委员主体作用】 年内，当雄县政协牢固树立“政协是委员之家、委员是政协之本”的理念，主动引导委员谋事，积极服务委员干事，努力保障委员成事，在发挥委员主体作用方面进行一些有益的探索和尝试。年内，县政协常委会围绕发挥委员主体作用，通过加强学习，打造懂政协的委员队伍。创新管理机制，激发委员履职活力。搭建履职平台，提升政协委员会协商的素质（协商议政平台、视察调研平台、界别履职平台）。增强服务意识，为委员善议政创造有利条件等一系列举措，不断激发委员履职积极性和主动性，有效提升委员履职能力水平。

【政协机关建设】 年内，当雄县政协坚持高标准、严要求，推进机关“两学一做”学习教育常态化制

召开政协二届三次会议预备会议

度化，制定《当雄县政协机关党支部开展"两学一做"学习教育常态化制度化实施方案》，组织机关党员干部学党章党规、学系列讲话、做合格党员，切实抓好专题党课、专题研讨、专题民主生活会和整改落实四个关键动作，定期开展机关党支部"主题党日"活动，认真落实"三会一课"等党内基本政治生活制度。强化责任意识，落实从严治党主体责任，坚持把党风廉政建设摆在突出位置，注重加强班子成员和机关干部党风廉政、思想道德和法律法规等方面的学习教育，自觉做到守纪律、讲规矩，知敬畏、存戒惧。

【对外交流与合作】 年内，接待区内外政协学习考察团5批次，100余人次，举办座谈交流会5次。积极参加区市政协有关会议。通过交流学习，开阔视野，增长见识，进一步提高服务水平和履职能力。

【服务民生改善】 年内，紧扣县委扶贫工作部署，县政协积极履行职责，全身心投入扶贫工作，深入调研，主动联系乡镇、结对帮扶户，全力助推当雄县精准扶贫精准脱贫工作。根据县委安排，主席、一名副主席全力参与县精准扶贫精准脱贫工作和市精准扶贫精准脱贫交叉督导验收工作。县政协机关认真做好对口扶贫工作，深入结对户家中走访，一起研究制订脱贫计划，谋划发展规划，参与帮助结对户解决生活难题，改善生活环境，推进精准脱贫。动员广大政协委员积极参与精准扶贫工作。

当雄县政协党组成员、副主席李军作提案工作报告

【回应群众关切】 年内，进一步发挥社情民意"直通车"作用，拓展信息渠道，规范反映程序，形成工作合力。年内，社情民意信息员自觉承担社会责任，把社情民意信息工作的重点更多地放在反映人民群众所需、所盼的事情上，放在反映社会弱势群体、特殊困难群众的实际困难上，反映加大困难群体救助力度、丰富社区群众文化生活、提高全民医疗水平、推进牧区教育均衡发展等方面的社情民意信息，都事关人民群众"衣、食、住、行"切身利益。在反映民意、解决问题的同时，也密切党群、干群关系，巩固社会团结稳定，促进社会和谐。

【参与中心工作】 年内，当雄县政协常委会深刻认识到，政协有为才有位。在充分履行政协"三项职能"的同时，坚持以"有为才有位"的意识引导全体政协委员和政协工作者，围绕县委中心工作，县政协班子成员主动担当，积极参与县精准扶贫、县宗教领域"四讲四爱"宣教活动、市精准扶贫交叉督导验收、县包虫病综合防治、信访维稳、旅游文化活动等工作。

（胡石磊）

【领导名录】

党组书记、主席

次仁桑玻（藏族）

副主席

洛桑塔克（藏族，党外人士）

党组成员、副主席

李　军

巴　桑（藏族）

中国人民政治协商会议当雄县委员会办公室

【概况】 2017年，政协当雄县委员会办公室以习近平新时代中国特色社会主义思想为指导，深入贯彻落实习近平总书记系列重要讲话精神、治国理政新理念新思想新战略，围绕县委、县政协中心工作，积极履行政协“三大职能”，充分发挥承上启下、保障、协调、沟通和参谋助手的作用，较好地完成2017年的工作任务。

【开拓创新，理清工作思路】 年内，始终牢固树立创新理念，强化协调沟通意识、参谋助手意识和服务进取意识，不断创新办公室工作思路。把调研、督查、服务作为办公室的工作重心，全面推进各项工作的开展。抓调研，提供决策参考。县政协机关按照县政协委员会工作部署和要求，根据专题调研视察活动的内容和特点，认真研究，制定专题调研视察活动的具体实施计划，专题调研视察活动都安排政协机关工作人员分工联系，责任到人，确保服务。年内，县政协办公室组织有关界别委员就当雄县精准扶贫精准脱贫、纳木错景区保护开发、净土健康产业等课题开展专题调研考察活动。在开展专题调研和专题考察活动过程中，通过采取分散与集中、走访、召开座谈会的多种形式，深入了解有关方面的详细情况，广泛听取各单位部门领导和广大群众的意见建议，进行详细分析，融入委员智慧，撰写专题调研、视察报告，积极为县委、县政府及有关部门推动相关工作提出科学可行的意见建议；抓好提案督办，努力增强办理实效。县政协办公室主要从选题引导、搭建知情平台、加强培训辅导和对提案严格审查把关等入手提高提案质量。为使提案办理工作真正落到实处，县政协办公室加强与承办单位的沟通、联系，及时督促有关部门组织力量把提案办理落到实处，并将提案办理情况及时答复委员、县政协办和县综合督查室；抓服务，树立工作新形象。坚持从小事做起，从大事着眼，努力提高服务水平。牢固树立服务意识，当好参谋助手。

【求真务实，开创工作新局面】 年内，认真对照《中国共产党机关公文处理条例》和《国家行政机关公文处理办法》的规定，对公文处理工作做改进和完善，坚持严把起草关、审核关、收发关，确保办文质量。严格办会，年内，办公室圆满完成全委会议，常委会议、党组会议、主席会议、半年协商座谈会和界别座谈会的组织筹备和服务工作，无论是会前的材料起草、会场上的服务保障工作，还是会后材料的收集整理等工作，都竭力做到细致周到，尽量为与会人员提供一个良好的环境，确保会议顺利召开；细心接待。凡是上级或外地政协来当雄县政协进行调研、视察、考察等活动，在严格接待标准、规范接待程序的前提下，拟定详细的接待方案，统一安排在县政府食堂接待。平时在接待委员或外单位人员前来办事时，坚持做到一张笑脸、一杯热茶、一声问候；强化管理。加强制度建设，坚持以政协章程为依据，以制度建设为核心，以规范运作为基础，先后制订和完善主要会议议事规则和机关管理制度等系列规章制度，使政协工作有章可循；加强作风建设，强化机关考勤，改进工作作风，严格执行按时上下班制、请销假制，年终对机关干部出勤情况进行统计汇总，作为考核的依据之一。

2017年1月16日，当雄县政协机关党支部召开党员大会

【加强协调，形成工作合力】 年内，办公室注重加强与委员、县直各部门的工作协调、协作，确保政协各项工作能够超前部署、超前实施、超前完成。坚持实事求是，

求实创新，各项工作力争做到细致具体、务实高效。

【政协机关建设】 年内，以构建"学习型机关"为抓手，努力提高政协机关干部整体素质。修订和完善多项规章制度，坚持每周4学习制度，组织机关党员干部学党章党规、学系列讲话、做合格党员，切实抓好专题党课、专题研讨、专题民主生活会和整改落实四个关键动作，定期开展机关党支部"主题党日"活动，认真落实"三会一课"等党内基本政治生活制度，在机关内部形成浓厚的学习氛围。努力打造务实高效、团结协作、风清气正的和谐机关。激励机关干部勤于学习、善于创新，大力弘扬敢于负责、勇于担当、求真务实的精神，切实提高政协机关工作的创新能力、执行效力和服务保障能力。

（胡石磊）

【领导名录】

主　任

旺丹次仁（藏族）

中共当雄县纪律检查委员会（监察局）

【概况】 2017年，当雄县纪律检查委员会深入贯彻党的十八大、十八届三中、四中、五中、六中全会和党的十九大精神，以习近平新时代中国特色社会主义思想为指导，深入贯彻中央和区市党委、纪委关于党风廉政建设和反腐败斗争的系列决策部署，坚持党要管党、从严治党、依规治党，强化监督执纪问责，不断将党风廉政建设和反腐败斗争引向深入。

2017年3月24日，中共当雄县纪律检查委员会第二次全体会议上述职述廉

【召开县纪委第二次全体会议】 3月24日，当雄县纪委召开第二次全体会议。传达学习十八届中央纪委七次全会特别是习近平总书记重要讲话精神，传达学习九届自治区纪委二次全会特别是自治区党委书记吴英杰重要讲话精神，认真学习拉萨市纪委九届二次全会特别是自治区党委常委、拉萨市委书记白玛旺堆重要讲话精神，审议通过《强化精准监督 从严执纪问责 推动全面从严治党向纵深发展》的工作报告，对2017年纪律检查工作作出六个方面部署，层层传导压力，推动责任落实。出台《中共当雄县纪委常委会2017年工作要点》，印发《当雄县2017年落实党风廉政建设监督责任工作要点》，推动监督执纪问责工作高效有序开展。

【党风廉政建设】 年内，当雄县纪委及时调整充实县委反腐败工作协调领导小组，制定《当雄县纪委年度工作计划》，建立纪委监督责任清单，细化量化工作目标。坚持落实党风廉政建设和反腐败情况定期报告制度。年内，听取乡（镇）纪委工作汇报7次，向县委汇报工作14次，向市纪委分管领导专题汇报3次，向市纪委报送月报10次和季报3次，向市纪委相关科室书面汇报工作21次，以信息等方式报告经常性工作90余次。坚持和健全民主集中制，制定《当雄县纪委常委会议事规则》《当雄县纪委常委会2017年工作要点》。年内，共召开纪委常委会11次，加强反腐败协调小组相关单位协作配合，紧紧牵住党风廉政建设这个"牛鼻子"，紧紧围绕"反腐败"这一中心工作，扎实开展反腐败协调工作。年内，县委召开2017年度反腐败协调小组会议2次，研究处理问题2个。

2017年4月15日，拉萨市纪委副书记苏新勇（中）在当雄县纪委检查指导工作

【用好管党治党戒尺】 年内，严明政治纪律和政治规矩。转发市纪委《关于严禁共产党员信仰宗教的通知》《关于严禁共产党员和国家公职人员参与“萨嘎达瓦”宗教活动的通知》，制定出台《当雄县在“萨嘎达瓦”宗教活动期间监督检查专项工作方案》，联合县委组织部、县公安局对全县52家单位进行明察暗访，现场发现并纠正问题5个；认真督促各级党组织强化纪律教育，引导广大党员干部增强遵章守纪意识。制定出台《关于严禁违规收送礼金礼品和实行上交登记制度》《全县纪检监察干部“八小时以外”行为规范（试行）》，切实有效规范党员领导干部遵守政治纪律、组织纪律、廉洁纪律、群众纪律、工作纪律、生活纪律；把好党风廉政意见回复关。出具党风廉政意见函26批246人，严防党员干部带病提拔、带病上岗。强化领导干部监管。面向全县科级干部发放廉政档案300余份，深入细致审核，确保个人事项全程留痕。

【作风建设】 年内，坚持把落实中央“八项规定”精神和区党委“约法十章”“九项要求”及市委“八项要求”作为作风建设的基础性、经常性工作，对“四风”问题露头就打，严肃查处不收敛、不收手的顶风违纪行为。紧盯元旦、春节、藏历新年、清明节、“五一”、端午节、“萨嘎达瓦”宗教活动、雪顿节、国庆节、中秋节等重点敏感节点，转发和印发关于严明节日纪律的通知20余份，坚持问题导向，重明察强暗访，以现场查看、突击点名、电话询问等方式开展监督检查。年内，县纪委先后成立42个监督检查组，采取明察与暗访、交叉检查和随机抽查的方式，对全县各单位开展监督检查，共检查单位546家（次），公车447台（次），未发现违反中央“八项规定”精神和“四风”问题线索。深入开展党员干部参赌涉赌专项整治活动。出台《当雄县纪委关于党员干部参赌涉赌问题专项整治方案》，把严禁党员干部参赌涉赌与业务工作同部署、同落实、同检查，形成整体联动、齐抓共管的工作格局。采取明察与暗访相结合、定期检查与不定期检查相结合、指定区域与交叉检查相结合等方式开展监督检查工作。截至年底，共开展监督检查3次，检查单位18家、茶楼（馆）12个，未发现党员干部和国家公职人员参赌涉赌现象。

【始终保持惩治腐败高压态势】 年内，积极畅通拓宽信访举报渠道，变“被动”为“主动”，在县政府门口、政府院内、县中学及人流量较大的县农行门口设立信访举报箱；充分发挥反腐败协调小组职能，及时召开工作例会，传达学习《西藏自治区纪检监察机关人民法院查办涉嫌违纪违法犯罪案件协作配合工作规程》《西藏自治区纪检监察机关检察机关查办涉嫌违纪违法犯罪案件协作配合工作规程》《西藏自治区审计机关向纪检监察机关移送违纪问题线索工作规程》《西藏自治区审计机关办理纪检监察机关提请事宜工作规程》等文件精神，及时解决问题2个。始终保持惩治腐败高压态势，不断加大惩治腐败工作力度，坚持有腐必反，有贪必肃，正确运用监督执纪“四种形态”，坚持做到发现一起，查处一起，绝不姑息，绝不手软，以惩治腐败实际成效取信于民。年内，县纪委召开案情分析会24次、案件督办会12

次，共处置问题线索35件，其中，上级转办19件，领导交办11件，来信来访5件。

【廉政教育】 年内，定期组织开展单位主要领导讲廉政党课活动，县主要领导亲自授课，各乡（镇）负责人、纪委书记、县直各单位负责人参加。同时，并要求各单位也定期开展主要领导讲廉政党课活动，切实筑牢全体党员干部拒腐防变的思想防线。年内，全县各单位开展单位主要负责人讲廉政党课活动共36场次；充分发挥县党风廉政建设和预防反腐败警示教育基地优势，经常性组织廉政警示教育。年内，累计组织党员干部参观学习2次，人员300余人（次）；高度重视廉政文化建设，投入专项资金10万余元，建设廉政文化长廊，80余幅廉政警句宣传画册均已"上墙"，实现机关廉政文化长廊建设全覆盖，积极营造廉荣贪耻的浓厚氛围。

【严格依纪依规问责】 年内，充分发挥问责在党风廉政建设中的积极作用，严格贯彻执行《关于实行党政领导干部问责的暂行规定》和《西藏自治区〈关于实行党政领导干部实施问责的暂行规定〉的实施意见》，加强问责工作跟踪管理。对领导干部在发展经济、维护社会和谐稳定等方面不履行职责、一切"懒政""怠政"现象，不作为、慢作为的行为进行严肃问责，并严格实行"一案双查"。年内，结合运用监督执纪"四种形态"26人次，其中通报批评3人次，约谈21人次，诫勉谈话1人次，立案并给予党纪处分1人次。

【组织培训】 年内，当雄县纪委注重纪检监察队伍业务素质培养，立足工作实际，不断提升纪检监察干部的业务素质，加大纪检干部培训力度。年内，县纪委先后选派2名干部到中国纪检监察学院学习，17名干部到市纪委学习培训，其中15名以案代训、跟班学习。5月19日，县纪委召开村（居）纪检监督员培训会，委局在家全体党员干部、各乡（镇）纪委书记、各村（居）纪检监督员共50余人参加培训，培训会采取集中学习和考试测验的方式进行，组织学习《拉萨市村（居）纪检监督员管理办法（试行）》及相关规章制度，考试测验合格率100%。

【开展扶贫领域监督执纪问责工作】 年内，县委、县政府高度重视扶贫领域监督执纪问责工作，深入贯彻7月3日王岐山书记在中央扶贫领域监督执纪问责工作会议上的重要讲话精神和王拥军在全区扶贫领域监督执纪问责工作会议的重要讲话精神，第一时间召开专题会议进行传达学习。结合"两学一做"学习教育常态化制度化，将中央和区市党委、政府关于扶贫攻坚工作系列决策部署和扶贫领域违纪问题典型案例通报作为县委常委会、县委理论中心组的重要学习内容，多次在县委常委会和政府会议上研究部署扶贫领域监督执纪问责工作，成立以县委班子成员为组长的扶贫领域监督执纪问责工作领导小组，制定出台《当雄县扶贫领域监督执纪问责工作方案》，层层传导压力，压紧压实责任，确保扶贫领域监督执纪问责工作思路清、方向明、措施严。认真开展扶贫领域监督执纪问责。全县各级纪检机关认真贯彻《关于进一步推进扶贫领域监督执纪问责工作的意

2017年3月26日，县委副书记杨作云听取龙仁乡党风廉政建设责任制考核汇报

见》，聚焦主业主责，将脱贫攻坚监督检查工作同作风纪律建设监督检查同安排、同部署、同检查、同落实，将查处扶贫领域问题和基层“微腐败”问题同步考虑，切实稳扎稳打开展扶贫领域监督执纪问责工作。县纪委积极督促和引导县财政局、县扶贫办等相关职能部门开展行业监管。加强协作配合。制定出台《当雄县扶贫领域监督检查工作方案》，由县纪委牵头，联合县委组织部、县财政局、县扶贫办等相关职能部门组成联合监督检查领导小组，抽调9名干部组成3个联合监督检查小组，形成强大监督合力，采取明察与暗访相结合、定期与不定期相结合、流动督查与定点督查相结合的方式开展监督检查。各乡（镇）纪委也陆续开展扶贫领域监督检查工作。截至年底，全县各级纪检机关共开展专项监督检查30余次，暂未发现扶贫领域问题线索。

【严肃查处基层“微腐败”】 年内，认真贯彻落实区市党委、纪委关于严肃查处基层“微腐败”的系列决策部署，认真贯彻王拥军书记在全区严肃查处侵害群众利益的不正之风和腐败问题电视电话视频会议上的重要讲话精神，始终以强烈的政治责任感和紧迫感，将惩治基层“微腐败”作为一项必须抓好的政治任务。紧紧抓住主体责任这个“牛鼻子”，把全面从严治党延伸到基层、夯实在基层，把压力传导到乡（镇）、村（居），下大气力解决群众反映比较强烈的问题。始终坚持问题导向，强化监督执纪问责，严肃查处基层“微腐败”问题，重点突出对扶贫领域违纪问题、集体“三资”管理领域违纪问题、土地征收领域违纪问题、惠农领域违纪问题等相关问题的监督检查。先后制定出台《当雄县扶贫领域监督执纪问责工作方案》《当雄县集体“三资”管理领域监督检查工作方案》。年内，联合县财政局、县民政局、县畜牧局、县扶贫办等相关职能部门单位开展基层“微腐败”专项监督检查活动2次。查处基层“微腐败”问题线索一起，给予党纪处分1人。

2017年5月17日，县委常委、组织部部长徐建华和纪委副书记云丹加措对当雄县村（居）纪检监督员进行培训

【巡视巡察工作】 年内，认真抓好巡察反馈意见整改。对拉萨市委巡察五组2016年底反馈羊八井镇、羊井寺、格达乡、多吉林寺的11个方面的问题，及时制定整改方案，召开专题会议，部署巡察整改工作，先后2次派出监督组到被巡察单位督促整改工作，要求立行立改。被巡察单位建立完善相关制度41项，制定整改措施56项，反馈意见已全部整改完毕。7月，对市委巡察一组反馈乌玛塘乡的巡察意见，及时对移交的问题线索进行初步核实，要求被巡察单位及时落实整改；积极配合市委扶贫领域专项巡察工作。9月11日，拉萨市委巡察一组正式进驻当雄县开展为期45天的扶贫领域专项巡察工作，当天，当雄县召开巡察动员会。会议要求，全县各单位要统一思想认识，牢固树立“四个意识”，严守政治纪律和政治规矩，坚守责任担当，积极配合支持，主动接受党内监督和社会监督；高度重视县委巡察机构建设。严格按照“一办两组”要求设置到位，并在全县范围内调剂编制，配齐人员，确保巡察机构、编制、人员到位。12月13日，县委组织召开九届当雄县委第一轮巡察动员部署会，对巡察工作做具体的安排部署，各巡察组于当日

正式进驻县水利局、县安监局。

【政治规矩摆在首位】 年内，积极引导党员干部牢固树立“四个意识”特别是核心意识和看齐意识，严格贯彻执行《拉萨市委关于认真贯彻落实党的十八届六中全会精神的决定》，狠抓节点遵守政治纪律情况的监督检查，将党员干部信仰宗教问题作为监督检查、执纪审查、政治巡查的重点内容，坚决查处共产党员信仰宗教、参与邪教、参加宗教活动等问题，坚决查处纵容和支持宗教极端势力、民族分裂势力及其从事分裂破坏活动等问题的党员干部职工，坚决查处任何形式的造谣传谣、散布小道消息等问题，坚决查处在党内培植私人势力、阳奉阴违、拉帮结派、对抗组织审查等问题，坚决拥护党中央权威，厚植党的执政根基，维护党的团结统一。

【把好选人用人关】 年内，在选人用人工作中，认真排查梳理干部问题线索，及时更新廉政档案资料，把好党风廉政意见回复关，坚决防止“带病提拔”“带病上岗”“买官卖官”等不正之风。

【纠正“四风”】 年内，紧紧牵住主体责任这个“牛鼻子”，一个节点一个节点坚守，一个问题一个问题突破，关注新动向、采取新措施，久久为功、绵绵用力，有效促进中央八项规定精神和区党委“约法十章”“九项要求”及市委“八项要求”落地生根。

2017年3月26日，县纪委副书记云丹加措听取当曲卡镇党风廉政建设责任制考核汇报

【推动干部作风监督常态化】 年内，将全面检查与重点检查相结合、明察与暗访相结合，做到掌握权力的岗位必受检查、权力集中的岗位重点督查、联系群众的岗位随时抽查、专业性强的岗位专项督查。

【除陋习、树新风】 年内，继承弘扬“长征精神”和“老西藏精神”及“两路精神”，深入挖掘和汲取民族历史文化资源以及家规家风、乡规民约中蕴藏的精华，推动社风民风向善向上。落实好每月报送先进典型制度，大力弘扬中华民族优秀传统文化和党的优良作风，加强党内政治文化建设，引导党员领导干部廉洁修身、廉洁齐家，以家风建设助力作风涵养、以优良家风涤风励德，不断坚定党员干部文化自觉和文化自信。

【突出日常监督，体现关心爱护】 年内，从政治和全局上把握处理“树木”与“森林”的关系，准确掌握党内政治生活开展情况，用好监督执纪“四种形态”特别是第一、二种形态，让红脸出汗成为常态。进一步规范谈话函询工作，严格执行谈话函询后抽查核实制度，建立健全查谈结合、签字背书、全程留痕工作机制。完善约谈提醒、诫勉谈话制度，对反映一般性问题要及时与当事人见面，把问题主动向组织讲清楚。让有苗头性倾向性问题或者轻微违纪问题的党员干部，在民主生活会或组织生活会上有针对性地做出说明，党委（党组）书记签署意见。对反映不实的及时澄清；对如实说明且属于一般性问题的进行批评教育，及时了解；对不如实说明、欺骗组织的，要严肃处理。

【坚守纪律底线，动辄则咎】 年内，坚持以纪律为戒尺衡量和处置党员干部行为，建立健全纪律处分与组织处理综合运用的有效衔接机制，综合分析违纪行为情节性质，考虑认错悔错态度，对廉洁自律不严、个人有关事项报告不实，问题较轻的要予以党政纪轻处分或组织调整，问题严重的给予党政纪重处分、做出重大职务调整。

【以严厉问责倒逼责任落实】 用好《中国共产党问责条例》这个全面从严治党利器，严格贯彻执行《西藏自治区贯彻〈中国共产党问责条例〉实施办法》，坚持失责必问、问责必严，对党的领导弱化、党的建设缺失、从严治党不力的，对维护党的政治纪律和政治规矩失责、贯彻落实中央"八项规定"精神不力、"懒政怠政"、严重侵害群众利益的不正之风和基层"微腐败"问题的坚决严肃问责，绝不姑息，同时，每季度对全县问责情况进行盘点，选择典型问题适时通报曝光，持续保持惩治腐败高压态势。

（洛次成）

【领导名录】

书　记

王俊龙

副书记、监察局局长

张国喜

副书记

云丹加措（藏族）

监察局副局长

贡觉次仁（藏族，12月免）

黄兴勇

当雄县督查室

【概况】 2017年，当雄县督查室紧紧围绕县委、县政府中心工作，认真开展各项督查工作，在全县经济社会发展中充分发挥服务性、支撑性、保障性作用。2017年，当雄县督查室主要对市委、市政府下发的各类督查督办件进行督办，同时对县委、县政府安排的相关工作、人大建议、政协提案、各项民生政策、项目建设、环境卫生整治、干部职工在岗在位情况以及带班值班等情况进行督查。较好地完成县委、县政府及上级业务部门交办的各项督查工作任务，有力促进区市县党委、政府各项重大决策的全面贯彻落实。

【市委督查室下发督查、督办事项落实情况】 2017年，根据市委督查室下发的督办通知及文件要求，当雄县督查室逐一进行督办落实，向市委督查室上报督查专报8期。关于贯彻落实自治区党委副书记、主席齐扎拉到羊八井镇调研精准扶贫工作指示情况，关于落实自治区党委常委、拉萨市委书记白玛旺堆重要指示情况，关于加强会风会纪的督查督办落实情况，关于督办落实区党委主要领导指示情况等。

【督办事项落实情况】 2017年，按照市政府督查室下发的督办通知及文件要求，综合督查室逐一进行督办落实，向市政府督查室上报督查专报14期。关于《国务院办公厅关于对真抓实干成效明显地方加大激励支持力度的通知》落实情况，关于当雄县河道采砂整治情况，关于进一步加强节后工作纪律的通知落实情况，关于羊八井镇西藏高寒牧区慢性病贫困户治疗康复基地建设项目进展情况，关于拉萨市2017年经济工作会议任务分解落实情况汇报，关于进一步加大推进牦牛短期育肥项目、纳木错旅游景区保护性开发、环境综合整治以及《政府工作报告》落实情况等。

2017年2月1日，当雄县督查室干部在羊八井镇入户了解精准扶贫结对户基本情况

2017年7月12日，当雄县督查室检查县直单位干部职工晨操情况

【各项工作督查情况】 年内，按照县委、县政府工作要求，当雄县督查室联合县直有关部门对全县各项工作开展情况进行督查检查。当雄县督查室联合县扶贫办对各乡（镇）精准扶贫工作完成情况进行督查。县综合督查室联合县纪委、县委组织部、政法委对各乡（镇）、村（居），县（中）直各单位人员在岗在位及维稳工作开展情况进行督导检查。每月对全县各项目建设进展情况进行督查，对县委、县政府常务会议落实情况进行督查，对赛马节期间各项工作落实情况进行督查。

【政协提案和人大建议案办理情况督查】 2017年，当雄县共收到市人大代表建议5件、政协委员提案4件，共9件，县人大代表建议49件、政协委员提案44件，共93件，县综合督查室坚持以科学发展观为指导，自觉把办理好代表建议和委员提案的答复工作作为一项严肃的政治任务，列入督办事项，要求分级负责，上下联动，形成“主要领导负责、分管领导亲自抓、各承办单位分头抓、专门人员具体办”的工作格局。及时下发督办通知及办理要求。截至年底，市人大代表建议、政协委员提案，县人大代表建议、政协委员提案已全部办结，答复率达100%，满意率达95%以上。

（土旦欧珠）

【领导名录】

主　任

张国喜

中共当雄县委组织部（编办）

【概况】 2017年，县委组织部严格按照“抓党建促发展”的总体思路，牢牢把握加强党的执政能力建设、先进性和纯洁性建设这条主线，扎实深入开展组织、编制、老干部等工作，努力为全县经济跨越式发展和社会长治久安提供强有力的组织保障和人才支撑。

【县级干部思想政治教育】 年内，始终坚持严格执行县委理论中心组学习制度和县级干部双重组织生活制度，积极选派县级党员干部参加区市各类学习培训，组织县级干部开展上台讲党课活动，在全县形成县级干部带头加强自身思想政治建设、带头践行党的路线方针政策的浓厚氛围。2017年，县级干部着重抓好党的十九大精神和习近平新时代中国特色社会主义思想以及区市党委九届三次全委会会议精神的学习贯彻，做到在思想上、行动上、政治上与以习近平同志为核心的党中央保持高度一致。同时，县委书记主持筹备县委九届三次全委会，主导起草《中共当雄县委员会关于高举习近平中国特色社会主义伟大旗帜 决胜全面建成小康社会 开启全面建设社会主义现代化当雄新征程的意见》《中共当雄县委员会关于开展“抓两头促中间带基层”工程 促进干部执行力建设的实施意见》《中共当雄县委员会关于推进基层组织标准化建设试点工作方案》，切实用党的十九大精神指导实践、推进工作。

【党员思想政治教育】 年内，充分发挥基层党组织、远程教育站点和县委党校作用，加强党员经常性思想政治教育，提升党员党性修养。以县乡两级领导班子换届和村（居）组织换届选举工作为契机，建立党员教育微信平台，组织党员关注“西藏先锋”微信公众号、安装“西藏党员教育”APP，做到党员教育常态化、全覆盖。同时，先后出台《中共当雄县委员会关于在精准扶贫精准脱贫“双百攻坚战”中发挥基层党组织战斗堡垒作用和党员先锋模范作用的实施意见》《中共当雄县委员会办公室关于在全县推进“两学一做”学习教育常态化制度化的实施方案》，在实践活动和理论学习中加强党员党性教育，使广大党员的组织归属感得到明显增强。2017年，各级基层党组织书记讲党课300余场次，受训党员达4000余人次。

【普通群众思想政治教育】 年内，充分发挥县乡干部、驻村工作队、村（居）下沉干部和村“两委”班子成员以及县“四讲四爱”主题教育实践活动和党的十九大精神宣讲团的作用，抓好普通群众的思想政治教育，使感党恩教育和爱国主义教育更加深入人心，使维护祖国统一、反对分裂成为广大群众的自觉行动。

【干部教育培训】 年内，制定《当雄县2017年干部教育培训计划》，依托区市委党校、人才智力援藏项目，充分发挥县委党校作用，采取“请进来教、走出去学和利用本地资源组织学”等方式，开展各类学习培训，切实为打造一支高素质干部队伍奠定坚实基础。截至年底，邀请区市委党校讲师举办党务知识、党史、党的十九大精神等培训3期，受训党员干部达535人。

【干部选拔任用】 年内，根据干部管理权限，结合全县各乡镇和各单位领导班子队伍建设需要，扎实开展动议、民主推荐、考察、讨论决定、任职等干部选拔任用五个环节工作，配优配强各单位和乡（镇）内设机构班子成员，有效调动优秀干部特别是长期在基层工作的优秀事业干部的工作积极性，树立良好的选人用人导向。2017年，开展优秀干部民主推荐工作1次、储备后备干部230人，提拔调整干部2批次125人，其中，提拔事业干部12人，公务员112人。针对当雄县借调至区市单位人数较多的问题，采取停发工资和向市委组织部发函等方式，对当雄县长期借调人员进行集中清理，在全县营造安心基层、奋战基层的良好氛围。截至年底，清理长期借调人员11名。

2017年9月6日，县委常委、组织部部长徐建华安排部署党建工作

【落实干部待遇】 年内，在全面落实干部工资待遇、休假包干经费等基本经济待遇的基础上，累计投入800余万元先后解决乡镇干部生活补助、村（居）下沉干部生活补助、村（居）党组织第一书记工作经费问题，并设立师资队伍建设激励资金，增强基层干部干事创业的积极性。继续执行干部职工提升学历学费报销制度，2017年共为48名干部报销学历提升学费36万元，营造乐学、赶学、比学的浓厚氛围。

【做好引进人才与留用工作】 年内，采取组织召开座谈会、建立指导联系制度、选派参加培训等方式，继续做好9名引进人才和8名专招大学生“传帮带”工作。2017年，结合各乡（镇）、各单位人才需求和实地调研了解人才队伍建设，申报需求人才共164名，安置拉萨市分配专招大学生和专招士官22名。县财政先后投入13

万余元，为28名专招大学生解决床、洗衣机等生活用品，营造拴心留人的环境。同时，县委组织部和各乡（镇）建立班子成员联系指导专招大学生机制，积极引导专招人才身入当雄、心入当雄、贡献当雄。

2017年7月2日，县委常委、组织部部长徐建华在纳木湖乡恰嘎村慰问精准帮扶户

【基层党组织建设】 年内，积极开展党组织调整设置工作，实现党员人数3人以上的单位均组建有基层党组织，确保党的工作全覆盖。2017年，全县调整为党委的党总支22个，调整为党总支的党支部有8个，调整为党支部的党小组有172个。同时，结合2017年虫草采挖等活动成立临时党支部4个，组织100多名党员开展矛盾纠纷排查化解、维稳巡逻等工作，进一步延伸党的工作触角。集中整顿软弱涣散基层党组织。针对个别基层党组织书记发挥作用不强、班子成员未形成合力等问题，组织12个软弱涣散基层党组织开展集中整顿工作。通过县级自验，市级抽验，反馈情况良好。统筹推进各领域党建。深入开展以团建促党建。按照“党建带团建、团建促党建”的原则，以吸纳优秀青年入党为重点，力争形成“金字塔”式党员后备队伍发展模式。2017年，26名团员推优入党。强化学校党建工作。教育局党委组织各学校党组织大力实施以亮身份、亮职责、亮承诺、亮形象“四亮”主题实践活动，加强学校党组织建设，努力提升党员教职工的党性修养。深入开展企业党建工作。组建县国有企业党工委，细化企业党建工作责任，明确企业党组织隶属关系，规范企业党建工作。2017年，国有企业党工委引领国有企业党支部开展“四讲四爱”主题实践活动，增强国有企业党员党性修养，推进党建融入企业发展。稳步推进非公党建工作。结合非公企业党组织对党建重视不高的问题，县非公党工委加强对隶属党组织党员的党性教育，并协调非公企业党组织解决35名建档立卡贫困户家庭成员就业。

【党员队伍建设】 年内，组织乡村党务工作者，围绕党员发展程序、党员教育管理、党费交纳等内容，开展专题培训，提升党务工作者工作能力与水平，推进全县发展党员工作规范化。建立乡镇流动党员数据库，健全流动党员管理联系制度，加强流动党员思想政治教育。2017年，全县共发展党员219名，其中，牧民党员149名，对189名流动党员进行登记造册。

【牧民党员党性教育】 年内，充分发挥村（居）党组织和县委流动党校的教育阵地作用，突出抓好牧民党员党性教育，强化牧民党员思想政治建设。并以全县开展“四讲四爱”主题实践活动为契机，增强牧民党员“四个意识”。截至年底，各村（居）基层党组织举办党员党性教育108场次，受教育的牧民党员共3000余人次。县委党校选派专人组建流动党校，深入各乡（镇）开展牧民党员党性教育培训18场次，受教育牧民党员336余人次。

【有序推进权责清单工作】 年内，及时成立政府部门权力和责任清单制度工作领导小组及其办公室，积极组织政府工作部门协调上级部门对需下放的权力、需保留的权力进行梳理，有效增强简政放权、放管结合的协同性。截至年底，全县核定行政各类审批事项共计 3442 项。

【实名制管理】 年内，坚持每月更新实名制数据系统，使机关事业单位编制与实有人员一一对应，及时加强机构编制实名制常态化、动态化管理。

【控编减编】 年内，结合政府机构改革方案，积极开展编制调查摸底工作，准确掌握机构编制情况，并结合干部调动和调整提拔工作，动态掌握实有人员情况，始终做到"底数清、情况明"。对确需补充机构编制的，结合审批权限，采取"内部调剂"的方式予以解决。

【政府机构改革】 年内，根据区市政府职能转变和机构改革相关文件精神，扎实开展全县政府机构改革工作，进一步明确政府工作部门"三定方案"，切实提高政府管理科学化水平。截至年底，全县共有政府工作部门 24 个，其中新增政府工作部门 2 个，政府直属事业单位 5 个。

【离退休干部职工思想政治建设】 年内，利用老干部每月三次的集中学习日，及时宣传习近平总书记系列讲话精神和区市党委的重要决策部署，做到离退休干部职工思想和行动与中央、区市党委保持高度一致。年内，以"四讲四爱"主题教育实践活动为契机，推进"两学一做"学习教育制度化常态化学习会议 7 次，召开专题组织生活会 4 次，参学率达 100%。

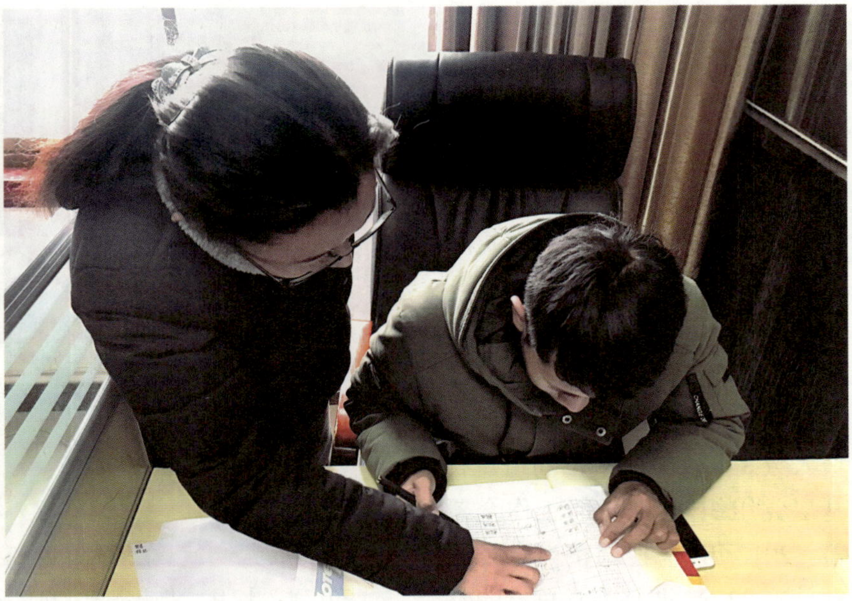

2017年11月2日，县委组织部副部长扎桑指导帮助新入职干部职工开展工作

【老干部服务与管理】 年内，建立离退休老干部党支部 2 个（拉萨市 1 个，当雄县 1 个），不断细化老干部管理工作，创新工作理念，逐步建立部门管理与利用单位资源和社会化服务相结合的老干部管理服务新机制，探索建立就近学习、就近活动、就近得到关心照顾、就近发挥作用的"四个就近"管理服务模式。针对老同志的需要，开展照料陪护、精神慰藉、应急救助、家政服务、保健服务、公益服务等服务，真正做到以儿女之心、晚辈之情做好老干部服务工作。同时，积极创造条件，让广大离退休干部更多地参与社会活动，多与外界交往，合理安排时间，丰富他们的精神文化生活，做到老有所乐，老有所为，体现人生价值。2017 年，建立特困离退休干部职工帮扶专项资金 50 万元；落实老干部活动经费 8 万元，组织召开离退休干部职工"迎春节、藏历新年"座谈会 1 场，开展夏季运动会活动 1 次，向全县离退休干部职工送去县级慰问金 276000 元；走访慰问生病住院离退休干部职工 10 名，送去慰问金 5000 元。

【规范办事流程】 年内，以"开好一次工作例会、练好两种能力、办好三个科室、用好四个平台"为工作思路，依法依规开展组织工作，注重提升服务能力，着力把组织部门建设成为"党员之家、人才之家、干部之家"。

【打造"安专迷"型组工干部】 年内，以"两学一做"学习教育为契机，以建设学习型组织部党支部为抓手，每周组织组工干部集中学习干部档案管理、组工信息写作、发展党员流程、党组织换届选举程序等，并定期开展业务知识交流会，使每名组工干部都能成为知识库、活字典，着力提升组工干部政策把握和落实能力。以传帮带为手段，充分发挥老组工干部表率和标杆作用，为部内年轻干部提供更好的工作遵循，提升组工干部整体战斗力。充分利用区市委党校培训、积极组织参观警示教育基地等媒介，加强信仰教育、信念教育和纪律教育、担当教育，引导组工干部自觉弘扬组织部门优良传统，共同维护组织部门良好形象。

【"两学一做"常态化制度化】 年内，为深入贯彻落实区市推进"两学一做"学习教育常态化制度化工作座谈会精神，扎实推进"两学一做"学习教育深入开展，8月31日，当雄县召开推进"两学一做"学习教育常态化制度化工作座谈会，第一时间对全县"两学一做"学习教育进行全面安排部署并及时督促全县各级党组织认真贯彻《中共当雄县委员会关于推进"两学一做"学习教育常态化制度化的实施方案》和详细的学习教育计划，深入推动活动开展。全县各级党组织切实履行学习教育主体责任，各党组织书记[村(居)第一书记]履行第一责任人职责，从严从实谋划、部署和落实好"两学一做"学习教育工作，真正把党的思想政治建设抓在日常、融入经常、形成常态，不断开创党员干部学习教育的崭新局面。

【做好保障，分类指导】 年内，县委始终坚持把党章党规和系列讲话贯通起来学习、统一起来领会，把马列主义、毛泽东思想、邓小平理论、"三个代表"重要思想、科学发展观结合起来，全面深入系统学，做到真学真懂真信真用。群众看党员，党员看干部，领导干部以身作则，大家就会跟着学、照着做。学系列讲话就要读原著、学原文、悟原理，把握核心要义。在学习讲话中明方向，掌握分析问题、解决问题、处理问题的立场和方法，做到知其然更知其所以然，让学习成为思想上的"打粮食"、行为上的"永动机"。

【做好宣传，营造氛围】 年内，充分运用当雄县"逐梦当雄"党政客户端、"幸福当雄"微信公众号、悬挂横幅、LED电子显示屏等宣传形式，营造人人了解、人人关注"两学一做"学习教育的浓厚氛围。开展典型教育，组织党员学习身边先进典型，用身边事激励身边人，教育广大党员筑牢宗旨意识。充分利用远程教育等网络平台效应，上传党章党规和习近平总书记系列重要讲话、十九大报告，让党员干部自主浏览下载学习，引导党员、干部真正做到入脑入心入行。

【抓好学习，夯实基础】 年内，坚持以上率下，抓好自学。全县党员领导干部坚持先学一步、深学一筹，认真学习《中国共产党章程》、习近平总书记重要讲话、党的十九大报告中新提法新举措以及治藏方略、毛泽东革命先锋等经典论述，筑牢"关键少数"的思想基础，将党的最新理论、最新思想和中央、区党委、市委及县委的重大决策及时贯彻到每个党组织、深入到每名党员心中。坚持以制正党，推动全面学。全县310个党组织4748名党员结合自身实际，采取分层次分行业，各级党组织分别按各类党员量身定制学习计划。充分利用"互联网+学习"，创新学习方式。充分利用县现有的"逐梦当雄""幸福当雄"及现在广大党员干部生活习惯中的腾讯QQ及微信群、朋友圈等网

2017年9月10日，县委组织部召开支部党员大会

络平台资源给全县党员干部创造一个方便及时的学习环境。

【创先争优强基础惠民生活动】 年内，全力助推基层党组织建设，协助做好党员发展培养和教育工作，健全完善规章制度，进一步巩固党在牧区的执政基础。积极配合乡(镇)党委、村(居)党组织主动参与到村(居)组织换届选举工作，积极开展换届政策法规宣传、选民登记、村(居)组织班子候选人推荐提名等工作，为村(居)组织换届顺利圆满完成做出积极贡献。组织举办“3·28”百万农奴解放纪念日感党恩群众文艺会演，召开喜迎“七一”和“党的十九大”庆祝大会，组织党员群众重温入党誓词等，不断丰富牧民群众精神文化生活，进一步增强党员党性意识，村(居)党组织的凝聚力战斗力得到明显增强。积极开展“三培养”工作。2017年，全县各驻村工作队帮助驻点村(居)培养发展党员106名，其中把12名致富能手吸收发展为党员，把19名党员培养成致富能手，把17名党员致富能手培养成村干部，各村(居)党组织在群众心中的主心骨地位更加巩固。

【社会局势更加和谐稳定】 第六批驻村工作队始终绷紧维稳这根弦，联合村“两委”班子成员和下沉干部充分发挥牧民党员、联户代表、民兵等维稳力量的作用，组建民兵联防队、党员护村队等，特别是在党的十九大召开期间，主动加强巡逻，做到群防群治、群策群力，有力促进各村(居)社会和谐稳定。截至年底，各工作队共指导村“两委”制定应急处突预案148份，维稳制度94条，组织维稳演练82次，组建联防队45支，排查各类安全隐患116件，化解矛盾纠纷46件，全县各族群众“我要稳定”的意识越来越强。

【群众感党恩意识不断增强】 第六批驻村工作队深化“八看”“一算账”“一揭批”“四增强”感党恩主题教育，突出加强新旧西藏社会对比教育，引导群众全面认识旧西藏的黑暗落后和新西藏的光明进步，让广大牧民群众特别是青少年进一步全面感受到新西藏的美好生活，进一步全面认识没有共产党就没有社会主义新西藏。2017年，举办新旧西藏社会对比图片展28场次、以身说法专题讲座84场次、普法教育84场次，受教育群众达3.9万余人次；播放爱国主义电影53场次，举办各类文体活动35次，参与群众达2.3万余人次，全县各族群众感党恩、听党话、跟党走的信心决心更加坚定。

【群众致富门路进一步拓宽】 第六批驻村工作队通过走村入户调研摸排和与村干部群众座谈交流等方式，深入了解村情民意，帮助村(居)理清发展思路，积极争取和实施“短平快”项目，协调各方争取资金，引导发展壮大村级集体经济，进一步提升村级基层党组织的服务能力和带动群众增收致富的能力。2017年，各驻村工作队帮助驻在村(居)理清发展思路45条，找准发展路子30个，制定经济发展规划22项。发展壮大集体经济4个，实施“短平快”项目9个，帮助实现劳务输出774人次，增加收入515.98万元，广大群众自我发展的意识更加强烈。

【为民办实事解难事】 第六批工作队始终遵循“想群众之所想、急群众之所急”的群众工作思路，竭尽全力解决群众最关心、最直接、最现实的利益问题。截至年底，全县各驻村工作队为群众办实事好事120件，慰问“三老”人员、孤寡老人、贫困群众2194人次，涉及资金57万余元，帮助群众就医386人次，涉及资金15万余元，开展村容村貌整治58次，累计投入资金2万余元，广大群众的热点难点问题得到及时有效解决。

【落实惠民政策】 第六批工作队大力宣传党的强农惠民富农政策，教育引导贫困户转变“等靠要”思想，架起党群干群连心桥。截至年底，共宣传强农惠农富农政策70场次，参与群众1.4万余人次。发放藏汉“双语”优惠政策宣传资料5148份，发放明白卡7005张，开辟宣传栏24期。帮助落实农村最低生活保障资金34.5万元。宣传孕产妇住院分娩补助奖励政策和孕产期保健知识共103场次，参与人员8206人次；开展包虫病防治专题讲座215场次，累计发放宣传资料5.5万余份，设置户外展板110个，广大群众幸福指数得到明显提高。

【扶贫开发】 第六批驻村工作队在摸清底数，精准掌握贫困户信息的基础上，结合所驻村实际，积极拓宽就业渠道、寻找致富门路、提高群众收入，助力精准扶贫工作。组织系统学习中央和区、市、县关于打赢脱贫攻坚战的相关安排部署，确保驻村工作队对脱贫攻坚工作的认识精准。组织驻村工作队联合乡、村深入牧户对贫困人口基础数据、"五个一批"帮扶意愿等进行再核查，确保扶贫对象精准。整合"短平快"项目资金、村集体经济发展资金和扶贫开发项目资金，以扶持产业和帮助就业等方式，拓宽贫困户脱贫渠道，助推脱贫攻坚工作。截至年底，向驻点村(居)群众宣传扶贫开发政策894场次，参与群众1.3万余人次。争取扶贫项目10个，涉及资金123万余元，广大群众"我要脱贫、我要致富"的思想意识进一步增强。

【抓党建促脱贫攻坚工作】 年内，明确乡镇党委主要领导为脱贫攻坚工作第一责任人的基础上，严格落实"群众不脱贫、干部不脱钩"的要求，做到乡(镇)领导班子成员特别是扶贫领域领导干部队伍的稳定性，保证精准扶贫精准脱贫工作衔接有序、落实有力，为实现脱贫攻坚工作提供可靠组织保障和智力保障。同时，完善"县级领导包乡、县直单位包村、全县干部包户"三级联动的脱贫工作责任制，扎实深入开展县级领导干部结对3户、科级干部结对2户、一般干部结对1户的建档立卡贫困户的帮扶机制，形成全县众志成城推进扶贫开发的强大合力。

【脱贫攻坚"志智"双扶工作】 年内，在设立村级集体经济扶持资金560万元帮助提升基层党组织带富致富能力的基础上，教育村干部在村民中牢固树立勤劳致富、脱贫光荣的理念，同时，积极组织开展表彰勤劳致富先进典型牧户、组织党员致富带头人工作，互动交流致富思路、措施和经过，引领基层党组织在脱贫攻坚工作中发挥战斗堡垒作用，引导广大牧民党员在脱贫攻坚中发挥先锋模范作用，为实现群众真脱贫、脱真贫奠定坚实的基础。2017年，县财政投入180万元，组织28个村级基层党组织开展以"劳动光荣、致富光荣"为主题的勤劳致富先进典型牧户表彰奖励大会，投入92.5万元表彰勤劳致富先进牧户185户，3户牧户代表作交流发言。利用县域资源组织举办抓党建促脱贫业务知识培训2期400余名乡村干部受教育；全县1129名党员干部坚持一季度至少走访1次，帮助结对户理脱贫致富思路、树勤劳致富观念，激发群众脱贫致富的内生动力。

【资金投入】 年内，加强村干部队伍建设，提升脱贫攻坚"主阵地"的软实力。在区市两级财政配套资金的基础上，县级财政投入配套资金309万余元，使全县村(居)干部基本报酬和业绩考核奖励补助达到平均每人每年4万元，有效调动村干部带富致富奔小康的积极性。在坚持"第一书记"工作经费保障制度的基础上，2017年，县级财政将第一书记工作经费提高到2万元或3万元，确保第一书记"待得住、下得去、帮得了"。2017年，县委、县政府研究出台《当雄县关于解决离任村(居)"两委"班子成员生活补贴暂行办法》，明确规定不同任职年限离任村干部生活补贴标准，解决离任村干部的后顾之忧。2017年，县级财政将投入332.89万元，对全县294名离任村干部发放生活补贴金。加强村级组织活动场所建设，提升脱贫攻坚"主阵地"的硬实力。县级财政先后投入资金6978.94万元，对全县28个村级组织活动场所进行规范化建设。截至年底，除2个村因扶贫搬迁等特殊原因未能于2017年建设，其余26个村(居)全部建设完毕，待验收。在2016年投入143万元的基础上，2017年，县级财政再投入120多万元，做到每个村(居)每年组织工作运行经费达到10万元，为村级基层党组织开展脱贫攻坚工作提供资金保障。

【村(居)组织换届选举】 年内，县委坚持把党的领导贯穿于村(居)组织换届工作始终，及时成立由县委书记任组长的工作领导小组及其办公室。组成8名常委任组长的换届选举指导检查组，分别跟踪指导8个乡(镇)所辖村(居)换届工作，为全县村(居)组织换届选举工作顺利圆满完成奠定坚实组织领导基础。同时，研究出台《当雄县村（居）组织换届选举工作实施方案》，组织召开全县村（居）组织换届选举工作动员部署会暨培训会，与各乡（镇）党委分别签订《2017年当雄县村（居）组织换届选举工作目标责任书》和《当雄县严格落实换届风气监督直接责任人责任承诺书》，进一步严格换届程序、严肃换届纪律、严明换届责任，保障换届选举工作依法依规有序推进。并制定《当雄县村（居）组织换届选举风气监督工作实施方案》，成立以县委副书记杨作云同志任组长的县村（居）换届追责问责组，设立换届工作举报电话和举报邮箱，组织群众观看《镜鉴》《打铁还需自身硬》等换届选举警示教育片，层层压实换届纪律责任，积极营造风清气正的换届环境。及时制定《当雄县2017年村（居）组织换届选举工作宣传报道方案》，充分运用幸福当雄、逐梦当雄、网信当雄等微信平台，广泛宣传换届选举的重要意义、基本程序、纪律要求等。同时，将村（居）换届与推动"两学一做"学习教育制度化常态化、"四讲四爱"主题教育实践活动、精准扶贫精准脱贫等工作有机结合，以支部为单位，进村入户，积极动员、有效引导，提高牧民党员对换届工作的知情权、参与度、知晓率，引导广大党员群众依法有序参与换届选举。换届工作开展以来，全县共悬挂横幅160余条，印制宣传标语宣传资料8500余份，发放选人明白卡3000余份。

【提高换届认识】 年内，县委多次组织县乡党员领导干部学习基层组织换届的相关条例和法规，并采取"邀请市换届办业务骨干组织举办培训和发挥县乡换届办业务骨干作用自主举办培训"相结合的方式，举办换届选举工作专题培训10场次，共培训换届工作人员300余人次，进一步提高县乡村工作人员换届工作水平，为村（居）组织换届工作依法依规开展提供保障。同时，县委组织部积极发挥驻村工作队、乡镇下沉干部的作用，帮助和指导上一届村（居）"两委"班子成员和村（居）后备干部认真学习全区"万名村（居）干部文化素质提升"培训教材，努力提升村（居）文化素质。2017年，全县共有262名村干部和村后备干部通过全区"万名村（居）干部文化素质提升"考试获得初中学历，为全县各村（居）储备既具备基层工作经验，又达到基本文化水平的村干部队伍。

2017年11月27日，当雄县召开干部任免大会

【摸清换届底数】 年内，县委先后成立多批次的换届选举工作摸底调研组，采取与村（居）现有班子成员、下沉干部、驻村工作队个别谈话和民主测评的方式，深入解村（居）班子运行、班子成员作用发挥、后备干部培养等方面情况。同时，对换届可能存在的隐患进行排查。2017年，全县成立换届调研组9批次，县委专题听取调研和离任审查情况报告3次。调研组先后召开座谈会17次，个别谈话260余人次。发放民主测评表4000余份，进一步摸清换届底数。特别是县委严格按照"先审查，再换届"的原则，选派由县纪委牵头，联合县财政局、畜牧局、换届办等相关单位组成的村（居）干部离任审计小组，采取谈心谈话、查阅账目、征求意见等方式，对28个村（居）财务进行全面清理，为做到"离任干部工作交得清、连任干部掌握底数清、群众心里账目清"工作要求打下坚实基础。

【打牢换届基础】 年内，主动开展新成立村村级组织审批工作。结合精准扶贫风湿患者集中搬迁安置点搬迁入住的党员、群众情况，积极主动开展新村党组织和村委会审批及村“两委”班子成员职数核定工作，保障新成立的羊八井镇彩渠塘村村级组织选举工作顺利有序推进。认真开展软弱涣散村（居）党组织整顿工作。根据调研摸底情况，县委将党组织书记作用发挥不强、班子成员工作形不成合力等的村（居）党组织确定为软弱涣散基层党组织，采取“一个支部一套方案，一个问题一个措施”的方法，集中进行整顿，实现3个软弱涣散村党组织均整顿到位。并结合各村（居）党员人数，集中开展党组织调整设置工作，实现党员人数在50人至100人的8个村党组织均调整设置为党总支；党员人数超过100人的21个村党组织均调整设置为党委；顺利完成174个村民小组设立为党支部和党支部班子成员选举工作，切实做到党组织设置横向到边、纵向到底，进一步巩固党在牧区的执政基础。解决离任村干部生活保障问题。结合离任村干部无生活保障问题，研究出台《中共当雄县委员会关于解决离任村（居）“两委”班子成员生活补贴的暂行办法》，采取发放一次性生活补贴和月生活补贴办法，解决1988年以来任满一届以上的离任村干部生活保障问题，建立离任村干部生活保障机制，赢得群众一致好评。扎实做好换届基础工作。组织引导各乡（镇）和村（居）做好选民登记、党员统计、人选提名推荐、拟定人事方案等基础工作，并把严格审核人选政治关作为重点，深入扎实开展换届基础性工作。2017年，各乡镇先后召开党委会8次，座谈会98次，入户访谈1988人次，7273名党员干部群众直接参与提名推荐候选人工作，全县各村级组织班子成员候选人均通过县纪委、县国安、县公安、县信访等单位政审。

【确保选举大会依法依规】 年内，当雄县准确把握法律法规和政策要求，以实施方案为遵循，组织各级换届工作人员对选举程序、大会步骤和要求进行详细的讲解和指导；对选举办法、选票样式，选票清单报告、人数清单报告等各类文稿进行统一。市、县指导检查组全体成员、包乡县级领导，乡（镇）主要负责同志，各村换届指导员，换届风气监督组、换届办工作人员亲临选举现场指导监督。大会期间，全县范围张贴换届横幅、标语，各会场悬挂党旗、党徽、国旗、彩旗、彩条、领袖像等，会上各村党员佩戴党徽，选民着装整洁，各村严格按照规定，认真做好每个环节，特别是人员清点、选票发放、填写选票，回收统计、宣布结果等环节全程依法依规，确保选举结果合法有效，选举纪律庄重严肃，选举环境风清气正。全县牧民正式党员3338名，共有2888名党员参加党组织换届选举，党员参选率达86.5%，平均得票率达95.73%；登记选民30650名，27548名选民参加村民委员会换届选举，选民参选率达89.88%，平均得票率达95%，选民热情高涨，积极参加换届选举，务工请假参选，经商返乡参会，拄着拐杖上场，坐着轮椅投票的比比皆是，每位选民脸上均洋溢着微笑，他们表示“选举是宪法赋予的权利，要行使当家做主的权利，选出好干部，建设好社会主义新牧区”。

2017年，当雄县村（居）组织换届选举共选举产生新一届村“两委”班子成员206人（选派干部7人，彩渠塘2个职数未配齐）。实配干部235人（第一书记29人），中共党员235人，妇女干部38人，初中及以上学历干部231人，初中以下4人（彩渠塘村小学学历4人），平均年龄46.8岁；其中，选派干部36人，交叉任职110人，一肩挑1人，新进班子成员37人，留任班子成员198人。同时，圆满完成村（居）务监督委员会、村团支部和妇联等配套组织换届选举工作，团支部书记和妇联主席均进入“两委”班子。

（韩宏霞）

【领导名录】

部　长

徐建华

副部长

扎　桑（女，藏族）

副部长、人社局局长

才　达（女，藏族，11月免）

副部长

杨成光

老干部局局长

扎西卓玛（女，藏族）

中共当雄县委宣传部

【概况】 2017年，以县委理论学习中心组学习活动为龙头，辐射带动全县党员干部职工思想教育，正本清源强化党风廉政建设，形成学习常态化、制度化，廉政警示教育做到警钟长鸣。坚持问题导向，以“四讲四爱”主题教育实践活动宣讲教育为平台，解决好各族各界人士思想认识误区，削弱各类消极思想对群众脱贫致富的影响，巩固主流思想的主导地位；常抓爱国主义教育、思想道德建设、反分裂斗争和民族团结教育、文明习惯养成教育、新旧西藏历史对比教育、法治宣传教育，筑牢意识形态领域坚强屏障。截至年底，共组织县委理论学习中心组集中学习27次，各类宣传宣讲活动400余场次(含“四讲四爱”宣讲教育)，宣讲覆盖面达到100%。

2017年12月22日，拉萨市委常委、宣传部部长吴亚松（右二）在当雄县当曲卡镇检查“四讲四爱”主题教育实践活动

【精神文明创建】 年内，坚持以“六城同创”为整体构架，结合生态文明建设，着力倡导“青山绿水是金山银山，冰天雪地也是金山银山”理念，助推河长制、湖长制落地生根，助力“禁白”工程，开展美丽家园、文明家庭和最美家庭评选表彰。结合“改陋习树新风”创建，切实转变群众传统思想观念和生活习惯，开展道德讲堂、参观交流，以及各类文体活动、“五下乡”“五进”、爱国主义影片巡回放映等。各职能部门、精神文明建设成员单位把青少年思想道德建设、德育教育纳入日常工作，持续实施。年内，共表彰先进典型163名，最美家庭28户、文明家庭10户。开展各类文体活动70场次，爱国主义影片巡回放映共计80场次；开展道德讲堂1次，参观交流14次。

【文化产业发展】 年内，县委、县政府对推进县域文化产业大发展给予高度重视和大力支持，把文化产业与旅游业深入融合，整合旅游资源、人文资源、历史传承等优势，以“当吉仁”赛马节为载体，以“天湖四季牧歌”为窗口，着力打造文化旅游品牌、游客集散中心。县委宣传部、县文广局秉承县委、县政府的决策部署，加强宣传推介、氛围营造，协助做好“相约纳木湖畔寻觅虫草之旅”、数字影院建设、首届中国少数民族马术论坛等，电影《天缘纳木错》成功首映，为文化产业持续健康发展做出积极努力。

【对外宣传】 年内，当雄县对外宣传和新闻报道展现出迥异于往年的新特点：航拍技术全面引进，专业人才充分参与，现场直播、制作宣传片、网络平台、“两微一端”等方式综合运用，拉近当雄县新闻报道与内地传媒体系的距离，促成对外宣传方式的积极转型。这些转变，得益于县委、县政府，以及各主要领导的高度重视，得益于县域经济大发展、经济实力大提升。

年内，当雄县对外宣传报道突出精准扶贫精准脱贫、生态文明建设、学习贯彻党的十九大精神、安全生产、村(居)换届选举、“四讲四爱”主题教育实践活动、净土健康等产业项目、均衡教育发展，把牢正确的舆论导向，全方位推介，多角度宣传，进一步提升当雄县各项事业对外知名度，树立品牌、打造名片。启动网络监管，充实监管员队伍，发现并及时处理负面信息。中央、区、市、县各级新闻媒体累计报道1000余次(含转载),关注人数累计约 800 余万人,其中中央级新闻媒体报道 10 余次,关注人数 400 余万人。

【文化执法】 年内,持续加强对全县范围内娱乐场所、音响店、网吧、“小耳朵”出售点,尤其是校园周边场所等开展整治行动,同时加强政治性非法出版物和影射性反动音像制品的检查监控力度,保证全县文化市场环境的绝对安全,文化市场管理得到进一步规范。年内,共进行联合检查 15 次,出动执法人员 80 余人次,检查各类文化经营场所 10 家,警告 2 家,没收并销毁盗版音像制品 3 盘(张),上报执法信息 15 期。

【网络建设和管理】 年内,继续做大做强手机 APP“逐梦当雄”。优化客户端界面,更注重用户阅读体验。建立完善稿件来源、信息上报、审查把关等机制。安排具有政策理论、文字工作能力和沟通协调能力强的工作人员组成管理人员,负责日常的运营管理。围绕党的十九大、脱贫攻坚、“四讲四爱”、换届选举、寻觅虫草、“当吉仁”赛马节等重大事件,特别推出一批有质量、有深度、有广度的理论文章和视频,全力营造好社会舆论氛围。“网信当雄”“幸福当雄”微信公众号稳中求进。年内,发稿量 2157 条,总阅读量 115 万余次,点赞量 3159 个,关注人数 3960 人。根据各部门实际,制定新闻采编工作量化考核办法,实施政府网站新闻纠错制度,提高整个门户网站的信息质量。截至年底,累计在政府新闻网站发布政务要闻 860 条。

2017年7月12日,县委常委、宣传部部长格桑加措在纳木湖乡检查“四讲四爱”主题教育实践活动

【“四讲四爱”主题教育实践活动】 年内,坚决贯彻执行县委关于提前谋划、超前布局意识形态领域工作的重要指示和决策(3 月 7 日,县委常委会上,副市长张正对当雄县意识形态领域工作已做出明确的指示),紧抓“四讲四爱”主题教育实践活动的有利契机,归纳总结以往思想教育经验做法的基础上,注重解决意识形态领域存在的突出问题,把宣讲教育与全县经济社会重点工作和群众生产生活融为一体,探索“宣讲教育 +”模式,保证宣讲教育接地气、有效果。活动期间,各单位、各领域的宣讲教育、督导检查实现常态化,多频率、小分片宣教方式全面普及,亮点纷呈、特色明显。

【“立志”导向更加明朗】 重点利用“四讲四爱”主题教育实践活动,贯串“核心”意识,破解意识形态领域的工作难题,县级干部牵头,走访摸底各族各界人士的思想认识误区,融入办实事、解难事、交心谈心等,身体力行抓教育、求真务实做引导。全县各族各界人士牢固树立拥戴核心、信赖核心、忠诚核心、捍卫核心的鲜明志向。

【摸清消极思想】 当雄县作为拉萨市唯一的纯牧业县,游牧文化历史悠久,游牧习俗根深蒂固。在继承优秀文化精髓的同时,不良的生活习惯和各类消极思想也随之流传。“等、靠、要”思想的普遍存在,使当雄的民风显得慵懒,生活节奏凝滞,逆流而上的进取精神难得一见。追本溯源,类似的消极思想主要源于长期相对闭塞的信息分享、相对分散的居住条件、相对滞后的基层基础教育。走访过程中,也发现一些可喜的变化:1990 年后出生的牧民群众,思想观念普遍转变，不再拘囿于上辈的生活方式，更向往走出牧场、走进市场。

【倡导核心价值】 西藏的特殊区情，适用于当雄的具体县情。宗教，在很大程度上还影响着牧民群众的思想，这是不容回避的客观现实。主题教育实践活动中，当雄县涉宗领域积极探索，相关人员深入寺庙、僧舍，主动作为、深谋远虑，掌握寺庙僧尼思想状况、生活情况，把社会主义核心价值、精神文化生活融入僧尼日常生活中，加强引导，用马克思主义民族宗教观指引传统的宗教思想，引导寺庙僧尼取其精华、去其糟粕，推动藏传佛教与社会主义社会相适应。

【弘扬主流思想】 年内，经常性开展新旧西藏历史对比现身宣讲、入户进牧场宣讲、身边人身边事举例宣讲、知识竞赛等，县民间艺术团自编自演4个主题文艺节目，延续习近平总书记的“初心”理念，贯串“核心”意识，进一步升华县域思想道德教育，促成整个社会思潮的脉络更加清晰，根源更加彰显，使“四个意识”“五个认同”成全县意识形态领域的主流。

【“立行”构架更加得体】 年内，各领域、各单位针对不同的受教对象，不同的宣教环境，在探索创新“接地气”的宣教模式上狠下功夫，积累众多“虚功实做”的宝贵经验，构建起切合当地虚功实做客观实际的“立行”框架。

2017年5月24日，当雄县召开新闻摄影班暨网络新闻通讯员培训会

【“三结合”整体宣教模式】 年内，结合群众生产生活，灵活变换宣讲方式。主题教育实践活动期间，正值当雄牧民群众游牧旺季，本着不影响群众正常生产生活，同时保证宣教效果的目的，各乡（镇）进一步充实宣讲员队伍，发挥村委会班子成员、各组组长、联户代表作用，开展春季疫苗注射期间入户宣讲、小集中多频次宣讲、“背包式”进游牧点宣讲、每晚一课学习宣讲、微信语音宣讲等，保证宣讲覆盖面和效果。

结合受教对象文化需求，创新“宣讲+”模式。把文艺演出、爱国主义影片巡回放映、“五送”“五下乡”活动与面向牧民群众宣讲教育结合起来，丰富群众精神文化生活；县教育系统把宣讲教育与学校德育教育融为一体，科学安排、齐抓共管。县涉宗领域把宣讲教育与组织开展各类文体活动、书画比赛、爱国主义影片放映、维修304省道路面等公益活动、制作主题挂历和环保手提袋等结合起来，实现宣讲教育不留空白，县国资委把开展国有企业的宣讲教育融入组织生活中，同安排、同部署、同督促。

结合经济发展重点，构建全方位宣教格局。县委、县政府对主题教育实践活动宣讲教育给予高度重视，根据各节点宣讲主题和主线，高瞻远瞩抓好整体布局，进一步拓展宣讲教育参与面。结合精准扶贫精准脱贫，各乡（镇）、各专业组参与进来，抓好转变群众思想观念宣讲教育，开展选树典型、专题培训和层层宣讲；结合环境保护和生态文明建设，全县上下参与进来，开展“禁白”工程，持续实施河长制湖长制；结合一年一度的“当吉仁”赛马节，各乡（镇）、各工作组参与进来，开展设点宣讲、知识竞答等。

【“四针对”重点宣教模式】 年内，针对外来人员，向交通干线沿途的宾馆、餐饮店发放主题海报,向过往车辆发放宣传单,拓展主题教育实践活动宣传覆盖面。针对文化层次不高的牧民群众,开通藏语语音宣讲微信平台,各宣讲员每天向牧民群众宣讲一条主题内容;针对县域内外出务工人员,各乡(镇)、各领域安排专人负责接洽,落实"一对一、一对多"帮教宣讲;针对因特殊情况无法参加的人员,实施看望慰问与"送教上门"相结合,提升宣讲效果。

【"五带动"示范宣教模式】 年内,继承并弘扬往年主题教育活动的典型做法,在此基础上,精心挑选五种类型的"领头羊",发挥他们的示范带动作用,务求宣讲教育有深度。

知识型"领头羊"带动宣讲。各领域、各乡(镇)机关干部宣讲员率先吃透文件精神,领悟活动的主旨、主题、主线,落实各节点宣讲员培训,开展现场示范宣讲,带动全县宣讲教育;识途型"领头羊"现身说法。老马识途,公塘乡那根村80岁老人罗觉,亲身经历了新旧西藏的生活对比,拥有最真切的体会和感悟,用真情实感打动受教对象,坚定他们的"道路"自信;威信型"领头羊"交流感悟。涉宗领域组织一批爱国爱教先进僧尼,赴内地参观祖国的变化,亲身体验党的好政策引领经济社会发展取得的辉煌成就,用真切的感悟教育全体僧尼,突破以往宣讲教育"空对空"的简单说教框架;开拓型"领头羊"传授经验。创业有成的致富带头人用自己的创业经历,向受教对象宣讲解放思想、开阔视野的重要性,削弱传统"等靠要"思想对群众脱贫致富的束缚。艺术型"领头羊"讲述事实。从群众中精挑细选形象气质俱佳、群众认可度高的宣讲员,向受教对象生动讲述身边人、身边事、身边的变化,提升宣讲教育的感染力和说服力,社会反响良好。

【"立改"举措更加具体】 年内,拉萨市委常委、宣传部长吴亚松先后四次督察当雄县主题教育实践活动,点明症结所在,指出整改方向和具体措施。各领域、各单位把督促检查、自查自纠贯串主题教育实践活动,在查摆中整改、在整改中推进。督促与整改相互交融,成为主题教育实践活动的显著特征,也为推进意识形态领域工作提供借鉴和参考。

县委高度重视主题教育实践活动督导工作,把督促指导贯穿全过程,各领域主管县级干部、包乡(镇)县级干部牵头抓督导,县督导组继续发挥专题微信群、电话督导和现场督导等平台作用,动态掌握各领域主题教育实践活动各环节任务落实情况,存在的突出问题,适时加以指导,在认真总结督导工作的做法和经验的基础上,落实一系列创新性举措,探索出一整套行之有效的督导方式,做到有的放矢、方向明确,重点突出、效果明显,不断推进主题教育实践活动有序开展,实现督导工作常态化,保证此项工作的力度和效果。

(尼玛仓决)

【领导名录】

部　长

格桑加措(藏族)

副部长(正科级)

刘 光 毅

副部长

边　　贵(藏族)

网信办副主任

曲　　吉(女,藏族,12月免)

2017年3月27日,宣传部、文化局联合完成当雄县公塘乡拉根村易地搬迁点文艺会演

中共当雄县委统战部（民族宗教事务局）

【概况】 2017年，当雄县统战民族宗教工作认真贯彻落实中央统战工作会议、中央民族工作会议和中央第六次西藏工作座谈会精神，学习党的十八届七中全会精神，党的十九大精神，贯彻落实习近平总书记系列重要讲话精神，紧紧围绕当雄县委、县政府中心工作，紧扣大团结、大联合主题，认真开展“两学一做”“四讲四爱”主体教育活动及统战民族宗教业务工作，以创新思维和务实作风，全力推进统一战线和民族宗教各项工作，并取得显著成效。

【民族团结】 年内，以“3·28”西藏百万农奴解放纪念日、“三月综治宣传月”“九月民族团结宣传月”为抓手，深入开展宣传教育活动。积极表彰当雄县2017年度民族团结进步模范集体9个和先进个人11名、模范家庭2户。被评选为拉萨市级民族团结先进集体4个，先进个人5名（包括1名模范家庭）；被评选为自治区级民族团结先进集体2个，先进个人1名；被评选为拉萨市民族团结进步创建活动示范单位3个，拉萨市民族团结进步创建活动先进个人2名。

【宗教工作】 年内，调整充实宗教领域各工作领导小组制度，进一步明确领导责任，强化联系寺庙机制，进一步分解工作任务，层层签订目标考核责任，实现开展每项工作有章可循，做到依据制度管理，依据制度推进。不断强化依法依规管理宗教事务能力，严格执行僧尼请销假制度，严把各项宗教活动审批关，以责任到位、措施到位、服务到位、管理到位来确保各项宗教活动的安全有序开展。全年顺利地完成所有依规审批的各项宗教活动稳控工作任务，没有出现未批举办宗教活动或未批擅自离寺的现象。

【创新寺庙管理】 年内，认真落实“9+5”各项利寺惠僧政策，积极编制寺庙和寺管会“十三五”规划，逐步实现高海拔寺管会的采暖项目落实。审批拨付专项资金109万元，维修改善5座寺庙人居环境设施。扎实稳妥完成康玛寺大殿维修（“十三五”项目）各项前置手续。全县36名寺管会僧尼成员岗位补贴由本级财政每年投入10.284万元上调至每年投入23.16万元。为全县在编僧尼及寺庙勤杂人员进行体检及包虫病筛查工作，体检率达100％，未发现1起包虫病例。拨付54万元经费，采取赴内地参观、外派参训、知识竞赛、趣味竞技等方式促进宗教领域“四讲四爱”“民族团结”法治宣传工作。寺管会“六建”“六个一”工作成效显著，“两学一做”制度常态化，深入落实党建引领全局工作，严格落实八项规定。

【寺庙创建评选】 年内，共表彰4座县级和谐模范寺庙及291人次爱国守法先进僧尼，推选市级和谐模范寺庙2座、先进寺管会2个、优秀驻寺干部6名、优秀宗教工作干部1名及爱国守法先进僧尼182人次，区级和谐模范寺庙1座、先进寺管会1个、优秀驻寺干部6名及爱国守法先进僧尼81名，优秀宗教工作干部1名。通过创建评选活动，广大僧尼“四个意识”广泛增强。

2017年2月5日，西藏自治区党委常委、拉萨市委书记白玛旺堆（前排左二）在羊八井寺检查指导工作

【党的十九大维稳】 年内，从动员部署、制定方案、落实措施、分析研判、强化督查等行之有效的一系列措施，确保宗教领域各项责任落到实处，全面打赢党的十九大维稳攻坚战提供坚实的组织基础和措施力量。

【兴边富民】 年内，严格按照拉萨市民族宗教事务局的相关要求，对各项兴边富民项目进行项目跟踪。全面完成羊八井镇甲玛7组到中尼公路乡村道路建设项目县级验收工作，并已申请市级验收。积极开展当雄县2014年宁中乡民族特色村寨项目整合工作的后续工作。与乌玛塘乡签订《乌塘乡纳龙村汽车专业维修厂》项目管理责任书。

【非公经济】 年内，顺利完成换届各项工作，县非公党工委下设4个党支部，共有党员45人，预备党员8人，入党积极分子6人；胜利召开当雄县工商联二次代表大会，选举产生5人组成的当雄县工商联新一届执行委员会主席、（专）兼职副主席，常务委员；深入开展“企帮村”工作，掌握贫困资料，上报企业扶贫计划，由羊易地热电站为格达乡羊易村8名精准扶贫人员解决就业问题，同时2017年6月起两年内为羊易村委会给予每个月4万元的精准扶贫资金。羊八井蓝天温泉旅游度假有限公司为异地安置搬迁户11人解决就业。天湖机械租赁有限公司每年向龙仁乡曲登村拨付5万元扶贫资金等。通过非公党建及扶贫工作，进一步拉动企业帮扶困难群众力度。

2017年1月1日，拉萨市副市长、当雄县委书记张正在康玛寺检查指导工作

【党外代表人士】 年内，全面统计当雄县党外人士、党外知识分子、党外干部及新的社会阶层人士，推荐表现优秀的各界人士成为代表人士，并积极开展党外知识分子的调研工作。完成县乡党代表、人大代表、政协委员的政审工作，积极开展党外人士生活补贴增加兑现工作。积极答复县人大代表、政协委员提案9件。

【境外藏胞】 年内，审核上报6名申请回国藏胞有关情况。梳理全县境外藏胞基本情况，再次对全县境外藏胞进行调研，完善藏胞及其亲属档案。

【涉宗干部队伍建设】 7月，对涉宗干部进行调整，其中驻寺干部中提拔1人（党外干部），进一步使用2人，统战民宗部门提拔4人，进一步使用2人。加强基层党建工作，完善各项规章制度，按倒召开支部“三会一课”，党员自动交纳党费，推动党建工作常态化。扎实推动“两学一做”常态化、制度化教育。严肃纪律要求，组织党员干部深入学习贯彻《中国共产党廉洁自律准则》和《中国共产党纪律处分条例》，严格落实中央“八项规定”、自治区“约法十章”和市委“九项要求”，进一步树立涉宗干部良好形象。

【信息调研】 年内，立足当雄县统一战线、民族宗教工作实际，加大以宗教为主的现实问题的研究力度，以重点难点的突破提升研究水平，促进政策措施的完善。通过壮大信息员队伍，整合信息资源，拓宽信息渠道，加强情报信息搜集研判工作，抓好课题规划，找准对统战、民族宗教工作形成涉宗领域调研报告4篇，全面推进理论、政策和举措等问题的研究。

（索朗巴增）

【领导名录】

部　长

边巴扎西(藏族)

副部长

阿旺赤列(藏族,6月任)

民宗局局长

德　　吉(女,藏族)

副局长

普措旦周(藏族,6月任)

当雄县总工会

【概况】 当雄县总工会是中共当雄县委领导下的一个群众团体组织,2017年有干部职工6名,其中公务员3名,工人3名,领导职数2名(1名工会主席,1名主任科员)。当雄县总工会在县委、县政府的决策部署下,充分发挥党联系职工群众的桥梁纽带作用和代表维护好职工合法权益两项最基本的职能,抓示范、促规范、抓重点、创亮点,围绕"改革、发展、合规、提升",努力实现工会发展新突破、业务能力新跨越的总体要求,认真组织开展好各项工会工作,提升当雄县工会的工作水平,为全县经济社会又好又快发展做出贡献。

【政治理论学习】 年内,为进一步强化工会干部政治意识、创新意识、群众意识、责任意识、服务意识,加快工会干部理论化、知识化、专业化进程,提高工会干部综合素质,2月,组织全体干部职工开展学习西藏自治区第九次党代会精神,进一步强化学习意识,在

2017年2月24日,当雄县总工会节前慰问困难职工

提高素质能力上下功夫。牢固树立长期坚持学习的观念,做到学以致用,在学习中努力增长自身水平。11月7日,工青妇党支部召开学习宣传贯彻党的十九大精神会议。会议传达学习党的十九大精神和部署群团组织学习宣传贯彻工作,会议要求,支部书记和成员要率先垂范,先学一步、学深一层,带头学习、带头宣传、带头上党课,带头撰写和交流学习体会,把党的十九大精神贯彻到工作中、融会到思想中、体现到行动中,努力成为坚定理想信念的表率、认真学习实践的表率、坚持民主集中制的表率、弘扬优良作风的表率。

【自身建设】 年内,工会组织从增强自身活力和凝聚力出发,对工会的组织体制、工作机制、工作方法和活动方式进行适时调整,为适应社会主义民主政治和法制建设的要求,在实现工会组织群众化的同时,加强工会组织的民主化和法制化建设,努力提高工会干部的整体素质。扩大工会组织覆盖率和入会率,最大限度地把广大职工吸引和组织到工会中来,为工会组织及时增添新鲜血液。截至年底,县总工会共发展会员2166人,其中农牧民工会员2012人,新组建工会组织3个。

【慰问帮扶】 年内,当雄县总工会先后对纳入全国总工会困难职工档案的47名困难职工及拉萨市总工会困难职工档案的35名困难职工、40名铁路护路一线困难护路队员、50名本级工会建立困难职工档案人员和7个较艰苦的驻村、驻寺工作队进行慰问,共投入资金233000元。9月,开展"职工重大疾病"和"职工住院"慰问活动,职工生病住院期间,县总工会组织人员看望慰问,慰问费用标准每人500元,职工重大疾病慰问,慰问金额标准每人1000元,职工病故慰问,县总工会和

各工会组织协助职工家属处理后事，并给予慰问费用标准500元。10月，县总工会开展国庆、中秋慰问活动，并为全县干部职工每人发放县净土公司生产的有身份证牦牛肉干，人数2500人，每人标准299元，投入资金747500元。通过真真切切的工作态度，实实在在的工作作风，让职工感觉到工会组织就是他们的家。

【文体活动】 4月24日，当雄县总工会联合共青团当雄县委员会、县妇女联合委员会、县教体局开展当雄县“青春喜迎十九大 不忘初心跟党走”暨迎“五一”庆“五四”篮球比赛。5月16日，由县总工会组织举办的“青春喜迎十九大 不忘初心跟党走”第三届全县干部职工五人制足球比赛。此次足球比赛赛期为11天，以男子五人制足球形式，共有来自各县直单位、各乡镇12个代表队，180余名运动员参赛。8月28日，由县委宣传部、县群团组织联合主办“相约七夕缘定当雄”联谊活动，此次活动不仅为广大青年朋友搭建一个真诚、平等、友好的交友平台，为有情人提供一个相识、促进交往的机会，也为增进单位之间相互沟通与了解提供良好契机，受到广大青年的一致好评。

【“五送”活动】 6月21—27日，当雄县总工会分别在龙仁乡和格达乡开展以“喜迎十九大 工会服务在基层”为主题的系列服务活动，为40名困难农牧民工会员进行慰问（每人标准1000元），慰问金共计4万元。邀请县医院藏（西）医专业医生为农牧民工及群众看病就诊，送去价值3万元的藏（西）药品。邀请县艺术团为农牧民工会员及群众进行精彩演出，同时，开展“农民工集中入会”活动，为32名农牧民工会员代表发放工会会员证，开展法律法规知识的宣传活动，发放工会法、工会章程、劳动法以及农民工进城务工指南等宣传资料共计400余册，参加宣传活动人数达300余人，进一步提高农牧民工会员法律法规知识，增强维护自身合法权益的意识，两项“五送”活动共投入资金90610元。7月11日、9月12日，在拉萨市总工会的牵头下，县总工会在当雄县龙仁村、龙仁乡郭庆村开展“四讲四爱”活动暨“喜迎党的十九大 工会服务在基层”系列服务活动，进行农牧民工集中入会活动，为70名新会员代表发放工会会员证，共发展农牧民工会员490人，对60名困难农牧民工会员进行慰问，并发放帮扶资金每人标准1000元，共计6万元。为深入开展好“四讲四爱”主题教育实践活动，借助活动载体，创新宣讲模式，龙仁乡宣讲团成员晋多宣讲“四讲四爱”第四章节内容。由拉萨市远大艺术团为农牧民工及群众表演丰富多彩的文艺演出。由自治区藏医院藏医专家及县人民医院西医援藏医生为农牧民工会员及当地群众免费义诊和送医送药，针对当地气候、生产生活环境，免费为农牧民工会员及群众发放各类西药、藏药。由县工会妇联、团委、县国土局、县交警大队工作人员利用设立展板、发放宣传数据、讲解等方式开展各项法律法规知识的宣传活动，活动共发放各类宣传材料、惠民政策资料等800余份，参加宣传活动人数达400余人。

【技能培训】 6月20日，当雄县总工会主办的当雄县总工会贫困

2017年2月17日，当雄县总工会节前慰问一线铁路护路队员

农牧民B照驾驶培训班在县职业技能培训中心正式开班。此次开设的技能培训班，学费全免，为学员解决很大负担，提高农牧民群众的参训积极性，培训共投入14万元。6月21日，当雄县总工会为上年参加农牧民挖掘机培训通过考试的20名学员发放挖掘机技能资格证书，通过学员们勤学苦练，即掌握一门技术，增长劳动技能，拓宽就业渠道，又为实现脱贫致富打下坚实的基础。

【法律法规宣传】 年内，为进一步扩大法律法规宣传的传播力和影响力，充分调动社会各界参与综合治理、维护社会治安、促进和谐稳定的积极性，不断增强群众安全感和社会治安满意度，扎实推进当雄县“小康当雄、平安当雄、法治当雄、生态当雄”建设，借3月“综治宣传日”四月“学习雷锋日”、六月、九月“安全生产月”“综治宣传周”等宣传时间，在县农行营业厅前和各乡镇、企业活动室通过张贴法制宣传标语，悬挂法制宣传横幅，发放宣传材料、解答群众疑难问题等方式开展宣传活动，共发放《中华人民共和国工会法》《中华人民共和国劳动法》《农民工进城务工人员指南》《法律援助宣传册》等宣传材料1000余份，参加活动人数达800余人。8月3日，县总工会在5100矿泉水公司开展“关爱职工健康 创建和谐家庭”和“安全生产大检查”活动。

【树立先进典型】 4月，通过在全县范围各工会组织自己筛选、推荐的方式，推荐2名“五一”劳动奖章评选的先进职工、一家评选工人先锋号的企业班组及一家“五一”劳动奖状的先进单位参加市总工会2017年度“五一”劳动奖状、奖章、工人先锋号评选活动，经过上级部门层层审核，当雄县推荐的2名先进职工及2家先进单位荣获拉萨市总工会2017年度“五一”劳动奖状、奖章、工人先锋号称号。通过参加此次推荐评选活动，进一步树立先进典型，弘扬劳模精神，切实以中华民族的传统美德、工人阶级的模范行动影响带动全社会。

为进一步挖掘西藏各行各业更多的具有工匠精神，符合“藏地工匠”寻访标准的劳动者，展现劳动者的风采，大力营造劳动最光荣、劳动最崇高、劳动最伟大、劳动最美丽的浓厚社会氛围，县总工会经过在各乡镇寻访，通过当曲卡镇工会委员会推荐，将当曲卡镇曲登村牧民阿旺推荐评选自治区“藏地工匠”活动。

2017年8月3日，县总工会工作人员在西藏5100水资源控股有限公司开展安全生产宣传活动

【建立和健全企事业职工代表大会制度】 年内，当雄县总工会在县中学、县医院、县供电公司开展厂务公开职代会规范化建设工作，建立和健全企事业职工代表大会制度和民主管理制度，保障与发挥工会组织和职工代表在审议企事业重大决定，监督行政领导，维护职工合法权益等方面的权利和作用，职工代表大会是企事业民主管理的基本制度，是职工行使民主管理的机构，工会小组是职工代表大会的工作机构，负责职工代表大会的日常工作。

【增强职工安全意识】 年内，为进一步强化企业生产安全，“安全第一、预防为主”的主体责任，提高企业管理人员的安全生产管理水平、增强广大职工的安全意识和自我保护能力、防范重特大事故的发生、保证广大人民群众的生命财产安全和职工队伍的稳定。县总工会在5100矿泉水厂和供电公司两家企业开展“安康杯”竞赛活动，对企业安全生产管理、规范现场作业、设备设施安全、人员防火避险等情况进行了解，督促企业查找安全生产上存在的隐患和问题，制定解决方案和防控措施，对出现的问题及时解决整改，确保企业无重特大事故的发生。

【会费收缴及管理】 9月，当雄县总工会下发《关于2013年至2016年补交个人会费及缴纳2017年个人会费》的通知，工会会费收缴工作完成较好，会费补交及缴纳人员名单和所缴纳的个人会费统一入账到县财政局行政财务工会经费账户，各工会组织所上交的会费由县财政局统一管理，上缴拉萨市总工会2%工会经费任务已于9月完成，县总工会按照《关于贯彻落实全国总工会加强基层工会经费收支管理有关规定的通知》的规定使用。

（边巴央宗）

【领导名录】

县人大常委会副主任、总工会主席

仁　青（藏族）

主任科员

琼　达（藏族）

共青团当雄县委员会

【概况】 2017年，团县委围绕中心、服务大局，团结带领广大团员青年，在维护社会稳定、经济发展、民生建设等各项事业中做出应有贡献，充分发挥桥梁纽带作用、青年生力军作用、青年突击队作用。荣获“2016年度拉萨市预防青少年违法犯罪工作目标考核成绩”突出奖、“2016年度拉萨共青团工作目标考核”第二名和“当雄县2016年度目标绩效争先进位考核单位”争先奖的集体荣誉。

【从严治团】 年内，始终把全面贯彻落实党的十八大、十八届三中、四中、五中、六中全会精神和习近平总书记系列重要讲话精神为重要政治任务，全县各级团组织通过组织座谈会、主题团日、演讲比赛、社会实践等形式，利用各种载体组织开展学习10余次，受教育3000余人次，发放各类宣传资料6000余份，把党的理论和路线方针政策贯彻落实到共青团工作各方面、全过程，自觉承担起引导青少年听党话、跟党走的政治任务，大胆履职、积极作为，把广大团员青年最广泛最紧密地团结在党的周围，扎实开展“两学一做”学习教育活动。团县委总结党的群众路线教育实践活动和“三严三实”专题教育活动的经验，创新性采用书记讲党课、团课，点评等学习法，各乡（镇）团委书记切实承担第一责任人，带头与普通党员学习讨论、接受教育、查摆解决问题、整改提高，坚持每月集中学习和讨论2次，推动全县共青团学习教育工作取得实效；落实全面从严治党、从严治团要求，进一步加强基层团组织建设，通过坚持党建带团建，印发《关于在全县村（居）组织换届选举中全面巩固加强村（居）团组织建设的通知》，成立领导小组，召开全县村（居）团组织换届选举工作动员部署会，把村（居）团组织换届工作纳入村（居）“两委”换届选举工作统筹安排，压实工作责任；开展换届选举工作业务培训会，组建当雄县村（居）团组织换届工作微信群，印发《当雄县村（居）团组织换届

2017年7月5日，拉萨市副市长、当雄县委书记张正（左六）出席当雄县第二届青年创新创业大赛总决赛活动并与获奖选手合影

指导手册》，对换届选举工作基本知识、团员登记、选举材料等事项给出详尽的说明，确保工作依法依规。通过前期调研，后期审查，坚持把素质高、能力强、作风实的优秀青年选进团组织班子。据统计，新当选的29名村团支部书记，平均年龄33岁，其中，初中文化程度26人，占90%；高中文化程度3人，占10%，均为党员和村“两委”班子成员。新一届村（居）团组织班子的年龄、学历、素质能力得到全面优化，团组织的凝聚力和工作能力明显提升。以村（居）团组织换届选举为契机，开展基层团组织规范化建设。从团的组织建设、团员教育管理、团的阵地建设、团的活动要求和仪式、档案管理等方面加强基层团组织规范化建设；坚持深入开展“走进青年、转变作风、改进工作”大宣传大调研活动。全年团县委围绕村（居）团组织换届选举、基层组织建设、青年创新创业工作、共青团参与精准脱贫、中小学团队一体化建设、青少年权益维护等工作，结合共青团改革，实地走访全县6个乡2个镇29个村（居）、9所小学、1所中学、2家非公企业、5家合作社、8个青年创业点，及时向主管、分管领导汇报调研情况，与40名团员青年开展面对面交流，收集相关意见建议10条。以“不忘初心跟党走”为主题，经常性开展书记讲党课、团课、新团员入团仪式、观《入团第一课》教育片等活动10场次，覆盖人数1800余人，有效加强团干部、团员青年思想政治教育，强化党性修养。扎实开展团干部、少先队辅导员教育培训，不断增强团干部能力素质。

2017年3月15日，当雄县“创新成就梦想 创业成就未来”—青年“双创”工作座谈会在县委会议室召开

【生态文明知识宣传普及】 年内，利用广泛的青年基础，抓好载体，充分调动广大青年积极参与生态创建热潮。组织志愿者、中学生、青年干部开展“美丽当雄我是行动者”暨“保护母亲河”志愿服务活动、“喜迎十九大 环保志愿行”“禁白”等活动20余次，参与人数达2000余人。组建8个“禁白”环保志愿服务队，大力推进生态文明知识的宣传普及，大力倡导生态文明方式，通过“禁白”、保护母亲河等各类环保实践活动，动员青年在绿色发展中引领潮流，以实际行动守护好当雄的蓝天净土。

【加强思想引领，弘扬时代主题】 年内，紧紧围绕“中国梦”这个凝聚人心的“最大公约数”组织动员青少年，将“中国梦”宣传教育与“四讲四爱”主题教育、“老西藏精神”和“两路精神”教育结合起来，组织广大青少年开展“感党恩 护核心”纪念“3·28”西藏百万农奴解放日系列活动、“新旧对比颂党恩 团结一心谋幸福”“四讲四爱”主题教育宣讲活动、“喜迎十九大—我向习爷爷说句心里话”“庆七一迎十九大”我为党旗添光彩等活动20余场次，覆盖团员青年2000余人。在“五四”青年节、“七一”建党日、“十一”国庆节等节点，以“奋斗的青春最美丽”为主题，举办优秀青年事迹分享会、座谈会5次，激励广大青少年走在时代前列，为实现伟大祖国复兴的中国梦奉献青春力量；深化青少年理想信念教育，大力弘扬社会主义核心价值观。以“反对分裂、维护稳定、促进和谐”为主题，在青少年中持续开展爱国主义教育、民族团结教育、反分裂斗争教育18场次，覆盖全县中小学青少年群体1800余人，进一步打牢共同团结奋斗的思想基础，全面引导全县广大青少年践行社会主义核心价值观。扎实开展“红领巾相约中国梦”主题活动18场次。举办庆“六一”国际儿童节做“四讲四爱”好少年演讲比赛、“喜迎党的十九大胜利召开 争做民族团结先进少年”第五届少儿才艺大赛，表彰先进，选树典型；全面实施“网上共青团”工程。整合团内信息资源和平台，创新运用网络文化新媒体，建立微信公众号“青春当雄”、微博“青春当雄”，广受青年关注。

【普遍联系青年，参与和服务大局】年内，通过共青团对口援藏资源，举办2期农牧区贫困青年驾驶技能培训，共培训贫困青年69人，涉及资金达40.02万元；带领全县广大志愿者组织开展学雷锋志愿服务月、保护母亲河、交通文明劝导、“三关爱”“我们的节日”“当吉仁”赛马节等志愿服务活动15场次，累计参与450人次，取得较好的社会反映；成功举办当雄县第二届创新创业大赛。该届大赛共争取资金50万元，通过乡镇初选、县级复赛、决赛，最终8个项目脱颖而出，发放扶持奖金34万元。推报8个优质青年创业项目参加拉萨市第三届青年创新创业大赛，4个项目进入决赛，获得扶持奖金30万元。年内，组织召开“双创”座谈会、分享会、成果展3次，邀请县长及相关部门负责人与青年座谈，交流，部分项目达成合作，创造良好的创业氛围；年内，通过积极争取团市委、县人社局支持，举办驾驶技能培训班2期，共培训全县建档立卡贫困户青年69名，投入资金40.02万元；举办待业大学生SYB培训1期，全县107名待业大学生、10名创业青年参加培训，投入资金9万元；联合当雄县创业青年公益团举办“青创扶贫益暖当雄”关爱帮扶重点青少年活动，为单亲、留守、孤残、服刑在教人员子女等42名重点青少年送去慰问品价值1万元，有效建立“团干部+创业青年”的帮扶模式。

【整合社会资源，服务青少年成长】年内，继续推进助学工作，整合团内资源，扩充资助名额，争取各类助学金8.8万元，资助14名贫困生圆大学梦，帮助18名中小学生减轻家庭负担。深入实施预防青少年违法犯罪工作。开展“四讲四爱”宣讲、送法进校园活动20余场次，发放《中华人民共和国未成年保护法》《中华人民共和国预防未成年人犯罪法》等与青少年密切相关的法律知识宣传资料1万余份。加强禁毒宣传教育，组织广大中小学生参加全国青少年禁毒知识竞赛网上答题，校内展示宣传栏10余处，开展禁毒知识主题班会10余场次，组织观看禁毒宣传片8场次，覆盖全县6000余名青少年。深化青少年自护教育，制定《当雄县2017年青少年安全自护教育活动方案》，围绕交通安全、禁毒防艾、青春期心理生理卫生、维权法律知识、网络环境整治等内容，采取主题讲座、知识竞赛、现场模拟、展览展板等形式，开展系列活动10场次，覆盖青少年2000余人。加大力度，全方位关爱重点青少年群体，送去学习、生活用品，投入资金(物品)3万元。实施青春引导、青春创业、青春帮扶、青春交流、青春志愿、青春结对“六个青春行动”，共召开座谈会4期，入户28次，组织志愿服务活动3次，投入

2017年9月28日，团县委举办“青创扶贫·益暖当雄”关爱帮扶重点青少年活动

2017年9月26日，团县委举办“喜迎党的十九大胜利召开 争做民族团结先进少年”为主题的当雄县第五届少儿才艺大赛

资金(物品)2.5万元，在打赢扶贫脱贫攻坚战上找准位置、求作为，时时、事事、处处都有共青团的声音、团干部的身影、青年的行动。

【凝聚青年力量，助力平安建设】 年内，以中国共产党成立日、国庆日、“五四”青年节、“3·28”西藏百万农奴解放日、“9·17”“四讲四爱”等节庆点、宣传教育活动为契机，充分利用图片展、板报展、演讲等多种形式，在各族青少年中广泛持久开展“民族团结是福、分裂动乱是祸”主题反分裂教育活动20余场次，覆盖青少年群体5000余人。推进民族团结教育进机关、进企业、进乡村、进学校、进寺庙等活动，深入宣讲《拉萨市民族团结进步条例》10余次，发放各类宣传资料5000余份，激励和引导团员青年投身建设美丽当雄；开展北京、当雄两地青少年“书信手拉手”结对活动10次，10所学校与内地结对子学校建立联系，开展互通书信、交流，100名学生积极参与，收到结对子学校来信95封，寄出信件90封，有效加强两地青少年之间的交流、交融；积极参与“青春与法同行—青少年法律大课堂”活动，通过举办法制讲座、图片展、主题班会、模拟法庭、发放宣传资料等形式开展活动15场次，发放宣传资料6000余份，教育青少年自觉学法、知法、守法、用法；在“三月综治宣传月”、民族团结月、党的十九大期间，开展“文明新风人人创 雷锋精神代代传”“创建平安当雄 喜迎党的十九”等宣讲志愿服务活动8场次，发放各类宣讲单、材料3000余份，受教育人数达2750余人。积极参与“大维权”工作联动格局，切实把维权工作纳入制度化轨道。组织“青少年维权岗”，单位开展青少年维权行动3次。开展2017年“共青团与人大代表、政协委员面对面”活动，组织3名创业青年交流创业心得，倾听创业青年的诉求，征求创业青年对共青团服务青年工作的意见和建议。

（卓 嘎）

【领导名录】

书 记

卓 嘎(女，藏族，11月任)

当雄县妇女联合会

【概况】 当雄县妇联是县委领导下的全县各族各界妇女的群众团体组织，是县委、县政府联系全县妇女群众的桥梁和纽带。2017年，当雄县妇联有行政人员3人，工人1人。县妇联内设县政府妇女儿童工作委员会办公室。当雄县妇联认真贯彻党的十八大，十八届三中、四中、五中、六中全会精神和习近平总书记系列重要讲话精神，贯彻落实中央、区、市、县关于加强和改进党的群团工作的决策部署，创新工作思路、深化活动内容、拓展服务平台，加强和改进自身建设，维护妇女儿童合法权益，为妇女儿童提供切实服务。

【自治区、拉萨市领导在当雄调研】 5月3日，西藏自治区人大常委会司法工委副主任涂汉平一行在当雄县，就当雄实施《西藏自治区实施〈中华人民共和国妇女权益保障法〉办法(修订草案)》进行调研；4月13日，拉萨市妇联党组副书记、妇联主席向巴彩喜一行在当雄县对妇联系统机构改革进行为期2天的专题调研。

【开展宣传教育活动】 年内，为进

一步深化妇女法制宣传和维权服务，深化“依法治市巾帼在行动”，以“12·4”法制宣传日、“三八”妇女维权周、全民国家安全教育日、社会管理综合治理宣传周和“民族团结宣传月”等节日节点为契机，通过采取发放宣传资料、现场解答等形式，着重宣传《中华人民共和国妇女权益保障法》《中华人民共和国未成年人保护法》《中华人民共和国婚姻法》和《中华人民共和国反家庭暴力法》等各类法律法规，共发放相关宣传资料5900余份，受益牧民群众达3400余人次，其中，妇女群众达1730余人次，流动妇女达320余人次，进一步营造全社会关爱妇女儿童的良好氛围。

【开展健康服务活动】 年内，参加由县总工会主办的“送文化、送法律、送医、送药、送温暖”五送活动4次，受益群众达1500多人；结合县司法局“法律进寺庙”专项活动为契机，联合县医院在多吉林尼姑寺管委会“妇女之家”开展“送医、送药、送健康”活动，发放价值2000余元的常用药品，配合拉萨市妇联，联合市恒大医院在当雄县多吉林寺、嘎洛寺尼姑寺、热庆日追开展“四讲四爱”主题教育实践“送医送药送健康”进寺庙活动，市恒大医院专家医疗队的12名医护人员，为僧尼进行义诊，并现场发放价值2万元的常用药品。

【开展妇联主题活动】 年内，召开庆祝“三八”妇女节107周年座谈会暨表彰会，对2016年度目标管理考核先进集体、“巾帼文明岗”“三八”红旗手等8个先进集体和20名先进个人进行表彰。联合县委宣传部（县文明办）开展以“四讲四爱”为主题的评选“最美家庭、文明家庭表彰暨喜迎党的十九大”文艺演出活动。对28户“最美家庭”、10户“文明家庭”进行表彰。其中将3户“最美家庭”推荐为市级候选家庭；在“六一”儿童节之际，组织7名巾帼志愿者—爱心妈妈代表到宁中乡第二小学开展“恒爱行动—百万家庭亲情一线牵”爱心毛衣捐赠活动，向该学校的15名孤残儿童赠予爱心妈妈志愿者亲手编织的毛背心12件、毛衣4件、围巾1条。

【开展“巾帼”关爱活动】 年内，拉萨市妇联党组领导在当雄县一线指挥中心、县便民警务站、县医院、乡妇联驻村工作点以及精准扶贫本地搬迁户妇女家庭中，为11名执勤女警、11名值班医务人员、宁中乡妇联驻村点曲才村和精准扶贫本地搬迁3户妇女家庭进行节日慰问，共送去25000元慰问金。同时县妇联，为全县30户精准扶贫建档立卡贫困妇女家庭发放共计15000元的慰问金；按照精准扶贫相关工作要求，县妇联全体干部职工按每季度走访入户6户帮扶牧户，共进行扶贫引导相关工作24次，共送去粮油、衣物等慰问品和慰问金共计4000余元，为全县4名精准扶贫户女大学生共发放从上级妇联争取到的2万元的助学金，为全县新增“两癌”贫困母亲患者进行救助，为2名患者发放从上级妇联争取到的“贫困母亲两癌救助”专项基金2万元，尽妇联所能有力推动当雄县精准扶贫工作；联合县委组织部开展以庆“‘七一’喜迎党的十九大—退休老干部畅谈当雄新发展新变化”为主题的座谈会，听取当雄县退休老干部对当

2017年6月28日，拉萨市妇联联合市恒大医院在当雄县开展“送医送药送健康”进寺庙活动

雄各项事业发展的感受和谆谆教诲，并代表县委致以节日的问候。接受由全国妇联、全国侨联、中国儿童少年基金会、中国华侨公益基金会和钢丝善行团共同举办的“大爱无疆全民慈善”爱心万里行团队的爱心物资捐赠，在纳木湖乡中心小学联合乡政府和小学举办爱心物资捐赠仪式，为纳木湖乡的50户贫困家庭和100名贫困儿童捐赠儿童用品箱100个、生活用品箱50个，同时，为纳木湖乡17名贫困学生送去书包等北京援藏干部提供的助学物资，并为龙仁乡、格达乡发放爱心人士赠送的1000套学生衣服。为进一步关爱服刑在矫困难人员子女，让他们健康快乐地成长，县妇联会同县司法局、团县委深入宁中乡、乌玛塘乡等3户服刑人员8名子女进行关爱活动。县妇联送去书包、衣服等价值1000余元的学习用品以及衣物。并鼓励孩子们好好学习，自强不息，不畏困难，快乐生活，健康成长，努力用优异的成绩回报社会。

【举办各类文艺活动】 年内，为丰富广大干部职工的业余生活，联合县教体局等单位举办当雄县“青春喜迎十九大 不忘初心跟党走”暨迎“五一”庆“五四”篮球比赛，妇联积极动员全县12支女子篮球队参加比赛，绽放出当雄巾帼风采；为当雄县青年男女搭建一个真诚、平等、友好的交友平台，为有情人提供一个相识、促进交往的机会，联合县委宣传部等单位举办“相约七夕缘定当雄”联谊活动，来自不同岗位的50名青年男女参加活动，促进友谊。

【保障妇儿合法权益】 年内，发挥基层妇联组织信访代理员作用，坚持开展矛盾纠纷排查，及时发现侵害妇女儿童权益的事故苗头和违法行为进行梳理，切实依法维护妇女的合法权益，全年县妇联来访婚姻纠纷类案件4起，办结率100%。发挥便民警务站妇女儿童维权岗作用，积极为全县妇女儿童提供便捷服务，全县3个便民警务站于2016年底进行挂牌和制度上墙工作，并及时召开联席会议。2017年，对已接警的有关妇女儿童的各类案子和求助14件都进行登记和移交处理，得到牧民群众的良好评价，联合县法院和县司法局分别成立妇女儿童合议庭、婚姻纠纷调解委员会，进一步搭建妇女儿童权益保障平台。截至年底，已受理案件13起，均已审结。

2017年12月20日，当曲卡镇曲登居委会“会改联”选举顺利完成

【开展新“两规”编制工作】 年内，为促进当雄县妇女儿童事业与经济社会协调发展，结合当雄县国民经济和社会发展“十三五”规划及妇女儿童发展的实际情况，县妇儿工委组织全县24家成员单位召开新一轮“两规”征求意见暨推进会，共同研究、制定出《2016—2020年当雄县妇女发展规划》及《2016—2020年当雄县儿童发展规划》，并通过县政府第21次政府常务会研究审核，召开妇女儿童工作会议暨表彰会。副县长、县妇儿工委主任普布扎西就全县实施2011至2015年《当雄县妇女儿童发展规划》情况做报告，县委、县政府对实施《当雄县妇女发展规划（2011—2015年）》《当雄县儿童发展规划（2011—2015年）》获得表彰的5个先进集体和10名先进个人进行表彰。

【村居“会改联”换届选举】 “会改联”是新形势下推进妇联组织

改革创新、夯实妇联基层基础，增强妇联组织凝聚力、战斗力的重要举措。根据区、市妇联的统一部署和县换届办的密切指导，当雄县妇联从8月开始逐步开展各村（居）“会改联”工作，截至年底，当雄县29个村（居）顺利完成“会改联”选举工作。共选举产生新一届妇联执委225名，其中主席29名，专职副主席28名，兼职副主席30名。并解决全县8个乡（镇）29个村（居）妇联组织的2018年工作预算经费74万元，极大地激发基层妇女儿童工作活力。

（普布卓玛）

【领导名录】

主 席

拉巴琼达（女，藏族）

当雄县信访局

【概况】 2017年，当雄县信访局以《中共西藏自治区委员会办公厅 西藏自治区人民政府办公厅印发〈关于贯彻自治区第九次党代会和区党委领导指示精神进一步提高信访工作科学化水平的实施意见〉的通知》，以“信访七化”工作法为抓手，以“阳光信访、法治信访、责任信访”和信访事项“零搁置”为目标，紧紧围绕县委、县政府中心工作，全力化解信访事项、矛盾纠纷，最大限度地增加和谐因素，全面提升新常态下信访工作整体水平。

【信访工作】 年内，当雄县信访工作按照党委总揽全局、政府牵头负责、部门分工落实的原则，切实把源头预防工作摆在重要议事日程。调整充实信访工作联席会议领导小组、矛盾纠纷排查领导小组和县委群众工作部领导小组，确定县委副书记、县长其美次仁为信访联席会议第一召集人，采取信访工作周例会、月形势分析会、每两月召开信访工作联席会议，专题会议则根据工作需要随时召开。各单位“一把手”既挂帅也出征，定期参会分析信访形势、准确把握信访苗头、及时研究应对措施，真正形成主要领导亲自抓、分管领导具体抓、班子成员配合抓、职能部门落实抓的工作机制。年内，共组织召开联席会议6次，专题会议8次。同时，与各乡（镇）、县直部门签订信访工作目标责任书，积极落实“属地管理、分级负责，谁主管、谁负责，依法、及时、就地解决问题与疏导教育相结合”的原则，将“事要解决”作为出发点和落脚点，大力推行“首办责任制”，推动由单事单议向综合施策转变，形成一级抓一级，层层抓落实的良好态势。

【完善调解联动工作体系】 年内，为有效排查化解各类矛盾纠纷和信访隐患，信访局充分整合资源，进一步深化“县、乡、村、组”四级矛盾纠纷排查调处中心建设，建立“县、乡、村、组、网格、联户代表”六级矛盾纠纷排查调处工作机制，由“联户代表→网格联络员→组长→村（居）群众工作室→乡（镇）信访办→县信访局”组成的矛盾纠纷及信访隐患排查调处工作网络体系，搭建一条联系群众、收集社情民意、掌控信访矛盾、畅通信访诉求的“绿色通道”，使信访工作关口前移至最小单位，进一步完善信息收集、沟通交流、矛盾缓冲和化解等功能，实现职能部门管理与全民参与的无缝隙对接，将信访维稳触角延伸到全县的每一个角落，积极把各类矛盾

2017年8月18日，国家信访局副局长李皋（中）、自治区信访局副局长覃爱民（左一）在当雄县调研信访工作

2017年1月6日，县信访局局长卓嘎在乌玛塘乡纳龙村慰问结对帮扶对象

纠纷、信访隐患化解在基层、解决在萌芽状态。同时，参照拉萨市联合接访中心标准，建立完善当雄县联合接访中心接访场所，定期指定公、检、法、司及信访事项较多的乡（镇）、部门入驻信访局，切实实现信访事项一站式接待、一条龙服务、一揽子解决的目标，最大限度地推动问题解决，防止各部门之间推诿扯皮，减少群众在信访局和部门之间的奔波，降低群众信访成本。

【信访信息系统应用】 年内，为使网上信访信息系统正常运行和规范使用，当雄县信访局严格执行国家信访局关于印发《信访事项网上办理工作规程（试行）》的通知精神，多次组织乡（镇）、部门进行网上信访信息系统应用培训，规范信访事项的登记、转送、办理、复查、复核督办等各个环节的工作，并按照“来访必登、应录尽录”的要求，信访局对每一个来访事项详细登记录入来访人姓名、地址、信访人数、信访目的、问题属地、内容分类、所属系统、产生信访问题要素以及主要诉求、反映的情况、提出的意见建议及相应的事实，实现来信来访事项“网上登记、网下办理”。7月10日，自治区信访工作实地督查组到当雄县检查指导工作时，郭顺成副局长一行给予高度评价，并于9月18日西藏自治区信访工作联席会议办公室印发《关于近期信访工作实地督查有关情况的通报》在全区予以通报表扬。8月18日，国家信访局副局长李皋在当雄县调研信访工作时也给予充分肯定。

【实施信访干部轮岗培训】 年内，根据《国家信访局关于印发加强和改进信访系统干部教育培训工作意见的通知》要求，当雄县信访局根据实际情况，制定《关于从各乡（镇）选派人员到县信访局跟班培训的实施意见》，经县委组织部同意，年内，全县8个乡（镇）的信访专干分4批，每批选派2名到县信访局轮训3个月，到期进行轮换。通过市、县、乡三级信访岗位培养锻炼，进一步增强信访干部群众观念和法治观念，丰富群众工作经验，提高信访干部处理解决复杂疑难问题的本领和驾驭复杂局面的能力。

【矛盾纠纷排查化解】 年内，依托“县、乡、村、组、网格、联户代表”六级矛盾纠纷排查调处工作机制，当雄县信访局共排查出53起矛盾纠纷，调处53起，化解率达100%，有效预防和减少信访事项的发生，切实做到“发现在早、防范在先、处置在小”工作要求。

【提高初信初访办理效率】 年内，认真贯彻《国家信访局关于进一步加强初信初访办理工作的办法》，严格落实信访事项首办责任制，使每个问题都能及时进入处理程序，依法按政策办理。按照“来访必登、有登必复”的工作原则，及时将信访人反映的问题录入网上信访信息系统，按时转办责任单位，定期进行督办。对1个月内未化解信访事项进行书面督办，对2个月内未化解信访事项进行书面催办，对超出2个月未化解信访事项联合督查室进行督办。同时，对疑难信访事项邀请县司法局律师参与协调，防止信访事项“空转”和“初转重”“信转访”。年内，当雄县共受理群众来访78件187人次（其中信访局受理56件，责任单位受理7件，上级转交办 15 件），办结 78 批（件），办结率 100%，涉及资金 3900 余万元，涉及人数 1248 人。根据信访事项的实际情况，对受理的信访事项进行电话督办 100 余次，书面督办 5 次，书面催办 1 次，实地督查 8 次，律师参与协调 10 余次，启用信访疑难专项资金 37 万元，有效解决 3 件疑难信访事项，努力把问题解决在首办环节，最大限度地减少问题积累、矛盾上行。

【推动领导干部接访下访】 年内，制定印发《关于做好县级领导接访活动的通知》《关于做好县级领导带案下访工作的通知》《关于县级党政领导接访（约访）时间安排的通知》等文件，把领导干部接访下访作为联系群众的一项长期性制度，采取重点约访、专题接访、带案下访、下基层走访等方式，努力构建领导干部亲自排查、部门齐心协力、群众积极配合的工作格局，搭建领导干部与群众间的对话平台，通过面对面直接交流，保证上访对象反映问题及时有效得到化解。2017 年，全县县级以上领导干部针对 10 件信访案件接访下访 20 余次。

【抓好党的十九大期间信访工作】 年内，为进一步做好党的十九大期间信访维稳工作，信访局先后召开信访工作联席会议、专题会议，统一思想认识，强化责任担当，明确目标任务，切实把党的十九大期间信访工作责任分解到人、任务落实到人，确保中央和区、市信访相关决策部署落到实处。同时，在党的十九大期间严格实施县级领导接访制度，下层县级领导干部每天在各乡（镇）坐班接访，县委、县政府也每天安排一名县级领导在信访局接访，带头协调处理信访维稳工作，及时处置苗头性、倾向性问题，信访局办公室实行 24 小时值班值宿、领导干部在岗带班，切实加强值班力量，做到每日形势及时掌控、即时报告、即时处置、及时化解，并根据拉萨市信访局的统一部署，安排责任心强、熟悉信访业务、应急经验丰富的工作人员在拉萨市重点部位值守，做好越级访和非正常访人员的劝返接回工作，确保党的十九大期间当雄县信访局势持续平稳。

（付 涛）

【领导名录】

局 长

卓 嘎（女，藏族）

副局长

米 玛（女，藏族）

2017年4月26日，当雄县信访局召开2017年第一次信访工作联席会议

军 事

当雄县人民武装部

【概况】 2017年，当雄县人民武装部在警备区党委和县委的双重领导下，深入贯彻党的十八大、十九大精神，高举中国特色社会主义伟大旗帜，以邓小平理论、"三个代表"重要思想、科学发展观为指导，坚决落实习近平总书记"能打仗、打胜仗"的强军目标要求，紧紧围绕国防和军队建设主题主线，围绕西藏军区和警备区年初的决策部署，针对县人武部年度工作计划，突出自身素质建设，以民兵预备役工作为重点，以转变工作作风为突破口，主动作为，真抓实干，通过全体官兵职工的共同努力，各项工作取得比较明显的成绩。

【思想政治建设】 2017年，全面深入学习贯彻习主席系列重要讲话精神，特别是国防和军队建设重要论述，积极开展"学习践行强军目标，做新一代革命军人"主题教育，围绕学习贯彻习主席关于培养新一代革命军人的重要指示，对照"有灵魂、有本事、有血性、有品德"的新"四有"要求，紧跟时代形势任务，持续培育当代革命军人核心价值观，持续深化军魂教育，深扎听党指挥的思想根子，自觉坚持党对军队的绝对领导，防止官兵犯政治上的自由主义。

2017年1月7日，当雄县人武部民兵高炮分队开训动员大会

【干部队伍建设】 年内，当雄县人民武装部突出抓好党委（支部）班子建设，深入推进学习型党组织建设，完善和落实集体学习制度，着力解决党委班子和干部队伍的党性原则、表率作用，能力素质、事业心责任感等问题增进班子团结。

【征兵工作】 面对全国征兵时间调整为夏秋季所带来的困难和挑战，当雄县人武部结合实际、主动作为、早筹划、早着手。6月，在县政府召开"拥军爱民 支援国防"的专题讲座，深刻阐述全国征兵时间调整的重大意义和目的；7月，深入农牧业区进行面对面的讲解和宣传，使群众进一步了解党的路线、方针和政策，提高广大适龄青年参军入伍的积极性。

（刚 组）

【领导名录】

部 长
毕海涛（代）

政 委
秦先全

副部长
马太自

当雄县公安消防大队

【概况】 2017年，当雄县公安消防大队有官兵17人（干部4人、士官6人、辅警5人、义务兵2人），其中2人休假。消防车4辆，一辆12吨水罐泡沫消防车、一辆抢险救援车、一辆3.5吨水罐泡沫联用消防车，一辆5吨泡沫水罐联用车。行政车4辆，生活保障皮卡车1辆。

【火灾、救援情况】 截至年底，当雄县发生1起火灾事故，共接警抢险救援任务53起，出动53次（含增援），出动消防车68辆次，消防人员255人次，抢救被困人员5人，疏散人员0人，抢救财产价值0万元。同比2016年，接警起数下降51.43%，出动次数上升51.43%，出动车辆数上升23.64%，出动消防人员数上升13.46%，抢救被困人员数与2016年持平，疏散人员数与2016年持平，抢救财产价值同比2016年下降100%。

2017年10月8日，当雄县公安消防大队联合各职能部门开展监督检查

【思想政治教育】 年内，坚持教育引导，夯实官兵思想根基。公安消防大队把管理教育作为部队正规化建设的重点，扎实开展总队、支队两级组织的专题学习教育活动，先后开展学习结合正在开展的“两学一做”教育活动，积极组织好官兵“手抄党章100天”活动、习近平总书记一系列重要讲话精神、学习贯彻党的十九大会议精神、《中国共产党廉洁自律准则》和《中国共产党纪律处分条例》等主题教育活动，不断坚定官兵的人生信念和职业追求，有效筑牢官兵的思想防线，保障官兵思想纯洁性。同时，“两学一做”活动期间公安消防大队制作活动主题展板两张，完善党务公开栏的制作，使官兵牢固树立军人服务意识、奉献意识，全面提高官兵甘于奉献的政治责任感、使命感，为有效防止思想失控、组织失控、管理失控提供强有力的保证；坚定理想信念，践行“人民消防为人民，人民消防爱人民”，始终以群众利益高于一切，为县当好参谋助手作用。期间，公安消防大队积极参加县里的抢险救灾任务、为民助民等各项任务和活动，得到驻地百姓高度赞誉；加强部队管理，确保队伍安全稳定。县公安消防大队严格依照条令条例，从一日生活秩序的细节着手，从起居作息、警容姿态、礼节礼貌、队列步伐、一举一动、一言一行抓起，狠抓官兵作风养成，坚持领导带头、干部带头遵守，克服思想作风松散、纪律松弛等现象。通过努力，公安消防大队全体官兵、辅警上下团结、和谐，凝聚力不断增强，确保部队内部安全稳定。

【开展消防安全检查】 年内，统筹规划，细致部署，严格执法，热情服务。为切实抓好各项消防安全保卫任务，确保社会安全与稳定，根据支队的工作指示和总体工作安排，认真制订监督检查、夜查、消防宣传、消防培训等工作的计划和方案，对上级下发的文件和各级领导的工作批示，坚持“不推办、不拖延、不应付、不打折扣”的要求，尤其是“两节”“萨嘎达瓦”宗教佛事活动、“五一”黄金周、“当吉仁”赛马节期间、当雄县换届选举期间等消防安全保卫专项行动的要求，公安消防大队周密部署，确保工作扎实有效开展，取得预期效果。

【冬春火灾防控】 年内，当雄公安消防大队按照支队及县公安局的统一安排部署，全力排查整治火灾隐患，严厉打击消防违法行为，切实提升社会面火灾防控能力。在“两节”“五一”黄金周期间、“当吉仁”赛马节、当雄县换届选举等重大节点，扎实开展“零点夜查”行动，有效预防火灾事故的发生。积极深入重点单位、敏感场所、涉庆场所开展检查。截至年底，公安消防大队共检查单位1637家次，发现火灾隐患741余处，督促整改火灾隐患698余处，下发《责令改正通知书》698余份，下发行政处罚决定书2份，下发临时查封决定书2份，责令“三停”单位1家，处罚金额30500元。公安消防大队与县政府、各乡镇、21家重点单位年初逐层签订消防安保责任书30余份。

【寺庙火灾防控】 年内，为切实了解当雄县火灾防控尤其是寺庙火灾防控工作，县公安消防大队协同统战、民宗、安监先后组织人员多次深入寺庙监督检查，对寺庙管理委员会、派出所，以及寺庙消防安全现状和重点部位进行细致有效的检查。同时根据寺庙实际，公安消防大队现正在对各寺庙的僧舍进行独立式感烟的推广工作。结合2017年冬2018年春和夏季防火检查工作有利时机，对寺庙、人员密集场所和易燃易爆场所等“三类场所”进行拉网式火灾隐患排查，并对重点部位、重点场所要求各行业主管部门实施定点监控和流动巡查相结合的方式，全面监护、严防死守场所的消防安全，随时做好火灾扑救、反恐防暴、防自焚等应急处突准备，确保消防安全万无一失。

2017年8月17日，当雄县公安消防大队官兵走村入户开展消防宣传

【消防宣传】 年内，努力提高全民消防安全意识，是公安消防大队在开展防火监督检查时的重点。为确保“三个不发生”的总目标，2017年，县公安消防大队多次到各乡镇、村委会进行消防常识宣传，注重贴近农村生活实际、人性化教育和扑救初起火灾的宣传上，积极利用下乡执法检查等时机，向边远农牧区开展“送消防知识上门”“送消防安全到家”活动。2017年，公安消防大队为乡镇干部开展消防知识安全培训5次，对6个乡2个镇派出所民警培训4次，对7座寺庙消防安全宣传2次，深入各乡镇7余次，开展中小学知识讲座14次，发放宣传资料3000余份。同时，县公安消防大队还会同驻村工作队深入农牧区开展消防知识培训及初期火灾扑救演练，通过发放宣传资料、讲解农牧区防火的形式，扩大消防宣传面，进一步提高人民群众的消防安全意识。

【开展岗位练兵活动】 年内，公安消防大队结合当前消防工作实际，科学制定练兵计划，通过加强体、技、战术训练，坚持月考核制度，做好登记备案，全面、系统掌握全体官兵训练工作开展情况。

2017年，公安消防大队扎实开展岗位练兵及道路水源和重点单位"六熟悉"，修订完善各类预案18份，组织、指导各类演练和拉动76次，开展道路水源和重点单位"六熟悉"43次。2017年，"萨嘎达瓦"宗教活动期间，县公安消防大队严格按照当雄县一线维稳指挥部和支队等级战备要求，根据县委、县政府和县公安局安排部署，高度重视，提前介入，严密监护，全力以赴，筑牢消防安全防火墙，确保"三大节日""萨嘎达瓦"宗教活动、"五一"黄金周期间消防安保万无一失，公安消防大队官兵共计投入37辆执勤消防车，17辆行政车，1辆生活保障车，59名官兵参与活动现场的消防安全保卫任务。通过全体执勤官兵的不懈努力，当雄县"萨嘎达瓦"宗教活动安保执勤任务圆满完成。同时，2017年公安消防大队在"两节""五一"黄金周、"当吉仁"赛马节等消防安全保卫任务期间，公安消防大队先后投入警力153余人次，车辆45余台次。圆满完成"312"羊八井汽油槽车泄漏事故处置工作及"219"班戈县圣象天门救援事故处置，救出被困人员2人，赢得总队、支队、县委、县政府的高度肯定和赞扬，充分发挥"对党忠诚、服务人民、执法公正、纪律严明"的宗旨。

【提升部队综合保障能力】 2017年，业务经费已纳入财政预算105万元。2017年业务经费比2016年增加31.25%，为顺利完成各项工作任务奠定经费保障基础。同时，县公安消防大队本着厉行节约、使有限经费用在刀刃上，按照开支事项由支部集体讨论决定，分别上报支队及县财政开支请示同意后，按程序报账结算，使经费得到有效控制。2017年，县公安消防大队投入31.12万余元为县公安消防大队购置一批装备器材以及为全县24个志愿消防队购买部分器材装备，截至年底，县公安消防大队各项装备器材有明显改善。

（索朗旦增）

【领导名录】

副大队长

仁青曲达（藏族，主持工作）

2017年9月6日，当雄县公安消防大队官兵在县中学开展消防培训

法 治

中共当雄县委政法委员会

【概况】 2017年，当雄县政法委认真贯彻落实党的十八大和十八届三中、四中、五中、六中全会和中央第六次西藏工作座谈会精神，深入贯彻落实习近平总书记系列重要讲话精神，特别是加强社会治安综合治理新理念、新思想、新战略和治边稳藏重要战略思想，紧紧围绕统筹推进“五位一体”总体布局和“四个全面”战略布局，充分发挥当雄作为拉萨北大门的关键作用，紧紧围绕实施“六大战略”，以深化落实维稳十项举措为抓手，以建设“平安当雄、法治当雄”为主线，以人民群众对平安的需求为导向，突出维护社会稳定、开展严打整治、强化平安创建、创新社会治理、深入司法改革、建设过硬队伍六项重点，加快补齐基层基础、科技应用、社会共治、法治建设四个短板，不断提升政法综治维稳工作整体水平，努力维护社会大局稳定、保障人民安居乐业、服务经济社会发展。

【政法工作】 年内，根据中央深化司法体制改革工作精神，坚持“司法为民、公正执法”的工作主线，通过完善司法部门内设机构建设、规范司法程序行为、优化服务水平、推进司法公开等方式，稳步推进司法体制改革进程；政法委充分发挥部门职能优势，积极组织协调公、检、法、司等部门扎实做好法治保障等各项工作，切实增强人民群众安全感和满意度。进一步提高政法工作亲和力和公信力，努力让人民群众在每一个司法案件中都能感受到公平正义。通过综合运用信息化技术，依托微信、网络等新平台，为全县干部群众提供在线的法律宣传、法律咨询和法律援助服务，推进司法公开、广泛接受群众监督，拉近与群众的距离；通过综治宣传、“七五”普法、法律七进、法制副校长等途径，深入开展法治宣传工

2017年3月，当雄县人大常委会主任康加贵，县委常委、政法委书记、公安局局长扎西亚培在龙仁乡曲登羊阁村督导检查维稳工作

作。年内,共组织开展综治宣传活动29场次,发放各类宣传材料达6万余册,开展法制宣传活动43场次,提供法律咨询70人次,提供法律援助52件,发放宣传资料2万余份,开展法制副校长进课堂2次。

【社会治理】 年内,进一步完善党委领导、政府负责、社会协同、公众参与、法治保障的社会治理体制,提高社会治理社会化、法治化、智能化、专业化水平。突出社会治安综合治理领导责任制,把社会治安综合治理工作当作“一把手”工程来抓,把社会治安综合治理作为各部门、各系统、各区域工作的重要内容,逐步建立起分层次、分系统、分责任的工作体系。提升依法治理水平,深入开展法律“七进”活动,把全民普法和守法作为推进平安当雄、法治当雄建设的长期基础性工作,推动社会组织制度化建设及立法工作,促进社会组织健康有序发展,引导社会成员增强主人翁精神,激发社会自治、自主、能动力量,调动社会成员维护公共安全的积极性,形成共同防御风险模式。

【“网格化”管理】 年内,深化“网格化”工作,以网格化管理、社会化服务为方向,健全基层综合服务平台,建立完善全县963个联户单位基本信息数据库。截至年底,共组建963个联户单位、8771户、43364人的基本信息数据库,进一步壮大群防群治工作力量。

2017年10月19日,县委常委、政法委书记、公安局局长扎西亚培在党的十九大期间巡查铁路当雄段沿线

【队伍建设】 年内,加强综治干部队伍教育管理,提高培训质量,全面开拓干部视野,全面落实好综治干部离岗申报、离任补缺制度,努力造就一支政治强、懂法律、善治理的工作队伍。截至年底,全县共设1个综治委、9个综治办、28个综治工作中心,配备综治及“双联户”专干共56名,共开展综治“双联户”培训9场次,培训1113人次。

突出督查督办及跟踪问效工作,综治五部委切实履行统筹协调、督办落实追责问责的职能作用,全年共组织召开全县综治委工作会议2场次,有效促进全县综治工作全面形成问题联治、工作联动、平安联创的良好局面。

【严打整治】 年内,按照交通事故“零发生”工作目标,当雄县大力加强对“三超一载”等违反交通规则行为的查处整治,在开展交通执法工作行动中,共查处各类违章2073起,行政拘留13人,检查车辆104616辆次。以“全覆盖、零容忍、严执法、重实效”为要求,全力推动社会治安专项整治工作。从打黑除恶、涉枪涉爆、管制刀具、两抢一盗和黄赌毒等关键问题入手,集中整治一批人民群众反映强烈的社会治安热点、焦点和难点问题,并取得显著成效。县综治办认真组织牵头,积极整合各部门力量,各司其职、密切协作,在全县各行各业展开地毯式的清理清查活动,全面清查各重点部位、治安混乱区域,全面摸排各类黑恶势力、地下组织、非法组织,做到底数清、情况明,切实将当雄县社会面清干净、扫干净。全年,共查处治安案件19起,行政拘留36人,罚款27人;检查重点单位46家次,排查整改安全隐患8处,下发《整改通知书》8份;检查涉爆单位14家次,发现各类隐患3处,当场提出整改意见1条,下发整改通知书2份;

检查用油单位、企业30家次，发现各类安全隐患5处，当场整改3处、下达整改通知书2份；检查旅馆206家次，停业整顿5家，下发限期整改通知书12家，治安罚款1家；检查娱乐场所56家次，下发限期整改通知书11家次、停业整顿2家次。

【净化旅游环境】 年内，纳木错湖旅游专线当雄段，多处旅游沿线存在私搭乱建、环境卫生脏乱差和强买强卖等游客反应强烈的问题及现象。为进一步优化当雄县社会环境和树立当雄县良好形象，县党委、政府高度重视，由县综治办牵头、各乡（镇）、公安、住建、环保、食药、安监、旅游、工商等多部门积极参与，以"零容忍"的态度，及时对纳木错湖旅游专线当雄段开展"大清查、大整治"专项行动；期间，依法拆除私搭乱建房屋14家、整治垃圾堆放点3处、依法行政拘留强买强卖人员14人。通过依法打击整治，进一步改善净化当雄县旅游道路沿线面貌、卫生环境、社会风气，呈现出"一路山水一路景"的优美环境。

【"当吉仁"赛马节】 年内，当雄县以"羌塘草原逢盛会、喜迎党的十九大"为主题，举行一年一度的当雄县"当吉仁"赛马节。活动前期，政法委积极组织维稳专班、综治各成员单位召开各类维稳部署动员等会议3次，制定"赛马节"期间维稳总方案2个、子方案17个；与县（中）直单位、乡（镇）、村（居）、小组、联户代表等单位签订《当雄县"当吉仁"赛马节期间安全防范责任书》1300余份；活动期间，县委书记张正，县人大常委会主任康加贵，县委副书记、县长其美次仁，县委常委、县政法委书记、县公安局局长扎西亚培等多位县级领导亲临活动现场指挥引导，各点执勤民警、群防群治队伍、双联户等各方面力量，尽职尽责，按照方案既定部署，认真落实各项工作措施，充分发扬吃苦耐劳、无私奉献的优良作风，确保"当吉仁"赛马节期间实现"人员零伤亡、刑事治安案件零发生、暴恐事件零发生、负面印象零存在"的良好局面。共出动安保力量2991人次，车辆320辆次，公、检、法868人次，武警120人次，消防80人次，护路队员960人次，联户单位963人次，卫生救援力量64人次，救援车辆16台次。

2017年10月13日，县委副书记、县长、综治委主任其美次仁主持召开2017年度全县综治工作第一次会议

【党的十九大维稳安保】 年内，为确保党的十九大期间当雄县社会局势和谐稳定，政法委高度重视，分别于9月7日、9月29日、10月13日在全县范围内组织召开党的"十九大"安保工作专题部署会、推进会、动员会等3次会议。期间，政法委紧紧围绕社会面严管严控、护城河检查、公共安全管理、专项严打整治、矛盾纠纷排查调处、网上舆情监测、铁路护路联防、机关单位内保、宣传教育引导、应急处突准备工作、严肃维稳责任等方面开展维稳安保工作。圆满完成党的十九大期间维稳安保工作。

【矛盾纠纷排查调处】 年内，坚持风险管控，严格落实《拉萨市重大决策社会稳定风险评估实施细则》，严格按照重大事项稳评复核工作流程，依法、依规、科学、有序开展社会稳定风险评估工作，共受理建设项目社会稳定风险评估

2017年5月10日，当雄县政法委组织政法成员单位召开“正确行使权力 认真履行职责”专题座谈会

报告62件，受理各类民俗宗教活动、临时性活动申请15件，已全部完成复核，在确保稳定的基础上，最大限度的保障各大工程项目的顺利建设。坚持预防为主，完善机制建设、加大调处力度、推进信息化建设、提升队伍能力，开展矛盾纠纷排查调处工作，全年受理群众来访76批185人次，办结63批（件），上级转交办15件，办结率83%，涉及资金3900余万元。

【联户增收工作】 年内，当雄县以“牧心者，方能牧天下”的工作主题，扎实开展“联户平安、联户增收”服务管理工作。2017年5月，当雄县在全区率先试点开展“家庭牧场”工作，取得可观的成绩，同时受到区市领导的关注和充分肯定，截至年底，全县28个行政村中共有“家庭牧场”17家，覆盖率达50%以上，当雄县计划在2018年底将“家庭牧场”的覆盖率达到100%，此项工作为全市乃至全区创造出可复制、可推广的当雄方案。效益体现在，通过集中养殖、运用科学手段进行补饲、育肥，打破原始的放养方式，从7—8年的成长周期缩短至5—6年，从而提高牲畜出栏率，促进牧民增收。将有草场无牲畜牧民群众的草场进行收购、把牲畜进行集中饲养，待牲畜出栏时给其进行分红，从而扩展有草场无牲畜牧民群众的经济收入渠道，同时也有效的缓解草场不平衡的问题。

进一步健全完善农牧民专业合作社组织考核激励制度，研究出台《当雄县“联户增收”项目扶持方案》，于2017年11月从“双联户”专项经费中拿出15万元，对3个带动联户增收强的牧民专业合作社进行扶持，此举在全县各牧民专业合作社中营造出你追我赶、共同发展的良好局面。

【铁路护路联防】 年内，坚持“防恐怖、防破坏、防爆炸、防事故、保畅通”，以桥梁、涵洞为重点，采取人巡为主、车巡为辅的方式，对青藏铁路当雄段实行24小时不间断巡查守护，确保青藏铁路当雄段的安全畅通。积极争取县级财政支持，完善后勤保障，县级财政解决护路队员工龄出勤补贴增资经费398.16万元，109国道保洁补助26.46万元，护路队员团体意外险购置费36.12万元，护路队员健康体检费39.6万元，护路队伍过冬牛肉购买资金36.5万元，“三大节日”慰问金36.55万元。同时，继续完善护路工作考核奖励机制，建立完善专职护路队员个人考核档案，进一步细化、量化考核标准，定期组织考核，将常态化的考核结果作为年底综合考评的依据，真实客观的评价护路队员的业务能力，创新队伍正规化建设。积极参与综治维稳工作，重大节点对铁路沿线乡（镇）进行巡逻执勤，参与维持大型佛事活动现场秩序7场次。降雪天气，各大队主动清理109国道路面积雪12次，协助交警部门维持交通事故现场22次，协助公安设卡拦截并抓获在逃嫌犯2人。积极参与“当吉仁”赛马节期间维护安保工作1次，出动护路队员120名。参与草场火灾的扑火灭火工作4场次。从多个方面开展护路宣传工作，提高护路工作、护路队伍的知晓率和认知度，营造护路队伍良好形象。

（杨艾锦）

【领导名录】

县委常委、政法委书记、公安局局长

扎西亚培(藏族)

党支部书记、专职副书记、综治办主任

尼玛旺堆(藏族)

副书记

洛桑登巴(藏族,11月免)

次仁德吉(女,藏族,11月任)

当雄县公安局

【概况】 2017年,当雄县公安局紧紧围绕党的十九大安保工作这条主线,深入推进法治当雄、平安当雄、和谐当雄建设,坚持法治思维和法治方式为指导,以贯彻落实自治区维稳工作十项措施为抓手,以基层基础、重大敏感节点防控、重大活动安保、社会综合整治、反恐防暴工作为重点,以加强公安机关“四项建设”为根基,团结带领全局民警、基层治保力量和治安辅警员圆满完成各项维稳安保任务,确保当雄县政治局势持续稳定。

【“护城河”查验】 年内,各“护城河”检查站肩负着当雄县、拉萨市的维稳工作,发挥着过滤器、防护网的作用。各“护城河”检查站严格按照“五逢一快”必查工作要求,坚决落实“点对点、点对店、店对警、警对社区”管控工作模式和“3小时落地核查、12小时办证、10分钟旅店核查”的工作机制,认真、细致的开展盘查、检验、办证工作,对过往人员坚决做到“来知去向、动知轨迹”。

2017年10月10日,西藏自治区党委常委、拉萨市委书记白玛旺堆(中)一行在当雄县乌玛塘一级检查站调研指导工作

【落实辖区矛盾纠纷排查化解机制】 年内,为做好矛盾纠纷排查化解工作,切实做好化解调处工作,执行疑难信访案件领导包案制,按照“一个案件、一名领导、一套班子、一支队伍、一个方案”的要求,明确责任主体、明确解决时限,制定化解和防范工作预案,落实专人具体负责,努力把矛盾纠纷解决在萌芽状态。对重大工程项目实施社会稳定风险评估制定,没有经过风险评估的一律不能开工,对已开工的项目要实施风险跟踪管理。对全县范围内矛盾纠纷每月进行一次地毯式排查,积极协调有关部门积极引导和妥善处理群众合理合法诉求,严防发生各类极端上访事件,确保社会局势持续稳定。全力摸排因矿山资源开发、虫草采集交易纠纷、工程建设领域、草场纠纷等引发群访、闹访等矛盾纠纷,做到“底数清、情况明、无缝隙、无漏洞”。

【社会面管控】 年内,为确保“三大节日”“两会”、虫草采挖、“萨嘎达瓦”“当吉仁”赛马节、雪顿节、藏博会、党的十九大期间等,当雄县社会政治局势和治安形势平稳正常,以“四个严防”为工作目标,“六个坚决防止”为工作核心,“三无”“三不出”为目标底线,不断强化维稳工作,强化值班备勤,调整充实各项维稳防控措施,圆满完成各项维稳工作。

【打击整治工作】 年内,紧紧围绕“全国公安机关三打击一整治专项行动部署会”、区党委政法委工作会议、全区公安处局长会议精神,突出党的十九大维稳安保这一主线,依法严厉打击传统盗抢骗犯罪、新型电信网络诈骗犯罪和网络贩枪犯罪,切实为党的十九大胜利召开营造安全、和谐、平安的社会治安环境。

2017年,共立刑事案件10起,破获15起,刑拘9人。在侦破

“12·24”一案中，专案组和全体参战人员发挥顽强拼搏、攻坚克难、无私忘我、不畏艰辛、连续奋战的精神，通过为期2个月的努力，成功侦破“12·24”故意伤害致死案，得到县委、县政府和市公安局主要领导的肯定。

10月2日，公安局局刑警大队在对当雄县“9·30”盗窃案立案侦查时，通过查缉侦查和线索摸排，刑警大队抓获犯罪嫌疑人对某和米某。在案件审理过程中，与山南公安局组成联合办案组，连夜审讯，深挖线索，深挖幕后，最终在确凿的证据和强大的心理攻势下，两名犯罪嫌疑人相继交代犯罪事实，两名嫌疑人共交代39起入室盗窃案。特别是侦破“8·6”涉案价值200余万元的特大入室盗窃案。

【隐患排查到位】 年内，对辖区道路交通安全隐患进行全面排查，在前期交通安全隐患排查整治的基础上，重点强化对危险路段、事故多发路段的隐患排查，确保过往车辆及行人交通安全。在日常工作中，加强对“五类重点车辆”及危化品运输车的安全检查工作力度，全面检查从业人员资质、GPS安装使用运行情况、驾驶员准驾资格及车辆安全状况等问题，全力预防和遏制因货车引发的道路交通事故。对前期排查出来的安全隐患整治情况进行检查验收，协同县安监局、县交通局、县路政、养护段对109国道线生命护栏、道路扩建施工现场进行安全隐患排查，多次对109国道线乌玛段两处桥梁新建处进行安全监督检查，并对检查出来的问题提出整改意见，坚决按照“隐患不消除不放过”的要求，进一步规范施工现场秩序，确保辖区道路不留盲区、死角，切实把隐患排查深入到道路交通安全管理的各个环节，全力确保施工期间道路交通安全，严防发生道路交通安全事故；加强当纳路旅游专线交通隐患排查，强化巡逻防控、交通疏导、应急救援，确保当纳路旅游专线交通安全管理到位；强化冰雪天气应急处突工作，全力预防交通事故发生。

2017年，共组织开展隐患排查9次，排查安全隐患65处，截至年底，已整改15处，其余隐患正在有条不紊地整改中。

【道路交通宣传】 年内，开展传统宣传，深入牧区、学校、运输企业，通过摆放交通事故案例展板、发放宣传资料、播放交通安全宣传教育片、在街道围栏悬挂宣传标语等方式，扎实开展交通安全宣传；积极开展交通违法人员安全教育工作，在违章处理设立违法人员执法再教育培训学习点，采取先学习再处理的办法，扎实开展违法人员再教育工作，通过观看事故教育片、集中学习道路交通安全法规及参与路面交通安全引导等措施，让违法人员在处理交通违法过程中，进一步认识到遵守交通法规、安全文明驾驶的重要性，达到教育与处罚相结合的目的。

2017年，组织开展交通安全宣传活动8次，受教群众达3000余人次，组织违章人员再学习356人，有效提升辖区群众及违章人员的交通安全意识。

【违法行为打击到位】 年内，开展交通安全管理工作，每日安排一名队领导对国道沿线4个中队、县城交通管理工作进行跟班作业，结合“两客一危、货车专项整

2017年3月13日，县委常委、县政法委书记、县公安局局长扎西亚培检查指导看守所、拘留所建设工程

治行动”严查“三超一疲劳”、无牌、无证等交通违法行为，坚决做到发现一起处理一起，绝不姑息迁就。严把流动测速与区间测速相结合，严查超速交通违法行为，严密防范因超速引发的道路交通安全事故。积极组织开展夜查行动，扎实开展夜间道路交通安全管理工作，切实把道路交通安全管理工作全方位开展，确保不留死角。

2017年，共检查车辆104616辆次，查处违章2073起，行政拘留13人。2017年，共发生交通事故66起，其中死亡交通事故2起，死亡3人，经济损失13000元；伤人交通事故9起、受伤10人、经济损失22000元；财损事故55起，经济损失91000元。

【基层基础工作】 年内，坚持巡逻防控工作不放松。为加强重点区域、重点部位防控工作力度，以3个便民警务站为依托，按照“警力跟着警情走”的原则，将县城划分为3个网格，并制定完善巡逻、联防工作机制，确保巡逻防控工作密度，并对每个网格及其中的民警实行“四定”（定点、定时、定人、定责），同时还建立网格月评制度，确保网格民警发挥最大的工作效能。积极组织红袖标、四护队参与到网格巡逻管控工作中，在城镇中推行“警民联勤”“电话联防”群防群治工作模式，构筑警民联防联控的治安防控网络。为进一步夯实当雄县基层基础工作，县公安局从年初开始一方面狠抓信息采集工作，全面推动走村入户工作，各派出所通过治安管理、入户访查、办理案件、交通管理等日常警务活动，全面深入辖区各村组、农户家中全面采集、核实相关信息，实现对人、地、物、事、组织等基本治安要素进行动态掌控。严密单位行业防控工作，切实按照人防、技防、物防的工作要求，全力构建以单位保卫力量、社会面巡防力量和民警为保障，以内促外、以外保内、互联互防、整体联动的单位内部防控网络。

2017年3月28日，当雄县公安局副局长张志强检查指导勤务工作

【内保重点单位安全检查】 年内，共检查金融、旅店、娱乐场所等保卫重点单位46家次，排查整改安全隐患8处，下发整改通知书8份。

【危爆物品安全监管】 年内，共检查涉爆单位14家次，出动警力41人次，发现各类隐患3处，当场提出整改意见1条，下发整改通知书2份。

【涉危、涉爆物品审批与监管】 年内，共计审批工业炸药22584公斤、导爆管7200枚。

【成品油管理】 年内，共检查用油单位、企业30家次，发现各类安全隐患5处，当场整改3处、下达整改通知书2份。

【开展“护校安园”专项行动】 年内，组织在全县范围内深入开展校园及周边重点区域专项整治，切实加强中小学和幼儿园安全保卫工作。

【旅馆业管理整顿】 年内，深入推进旅馆业治安管理信息系统建设应用，积极开展旅馆业大检查行动，重点对无证经营、不登记住宿，持他人证件登记住宿、一人登记多人住宿的现象，开展专项整治。2017年共检查旅馆206家次，停业整顿5家，下发限期整改通知书12家，治安罚款1家。

【娱乐场所管理整顿】 年内，深入推进娱乐场所设备的完善。共检查娱乐场所56家次，共出动警力320余人次，下发限期整改通知书11家次、停业整顿2家次。

【完善管理措施，严格依法管理】 年内，强化流动人口管理，共登记流动人员4409人，办理居住证1792人，办证率达到100%。强化出租房屋管理，2017年共登记出租房屋705户，1202间，签订治安责任书705份。

【开展"九小场所"消防安全检查】 年内，积极开展"九小场所"消防安全大检查行动，重点对易发生消防事故小旅馆、小商店、小饭店开展专项整治。2017年，共检查"九小场所"523家次，共出动警力678余人次，停业整顿3家次，下发限期整改通知书53家次。

【养犬管理暨流浪犬清理整治】 年内，严格落实市委、市政府关于加强养犬管理工作的文件精神，全面在当雄县开展家养犬办证工作以及流浪犬清理整治工作，2017年共登记家养犬6000余只，清理流浪犬2200余只。

【"当吉仁"赛马节安保】 8月8—14日，当雄县举行一年一度的"当吉仁"赛马节。活动期间，为认真贯彻落实县委、县政府关于做好赛马节工作部署和《当雄县"当吉仁"赛马节总体方案》工作要求，公安局严格按照党的十八大、十八届三中、四中、五中、六中全会精神和习近平总书记"治国必治边、治边先稳藏"重要战略思想，坚持"稳定压倒一切"的思想，坚持"安全第一、属地为主、遵制守规、合理有序、便民利民"的总体原则，以"三无""三不出""八防"（防自焚、防暴恐、防拥堵、防踩踏、防聚众闹事、防交通事故、防火灾事故、防自然灾害）、"自治区十项维稳措施"为目标，高度重视，精心组织，周密部署，以创新社会管理为手段，严格属地管理，严明维稳责任，以掌控敌社情为动向、强化群防群治为支撑，圆满完成当雄县"当吉仁"赛马节全程安保工作，全力以赴确保当雄县社会面局势持续稳定、全面稳定、长期稳定。

2017年8月8日，县公安局开展2017年"当吉仁"赛马节安保工作

【圆满完成党的十九大安保任务】 党的十九大是全面建成小康社会决胜阶段、中国特色社会主义发展关键时期召开的一次十分重要的大会。为全面、细致、严格的贯彻落实好各级党委、政府的决策部署，全力以赴做好党的十九大维稳安保工作，公安局高度重视，严密部署，细化分工，明确责任，严格督察，以"三个不发生"创建活动、"六个专项大排查""九大专项行动"为指导，以"三无""三不出""三稳定"和"十个坚决防止"为工作目标，按照严之有严、细之又细、实之又实的要求，举全警之力、集全警之智，细化工作措施，严明维稳责任，确保党的十九大期间当雄县社会政治局势的安全稳定，为党的十九大胜利召开创造安全稳定的社会环境。

（杨军浩）

【领导名录】

局　长

扎西亚培（藏族）

副政委、副局长

边巴次仁（藏族）

副局长

张志强

蒋　忠

当雄县人民检察院

【概况】 2017年，当雄县人民检察院政法专项编制数为25人，实有人数为20人，其中党员人数为20人，员额检察官4名、内设机构6个（办公室、案件管理办公室、公诉侦查监督科、刑事执行检察科、控告申诉检察科、职务犯罪检察科）。当雄县人民检察院以习近平新时代中国特色社会主义思想为引领，深入学习贯彻党的十八届历次全会、党的十九大精神，紧紧围绕中心、服务大局，忠实履行职责，较好地完成各项检察工作，为建设美丽幸福新当雄做出积极的贡献。

【公诉侦查】 年内，当雄县人民检察院依法打击犯罪，深入贯彻宽严相济的刑事政策，积极推进社会矛盾化解。全年共批准逮捕各类刑事案件7件7人，同比分别上升14.28%；提起公诉10件11人（包括2016年年未审结2017年审结1件1人），同比分别上升25%，正在审查2件2人，审结率达83.4%，公诉的案件均得到有罪判决。同时加大案件信息和法律文书公开工作力度，网上公开程序性案件信息65件，公开法律文书11份，提升检察工作透明度，保障人民群众的知情权。围绕人民群众平安需求，积极参与社会治安防控体系建设，严格执行批捕起诉案件，同时积极贯彻宽严相济的刑事政策，对初犯、偶犯、未成年人和轻微刑事犯罪人员慎

2017年1月20日，拉萨市人民检察院党组成员、副检察长晓红（后排左二）在当雄县人民检察院参加组织生活会

捕慎诉。全年起诉故意伤害等严重暴力犯罪1件1人。对无逮捕必要的不批捕5人，对犯罪情节轻微，不需要判处刑罚的、不起诉1人，减少社会对抗、增进社会和谐。

【预防职务犯罪】 年内，当雄县人民检察院打造“预防职务犯罪”工作品牌，对警示教育基地案例展板进行全面更新，自主整理相关材料，印刷共价值6万余元的《当雄县人民检察院预防职务犯罪案例丛书》和《预防职务犯罪宣传手册》，同时共开展当雄县预防职务犯罪调查工作4项，召开联席会议1次，结合预防职务犯罪调查工作发出检察建议2份，行业预防4次，形成预防报告4份。开展送法进机关进乡镇活动3次，利用警示教育基地开展廉政教育活动5场次，受教育人数达400余人。

【保持反腐高压态势】 为进一步有效打击行贿国家公职人员的犯罪行径，在案件事实清楚，证据确实充分的基础上，将梁某向国家公职人员洛某行贿30万元一案（市检察院交办）侦查终结，并按照法定程序向当雄县人民法院提起公诉，当雄县人民法院公开审理此案。

【控告申诉检察】 年内，针对当雄县看守所正在改建，相关犯罪嫌疑人、被告人均关押在市公安局看守所，为确保监管场所管控到位，县人民检察院主动与市公安局看守所进行沟通协调，及时开展监所检察工作，了解犯罪嫌疑人的思想动态，保障在押人员合法权益。

【刑罚执行监督】 年内，当雄县人民检察院对辖区内的社区矫正人员管控情况进行全面摸底工作，并与矫正人员进行面对面交谈，了解其思想动态，在检查中对社

区矫正人员的档案归档情况、报到接收情况、日常监管落实情况、外出请销假落实情况等进行全面的检查，对检查中发现的问题，县人民检察院按照法定程序，对管控部门下发1份检察建议和1份纠正违法通知书予以整改，严防脱管漏管现象发生。

【矛盾纠纷排查】 年内，建立来信、来访，完善信访案件风险评估预警、检察长接待日、领导包案等制度，并妥善做好人员稳控、化解处理工作，没有出现涉检信访类案件。

【检务保障建设】 年内，建立当雄县人民检察院案件管理中心和检察办案区。根据市检察院的统一部署，建立当雄县人民检察院检察指挥调度系统。在县委和县政府的关心和支持下，对办公楼和职工周转房进行维修，很大程度上改善干警的工作和生活环境。

【司法体制改革】 年内，根据区、市检察院司法改革具体方案，有序进行县人民检察院司法体制改革工作，首批4名检察官通过统一考核进入员额。按照检察官、检察辅助人员、司法行政人员分别占队伍编制总数的16%、36%、16%，对全院检察人员分类定岗，顺利完成检察官员额制改革和人员分类改革。

【监察体制改革】 年内，根据中央、区市县委关于做好监察体制改革工作的各项通知精神，明确目标任务，积极做好监察体制改革转隶工作，撰写当雄县人民检察院关于内设机构划分情况和转隶部门情况报告2份，派专人对转隶部门固定资产进行一一排查登记，做好各项移交前准备工作。

【驻村工作】 年内，当雄县人民检察院选派1名干警驻村，提供各类便民服务90余次，为民办实事5件，协助村“两委”班子做好贫困户建档立卡。大力开展“四讲四爱”主题教育活动，围绕宣传党的十九大精神，组织感党恩教育、法制宣传、包虫病防治等各类宣传8场次，受教育群众达521人次。

【班子建设】 年内，当雄县人民检察院党组坚持中心组学习制度，共组织各类政治理论学习活动48次，提高班子成员的思想政治素质。进一步完善《党组议事规则》，凡重要工作决策、人事任免、大额经费开支等重大问题，广泛征求意见，集体讨论决定，全年共召开党组会议14次，严格落实民主集中制原则。开展2次谈心活动，召开2次组织生活和2次述职活动，提高班子成员的凝聚力和领导能力。

【队伍建设】 年内，组织全院干警深入学习习近平总书记系列重要讲话精神，学习社会主义核心价值观和检察职业道德教育等方式加强思想政治建设，全年共组织干警学习56次。进一步加大教育培训力度，克服人员极度缺少的情况下，先后派出6名干警参加区内各类业务培训，派出2名干警到江苏省、山南地区的检察系统进行岗位锻炼，大大提高干警的职业素养和专业水平。

【作风建设】 年内，认真开展“三严三实”“忠诚、干净、担当”专

2017年2月22日，县人民检察院党组书记、检察长次仁多吉在纳木湖乡达布村开展结对帮扶

2017年3月8日，当雄县人民检察院女子法宣队在县城开展法治宣传活动

题教育活动和规范司法行为专项整治活动，强化干警的党性修养，坚定政治立场，规范检察人员的行为，减少权力出轨的机会。活动中，共建立健全各项规章制度6个，推动形成作风建设的新常态。

【党建工作】 年内，为落实党建工作责任制，加强对党建工作的组织领导，推动党建工作目标任务落到实处，当雄县人民检察院党组把党建工作安排到重要议事日程上，成立由党组书记为组长、党组成员为副组长、部门负责人为成员的党建工作领导小组，督促党支部共同抓好党建工作。院党支部制定《党建工作责任制》《党建联系点制度》《党支部理论学习计划》等，并层层签订党建工作目标责任书，确保责任体系全面、科学、可操作性强，责任目标具体、明确、符合实际，风险责任分解到部门、到每个人。党组书记与班子成员间、班子成员与部门负责人间签订廉洁从政责任书，全面落实领导干部党风廉政建设“一岗双责”制度，把廉洁从政与检察业务建设、检察队伍建设紧密结合，一起部署，一起落实，一起检查，一起考核，有效制止违法、违纪行为的发生。

（白　玛）

【领导名录】

党组书记、检察长

次仁多吉（藏族）

党组成员、副检察长

尼玛旺堆（藏族，9月免）

央金拉姆（女，藏族，9月免）

副检察长

平措扎西（藏族，6月任）

姚 东 平（6月任）

当雄县人民法院

【概况】 2017年，当雄县人民法院共受理各类案件155件（含旧存2件），审、执结各类案件148件，综合结案率95.48%，比2016年同比增长0.11%。

【审判执行】 年内，依法履行“三大职责”切实提升服务大局质量和效率。坚持以防控风险为重点，依法惩处刑事犯罪，全力维护社会大局稳定。2017年，共受理刑事案件11件，审结11件，结案率100%。严格落实罪刑法定、疑罪从无等法律原则，依法保障被告人、被害人的各项诉讼权利，确保罚当其罪和无罪的人不受刑事追究。严格执行刑法修正案（九）及相关司法解释，依法审理梁某行贿一案，发挥公开审判和典型案例警示教育作用，坚守法治反腐的前沿阵地。

坚持以服务创新、协调、绿色、开放、共享发展和保障民生为重点，依法化解矛盾促进和谐。年内，受理民事案件103件（旧存2件），审结100件，结案率97.09%。其中，受理婚姻家庭纠纷36件，合同纠纷48件，权属纠纷19件，审结民事诉讼标的额353.48万元。加强司法调解与人民调解的相互配合，形成良性互动，合力构建“大调解”格局，调解案件67件，撤诉9件，调撤率76%。共为经济困难的当事人减免缓交诉讼费10余万元。

坚持把维护社会公平正义作为法院工作的核心价值追求，坚决守牢最后一道防线和最后一个环节。积极构建“县委领导、政法委协调、人大监督、政协支持、法院主办、部门配合、社会参与”

的综合治理执行难工作格局，充分利用网络查控系统强力执结案件37件，执结率90.2%。其中执行和解9件，执结标的额100.6万元。

【司法为民】 年内，践行司法为民，深化司法公开，多渠道满足群众司法需求。坚持以人民的呼声为第一信号，"把困难留给自己，方便留给群众"。依托"车载流动法庭""法官包乡"等载体建立便捷的法治宣传网络。年内，共参与法治宣传20次，法治副校长进课堂4次，参与专题法治宣传5次，发放宣传册1000余册，直接受教育人1000余人次。

坚持加快推进诉讼服务大厅建设，着力破解群众反映强烈的诉讼不便等问题。完善登记立案、导诉分流、诉前调解、查询案件、法律援助等各项功能。全面开通12368诉讼服务热线和微信公众号平台推动智能转接与人工服务衔接，全面落实便民诉讼措施。年内，诉讼服务大厅共接待当事人700余人次，接受法律咨询250余人次。

坚持把司法改革和"智慧法院"建设作为动力引擎，大力推进司法责任制为核心的司法体制改革，完成法院法官职务套改，首批法官入额工作。入额法官12名，缩减6人，形成优秀办案骨干向一线流动、审判质效不断提升、队伍活力不断迸发的一系列工作机制。

坚持推动信息化建设与法院工作融合互促。已完成在羊八井派出法庭接通专网工程，实现派出法庭案件录入、庭审直播等功能，司法公开得到新的提升。开展网络庭审直播1次。

【党要管党、从严治党】 年内，牢固树立抓好党建是最大政绩意识，坚持全面从严治党责任，推动人民法院全面从严治党不断向纵深发展。

坚持深入开展"两学一做"学习教育活动，坚定理想信念，筑牢思想根基。院党组带头组织专题研讨会4场次，带动全院干警开展集中学习7场次、个人自学5次，人均撰写心得体会3篇。坚持标本兼治，深入推进县人民法院党风廉政建设和反腐败斗争。年初制定《当雄县人民法院廉政监察员工作细则》并设置廉政监督员岗位，着重对法院法官及其他工作人员的廉政建设、审判作风、纪律建设等情况进行监督。坚持把司法能力作为核心战斗力来抓，全年培训干警18人次。8名优秀干警得到不同级别的提拔重用，3名干警通过国家司法考试。认真开展"强基础、惠民生"活动，助力脱贫攻坚战。2017年，派驻一名干警到公塘乡拉根村深入贯彻当雄县扶贫攻坚工作会议精神，充分利用自身的业务优势，主动参与社会矛盾化解工作，合力推动各项精准扶贫的有效举措落地生根。年内，共帮扶慰问2万元。

2017年12月21日，西藏自治区高级人民法院党组书记、院长索达电视电话会议宣讲党的十九大精神

【主动接受监督】 年内，始终秉持监督就是支持，监督就是爱护的工作理念，自觉把审判工作置于党的领导和人大监督之下，加大与人大代表、政协委员及社会各界联系，认真听取人民群众的意见和建议，不断改进工作，推进法院建设发展。

年内，向人大报告工作2次，邀请人大代表、政协委员考察法院工作2次，召开专题座谈会3

2017年2月21日，法院干警在羊八井镇拉多村村委会慰问精准扶贫对象

次。法院现有人民陪审员13名，参审案件16件。12月4日，举办法院公众开放日活动，邀请人大、政协及社会各界代表20余人走进法院，向社会公众展示法院司法公开工作进程、工作亮点和工作成效。截至年底，邀请人大代表、政协委员、县纪委旁听评议公开庭审3次，进一步拉近审判执行工作与群众的距离，保障人民群众依法监督司法的权利。

（普布卓玛）

【领导名录】

党组书记、院长

贡　嘎（藏族）

党组成员、副院长

罗布次仁（藏族）

副院长

陈　敏（女，6月任）

当雄县司法局

【概况】 2017年，当雄县司法局坚持以邓小平理论、“三个代表”重要思想和科学发展观为指导，深入贯彻落实党的十八大、十八届三中、四中、五中、六中全会以及习近平总书记系列讲话精神，贯彻落实中央、区、市各级司法行政会议精神，以维护社会和谐稳定为目标，充分发挥司法行政在管控帮扶特殊人群、化解矛盾纠纷、法律宣传法律服务等方面的职能作用，为促进全县经济和社会各项事业的发展做出积极贡献。

【法治宣传】 2017年是“七五”普法工作的关键之年，县司法局始终以法治宣传工作为契机，以增强人民的法制观念为先导，以提高各阶层的法律意识为己任，以促进群众依法办事、促进各级执法部门依法行政为目标，不断拓展阵地、广辟渠道，层层推进，取得明显的成效。

年内，共开展法治宣传活动24次，其中法律进寺庙3次、法律进学校2次、法律进乡村（社区）7次、法律进机关1次，集中宣传11次，发放各类宣传资料12000余份，现场解答群众法律咨询100余人次，受教育群众达6000余人次，取得良好的宣传效果。

【健全普法宣传教育机构】 年内，健全普法宣传教育机构。根据人员变动而及时调整充实当雄县普法依法治理领导小组，并设立普法领导小组办公室，由司法局具体负责日常普法宣传工作。

【制订法治宣传工作计划】 年内，县司法局根据当雄县普法工作实际，积极制定《2017年普法工作计划》及《法律七进工作方案》，出台《关于构建“谁执法谁普法”普法责任制的实施方案》以及《当雄县司法局关于开展“讲党恩爱核心、讲团结爱祖国、讲贡献爱家园、讲文明爱生活”暨“尊法学法守法用法，从我做起”法治宣传教育活动实施方案》，确定2017年法治宣传工作的总体目标、主要任务、工作措施、工作要求、工作步骤，并根据计划和方案要求有序开展相关法治宣传活动。

【人民调解】 年内，当雄县共有各级人民调解组织47个，其中专业性、行业性调解组织9个，乡一级调解组织8个，村一级调委会28个，企业调委会2个，在册人民调解员达359人。2017年，全县各级人民调解组织共排查矛盾纠纷243次，预防矛盾纠纷13件，防止群体性上访1件，调处矛盾纠纷案件44件，涉及当事人121人，涉及金额56.8万元，调解成功41件，调解成功率达93.2%，使许多矛盾纠纷化解在基层和萌芽状态，发挥人民调解委员会的应有作用，为当雄县社会和谐稳定做出积极贡献。

【队伍建设】 2017年，是人民调解委员会规范化建设实施的关键年，为全面落实人民调解委员会规范化建设，推动人民调解工作法制化、制度化。5月，当雄县司法局对8个乡（镇）28个村委会的人民调解员开展培训工作。为切实维护全县社会局势稳定，适应新形势下司法行政工作，提高司法行政工作人员的业务技能和操作水平，结合当雄县实际，5月、7月在县政府乡乡通会议室举办两期乡（镇）司法助理员培训会议，培训会系统讲解人民调解工作、普法依法治理工作、社区矫正工作、法律援助工作等，主要涉及《中华人民共和国人民调解法》的立法目的及其重要性，调解文书格式的填法和填写文书格式的必要性，以及纠纷案件统计月报表网上录入和纸质报表报送情况；同时要求进一步完善刑释解教人员和社区矫正对象的建档造册工作机制，详细讲解刑释解教人员信息季度报表网上录入及纸质报表报送程序；最后要求各乡（镇）综治工作人员与司法助理员要加大法律援助工作力度，提高法律援助工作的普及率和知晓率。为更好地提高各乡（镇）综治骨干人员和司法助理员的业务能力和操作技能，也为更好地开展全县综治及司法行政工作奠定良好的基础。

【安置帮教】 年内，当雄县共有安置帮教组织37个，其中县级1个，乡级8个，村级28个。县司法局经请示县委、县政府，下发《关于调整充实当雄县刑满释放安置帮教领导小组的通知》，明确规定刑满释放安置帮教领导小组各成员单位的主要职责和任务。为进一步增强刑满释放人员服刑、改造、悔罪意识，县司法局在藏历新年期间对全县困难刑满释放人员开展走访慰问活动，并对他们进行思想和法制教育。在藏历新年期间，县司法局共走访慰问困难刑满释放和社区矫正人员25人，为他们送去大米、糌粑、清油等价值9000余元的慰问品。并在7月对重病在身的阿某送去4000元慰问金，使他们切实感受到党和政府的温暖，从内心接受管理、认真改造；加强协调、指导各安帮机构做好刑满释放人员安置帮教工作。根据区、市相关文件精神，协调、指导全县司法所（安帮机构）在加强帮教力度的同时，积极与民政、人社等部门协调联系，落实帮教措施。

【法律援助】 年内，当雄县法律援助中心加大法律援助宣传力度，不断扩大法律援助面，提高法律援助办案效率，实现"能援则援，应援尽援"的目标。全年，当雄县法律援助中心共受理法律援助案件52件，其中已办结47件，接待法律咨询70余人次。已受理的法援案件中交通肇事案件13件，婚姻纠纷案件13件，抚养费纠纷案2件，合同纠纷4件，遗产继承纠纷1件，劳动争议纠纷19件，共为受援群众取得经济利益100余万元。对于办理完结的法律援助案件及时归档保存，做到"一案

2017年7月17日，西藏自治区司法厅基层处处长次珍（左二）一行在当雄县司法局调研检查基层业务工作

一卷”,无漏报、不报的现象发生。当雄县法律援助中心在抓服务态度,重服务质量的同时,还注重用好宣传舆论和监督工具,调动群众广泛参与的意识。2017 年,当雄县法律援助中心趁“3·15 消费者权益日”“社会综合管理宣传月”“民族团结宣传月”“法律七进”等有利时机,深入广大群众中,结合群众日常生产生活实际,以案释法的方式,进行讲解法律援助工作开展的重要性和必要性,让广大群众懂得法律援助的真正意义和长远利益。在全县范围内共开展各种集中宣传活动 11 次,共发放《法律援助条例》《法律援助明白卡》等宣传资料 4000 余份,宣讲面覆盖全县各个领域和范围。

【社区矫正】 年内,为加强社区服刑人员监管教育,进一步推进社区矫正工作,年初经请示县委,及时调整充实以县委副书记、主管司法行政工作的常务副县长郭春杰为组长、各相关单位负责人为成员的社区矫正工作领导小组,各乡镇成立以乡镇党委书记或乡镇长为组长的社区矫正领导小组,制定社区矫正工作实施方案,并根据方案有序开展工作;在重要节日、节点来临之际,当雄县司法局利用社区矫正专项经费资金对家庭贫困,无经济来源的矫正人员进行走访看望;根据《社区矫正实施办法》结合当雄县实际,建立健全《当雄县社区矫正工作突发事件应急预案》《当雄县社区矫正对象 GPS 定位手表暂行管理办法》等制度,严格落实社区矫正人员《外出请销假制度》《宣告制度》《调查评估制度》《社区矫正小组联系会议制度》。

（王超玉）

【领导名录】

党支部书记、局长

范 国 林(7 月任)

党支部副书记、副局长

达娃卓玛(女,藏族)

2017年9月，司法局组织召开当雄县行业性专业性人民调解员培训会议

经济管理

当雄县发展和改革委员会

【概况】 当雄县发展和改革委员会是政府宏观调控、经济管理的综合职能部门，下设交通局、粮食局和物价局3个二级局。当雄县发展和改革委员会紧紧围绕“以改革为动力，以统筹城乡为重点，大力发展循环经济”战略思想，以科学发展和长治久安为主题，以产业结构调整和加快转变经济发展方式为主线，突出提升“三个核心”指标（GDP、地方财政一级预算收入、农牧民人均纯收入），在民生问题上求实效，在产业升级上求突破，在品牌建设上求创新，在基础设施上求完善，在维护稳定上求力度，强化促进经济平稳较快增长的各项政策措施，努力克服经济运行中的各种困难，团结协作，狠抓落实，确保经济平稳较快发展，有力地推动全县经济社会更快更好更大发展。2017年，当雄县发展和改革委员会有行政人员8人，专业技术人员2人，工人2人，公益性岗位3人。

【编制年度报告及经济运行分析】 年内，认真编制年度计划报告。根据中央经济工作会议精神，按照区、市党委、政府的安排部署，结合县情，深入细致地开展调查研究，认真分析总结2017年度计划执行情况，提出2018年工作目标和任务，编制完成当雄县《关于2017年国民经济和社会发展计划执行情况与2018年国民经济和社会发展计划（草案）的报告》。2017年，当雄县经济总体运行平稳，各项经济指标完成情况良好，主要经济指标均达到预期目标，各项社会事业保持着良好的发展趋势，全县经济社会呈现提质增效的发展势头。

2017年，全县实现地区生产总值17.97亿元，同比增长10.1%；全社会固定资产投资完成36.55亿元，同比增长23.8%；地方财政一般预算收入完成2.99亿

2017年10月22日，国土资源部地质环境司司长关凤峻（中）在当雄县羊八井国家地质公园调研

2017年8月11日，副县长旺堆罗布主持召开109国道那曲至拉萨段控制性工程第KZTJ-1合同段项目建设协调会议

元，同比增长19%；规模以上工业增加值完成4.30亿元，同比增长55.3%；社会消费品零售总额达1.87亿元，同比增长12%；农牧民人均可支配收入达14333.00元，同比增长13.5%；各项税收完成3.9亿元，同比增长118.95%；农林牧渔业增加值完成3.13亿元，同比增长9.37%；财政8项支出完成10.46亿元，同比增长20%。

【项目建设】 年内，根据上级单位下放的项目审批权限，规范项目建设程序，充分利用当雄县项目评审中心，积极开展当雄县项目的审批工作，促进当雄县项目更好、更快的实施。2017年开复工项目共计138个，累计完成投资36.6亿元，其中续建项目19个，累计完成1.43亿元；新建项目118个，累计完成24.75亿元；109国道控制性工程当雄段投入建设资金10.42亿元。当雄县市级重点项目康玛药泉度假村建设项目和羊八井镇精准扶贫易地搬迁工程(一期)等一批项目按照年初建设计划如期建设完成。按照国家地质公园建设标准及要求，全面推进西藏自治区羊八井国家地质公园建设工作，将地质公园建设串联至羊八井区域资源旅游开发的核心位置，年内，已建设完成博物馆主馆主体工程，正在开展内部展陈布置施工。坚持“开工一批、筹备一批”的工作思路，积极开展重大项目前期工作，切实加强业务指导和向上衔接。完成羊八井镇109国道至拉多村1组公路工程、县城污水处理厂建设项目、藏系绵羊养殖基地建设项目等项目前期准备工作，一批关系群众切身利益的民生项目和长远发展的重大项目稳步推进。

【交通建设】 年内，投入1.53亿元，实施纳达公路工程、纳木湖乡纳错村公路、宁中乡麦灵村1组至6组公路工程等11个项目，全面实现当雄县28个行政村道路通畅，完成投资及里程创历史之最，为促进牧区发展、加快脱贫攻坚奠定坚实的基础。扎实做好国家重点项目服务保障工作，认真落实县委、县政府关于做好国家重点建设项目协调服务工作的部署要求，自觉树立大局意识、全局意识、服务意识、责任意识，充分认识实施国家重点建设项目的重要意义，着力做好109国道那曲至拉萨段控制性工程、省道303线羊八井至大竹卡段公路改建工程、206省道改造工程的土地征用、房屋拆迁、临时用地、拌和站建设、取料点选址问题，切实为重点项目建设提供优质的建设环境；着力完成客运班线改革工作。按照拉萨市委、市政府、市道路运输体制改革办关于县际客运班线全面深化改革的总体部署及相关要求，结合当雄县县际班线改革方案步骤，12月17日，当雄县县际客运班线改革正式启动；12月21日完成车辆回购、签订协议，车辆回购资金兑现等工作，完成当雄县城至各乡镇客运班线的线路规划和车辆购置工作。

【项目申报】 年内，为统筹规划当雄县各领域建设项目，使各项目建设工作科学、有序开展，充分调动工作积极性，全面落实项目申报责任。召开项目投资计划情况分析会，认真分析每一个项目可实施性，认真梳理2018年计划投资项目及国民经济和社会发展“十三五”规划中期调整项目。国民经济和社会发展“十三五”中期调整项目97项，其中，调整42项，计划投入资金19.71亿元；调整变更项目13项，计划投入资金3.35亿元；调整删减42项，计划投资19.71亿元。2018年计划投资项目96项，其中，续建项目22项，计划投入资金23.93亿元；新建项目74项，计划投入资金17.79亿元。

【开展联合执法大检查】 年内，联合县委宣传部、县旅游局、县食药局、县防疫站、县工商局、县税务局等部门，多次对县城住宿餐饮业零售业经营户进行联合执法大检查。现场检查县城沿线的住宿餐饮零售业经营户，发放服务行业价目薄、服务行业价格表、商品和服务实行明码标价的规定、价格法规宣传手册等，对证照不齐全、设施不达标的经营户提出补办或整改要求，限期补办整改，要求百余家餐厅将所有菜品明码标价到发改委（物价局）备案。

【价格认定工作】 年内，按照《价格认定行为规范》及《价格认定文书格式规范》的要求，强化服务意识、大局意识，工作中要求全体价格认定人员做到意识到位、责任到位、落实到位，增强认定人员责任感和使命感。以履行价格服务职能为中心，做好涉案财产价格认定工作。年内，共办理涉偷盗价格认定案件2件，涉案标的金额为18059.08元。

【粮食工作】 年内，严格坚持“以防为主，综合防治”的保粮方针，抓好储备粮管理工作，确保数字真实，质量完好。进一步修订和完善保防工作制度，实行安全储粮双重责任制，严格程序，强化管理，确保库存粮食的安全。加大宣传力度，营造良好的舆论氛围。联合县林业局、县教育局、县民政局及县妇联等相关单位开展以“爱粮节粮保安全、优粮优价促增收”为主题的粮食宣传周活动。提高群众的爱粮节粮意识，形成勤俭节约的良好风尚。

（葛凤飞）

【领导名录】

主任、交通局局长

扎西曲觉（藏族）

交通局副局长、主任科员

多　吉（藏族）

副主任

杨光富（芷族）

当雄县财政局

【概况】 当雄县财政局位于当雄县当曲河东路19号，是政府经济综合部门，主要负责全县的经济工作。人员编制4人（其中科级（以上2人），现有干部职工7人，其中，行政编制4人，事业编制1人，公益性岗位2人，男女比例为5∶2，本科2人，大专2人，初中3人。

【科学编制年初预算】 年内，预算支出安排充分考虑财力可能，按照轻重缓急的顺序，优先考虑刚性及重点支出需求，确保年初预算编制收支平衡，不编赤字预算；收入预算安排坚持实事求是，积极稳妥。收入预算安排充分考虑国家及自治区政策调整因素，结合预算执行情况，既保证一定增幅，又确保与全县经济社会发展实际相适应；支出预算安排坚持量入为出，统筹兼顾。支出预算安排坚持有保有压、重点突出。牢固树立过紧日子思想，严格控制各部门、各单位的机关运行经费和楼堂馆所等基本建设支出，

2017年11月7日，拉萨市纪委常委、监察局副局长李荣锋（右二）在当雄县财政局检查指导党风廉政工作

2017年6月18日，拉萨市惠民资金检查组一行在当雄县财政局检查督导工作

进一步压缩“三公”经费支出。将财力更多地向基本民生等重点领域倾斜；预算编制工作力求全面完整，讲求绩效。将政府的收入和支出全部纳入预算管理。及时将拉萨市对下转移支付提前告知有关单位，将资金尽可能地落实到具体项目和单位。取消教育、科技、支农投入与其他指标的挂钩机制，据实安排项目支出预算。加大结余结转资金统筹力度。推进预算绩效管理，提高财政资金使用效益。

【经济运行情况】 截至年底，全县财政总财力达到85669.56万元，比2016年决算增加7539.56万元，增长9.65%；全县公共财政收入完成29911万元，占年初目标任务(27900万元)的107.2%；其中，税收收入完成15689万元，非税收收入完成14222万元。全县财政总支出完成121203万元，其中，教育总支出28625.31万元，占总支出的23.61%；医疗卫生总支出3995.05万元，占总支出的3.3%；社会保障就业总支出5409.32万元，占总支出的4.46%；农林水支出6960.75万元，占总支出的5.74%；保证全县职工工资、机构运转、改善民生、促进发展等各项刚性及重点支出需要。

【财政宏观调控】 2017年是实施国民经济和社会发展“十三五”规划的关键之年，全县财政工作在县委、县政府的正确领导下，积极应对严峻复杂的宏观经济形势，解放思想，迎难而上，攻坚克难，认真贯彻落实“稳增长、促改革、调结构、惠民生”各项决策部署，全力以赴抓收入，多措并举优支出，确保民生改善和重点建设支出需求，全县财政收入保持平稳增长态势，有力支持全县经济社会跨越式发展。加强收入征管，做到应收尽收。县财政局积极与税务部门加强协调配合，完善征管手段、加大稽查力度、挖掘增收潜力、堵塞征收漏洞，保证税收收入的平稳增长和及时足额入库。与此同时，进一步完善行政事业性收费收入缴入国库工作，非税收入实现较快增长。截至年底，实现税收收入15689万元。

【加大“三农”投入】 年内，按照县委关于巩固和加强农牧业基础地位，全面推进农牧区小康建设的精神，遵循“因地制宜，突出重点，农牧结合，协调发展”的指导方针，继续加大对农牧业的投入，全面推进社会主义新农村建设。加大涉农资金投入，全县农林水事务支出达到6960.75万元。安排资金3245.7万元，用于农业发展；安排资金545.19万元，用于水利发展；安排资金3169.86万元，用于农开发展，做好扶贫工作，加快贫困群众增收步伐。

【坚持保障和改善民生】 年内，按照以人为本的要求，把保障和改善民生作为推进改革、促进发展、维护稳定的大事。截至年底，社会保障和就业支出达到5409.32万元。完善城乡社会保险制度，实现养老保险制度全覆盖，完善城乡各项保险制度。做足做实职工医疗保险个人账户，在职职工保健经费直接记入本人医疗保险账户。继续提高标准，保障特困群众基本生活需要。调整城镇居民最低生活保障标准和农村居民最低生活标准、“五保户”供养标准。落实自然灾害资金，确保受灾群众生活。

【社会事业发展】 2017年，全县教育支出达到28625.31万元。支持城乡义务教育、薄弱学校改造和校园安全建设，改善办学条件，提高教学能力。进一步提高城乡义务教育保障水平，继续免收城镇义务教育阶段在校生学杂费、作业本费。将城镇困难家庭子女纳入“三包”经费保障范围，进一步提高义务教育阶段“三包”经费保障标准。医疗卫生支出达到3995.05万元。及时下达鼠疫防控、农村医疗救助、公共卫生项目等专项经费，进一步改善基层卫生室医疗条件。

【完善政法经费保障机制】 年内，投入资金6975.62万元，不断加大反分裂斗争和维护稳定工作的投入力度，促进全县社会局势稳定和长治久安，支持民族宗教、治安巡防、流动人口服务与管理、政法部门维护稳定等工作，为党的十九大胜利召开提供有力保障。

【财政科学化精细化管理】 年内，在全面总结分析2016年工作开展情况的基础上，进一步提高当雄县财政绩效评价工作的覆盖面，努力挖掘深度，提升内涵，探索建立绩效评价结果与预算管理有效结合的长效管理机制。逐步理顺全县地方政府债务管理制度，不断细化监管环节，动态掌握债务规模，健全完善政府偿债准备金制度，增强防范风险能力。进一步规范政府性投资项目资金管理，建立政府性投资项目库管理系统，严把资金拨付审核关，避免资金使用风险。公开财政预决算，进一步扩大范围细化内容，将县本级财政及预算单位年度财政预算、部门预算及“三公”经费预算信息和年度决算信息向社会全面公开，按照时限，公开单位数达到100%，接受社会监督。国库集中支付完善到位，转变会计集中核算中心职能，全面实行国库集中支付工作。健全乡镇财政所管理职能，全力推进标准化财政所建设。不断强化财政自身建设，进一步转变作风，提高工作效率，以财政信息大平台建设为依托，提高财政管理质量和水平。同时加强财政廉政制度建设，严肃财经纪律，规范职权行为，全面提升财政干部队伍整体素质，努力建成一支群众满意的财政干部队伍。

（兰庆伟）

【领导名录】

局　长

泽仁顿珠（藏族）

副局长

谭 铁 亮（12月任）

2017年10月22日，县财政局局长泽仁顿珠传达学习党的十九大精神

当雄县国土资源规划局

【概况】 2017年，当雄县农用地面积760632.61公顷，建设用地2385.52公顷，其他土地259879.23公顷。高山草甸土是分布最广、面积最大、最主要的土壤类型，占当雄土壤总面积的51.85%。当雄自然资源丰富，境内草场广阔，天然草场总面积693171.3公顷，林地6661.2公顷，年鲜草可利用量为62667.1吨。天然草场分为4个草场类，6个草场亚类，15个草场组，33个草场型。优良草场占全县可利用草场的68%，质量中等的占29%。

【土地登记管理】 年内，进一步规范土地审批程序，依法严把用地初审关，截至年底，提交各类用地初审意见64宗。办理划拨国有土地登计1宗2400平方米，完成挂牌交易9宗地，挂牌出让成交总用地面积528669平方米，收缴出让金2843.99万元。针对乡镇土地管理长期处于失控状态的实际，在6乡镇分别设立土地管理员（由副科级干部担任）和土地管理助理员，确保县局与乡镇在土地管理工作上的有效链接。

【不动产登记工作】 截至年底，当雄县共完成8个乡（镇）8370宗宅基地和房屋的测量工作（当曲卡镇544户、龙仁乡895户、纳木湖乡978户、宁中乡1454户、格达乡868户、公塘乡1224户、乌玛塘乡1542户、羊八井镇865户），不动产登记系统权籍落宗8308宗，落宗率99%；业务系统录入8308宗，录入率99%；完成不动产权证制证8308本，制证率99%。除农村土地确权登记颁证工作外，县不动产登记中心共办理其他业务43件，其中初始登记4件、抵押登记17件、房屋转移登记22件。

【集体土地确权】 年内，专业测绘队伍已完成全县8个乡（镇）集体土地所有权的外业测量工作及内业整理工作，正在进行第二轮公示。

【矿产资源】 由于独特的自然地理环境，当雄县有丰富的矿产资源，当雄县境内矿产资源有砂锡、铅锌、高岭土、石膏、火山灰、石灰石、石晶石、硫磺、泥炭等30多种，其中以羊八井热田和羊易热田最为著名，1980年就建设羊八井第一台3000千瓦机组发电，至1992年羊八井热田共装机组9台，总容量251820千瓦，年发电量1亿千瓦，向拉萨和当雄供电。已探明并开采的矿产资源有县属乌玛乡的石膏矿，储量1亿吨以上，还有高岭土、火山灰、铅锡、铅锌矿和以铜矿为主的稀有金属矿，均有相当的储量和品位。

【矿产建设管理】 年内，加强矿产储量动态监察力度，为切实准确掌握全县矿产储量动态监察工作，在市局矿管科的指导下，向全县各矿业公司下发矿产储量统计报表，截至年底，尚在统计上报中；建立完善矿产管理档案管理工作。由于国土局矿产资源管理工作起步晚，档案不健全的问题较为突出，针对该情况，国土局从8月开始便着手按照一矿一档的要求，对全县9个矿业公司的矿业开发的档案逐一进行建档管理。

【地质灾害防治】 年内，根据当雄县汛期情况，县国土局在地质灾害防治工作中着重开展四项工作。6月初，县国土局对地质灾害防治应急工作领导小组做进一步调整和充实，为应急防治工作提供有力的组织保障。及时下发《当雄县2017年地质灾害防治工作方案》和《当雄县2017年地质灾害防治应急预案》，要求地质灾害隐患点的群众住户填写明白卡，对防治、避险做到心中有数，有条不紊，有备无患。对县域内的地质灾害隐患点进行排查，5月底6月初，结合当雄县汛期即将到来的实际，县国土局对全县地质灾害隐患点进行一次排查，共排查出地质灾害隐患点19个，设立专门的监测员10名，全部为建档立卡贫困户，并为每人落实3000元的补贴。落实资金4.7万元，用于地质灾害防治工作。要求矿山企业，严格按照矿山地质环境保护与治理方案要求，落实方案要

2017年9月14日，县国土资源规划局局长嘎松达吉开展征地工作

求的工作内容，完成年度矿山地质环境与治理投入，确保经费、人员、措施、内容、质量五落实。

【卫片执法】 2017年，国土资源部下发2016年度土地卫片图斑167个，经实地核查，167个图斑中合法图斑114个，违法图斑53个，违法图斑已全部通过卫片执法检查系统上报至自治区国土资源厅，并已全部通过，同时违法用地中宅基地用地已列入2017年村镇批次建设用地中组件上报，完成土地报批手续。矿产卫片图斑8个，经实地核查，矿产卫片图斑中4个合法图斑，4个伪变化图斑，无须整改。并将相关情况通过国土资源部卫片执法检查系统逐级上报至国土资源部审核。

【严厉打击违法违规行为】 4月，县国土局联合多部门对县城及周边私搭乱建情况进行专项整治，共计依法查处私搭乱建行为9起，责令停工整改9起。以点带面，多措并举。参照县城私搭乱建整治工作，全面开展私搭乱建整治工作，5月，专项整治领导小组对扎西岛上28处私搭乱建房屋进行依法拆除，涉及面积350平方米；6月23日，县国土资源规划局联合公塘乡人民政府对当纳公路沿线私搭乱建活动板房、厕所等5处房屋进行依法拆除。截至年底，当雄县各乡镇私搭乱建整治工作取得良好的效果，违法行为得到有效的遏制。

2017年6月25日，当雄县开展“6·25”全国土地日宣传活动

【加快审批进度，推进项目落地】 年内，严格按照西藏自治区城乡规划“一书三证”管理办法的要求，简化审批程序，精简申请办理“一书三证”所需提供的材料，为办理“一书三证”的单位和个人提供所需资料清单。2017年，共办理《建设项目选址意见书》7个，建设用地规划许可证7个，建设工程规划许可证5个，乡村规划许可证33本。

【土地利用规划】 年内，《当雄县土地利用总体规划（2006—2020年）》调整完善方案已经通过县政府审批，原规划该项指标数为3085.00公顷（4.63万亩），此次调整完善下达该项指标数为3309.00公顷（4.96万亩），增加规模224.00公顷（0.33万亩）。调整完善下达当雄县该指标为1449.00公顷（2.17万亩）。保证当雄县重点项目用地报批的需求。截至年底，正在完善资料，准备上报拉萨市政府审批。当雄县已完成《当雄县城市总体规划（2015—2030年）》和《当雄县羊八井镇总体规划（2015—2030年）》编制工作。

【信访工作】 年内，成立信访工作领导小组，制定“当雄县国土资源规划局信访工作方案”等九项信访工作制度。

【普法宣传】 年内，利用“4·22”世界地球日、“6·25”全国土地日，以发放传单、设咨询台方式，开展相关土地法律、法规宣传活动，为群众答案疑难，发放宣传资料2000份。

（尼玛卓嘎）

【领导名录】

局　长

　　嘎松达吉（藏族）

副局长

　　吕 海 滨

不动产登记局副局长

　　尼玛卓嘎（女，藏族）

当雄县统计局

【概况】 当雄县统计局为县政府的正科级行政单位，下设社会经济调查队。2017年，共有编制4人，行政编制3人，事业编制1人。正科级1人，副科级1人，2名统计工作人员。当雄县统计局主要承担组织领导和协调全县统计工作，确保统计数据真实、准确、及时，负责对全县九大经济指标数据的统计监测工作，会同有关部门组织实施全县人口、经济、农牧业等重大国情国力普查，汇总、整理和提供有关国情国力方面的统计数据。组织实施农林牧渔业、工业、建筑业、批发和零售业、住宿和餐饮业、租赁和商务服务业等全县性基本统计数据，定期发布全县国民经济和社会发展情况的统计信息。

【经济总量】 2017年，地区生产总值实现17.97亿元，同比增长10.1%。

【全社会固定资产投资】 2017年，全社会固定资产投资完成36.55亿元，同比增长23.8%。

【农牧民人均收入】 2017年，农牧民人均可支配收入达14333.00元，同比增长13.5%。

【社会消费品零售总额】 2017年，社会消费品零售总额达1.87亿元，同比增长12%。

【规模以上工业】 2017年，当雄县规模以上工业企业实现增加值4.3亿元，同比增长55.3%。

2017年9月18日，拉萨市统计局党组书记仓琼（左二）一行在当雄县调研上半年经济运行情况

【党建工作】 6月，统计局党支部成立，当雄县统计局以"围绕中心抓党建、抓好党建促发展"为思路，严格落实"一岗双责"要求，强化党对统计调查工作的领导。坚持学习教育经常化，"两学一做"常态化制度化教育扎实开展，全年组织学习21次，观看专题教育片14次。

【党风廉政建设】 年内，当雄县统计局认真贯彻落实中央"八项规定"、自治区党委"约法十章""九项要求"和国家统计局"九不准"，坚决反对"四风"，党风政风不断巩固。在年初局党支部与每名党员签订党风廉政责任书，每个重要节点都会召开会议提醒干部职工落实中央"八项规定"等规章制度。

【全国第三次农业普查】 年内，当雄县第三次全国农业普查工作开展以来，统计局工作人员完成普查阶段PDA（手持终端数据采集设备）的录入、审核、上报工作。共登记普查对象9544户及1342项指标。第三次全国农业普查工作得到区市农普办的高度肯定。6月，"三农普"各项指标数据已审核、验收上报完成。9月，统计局积极认真做好三农普资料开发工作。截至年底，资料已收集整理完毕，待区、市最终核定后，汇编成册。

【专项调查持续拓展】 年内，当雄县统计局完成农村住户基本情况调查、群众安全感满意度、网购调查、2017年人口变动抽样调查以及2017年"当吉仁"赛马节经济效益调查等一系列社情民意调查任务和专项监测。进一步拓宽统计调查领域，及时反映社情民意诉求和决策实施效果，工作得到充分肯定和广泛关注。

【数据质量实现新提高】 年内，在涉及乡镇的统计报表中，尤其是畜牧业季报、年报、国民经济统计报表等，统计局都翻译成藏语版，统计局对原有农林牧渔业年报进行重新科学编排，做成双语版、套用公式等，使报表更加清晰、明了。便于乡、村、组三级统计人员更直观、更高效的开展工作，有效减轻基层工作负担；不定期开展数据质量自查工作，3月，由主管副县长旺堆罗布带队同统计局工作人员对全县8个乡镇农林牧渔业统计数据、台账，进行为期2天的抽查，找出问题和薄弱环节，通过抽查，针对发现的问题当场提出整改意见。为有效反映统计数据真实情况，统计局始终重视对相关数据的基础材料收集工作，各个统计项目指标基础台账都会一一收集、整理、存档。做到数据有来源，数据更有支撑点、更具说服力。

【统计服务水准不断提升】 年内，当雄县统计局共撰写经济运行分析材料3篇，特别是《如何让农牧民收获满满的幸福》和《数说党的十八大以来当雄县经济社会发展成就》被上级部门采用并得到极好评价。4月，县统计局着手2016年统计年鉴的印制工作，收集整理2016年数据，进行不少于10次的校对。2016年统计年鉴、领导干部手册，已于6月底完成印刷工作，并逐一发放给全县所有部门和各乡镇。

【精准扶贫】 当雄县精准扶贫工作全面推进以来，针对工作中农村家庭经济收支核算，2017年，当雄县统计局先后3次组织全县各乡镇精准扶贫、统计人员进行系统的讲解，并2次以局红头文件形式下发明确贫困户家庭经济收支核算方法的参考材料。结对帮扶方面，年内组织干部结对帮扶活动3次，发放慰问品3000余元。

2017年11月3日，当雄县统计局局长索央在乌玛塘乡郭尼村入户开展群众安全感满意度调查

【强基惠民】 年内，当雄县统计局确定一名工作人员派驻巴嘎村第六批驻村工作队。驻村期间，派驻人员严格按照工作要求、工作职责，不折不扣落实驻村“七项职责”，深入牧户，锤炼作风、访民情、解民忧、聚民心，为县统计局强基惠民工作画上圆满句号。

（陆　庆）

【领导名录】

局　长

　索　　央（女，藏族）

副局长

　尼玛次旦（藏族，12月任）

当雄县工信（商务）局

【概况】 当雄县工信（商务）局属当雄县政府的一个正科行政单位，主要执行国家、自治区、拉萨市有关工业和信息化工作、内外贸易和经济合作方针政策和法律法规，拟定当雄工业和信息化、内外贸易和经济合作的发展规划并组织实施。2010年9月19日正式挂牌成立以来，配备人员编制4名，其中科级领导职数2名，现有干部职工9人，其中男干部职工3人，女干部职工6人。民族成分：藏族6人，汉族3人。学历结构：本科6人，大专1人，高中及以下2人。年龄结构：35岁以下6人，35至40岁2人，41至45岁1人。领导职数3人，局长1人，副局长1人，副主任科员1人。

2017年3月13日，副县长旺堆罗布安排部署2017年商务、招商工作

【党组织、党员队伍建设】 中共当雄县商务局党支部于2013年召开党员大会选举产生的，已任期届满。按照党章和《中国共产党基层组织选举工作暂行条例》规定，于2016年10月17日召开中国共产党当雄县商务局党支部党员大会，集体讨论、无记名投票选举产生中共当雄县商务局党支部书记1名、副书记1名；党员党费收缴工作严格按照相关党费收缴标准，对所有党员的党费进行收缴，并按比例上缴。每名党员按照缴费基数，每月按时缴纳党费，全局党员党费缴纳完毕后，由党建工作专干负责统一交到县委组织部。

【党风廉政建设】 年内，县工信（商务）局始终把党风廉政建设工作放在更加突出的重要位置，列入重要议事日程，将党风廉政建设和业务工作同部署、同落实、同检查、同考核。年初，召开党风廉政建设工作会议，认真总结2016年全局党风廉政建设情况暨全面部署2017年党风廉政建设工作。制定《商务局党风廉政建设主体责任清单》，层层签订《党风廉政建设责任书》，对党风廉政建设工作进行责任分解，落实到班子和党员。对照任务进行分工，实行班子成员“一岗双责”制，既抓商务、工业经济等工作，也肩负党风廉政建设工作。按照“一把手”负总责，各成员负其责，一级抓一级，一级对一级负责的工作格局，认真履行职责，为商务、工信工作的全面发展提供有力的保证。

【社会消费品零售总额】 2017年，实现社会消费品零售总额1.87亿元，同比增长12%。

【商务信息】 2017年，报送各类商务信息96条。

【碘盐推广】 2017年，完成8个乡（镇）共配送碘盐269.082吨的目标任务，碘盐配送、覆盖率都达到100%。

【采取有效措施、搞活牧区市场】 2017年，开展各项工作坚持“以新的思路调结构、以综合措施促增收”为主题，以增加财政收入和牧民收入为目标，突出解决牧民增收和转移牧区剩余劳动力，求真务实，开拓进取，真抓实干，推动当雄县商务经济的持续、快速、健康发展，呈现出消费品市场商品供应充足、市场繁荣的良好态势。

【确保重要商品市场供应】 年内，加强对成品油市场、农贸市场、超市的监测力度，做到日常监测、节日监测和应急监测紧密配合，建立健全监测周报、月报制度，及时上报监测结果，确保全县商品市场监测和应急调配机制的正常运转，确保重要商品市场供应不脱节，不断档。

【杜绝安全生产事故发生】 2017年，利用“综治宣传月”咨询日宣传活动平台，全面对商务领域企业开展安全生产宣传教育活动，宣传安全法律法规，普及安全知识，弘扬安全文化，为有效防范和坚决遏制重特大事故，促进安全生产状况持续稳定好转，加快实现根本好转提供强大精神动力、文化力量和舆论支持。宣传期间设置咨询台1处，发放宣传单资料100余份。

【成品油加油站油气回收专项整改】 年内，按照《当雄县人民政府迎接中央环保督察专项整改工作实施方案》，下设11个专项工作小组，油气回收工作专项小组由县商务局牵头。自工作组成立以来，针对县5家成品油加油站的储油库、油罐车的油气回收装置安装使用及危险废物处置，共开展3次检查工作。从检查情况来看，总体情况良好。

【市场管理】 年内，针对农贸市场存在的脏、乱、差及市场内设施不完善不规范现象，县工信（商务）局按《标准化菜市场设置与服务管理规范》的要求，联合城管、商务执法、工商等有关部门对市场进行几次大整治行动，重新完善市场内的各种标识，严防市场外溢，并责令市场内熟食品摊点全部加装防尘纱窗，经整治，农贸市场卫生、摆放及经营秩序都得到较大的改观。

【商务信息上报工作】 年内，当雄县工信（商务）局领导把此项工作列为头等大事来抓，并指定安排1名信息员，要求报送的信息迅速，真实，可靠，并通过上报信息，来不断宣传商务工作开展情况，同时更加全面了解当雄县商务的发展情况。2017年，当雄县商务局在市、县相关单位报送的商务信息已达96期。

【商务执法】 年内，8个乡（镇）各配备一名商务人员，并成立由5名工作人员组成的商业执法队，对当雄县的食盐和成品油市场、酒类流通和各超市进行不少于15次检查，确保各类市场有序、规范动作。

【工业企业情况】 2017年，全县共有18家工业企业，其中，规上工业企业9家（西藏冰川矿泉水有限公司、西藏华钰拉屋分公司、龙源西藏新能源有限公司、国网西藏电力有限公司羊八井地热发电公司、西藏嘉天新能源投资开发有限公司、当雄县富民国有矿业有限公司、当雄县羊易地热电站有限公司、西藏纳木错实业有限公司和当雄县长谷商砼有限责任公司），在属下的18家工业企业中，西藏圣峰矿业开发有限公司羊八井瓷土矿因与县富民国有矿业有限公司（羊八井火山灰矿）间存在矿区重叠面积争议，处于停工状态。西藏兰泽建材科技有限公司当雄分公司2017年下半年一直进行环保专项整改，处于暂停关闭，使2家规模以下工业企业全年无实际产值和相关收入指标运行情况。

【工业企业指标数据完成情况】 2017年，当雄县全年实现规模以上工业增加值达到4.17亿元，同比增长31.94%；完成工业销售产值9.17亿元，同比增长31.94%；实现规上工业税收2449万元，同比增长94%；实现工业投入16.02亿元，同比增长40%。

【工业企业】 工业企业是当雄县经济发展的重要推动力量。在强大的市场竞争中，必须大力发展工业企业，只有工业企业得到发展，才能促进县域经济健康快速发展。为此，当雄县特别明确工业企业经济监测运行领导小组，组长由主管工信局的旺堆罗布副县长担任，副组长由工信局宗吉局长担任，下设办公室，办公室设在当雄县工信（商务）局。为能让工业企业在当雄县得到很好的发展，领导小组成员经常召开专题

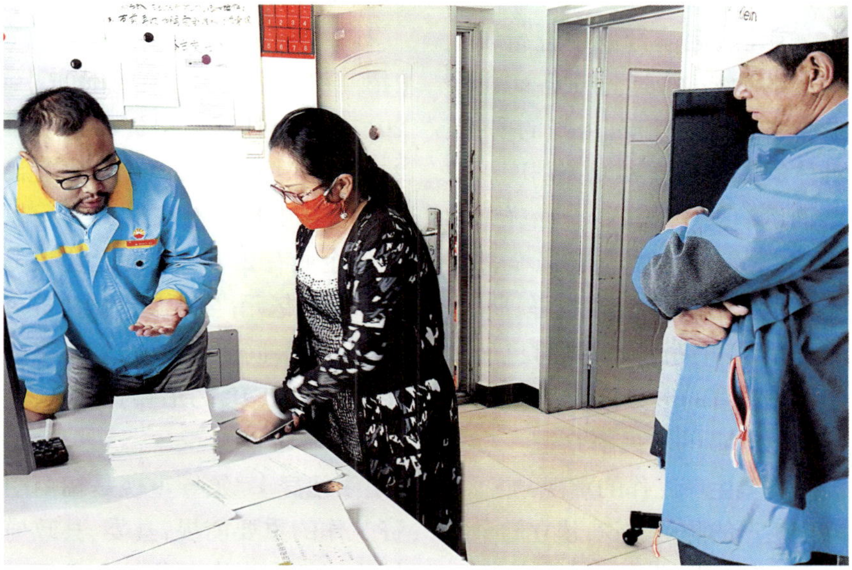

2017年7月19日，县工信（商务）局局长宗吉在中石油西藏销售拉萨分公司羊八井加油站调研油气回收工作开展情况

会议，同时还深入到各工业企业指导检查，帮助企业及时解决实际困难问题，协调与村组的关系。还通过从上级各部门争取扶持资金，使各工业企业做大做强。

【统计工作】 当雄县工信局专人负责全县工业统计工作，工业统计工作严格按照《中华人民共和国统计法》执行，统计数字决不弄虚作假、瞒报和谎报，并在每月10日前按上级部门要求及时准确地上报有关数据和工业企业经济运行分析材料。2017年，向上级各单位和县相关部门已报送70期简报，12期工业企业统计报表、工业经济运行分析材料。

【促进企业安全生产】 安全生产工作，关系到国家和人民生命财产的安全，关系到社会稳定和经济健康发展，是各级政府、企事业单位的日常工作中一项长期而又十分重要的工作。2017年县工信（商务）局和县安监局经常性地深入采矿区、运输行业中进行安全生产的大检查，通过对各矿山企业生产组织的情况、人员的安排、具体的安全操作和相关制度以及车辆运输秩序等进行全面详细的检查，对发现的安全隐患全部制定整改计划，落实整改措施、期限、责任单位和责任人。同时也通过宣传和教育的形势，让干部职工及参与采矿业的牧民群众进一步提高对安全生产工作的重视，加强对安全生产的防范意识，建立健全领导责任制，切实做到防患于未然。

2017年3月18日，工信（商务）局局长宗吉在当雄县“万村千乡”市场运营情况开展调研

【履行节能职责】 2017年，按照区、市节能减排工作的总体部署和要求，当雄县工信（商务）局在完成节能减排目标任务过程中，认真履行部门职能职责，在全县企业中推行以“低消耗、低排放、高效率”为核心内容的清洁生产和循环经济模式，切实推进县域经济增长方式转变，极力应对节能减排的新形势、新挑战。

【招商引资指标数据完成情况】 2017年，全县招商引资引进项目27个，新建项目12个、续建项目15个，其中投资额在5000万元以上的企业有24个；合同总协议资金214.02亿元；实现累计到位资金18.03亿元，同比增长35.4%，完成年目标任务（18亿元）的100.2%。

【组织领导】 领导重视是招商引资工作的重要前提，县委、县政府始终把招商引资工作放在各项工作的重中之重来抓。年初，为确保招商引资工作的顺利推进，补充完善招商引资领导小组组成人员和具体工作职责，重新成立当雄县招商引资工作领导小组，明确小组成员单位的职责和具体实施细则，要求深入企业，了解企业发展中存在的困难问题，并联系有关领导及相关业务部门协调解决，为外来客商营造良好的投资环境。

【项目库建立】 2017年，为深入开展招商引资项目宣传推介、吸引投资商工作，年初召开专题会，研究确定2017年招商引资项目库的补充完善和2018年招商引资项目库的建立工作，并根据当雄县的资源优势，一一筛选2017年招商引资重点推介项目9个，协议资金27亿元，其中，旅游项目占4项，畜产品加工项目3项，工业基础设施建设项目占2项。

【统计报表】 按月度向拉萨市招

商引资局报送报表。截至年底，已报送十二期月度报表。

【招商信息】 2017年，全县报送招商信息共31条。

【招商引资培训】 年内，为加强对招商引资工作的领导，县招商引资局年初明确招商引资培训工作领导机制，制定单位业务技能培训计划，研究招商引资培训工作内容，提供培训资料，督促培训工作进展情况及协调工作，并开展招商引资培训工作取得显著的成果。2017年全县通过自主培训方式，共举办招商引资工作人员培训、招商引资主要业务知识培训等六期培训。

【开展招商活动】 2017年，积极参加拉萨市“走出去”“请进来”招商引资活动，组织开展“走出去”“请进来”招商活动达10余次，重点抓好大小分队外出招商活动。县招商局及县净土公司积极参加国内大型招商引资活动，云南商洽会、北京农业嘉年华、北京国际餐饮食材展、重庆餐博会、广州中博会等项目推介会及展览会，同时由县长带队，在2016年组织相关单位到京津冀、西南片区考察项目的基础上，2017年到广州洽谈相关招商事宜，带着项目去招商，取得较好的成效。主要围绕当雄经济发展的方向，依托2017年拉萨市“雪顿节招商引资项目推介会及集中签约活动”“当吉仁”赛马节招商商贸活动之契机，参加重点项目集中签约活动，其中，签约项目5个（北控清洁能源集团有限公司、当雄圣地生物发展有限公司、江苏源藏工贸有限公司、江苏苏州皮革加工系列产品四家企业），总协议资金达12亿元，含山泉饮用水生产线销售、风力发电项目、牦牛皮革、羊毛等系列产品。

【为企业创造良好环境】 年内，积极推行“只要你来干、手续我来办”服务新机制，为企业顺利实施建厂，着力协调解决与当地群众的纠纷问题，打造“审批最少、收费最低、效率最高、服务最好、环境最优”的软环境品牌。对于贡献突出的企业，可兑现企业奖励扶持资金，不断提升服务大项目、管理大项目、推进大发展、推动大开放的能力和水平。全县上下全力营造“亲商、重商、安商、富商”的招商服务环境。

【定期招商督办】 年内，每半月督办招商项目进展，科学掌握项目情况并进行分类。定期每半月召开全县招商引资督办会议，由招商负责人全面地把近期招商项目进展情况进行细致的汇报。从而科学地把招商项目按在建、在谈等分门别类进行整理，明确近期招商重点，预防“眉毛胡子一把抓”的局面。

【创新招商项目，抓“接力”】 年内，针对全县重点发展的新能源、旅游业、天然饮用水等产业，锁定游客旅游休闲体验基地、现代畜产品生产基地、新能源发展基地、天然饮用水生产基地等重点产业转移区域，有针对性地开展专业招商和产业招商活动。对全县招商引资项目库范围内进行全面更新，并制作项目宣传册卡片，“一项目一卡片”的形式进行包装。2017年，全县项目库主推水资源、唐滨湖、地热资源、四季牧歌、畜牧生态园、净土畜产品、康玛寺温

2017年4月13日，县工信（商务）局局长宗吉在当雄羊易地热电站有限公司调研企业生产运行情况

泉等，吸引更多的企业，有多种选择到当雄投资兴业。

【跟踪招商力度，化“动力”】 年内，对已落户的企业抓好服务，尤其是在第一、二届藏博会、雪顿节上的签约项目，为尽快实现项目落地，安排专人对项目逐个进行全面协调与跟踪；对正在洽谈的企业，不失时机，为企业提供项目公司注册—项目落地等一条龙服务；抓紧对意向项目努力加强联系决不放弃一个有效的项目和客户。

【改进招商服务，提“能力”】 年内，对已招企业的项目落地等工作，由县招商局工作人员提供一条龙保姆式的优质服务，不断完善招商引资软硬环境，打下坚实良好的基础。同时不断强化招商队伍建设，实施专业化引资战略。新形势下的招商引资对从事招商工作的人员提出更高的要求。通过自己培养、多渠道引进等方法，培养高层次的招商专业人才，建立一支熟悉国家政策、导向、了解县域经济、通晓涉外法律法规和经贸知识的稳定的招商专业队伍。

【项目合作呈多元化方向发展】 项目合作方式多元化，以当雄县净土产业投资开发公司为政府平台公司，与在建项目纳木错实业有限公司、当雄华钢新型建筑材料有限公司、四川康盛能源开发有限公司入股合作，水、土地资源作价入股，与康盛集团采用以PPP模式、BT模式结合共同开发合作项目，项目合作多元化，成功实现当雄县净土产业投资开发有限公司全面发展的大好局面。

（拉　巴）

【领导名录】

局　长

宗　吉（女，藏族）

副局长

德西措（女，藏族）

副主任科员

拉巴旦达（藏族）

当雄县安全生产监督管理局

【概况】 当雄县安全生产监督管理局行政编制4人（科级干部2人、科员2人），现有在职人员6人、党员5人，其中，行政干部4人（副县级虚职1人、正科1人、副主任科员1人、科员1人）、工人2人。全县共有3家非煤矿山企业（西藏华钰矿业股份有限公司拉乌分公司、西藏圣峰矿业、当雄县富民矿业）；5家危化品销售点、羊八井中石化加油站、羊八井中石油加油站、顺达加油站（中石油）、当雄县城加油站（中石油）、宁中加油站（私营企业）。2017年，全县共发生各类事故78起（均为道路交通事故），其中死亡交通事故2起、死亡3人、经济损失13000元；伤人交通事故13起、受伤14人、经济损失35000元；财损事故63起，经济损失100500元，无重（特）大道路交通事故。实现伤亡事故总量、死亡人数和重特大事故起数“三个继续下降”目标。

【工作职能】 综合管理和宏观指导安全生产工作，对安全生产行使国家监督职能。拟定安全生产考核目标，并实施监督和考核工作。负责组织安全生产大检查，开展安全生产执法活动。指导、

2017年1月25日，县委副书记、县长其美次仁主持召开全县安委会工作会议

协调有关部门承担的专项安全监察，监督工作。负责伤亡事故统计分析，组织协调重大事故的调查处理，负责安全事故的批复结案。组织重大危险源、重大事故隐患评估，监督重大事故隐患治理。负责新、改、扩建和技术改造项目（工程）安全设施的评价、设计审查和竣工验收。开展安全生产宣传教育工作，组织指导安全生产新技术的推广工作。监督管理劳动防护用品。组织、督促各企业法人、负责人及安全管理员，参加安全生产相关培训及考取相应的资格证书。承办上级交办的其他事项。

2017年6月13日，县安监局局长巴桑云旦在顺达加油站开展迎国务院巡查前“危化品”专项检查

【党建工作】 年内，强化组织领导，加强党的建设，全面从严治党。加强学习研究，局党支部定期研究分析党建形势，查找薄弱环节和工作短板，加强对党建重要问题、重点工作、重大事项的研究部署。强化基层党组织建设，选好、配强机关支部成员，充分发挥党支部作用，不断凝聚党员力量，强化对党员的教育监督管理；转变观念，把党建工作摆在重要议事日程，切实担负起管党的政治责任，深入贯彻落实党风廉政建设主体责任和“一岗双责”，克服和纠正重业务、轻党建的错误思想，切实做到同安排、同部署、同检查、同落实。

【党风廉政建设】 年内，当雄县安监局高度重视党风廉政建设工作，紧紧围绕党的群众路线主题教育活动、“三严三实”主题教育和“两学一做”学习教育，认真贯彻落实党中央“八项规定”精神和区党委“约法十章”“九项要求”及市委“八项要求”，按照中纪委全委会、市委、市纪委党风廉政建设工作会议精神和当雄县党风廉政建设和反腐败工作方案要求，始终把党风廉政建设和反腐败工作纳入局党支部工作的重要议事日程，作为局党支部党建工作中心任务来抓，严格落实党风廉政建设责任制，不断推进惩治和预防腐败体系建设，建立健全局机关廉政风险防控机制。在日常工作中，结合安监工作实际，不断加强干部学习教育，改进干部作风，提高干部素质。

【安全生产】 年内，严格落实局长总责，副局长带领成员具体抓的“一岗双责”责任制。县级各行业主管部门依法履行行业监管职责，坚持“谁主管、谁负责”“谁审批、谁负责”“谁签字、谁负责”和“属地管理”原则，加强对主管行业的安全监管，确保全县安全生产形势稳定。按照区、市要求和县委、县政府统一安排，全县组织召开安全生产工作会4次，认真贯彻落实《中共中央国务院关于推进安全生产领域改革发展的实施意见》和《西藏自治区及拉萨市关于关于推进安全生产领域改革发展的实施意见》，以迎接党的十九大胜利召开为目标，以国务院安委会安全生产巡查、督查、检查问题整改为抓手，强力推进安全生产领域改革发展，全面深入开展安全生产大检查，有效防范和遏制各类较大以上生产安全事故发生，保持当雄县安全生产形势持续稳定。

【安全生产大检查】 8月2日，召开安委会全体会议，层层动员部署、明确责任分工、细化工作措施，强化组织领导，严格落实安全生产责任。严密组织、深入检查、集中整治，对突出重点区域和行业领域类企业，组织人员对生产经营建设全过程及每个部位、每个环节、每个岗位全面排查安全风险点和隐患。非煤矿山企业共检查8次，其中4次安全生产检查、4次复查。西藏华钰矿业股份有限公司拉乌分公司检查6次，乌玛塘石膏矿业检查2次。开具行政执法文书责令改正指令书4份、行政执法文书整改复查意见书4份，共排查出隐患15项，整改15项，整改率100%。危险化学品销售点共检查11次，检查6次、复查5次，开具行政执法文书责令改正指令书6份、行政执法文书整改复查意见书5份，共排查出隐患95项，整改95项，整改率100%。

【国务院安委会检查】 年内，认真贯彻落实国务院安委办第八巡查组、第十二督导组、第二十一检查组的各类迎检文件精神，切实将国务院安委会工作组反馈的问题落到实处。7月9日、9月17日分别召开迎检工作专题会议，传达迎检工作"紧急通知"精神并做好动员部署。成立由政府主要领导任组长的反馈意见整改领导小组，明确各成员单位职责，对工作中履行职责不力、工作成效不明显的成员单位及时跟踪问责，确保各成员单位心往一处想劲往一处使；按照各工作组反馈文件精神，涉及问题制定整改方案、计划，并要求各乡（镇）、县安委会各成员单位、相关各企业，依照实施方案通知要求，落实好各项工作要点，确保被巡查事项、整改问题符合有关要求。落实工作责任，全面整改国务院安委会巡查、督查、检查反馈问题。

2017年6月16日，县安监局工作人员在县城开展"安全生产月""安全生产当雄行"活动

【开展"安全生产月"活动】 年内，为切实开展好全县"安全生产月"和"安全生产当雄行"活动，"全面落实企业安全生产主体责任"主题，聚焦改革发展、监管执法、事故预防和安全法规知识等内容开展宣教活动，6月8日由县委副书记、常务副县长郭春杰主持召开动员部署会。6月16日，县农业银行全面开展宣传咨询日活动，以户外LED屏、电子阅报栏、悬挂横幅等方式宣传标语共计40余条。投入资金8万元在109国道沿线租用大型宣传栏3个月进行宣传安全生产工作；"安全生产月"期间共计发放宣传资料和物件2万余份。

（洛桑益西）

【领导名录】

局　长

　　巴桑云旦（藏族）

副局长

　　扎西罗布（藏族）

当雄县国家税务局

【概况】 当雄县国家税务局于1994年成立，正科级建制单位，现有行政编制人员11人，公益性岗位4人，其中正科级局长1人，副科级领导2人。具体职能：贯彻执行国家的各项税收法律、行政法规和规章，结合当雄的实际情况，研究制定具体的实施办法；编制本地区各项税收收入计划，并组织实施；监督检查当雄有关纳税单位和纳税个人贯彻执行国家税收法律、行政法规和规章的情况；完成上级主管部门和县委县政府交办事项。

【税收征管】 年内，夯实税收征管的基础，促进法治税务建设深入

2017年8月4日，拉萨市国税局党组书记、局长孙清明（后排右一）在当雄县国税局调研

化。统筹好组织收入。坚持组织原则不动摇，做好税收分析预测，提高收入质量，全力以赴组织税收收入。严厉打击涉税违法行为，深入开展风险防控分析应对。积极与市局沟通联系，及时汇报税收收入情况，取得理解与支持；落实好税收政策。坚持法治理念，落实税制改革政策措施。不折不扣落实优惠政策，及时研究解决热点难点问题。做好环保税征收工作。建立环境保护政策宣传与税法宣传联动工作机制，对辖区环境保护税纳税人开展相关政策宣传和培训，确保政策有效落地。2017 年，累计完成各项税收收入 3.92 亿元，同比增收 2.12 亿元，增长 118.62%。

【党建工作】 年内，“围绕税收抓党建，抓好党建促税收”，将党建作为引领工程抓实抓牢。认真学习贯彻党的十九大精神，坚持把学习领会党的十九大精神同做好当前各项税收工作紧密结合起来，同推动税收事业科学发展紧密结合起来，认真思考、深刻领会、全面落实，力求学有所思、思有所用、用有所成，为推进税收现代化做出积极贡献。抓好基层党的建设，在巩固 2016 年党建成果的基础上，继续延伸“纵合横通强党建”的工作思路，落实“下抓两级、抓深一层”的工作机制和推进全面从严治党向基层延伸的指导意见，把履行党建工作责任作为重要任务；强化党建责任，加强意识形态责任制考核，构筑战斗堡垒；强化党员理想信念教育，畅通党内监督渠道，发现和培植典型，打造党建示范品牌，创新思想政治工作方法，以群众性活动和国税文化建设为载体，深化精神文明创建成果。

【西藏国税系统法治基地】 2017 年，当雄县国税局在拉萨市国家税务局指导下，积极做好全区税务系统法治基地创建单位申报工作，按要求上报申报资料，做好本局基础建设工作，经过全局干部共同努力，在 9 月 29 日获得自治区国家税务局正式命名为“西藏国税系统法治基地”。加强对重点税源的监控，进一步推进增值税发票升级版管理工作，同时强化“以票控税”，通过对税控数据的比

2017年10月25日，县国税局党组书记、局长张晓强组织干部职工学习党的十九大精神

对，进一步规范税收管理。推行“一窗式”纳税服务模式，在办税服务厅、门户网站、微博、微信等多种渠道对办税事项二维码一次性告知工作的宣传，在办税服务大厅摆放供纳税人使用的二维码宣传栏。

【队伍建设】 年内，抓牢队伍建设的重点，推进纳服工作迈上新台阶。认真落实“倾情带队、严管善待”的工作要求，大力弘扬“传播正能量、弘扬真善美”的工作愿景，坚持以纪律规矩约束人、以绩效管理规范人的工作机制，激发全体干部的积极性、主动性和创造性，在整个系统打牢共同思想基础，树立争先进位意识，培育良好道德风尚，做好数字人事系统正式运行和绩效考评结果运用，激发队伍活力动力；巩固“岗位大练兵、业务大比武”成果，打造政治过硬、素质过硬、业务过硬的税务人才。

（郭治平）

【领导名录】

局 长

张 国 军（4月免）

张 晓 强（4月任）

纪检组长

格桑达娃（藏族）

副局长

桑珠平措（藏族，10月任）

当雄县旅游局

【概况】 当雄县旅游管理局为全县行政管理部门，行政编制4人、公益性岗位1人。正科级建制，具体职能为负责当雄县辖区的旅游规划、管理和监督工作。

2017年6月20日，县委常委、副县长游关涛主持召开当雄县旅游市场秩序规范整治领导小组工作总结会议

【经济发展】 2017年，纳木错景区共接待游客达63万人次，旅游门票收入6500万元。

【战略布局】 年内，与知名企业上海景域集团和成都岷山集团全面合作，完成全域旅游总体规划，重点完成廊琼岗日冰川、唐滨湖、阿热湿地景点保护开发规划的前期工作。抢抓拉萨市国际旅游城市发展总体规划关于建设“拉萨旅游北廊道”及拉萨旅游环线的发展之机，当雄县力推“民族文化、草原风情、山水风景”三张名片，重点推进“全域旅游”的建设。同时，结合环纳木错旅游发展思路和乡村旅游富民工程，高起点规划纳木湖乡特色小城镇及游客集散中心，着力将纳木错打造成为全区旅游品牌“皇冠上的明珠”。

【项目建设】 年内，着力在释放优势、挖掘潜力上下功夫，扎实抓好旅游项目建设，加快旅游产业发展。大力做好温泉旅游品牌。完成AAAA级“岭格萨杰布温泉酒店”的规划设计，投资1.2亿元。于2月14日已奠基开建，并结合纳木错景区、阿热湿地和羌塘草原风光，实施“温泉+景区”联合开发；整合羊八井、宁中和格达温泉资源，实施“温泉+温泉”联合开发，启动“温泉+”旅游模式，全力打造“高原地热温泉之乡”。大力打造羊八井文化旅游产业。借助羊八井国家地质公园投建项目、羊八井—格达新能源产业园区项目、羊八井特色小城镇建设项目组团投建之机，全力发展羊八井文化旅游产业，各项目前期工作正稳步推进；大力挖掘文化旅游内涵。完成当雄原创“天湖四季牧歌”大型文化产业项目设计及主体结构建设，2017 年 8 月已投入使用。完成赛马场整体规划整合，合理利用赛马场整体整合资源，做好节庆经济与旅游产业的整合文章，成功举办第二届“相约纳木湖畔寻觅虫草之旅”及传统文化“当吉仁”赛马节活动、纳木错环湖拉力赛，不断促进文化与旅游产业联动发展。

【服务提升】 年内，坚持围绕旅游搞服务，以提升旅游形象、提升游客满意度为目标，不断加强旅游软环境建设，增强核心竞争力。稳步推进“互联网＋纳木错”智慧景区建设，旅游综合服务能力不断提升。充分利用“逐梦当雄”“幸福当雄”“网信当雄”手机客服端，及时向游客推送旅游信息，为游客提供随身的“智慧导游”服务；积极发挥旅游市场服务监督专线（0891-6111111）。以“不让一个游客在当雄受委屈”的理念，在念青唐古拉山口、纳木错景区售票处、拉根拉山口、纳木错景区二号桥、扎西半岛 5 处共 10 人设立执勤服务点，及时为游客提供高效优质的服务，逐步建立全民服务旅游和游客的格局，让服务成为真正的核心竞争力。

【强化管理】 年内，加大旅游市场的秩序整顿和规范力度，着力破解制约旅游产业发展的瓶颈问题，不断优化旅游环境，提升旅游品质。开展旅游执法专项整治，由当雄县公安局牵头，15 家部门成立旅游联合执法队，严厉打击各种破坏旅游环境、扰乱旅游市场秩序、侵害游客权益的不法行为。共开展联合执法 8 次，打击旅游市场“黑导、黑车、黑社”涉及违法犯罪行为，责令整改商户 20 余户，停业整顿 1 户。以纳念管理局为依托，不断规范景区内相关管理，4 月底，完成扎西半岛、旅游沿线共拆除违建 35 栋，共 1100 余平方米，其中违建收费厕所 5 座，违建商铺 20 户，其他建筑 10 户。逐步完善景区内道路交通、特许经营等制度，并形成长效机制；建立分工细致、责任明确、运转有效的旅游安全责任机制，在春节、清明节、“五一”小长假、“萨嘎达瓦”等节假日来临之前，深入开展旅游安全隐患排查与治理工作，切实消除各类安全隐患，保障游客的生命财产安全。联合当雄县公安局对景区内流浪狗抓捕清理 60 余只。针对游客举报、执法查出的违法经营者，旅游局严厉打击，依法查处。查处景区售票处藏獒拍照违规经营 10 余次，责令归还游客现金 560 元，停业 5 户。处理景区高价售卖天珠事件 1 起，责令退还游客现金 2000 元，纳木错派出所对当事人提出警告。处理高价贩卖藏药材商户 1 户，责令退还游客药资 5 万元，取消经销户经营权。

【品牌营销】 年内，坚持从创新观念入手，为旅游产业发展引路，积极推出一批旅游商品，培育一批牧家乐品牌，不断延长旅游产业链，增加附加值。商品支撑，做大做强旅游产业。依托当雄“有身份证”牦牛肉品牌，高起点推出“新、优、奇、美”的特色土特产品和手工艺品，全面打开旅游商品市场，繁荣旅游经济。凸显特色，做精做优旅游品牌。充分挖掘草原游牧文化，全面建设黑帐篷行者系列牧家乐，现已建好宁中乡、纳木湖乡黑帐篷牧家乐、“拉萨乃藏”等打造独具特色

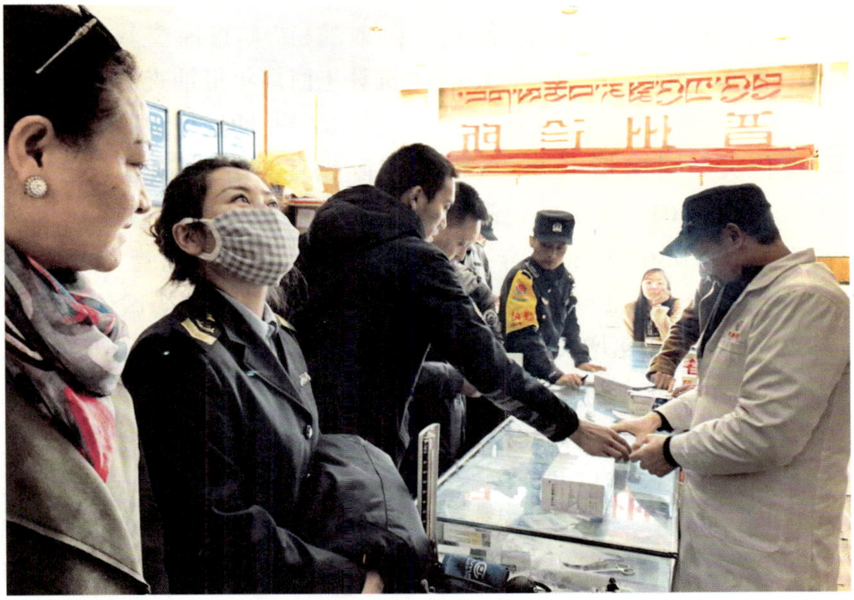

2017年5月16日，县旅游局联合各部门开展旅游市场物价检查活动

的牧家乐旅游品牌。坚持以新闻媒体宣传为主导,以游客间接宣传为补充的营销策略。2017年,继续在旅游卫视《神州揽胜》栏目播出《高原明珠当雄》宣传片。电影《天缘纳木错》发行放映即将展开。作为当雄县人民政府对外宣传的一张名片,该片的公映和一系列宣传推广,必将不断提升当雄旅游知名度。近期举办第十五届中国西藏登山雪古拉峰越野挑战,群众性登山活动,当雄县利用优势的旅游资源,吸引着国内外游客前来挑战,一睹雪山的风采,体验牧区文化特色。

（白玛措姆）

【领导名录】

局　长

白玛措姆(女,藏族)

副局长

黄　富　城(12月任)

当雄县工商行政管理局

【概 况】 2017年,当雄县各类市场主体1869户(2016年1356户),注册资金32.14亿元(2016年19.02亿元),同比增长37.83%、69%。其中2017年新登记的各市场主体为436户(2016年325户),注册资金5.27亿元(2016年3.99亿元),同比增长34.15%、32.08%。2017年,个转企业5户,大学生创业为3户。全面推行"双告知"制度,2017年度共发放"双告知"307份。

【企业年报公示】 年内,当雄县工商局共发放宣传材料400余份;当雄县纯牧业县辖区内农专和个体户80%以上不会上网申报,工作人员上门手把手指导,帮助申报年报。2016年应年报市场主体1433户,已年报1397户,年报率97.49%,未年报36户市场主体列入经营异常名录。2017年,个体户自主年报率达到58.09%。

2017年3月15日,拉萨市工商局副局长吴魏(右二)为农牧民讲解消费维权知识

【"双随机"年报抽查】 年内,当雄县工商局年报抽查的各类市场主体37户,通过实地核查公示信息隐瞒真实情况、通过登记的住所无法联系,8户市场主体已列入异常名录,转变监管方式,提高监管效能,促进社会诚信体系建设,逐渐实现"以信用促监管、以信息强监管"。

【提高商标品牌意识】 年内,当雄县工商局指定专人负责商标品牌指导工作。大力引导培育本土商标,把实施商标广告战略作为提升市场核心竞争力、打造高原特色品牌的重要抓手,促进商标广告战略与经济发展深度融合。建立商标注册库,截至年底,辖区内共有注册商标8件,其中1件为中国驰名商标(5100),有1件(纳错琼母)为第九批获得自治区著名商标。地理标志商标3件(曲玛弄、当雄牦牛、当雄牦牛肉)。加强商标广告的检查指导工作,年内,共发放"四书五进"商标指导文书30份。

【保障消费者权益】 年内,围绕消费热点问题,进一步加大消费维权力度,不断改善消费环境,释放消费潜力,发挥消费对经济的拉动作用。积极完善"12315"维权体系建设,全县建立7个消费维权联络点,确定联络员;切实加强消费维权。着眼于推进消费维权常态化,扎实做好消费投诉举报调处和案件查办工作。2017年,共受理消费者咨询、投诉、举报4件，办结4件，总案值3.6万元，为消费者挽回经济损失3.3万元。

【食品安全整治】 年内，查处各类案件1件，罚没金额0.4万元。先后开展元旦、春节藏历年等各类节日食品市场整治，农村食品市场整治、校园周边食品安全专项整治，共出动执法人员25人次，检查市场主体350余户，没收过期变质食品16个品种，折合人民币3000余元。

【旅游市场监管】 年内，共出动执法人员56人次，车辆30余台次，检查经营户数230余户，同时，旅游餐馆厨房卫生脏乱差1家商户，发放整改通知书，处理消费投诉3件，调解率100%。

【开展无证无照取缔工作】 年内，当雄县工商局利用验照工作时机，严格查看市场主体持有的各类证照，同时，开展专项整治工作2次，共出动执法人员12人次，2017年，县工商局发放提醒通知书15份，共办理1起无照经营案，罚没款0.4万元。

【巩固打击传销成果】 年内，结合当雄县实际制定打传工作方案，成立领导小组，加大宣传力度，发放打击传销宣传材料共300余份。对辖区内曾参与过传销的人员（21名）名单登记造册，做到准确掌握基本信息，并加强当地党政、辖区派出所的联络，做到及时掌握他们的社会动态。2017年，创建“无传销社区、乡镇、学校”2个，签订责任书10份。

【“当吉仁”赛马节物资交流会】 8月1—8日，县工商局投入全部人力、物力，负责整个市场的规划、商户安排入住、市场监管、消费维权等工作。当雄县工商局现有5名干部，凝成一股力，加班加点对区内外600余户商户划分地皮安排摊位，同时在节日期间市场巡查和专项检查相结合开展市场监管工作。通过全体干部的不懈努力，七天商品交易额达到620万元，做到“零投诉、零举报”，商品供应充足，市场繁荣稳定，秩序井然有序。

【安全生产整治】 年内，以安全生产无小事的工作理念，定期不定期和重要节点开展整治工作，查看各类证照是否齐全有效，该辖区内共有5户重点安全防范单位，其各类证照进行备案登记，查看是否存在安全隐患等，做到辖区安全生产万无一失。

【党建、党风廉政建设】 年内，严格按照拉萨市工商局党建及党风廉政建设的工作部署，认真制定《2017年度当雄县工商局党建工作计划》《2017年当雄县工商局理论学习计划》《2017年度当雄县工商局党风廉政建设工作实施方案》，并将其严格贯彻落实。2017年，当雄县工商局组织干部学习党的十八届五中、六中全会、十九大报告等，学习达到13次，学习笔记达到1000字以上，撰写心得体会4次，组织交流5次，提高学习理论、理论素养，思想觉悟。县工商局始终把党风廉政建设工作放在首位，坚决贯彻落实中央“八项规定”，紧盯节假日期间，围绕四风问题变种隐形，密切注意不正之风的新动向、新表现，组织干部职工再次重申中央“八项规定”“约法十章”“九项

2017年8月10日，县工商局局长德吉慰问退休老干部

要求”等规章制度。注重增强教育的针对性，对窗口服务风险岗位，做到经常提反复讲，严格要求管到位，使得每一位干部真正敬畏纪律，严守纪律，不以身违纪，更不以身试法。规范重大事项议事规则，对于干部的评先选优一律干部大会选举决定。对于1000元以上的经费开支，一律干部大会研究决定；经费开支按季度进行公示。年内，当雄县工商局干部职工无任何违法违规行为，无群众来信来访和投诉举报情况。

（德　吉）

【领导名录】

局　长

德　　吉（女，藏族，12月任）

副局长

德　　吉（女，藏族，12月免）

林智勇（8月任）

丹增念扎（藏族，12月任）

羊八井工商所所长

米玛次仁（藏族）

当雄县气象局

【概况】 当雄县气象局机构规格为正科级，下辖有4个区域无人自动站和1个交通气象站。国家正式编制3人，地编人员2人，在岗人数为5人。学历结构：本科5人。政治面貌：中共党员4名。

2017年，年均气温为4.2℃，较历年同期平均值偏高4.0℃。年极端最高气温22.7℃，出现在6月4日；极端最低气温-21.3℃，出现在1月13日。年降水量为466.1毫米，较历年同期值偏多5.6毫米。日最大的降水量为33.2毫米，出现在7月22日。年内7级以上大风日数为38天，最大风速为22.2米/秒。年均日照时数2838小时，日照百分率为61%。

【抗旱及汛期气象服务】 年内，气象服务紧紧围绕气象工作面向民生、面向生产、面向决策的要求，加强为农气象服务“两个体系”建设，健全服务机制，完善服务流程，认真做好气象服务工作。2017年，县气象局通过手机短信平台，为县、乡（镇）、住寺和农村气象信息员发布每周和每日天气预报，共发布手机短消息400余条，向县委、县政府、发改、水利、畜牧和旅游等单位共发布气象服务信息51期，发布农经网信息49条，发布当雄气象快讯（信息）31期。

【气象现代化建设】 年内，根据加快气象现代化建设要求，县气象局扩建气象局业务用房及职工周转房，扩建面积为4627.7平方米，此项目于8月竣工，9月正式搬迁。2017年，当雄县气象局正式成立县级公共服务平台和气象防灾减灾指挥部。8个乡（镇）建立综合气象服务站和成立乡（镇）气象防灾减灾领导小组，培养8名乡镇骨干气象信息员与30余名村级气象信息员，进一步推动“三农”气象服务。

【党建、党风廉政建设】 年内，当雄县气象局重视基层党组织的建设工作，通过常规性的政治理论党的十九大会议精神学习，民主生活会及主题活动的开展，提高党员的政治修养，增强党员的自我约束能力和党小组的凝聚力，发挥党员干部的先锋模范作用。

（德庆曲珍）

【领导名录】

局　长

尼　　玛（藏族）

2017年2月21日，县气象局局长尼玛在乌玛塘乡慰问帮扶贫困户

当雄县净土产业投资开发有限公司

2017年7月16日，国际中心博览会上西藏自治区副主席甲热·洛桑丹增（右一）在当雄净土产业展位考察

【概况】 当雄县净土产业投资开发有限公司，于2015年4月2日成立，注册资金为8000万元，属国有独资企业，公司法人代表洛珠，共有10名职员，其中公司管理层4名。下辖三个子公司：当雄县净土天然饮用水开发有限公司、当雄县农畜产品开发有限公司、当雄县净土牦牛产业开发有限责任公司。

【经营范围】 当雄县净土产业投资开发有限公司主要以种养科技示范基地、农畜产品深加工、人工种草、冻精推广、水资源开发的经营范围，承担授权范围生态畜牧产业重大项目、净土健康牧业示范基地的建设项目投融资与运营管理，畜产品市场推广、畜牧业会展、畜牧业对外合作，畜牧业招商引资。新能源（风、光等）项目、水资源项目（矿泉水、饮用水等）招商引资及开发等净土健康产业发展项目。

【净土健康产业发展】 净土健康产业发展是市委、市政府放眼全球、纵观国内、立足拉萨、着眼未来做出的重大决策部署，是可持续发展的低碳产业，是前景不可低估的朝阳产业。自市委做出发展净土健康产业的重大决策以来，当雄县作为全市唯一的纯牧业县，始终坚持"一个基础"（畜牧业生产基地），打造"两个基地"（水业基地、新能源基地），实现三次产业互动融合发展奋斗目标的工作思路，充分发挥自身的资源优势，重点围绕畜牧业、天然饮用水、新能源三大支柱产业强力推进，错位发展，开创独具当雄特色的净土健康产业发展之路。

【公司产品】 截至年底，研发的产品有当雄牦牛肉五香味、当雄牦牛肉麻辣味、卤汁牦牛肉五香味、卤汁牦牛肉麻辣味、手撕牦牛肉五香味、手撕牦牛肉麻辣味、风干牦牛肉麻辣味7个口味，产品生产已完成。完成当雄牦牛肉、卤汁牦牛肉、手撕牦牛肉68克、108克袋装、散装系列包装。风干牦牛肉系列已完成研发，牦牛肉罐头系列已完成研发，牦牛坨坨肉系列已完成研发，牦牛肉酱系列已完成研发，完成冻品牦牛肉产品定型、分割，完成牛排产品研发，完成活牛宰杀（冷鲜牦牛肉）产品定型、分割、数据测算。

【战略布局】 2017年2—9月，公司共实现销售金额157.9万元。实现目标市场第一批战略布局：公司以成都为核心，辐射重庆、西藏，华东地区江苏、上海、浙江，华北地区北京，华南地区广东等区域进行全国的市场布局。

【市场宣传】 年内，参加北京国际餐饮食材展。此次展会以区域、渠道招商推广为主，产品品鉴、产品推荐为辅。展会期间覆盖人群3000余人，共接待到访客户300余位，其中留下资料的客户为127余位，有意向合作的客户为34位。重庆餐博会：重庆展会共积累客户数量22位，其中意向客户8位。四川马术协会（豪威站）、"当吉仁"赛马节：通过此类活动，使当雄净土产业公司品牌在高端受众人群中得到较大展示传播，并争取到相当优质的高端客户资源。许多客户通过赛马节现场的广告以及与政府领导的洽谈，更深入的了解公司、产地以及产品。

【探索水产业】 年内，加大水资源的开发与投产，继续打造高原特色“水城”。净土公司控股的纳木错实业有限公司投资1.2亿元（产业扶持资金3600万元，企业融资贷款8400万元）对厂房及设备进行更新。其中投资5700万元用于购买法国（上海）西得乐设备公司两台生产设备，投资1704.4万元购买林奥洁净间和水处理间设备及安装，投资1915.6万元购买瓶坯和瓶盖、标签、纸箱和前期运作经费，投资2860万对厂房主体扩建。10月完成主体工程建设，11月15日开始设备调试安装工作，12月1日起开始投产运营。新引进西藏象雄饮用水有限公司，该公司拟定投资为1.85亿元，在当雄县羊八井开发饮用水资源，其中净土公司占10%的股权。项目总占地面积为30亩，选址工作已完成，计划将在2018年实现试运投产，为当雄县精准扶贫带动增收29.7万—44.55万元。与当雄圣地生物发展有限公司的合作建立生物水开发项目，进一步推进项目前置手续办理工作，项目投入使用后县净土公司占股权的32%。拟定项目总投资2000余万元（其中产业扶持资金800万元，借款800万元，企业自筹400万元），在2018年实现试运投产，每年为当雄县精准扶贫带动增收88.62万元。

【探索高原特色牦牛产业链】 年内，安排三名畜牧专业人员，成立专门的科学养殖基地，并从青海牧源农牧科技股份有限公司购买20吨育肥精饲料，从本地市场上购买10吨本地黑豌豆，对新购的20头科研牦牛分别以传统的养殖模式和外省的养殖模式进行养殖，分析饲养相关数据，努力探索符合当雄县的先进养殖模式。净土牧场建设项目总投资1.2亿元，其中一期投资8100万元，分别在宁中乡投资5200万元，建设牦牛养殖基地和育肥基地、冻精站、兽医站、草原站、检疫站。郭庆牧场投资2900万元，建设牧场和养殖基地。二期投资3900万元，其中投资1500万元建设牦牛肉切割厂，投资2400万元建设色德牧场。项目第一期的总体方案和初步设计、平面效果图已编制完成，11月投入使用郭庆牧场。利用当雄县驻拉萨群众工作站一楼沿街商铺，净土公司投资97万元建立当雄县净土健康旅游文化展示馆和投资49万元建立当雄县净土有“身份证”牦牛肉体验点。

（普布次仁）

2017年12月12日，当雄县委副书记、县长其美次仁在“中国牛人”大会发表致辞，向现场嘉宾介绍当雄县牦牛的生长环境以及存栏数量，对当今牛羊肉市场形势进行剖析

【领导名录】

董事长

洛　　珠（藏族）

副总经理

扎西次仁（藏族，8月任）

旅游公司经理

普　　琼（藏族，12月免）

水资源公司经理

次旺贡布（藏族）

当雄县羌塘旅游文化发展有限责任公司

【概况】 当雄县羌塘旅游文化发展有限责任公司成立于2013年3月31日，在当雄县注册成立，注册资金5520万元，公司共有员工

41人，其中，财政供养干部有7名（管理层4名）、外聘人员有1名、服务人员33名（其中12人为精准扶贫户）。公司名下的注册公司有神山圣湖旅游客运有限公司。截至年底，正在运营的产业有赛马场游客集散中心、黑帐篷、四季牧歌、集装箱酒店、旅游生态园茶园。正在开发的项目有"康玛温泉度假酒店项目""蓝姆雪山""行者黑帐篷系列""廓琼岗日冰川"。

【经营范围】 旅游接待、民族歌舞表演、马术表演、中餐、藏餐、民族工艺品销售、住宿、广告牌出租、畜产品加工销售。

【旅游产业发展】 旅游业是世界经济中持续高速稳定增长的重要战略性、支柱性、综合性产业，随着经济全球化和世界经济一体化的深入发展，世界旅游业更是进入快速发展的黄金时代，旅游业是可持续发展的文化产业，是前景不可估量的朝阳产业。当雄县作为全市唯一的纯牧业县，这里有着更多游牧生活的传统历史以及文化遗产。凭借丰富的旅游资源，充分发挥并错位发展，开创具有当雄县特色的旅游产业发展之路。

2017年10月12日，羌塘旅游公司董事长普琼检查黑帐篷拉多点工程进度

【业务开展】 年内，成功举办当雄县第二届"相约纳木湖畔、寻觅虫草之旅"活动。举办2017年当雄县国家级非物质文化"当吉仁"赛马节，完成赛马场游客集散中心（黑帐篷、四季牧歌、集装箱酒店）的建设任务。

【在建旅游项目】 康玛温泉度假酒店项目：已完成该项目前置手续的办理，项目主体工程完成90%以上，项目给排水等附属工程已完成30%以上。蓝姆雪山项目：截至年底，完成6.9千米的通往景区的道路。行者黑帐篷系列项目：羊八井"行者黑帐篷之牛气冲天"游客中心已完成该点总工程的50%以上。廓琼岗日冰川开发项目：已完成通往景区的毛路11公里以及观景台、停车场等基础设施。确定纳木错景区售票处迁移至游客集散中心的方案，并且酒店大堂及景区售票处按照要求进行装修，该项目已完成60%以上。

（益西卓嘎）

【领导名录】

董事长

普　琼（藏族）

社会事业

当雄县民政局

【概况】 当雄县民政局作为县政府的职能部门，担负着全县救灾、社会救济、老龄事业、勘界、换届选举、“双拥”、婚姻登记、医疗救助等行政管理工作。分管民政机构：当雄县老年活动中心、当雄县敬老院以及各乡镇民政助理员。民政局现有行政人员4人，事业编制7人，工人3人，聘用制人员5人。2017年，当雄县民政工作坚持以“三个代表”重要思想为指导，以深入学习实践科学发展观为动力，认真实践“以民为本，为民解困，为民服务”的工作宗旨，突出重点，开拓创新，为经济快速发展、社会和谐稳定奠定坚实基础。

【社会救助】 2017年，当雄县共有农村低保户1065户4433人，其中社保兜底对象442人，城镇低保户358户545人。2017年兑现农村低保资金873.71万元，城镇低保资金441.03万元。9月，根据自治区民政厅工作安排，第三方评估组一行在当雄县就民政社会救助工作进行全面评估。通过听取全县农村低保按标施保工作情况介绍，查看农村低保档案、入户调查记录等相关档案资料，同时，评估组随机抽查乌玛塘乡郭尼村、巴嘎村进行入村走访。查看村级入户调查表、民主评议记录、公示栏公示情况、按户保障情况和差额补助情况，查看低保金按月发放情况；随后对两个村采取随机抽查入户，入户了解各低保户的家庭成员、状况、收入情况，查看低保对象银行卡、存折、低保金发放等情况。最后，对当雄县社会救助工作给予充分肯定，社会救助工作被自治区评为优秀单位。

【“五保”供养】 年内，当雄县农村“五保老人”供养主要采取集中供养为主，分散供养为辅的供养模式，集中供养自愿入住率达到

2017年5月25日，副县长骆宁在羊八井镇彩渠塘村看望慰问搬迁点群众

100%。全县共有“五保老人”96人，其中集中供养66人，分散供养30人（有10人正在做集中供养前期相关工作），尽快实现集中供养人数达到76人。县民政局始终把关爱老人、尊重老人、孝敬老人、帮助老人作为敬老院工作的第一要务。为敬老院选配事业编制管理人员5名，合同制管理人员5名。同时，为每个楼层安排具体分管人员，对老人进行分组管理，要求楼层分管负责人要定时巡逻查房，了解分管老人的身体健康情况，掌握好每一名老人的生活状态。县民政局在充分征求敬老院工作人员和老人意见的前提下，及时制定食堂管理制度、卫生制度、文体活动制度和值班制度等一系列规章制度，并定期组织内部会议进行讨论，不断完善，不断补充，以确保县敬老院各项工作有序推进；根据老人不同需求，让全院干部职工努力为老人营造温馨舒适、健康幸福的生活环境，让老人拥有家的感觉。坚持以爱心陪伴老人，以细心呵护老人，以恒心关爱老人，以精心护理老人的服务理念，重视老人的各项要求，对于老人提出的问题，都会及时进行处理，给予满意答复，努力做到事事有着落、件件有回音，实现老人日常照料人性化、规范化。对老人实行有针对性的分级护理。为生活不能自理的老人提供24小时全方位生活护理，随时解决老人们的困难，把其需要作为自己的责任，提高他们的生活质量，真心实意为老人提供亲情化服务。

2017年3月20日，民政局局长次仁曲珍在乌玛塘乡纳龙村看望慰问结对帮扶对象

2017年，县级财政预算262万元用于县社会福利院“五保老人”日常生活开支及每月生活补贴。每人每月发放生活补贴200元。在元旦、春节、藏历年、重阳节等节日来临之际为老人们送去慰问品及慰问金9万余元。当雄县“五保老人”生活补贴在区、市政府对“五保老人”生活补贴每人每年5910元的标准上，由县本级财政对集中供养每人每年增加2000元，分散“五保老人”每人每年增加1000元。

【医疗救助】 年内，当雄县民政局医疗救助398人次，发放救助金251.72万元。城乡医疗救助“一站式”即时结算工作有序开展，全年共结算“一站式”医疗救助人数为38人，经与县卫生局核算返还结算垫付资金24.35万元。

【临时救助】 年内，当雄县民政局按照自治区临时救助相关政策要求，为更好的解决困难群众生产生活中遇到的实际困难，让困难群众有饭吃、不受冻，确保每一名困难群众基本生活有保障。2017年，当雄县临时救助59人次，落实救助资金12.83万元。

【核算中心】 年内，当雄县民政局居民家庭经济核对中心及时与县公安、人社、财政、税务、工商等部门签订信息共享合作协议，核算中心工作人员对城乡低保13户、50人进行手工核对，根据国家审计署和自治区审计厅反馈的审计问题整改落实情况。县民政局高度重视，围绕此次审计发现的违规城乡低保对象进行全面进行入户核查，共清退35户、125人。当雄县下发《2017年当雄县农村低保核查清理整顿工作实施方案》，按照方案要求各乡（镇）对该辖区内的农村低保进行全面清理核查，各乡镇入户核查率达到100%，并在入户过程中每户填写当雄县城乡居民家庭救助申请表、当雄县城乡居民家庭申请救助调查表、当雄县城乡居民家庭经济状况核对表等。通过此次核查，对农村低保户中的新生、死亡、迁户、收入超标等人员进行调整，共调整226人，清退25户、68人。

【社会救助业务培训】 12月，当雄县民政局组织各乡镇民政助理员，开展城乡低保申请受理、家庭经济状况调查、民主评议应遵循程序、审核审批程序等工作流程进行培训。

【“一门救助、协同办理”平台建设】 年内，当雄县各乡镇全面建立“一门受理，协同办理”工作机制，建立完善救助工作平台。在各乡镇建立统一受理社会救助申请的“一门式”社会救助服务窗口和协同办理机制，主要是将群众生活、住房、教育、就业等各项救助政策实现系统全面的救助，使困难群众“求助有门”，尤其是在解决城乡群众突发性、紧迫性、临时性基本生活困难上发挥及时有效的作用，通过“一门救助、协同办理”平台对困难群众实施救助。

【社会救助联席会议制度】 年内，当雄县制定《当雄县社会救助联席会议制度》，就相关单位职责进行明确，并要求各成员单位严格按照联席会议制度及相关单位职责开展相关工作。县民政局负责统筹全县社会救助体系建设。协调有关部门，建立健全政府领导、民政部门牵头、有关部门配合、社会力量参与的社会救助工作协调机制。负责研究制定最低生活保障、特困人员供养、受灾人员救助、医疗救助、临时救助、社会力量参与等社会救助相关规定；负责低收入家庭认定指导工作，建立居民家庭经济状况核对平台。

【救灾救济】 年内，县委、县政府高度重视救灾救济工作，并将此项工作列入当雄县重要议事日程，专门将救灾救济纳入县级财政年度预算，2017年县级财政预算救灾救济经费200万。通过政府例会研究，制定《当雄县防抗灾应急预案》。针对人员变化，及时调整充实防抗灾领导小组，明确县、乡、村三级灾情信息员，为灾情报送及时、数据准确、不满报、不虚报、不迟报工作奠定基础。制定救灾工作职责和基层灾情信息员工作制度。加强救灾储备物资的管理，建立健全和严格遵守救灾物资管理使用制度，严格执行救灾储备物资出、入库登记制度，做到账目清、物资齐；为能让防抗灾意识深入每个牧民群众的心中，县民政局在“5·12”全国防灾减灾日，在县城群众密集区县农行门口、县政府门口等四处利用悬挂宣传横幅、发放防灾减灾宣传手册、宣传单等形式进行防灾减灾宣传，共发放相关资料350余份；县民政局投资2.7万元，雇佣地方10余名民工对当雄县县级救灾物资储备库物资进行全面盘库，并对物资重新进行归类存放，有效提高救灾物资机动性。

年内，当雄县民政局从预算经费中，用129万余元购买救灾物资用于填充县、乡、村三级储备物资。6月28日，县民政局联合县气象局在羊八井举行紧急疏散和救灾帐篷搭建演练。通过开展此次防灾减灾演练有效提升牧民群众应对处置各类自然灾害的指挥决策和统筹协调能力。进一步普及防灾避险知识，提高公众自

2017年1月5日，县民政局组织召开全县民政重点工作部署会

救互救能力。根据拉萨市减灾委的统一安排，组织各县（区）在拉萨举行首届应急救灾帐篷搭建比赛，此次比赛当雄县获得集体一等奖。

【“双拥”优抚】 年内，将“双拥”工作纳入县委、县政府主要工作常抓不懈。每年“双拥”工作经费列入县财政预算，2017 年给县民政局解决 25 万元“双拥”工作经费，同时根据人员变化及时调整充实当雄县双拥领导小组。7 月，当雄县被自治区双拥办评为“双拥”模范县。

2017 年，共接收 2016 年退役士兵 21 名，符合安置条件 4 名已全部进行妥善安置。根据上级部门要求，及时兑现 2016 年退伍军人优待金及一次性生活补助 151 万元，兑现当雄县 60 岁以上退伍军人生活补助，共计 14.3 万元。为隆重纪念中国人民解放军建军 90 周年，当雄县 7 月 31 日组织全县驻军部队、退伍军人以及生活困难民兵，在县中心会议室开展以“军民鱼水情、共筑中国梦”为主题的军地文艺会演，并向广大各驻军部队及困难民兵进行慰问。

【儿童福利】 年内，当雄县共有留守儿童 164 人，孤儿 72 人，根据全市“双集中”工作要求，已送至拉萨市福利院及 SOS 儿童村进行集中供养，并向拉萨市福利院及 SOS 儿童村送去慰问金共计 2 万元。同时对全县范围内排查统计，困境儿童共 159 人，县民政局正在向县委、县政府申请县级财政资金为困境儿童给予适当生活补贴。

2017年6月28日，县民政局工作人员在羊八井镇组织开展防灾应急演练

【老龄工作】 年内，当雄县共有 60 岁以上的老年人 3624 人，其中 70—79 岁老年人 1288 人，80—89 岁以上的 487 人，90—99 岁老年人 66 人，100 岁以上的 2 人。据统计，经济困难高龄老人 71 人，失能老人 16 人。县民政局兑现高龄老人“双项”补贴，补贴标准每人每月 50 元，共计兑现资金为 5.22 万元整。

【慈善工作】 年内，根据年初目标责任书要求，积极组织各乡（镇）、县直部门，开展“一张纸献爱心”活动，全县共筹集善款 39088 元，全部上缴市局财务科。

【行政区划】 年内，当雄县勘界联检界线分别为那曲县、曲水县 2 条，县民政局于 11 月分赴两县检查勘界联检，并将勘界联检报告、勘界联检表、协议书、联检方案等材料上报。

【地名普查】 年内，当雄县民政局联合县编译局对全县 28 个行政村地名进行认真核对，并在各村所在地设立标志牌。

【精准扶贫】 年内，当雄县民政局结合自身实际，按照“瞄准特困对象、实行兜底保障、开展精准扶贫”的工作思路，全面推进精准扶贫工作，通过精准识别后，全县共有精准扶贫兜底户 160 户 442 人，县民政局对全县兜底对象建立一户一档，村、乡两级公示，做到按标施保、应保尽保。落实“两线合一”资金，全县共落实“两线合一”资金共计 878.32 万元整。

【婚姻登记】 2017 年，结婚登记 439 对，离婚登记 50 对，结婚证补办 41 对。

【民政项目建设】 当雄县社会福

利中心建设项目、公塘乡冲嘎村综合服务中心建设项目，已全部完工并通过验收，国民经济和社会发展“十三五”期间的14个项目前期相关手续已全部完成。

【社会救助】 年内，当雄县民政局对因遭遇突发事件、意外伤害、重大疾病或者其他特殊原因导致基本生活陷入困境的家庭进行临时救助，救助人数11人次，救助资金为21.86万元。

（郝希六）

【领导名录】

局　长

次仁曲珍（女，藏族）

副局长

郝 希 六（苗族，12月任）

当雄县人力资源和社会保障局

【概况】 2017年，当雄县人力资源和社会保障局管辖公职人员共有1738人。其中，政府系统在职公务员483人，专业技术人员797人、合同工99人、固定工52人、公益性岗位213人、政府购买服务人员74人，基层平台工作人员20人。当雄县人力资源和社会保障局重点加强作风建设、队伍建设、效能建设和体制建设，有效推进人事管理工作规范化，科学化发展。完善制度，规范管理，坚持用制度管人，按制度办事。修订出台《当雄县公益性岗位（财政供养临时工）管理办法（试行）》和《当雄县公益性岗位人员（财政供养临时工）绩效方案（试行）》，较好地促进机关效能建设的长效推进；开展机关工作人员作风建设专项整治活动，为加强人员日常管理、严明组织纪律、转变工作作风、提高工作效率打下坚实的基础。

【职称评定】 年内，认真开展岗位设置及岗位认定工作，完成全县27家单位的岗位设置工作，审核上报县畜牧系统初级15人中级1人，文广系统初级3人，卫生系统中级3人、副高级2人的职称评审工作。监督配合县教体局开展2017年度职称评审会，评审通过小教高级职称13人，中教一级职称15人。2017年，共聘任文广系统初级职称5人及中级职称1人，畜牧系统初级职称22人、中级职称2人、副高级职称1人，卫生系统初级职称30人以及中级职称2人。按照机关事业单位工人技术等级申报要求，上报当雄县符合申报条件的12人。

【高校毕业生管理】 年内，当雄县共有应届毕业生210名，已实现就业112人。安排就业见习岗位45人，发放见习补贴37.08万元。为促进高校毕业生就业创业，当雄县建立高校毕业生就业微信群及时发布就业信息和就业政策。共发布就业岗位信息105条，就业创业政策48条，发放宣传册400余份。举办创业交流会2期，高校毕业生SYB培训1期30人，高校毕业生创业大赛1期，大学生成功创业15人，获得市创业大赛奖项4人，获得县创业大赛奖项7人。通过高校毕业生数据统计工作实现高校毕业生实名登记制度，在册登记往届毕业生106人，应届毕业生210人。

【城乡居民养老保险】 年内，当雄县城乡居民养老保险参保人数23522人，共征缴城乡居民养

2017年3月29日，拉萨市人力资源和社会保障局局长马百胜（左三）在当雄县人力资源和社会保障局检查指导工作

老保险金 197.68 万元，待遇领取 38996 人次，已发放养老保险金共计 603.44 万元。

【职工基本养老保险】 年内，当雄县职工基本养老保险参保人数为 2660 人，当雄县干部职工已全部参保，征缴干部职工基本养老保险基金 604.52 万元。

【城镇居民医疗保险】 年内，当雄县城镇居民医疗保险参保人数 2349 人，征缴金额 122.75 万元。共给 62 名居民统筹报销医疗保险 35.09 万元。给当雄县居民办理医保卡 117 张（其中新增居民医保卡 79 张，挂失补办居民医保卡 38 张）。

【职工基本医疗保险】 年内，当雄县职工医疗保险参保单位 68 家，参保人数 2343 人，征缴干部职工基本医疗保险基金 1448 万元。给 41 名参保职工医疗费报销 51.74 万元，其中统筹报销 48.57 万元、公务员补助 3.17 万元，给当雄县职工挂失补办医保卡 175 张。

【生育保险】 年内，当雄县干部职工参加生育保险 2065 人，征缴干部职工生育保险基金 114 万元，拨付 132 名职工报销生育保险共 142.9 万元。

【工伤保险】 年内，积极与上级业务部门沟通，对当雄县 5 名前来进行工伤认定、劳动能力鉴定的人员组织在市工伤科鉴定或认定，并支付工伤保险待遇 191.3 万元。按照上级部门的要求，每月上报工伤保险月报表及季度报表。共征缴施工工地及企业工伤保险共 54.1 万元，涉及人数 106 人。实现工伤保险参保人数 2343 人，征缴工伤保险金 106.94 万元。

2017年7月6日，县人力资源和社会保障局劳动监察大队工作人员调解劳资纠纷

【失业保险】 年内，加大力度做好失业保险扩面工作，采取各种措施，继续宣传失业保险政策法规，增强单位和个人失业保险意识，提高参保缴费积极性。积极开展失业保险新增参保的扩面工作。截至年底，当雄县失业保险共参保 900 人，征缴失业保险基金共计 90 万元。

【全民参保】 8 月，全民参保工作开展以来，当雄县共有 91 名工作人员参与到全民参保数据采集信息录入工作中，投入资金 40.07 万元，在采集过程中因部分人员在内地休假、务工、上学，未能及时采集齐全。截至年底，当雄县已录入 46929 人，未录入 8773 人，采集工作进入常态化。

【就业再就业】 年内，共开展人力资源洽谈会 2 期，组织参加各类区市招聘会 3 期，参加人数 1312 人次。农牧民劳动力转移就业 1.21 万人，2.43 万人次，实现收入 0.62 亿元。开发就业再就业岗位 918 个，实现新增就业 940 人，其中，就业困难群体 290 人，小微企业新增就业 650 人。小微企业吸纳就业 3666 人，职业介绍 1312 人次，职业介绍成功 281 人，城镇登记失业率控制在 2.2% 以内。

【技能培训】 年内，就业再就业培训 82 人，合格率 100%，就业率 100%。农牧民转移就业培训 627 人，就业率 85%。创业培训 1 期共 30 人，成功创业 15 人，带动就业 33 人。引导性培训 2 期共 1150 人。

【基层平台】 年内，为大力促进社

会保障公共服务向基层延伸、向农村延伸。当雄县已建立8个乡(镇)基层平台服务所、2个村(居)服务站。制定《当雄县基层平台服务人员管理办法》规范管理基层平台工作。截至年底,当雄县基层平台工作人员共20人,期间辞职5人补录5人。为提高工作积极性,提升工作效率,当雄县为基层平台工作人员增加生活补助每月300元,基层平台工作人员最低工资每月3000元。年内,当雄县先后3次检查基层平台建设情况,梳理问题7条,并要求及时整改。各个基层平台较好地完成精准扶贫对象一人一档,易地搬迁户三表一证,转移就业人员信息统计,高校毕业生数据统计等工作,初步形成县、乡、村三级公共服务体系。

【精准扶贫转移就业】 年内,按照精准扶贫转移就业工作要求,多措并举、分类施策,先后在乡镇摸底4次,对各项统计数据进行实时更新,动态管理精准扶贫对象一人一档信息,建立易地搬迁户三表一证档案。2017年开展精准扶贫技能培训12期554人,政策引导性培训2期1150人。精准扶贫建档立卡对象实现转移就业645人。投入使用培训资金117.94万元。

针对羊八井风湿病搬迁点开展摸底调查5次,收集整理风湿病搬迁对象的基本信息、劳动力、就业培训需求等情况,填写摸底资料450余份。截至年底,已开班保洁培训33人,保安培训38人,语言培训38人,驾驶培训77人,政策引导培训400人。发放宣传资料1600余份,宣传帽、宣传袋500余份。

【劳动监察】 截至年底,共召开劳动监察联席会议5次,收缴全县25家建筑施工单位农民工工资保证金285万元,发放宣传资料1000余份,开展拖欠农民工工资专项检查4次、开展清理整顿劳动力市场秩序日常劳动监察9次。共排查劳资纠纷案件8起,涉及187人,涉及金额187.6万元,已全部结案。

【"四讲四爱"主题教育实践活动】 年内,结合工作实际,扎实开展"四讲四爱"喜迎党的十九大主题教育实践活动,推进"两学一做"常态化,认真制定学习方案和计划,完善学习制度。共组织集中学习21次,书记讲党课2次,撰写心得体会38篇。严格要求全局干部职工在工作、学习和社会生活中,起到党员的先锋模范作用,为党在思想上、政治上、行动上的团结统一夯实基础。同时紧紧围绕"四讲四爱"主题教育实践活动,开展"脱贫致富靠双手、技能培训进万家"活动,进一步强化"四个意识",向核心看齐,促进精准扶贫对象通过技能培训实现转移就业,努力实现"培训一人、就业一人、脱贫一户"总体目标。

【党支部工作】 年内,县人力资源和社会保障局党支部以夯实基础为重点,坚持党的"五位一体"建设总体布局。紧扣党建工作目标,各项工作稳步推进,共组织召开三会一课11次。以党风廉政六项工作为中心,积极组织学习落实《中国共产党党内监督条例》《中国共产党纪律处分条例》《中国共产党廉洁自律条例》等党内条例,加强对党员干部队伍的监督管理,2017年无违法违纪情况发生。支部10名党员结对帮扶精准扶贫建档立卡对象22户,每人先后3次进村入户摸底了解帮扶对象现阶段情况,进行政策宣讲、帮扶、慰问共计38人次。提供就业岗位11个,并与相关单位沟通协调通过社会兜底、社保、就业等多种帮扶措施,积极推进帮扶户实现全部脱贫。

(才　达)

【领导名录】

局　长

才　达(女,藏族)

主任科员

石达顿珠(藏族)

副主任科员

盛　洁

当雄县卫生和计划生育委员会

【概况】 2017年7月,当雄县卫生局按照《关于印发〈当雄县卫生和计划生育委员会主要职责机构设置和人员编制方案〉的通知》要求更名为当雄县卫生和计划生育委员会,主要负责全县医疗卫生、基本公共卫生服务、优生优育、预防保健、卫生行政执法、健康教育

2017年7月5日，当雄县政协副主席、卫计委主任巴桑主持召开包虫病综合防治工作第三次推进会

等工作。下设办公室、计生办、合管办3个办公室。全县医疗机构有县人民医院、县疾控中心、7个乡（镇）卫生院、25个村卫生室、7家私人诊所。卫计委共计工作人员5人，办公室2人、计生办1人、合管办2人，各乡（镇）卫生院在编职工104人，卫生院公益性人员及村医91名。

【包虫病综合防治】 2017年，当雄县已筛查48407人，筛查率为99.14%，筛查率已达到98%的要求，累计发现患者163例、确诊163例，患病率达0.34%，血样采集数累计为27035例，采集率为55.85%。截至年底，已安排63名患者到拉萨市人民医院接受治疗。累计为牲畜发放药品14727份、牲畜筛查71986头/只、牲畜免疫71986头/只、牲畜无害化处理10头/只。6月29日，当雄县组织召开流浪狗抓捕工作专项会议，以专业抓捕队抓捕加群众主动上交的形式控制传染源，截至年底，专业抓捕队捕捉流浪犬1248只，群众主动上交犬只1268只，共计收容流浪犬2516只。

【精准扶贫精准脱贫】 2017年，按照县委、县政府扎实推进全县精准扶贫工作的要求，以及区、市卫生主管部门的业务指导，当雄县医疗卫生精准扶贫工作取得初步成效。全县因病致贫人员共221人，截至年底、死亡15人。按照健康扶贫工程要求，2017年9月对每名因病致贫患者进行走访并开展健康评估、分类指导，对每名患者的患病情况作分类，并给予因人而异的救治指导意见。精准扶贫工作开展以来，因病致贫患者住院共48人次，总住院费用74.65万元，新农合报销52.27万元，民政救助20.74万元，大病保险赔付3.37万元。2017年，对21名患有重大疾病的贫困户患者提前垫支医疗费用156万元。

【农牧区医疗制度建设】 2017年，国家及自治区财政医疗经费到位2068万元，县级配套700万元，农牧民应参合人数为48163人，实际参合人数为47911人，个人筹资143.16万元，除编内僧尼外参合率为100%。2017年，全县大病统筹住院人数1878人次，报销金额为1517.82万元。市级先住院后结算卡171张、孕产妇绿卡135张，新生儿绿卡102张。

【人民医院创二级乙等】 2017年，当雄县人民医院以等级医院评审为核心，邀请市级专家来医院进行二乙复审工作、组织各科主任护士长到兄弟医院考察学习二乙复审工作经验，结合人民医院实际，认真做好部署，得到考评组的一致好评。在县委、县政府的正确领导和广大医务人员的共同努力下，县人民医院已顺利通过二级乙等综合医院评审。本次二乙复审工作围绕“质量、安全、服务、管理、绩效”作为评审的重点，把工作重点转移到质量与安全的持续改进上来，通过评审促进医院管理更科学、更规范，为促进医院全面、协调、可持续发展打下坚实基础。

【基本公共卫生服务】 2017年，当雄县加强高血压、Ⅱ型糖尿病等慢性非传染性疾病防治工作。高血压患者管理已规范化管理3315人。Ⅱ型糖尿病患者已规范化管理20人。重性精神疾病患者管理已登记管理21人。向居民提供健康教育和健康咨询服务，积极参与突发公共卫生事件应急处置，及时报告突发公共卫生事件信息，认真做好突发公共卫生事件风险评估和风险排查；2017年，按照上级业务部门的要求，全县81名村医对各辖区内的慢性病患者、孕产妇、婴儿签订家庭医生签约服务，签约人数达45892人，签约率达95%。

【基本医疗服务】 2017年，人民医院按照拉萨市政府和市卫生局的统一布置，组织医院的骨干力量专门成立领导小组和专家组，对全县牧民群众和城镇居民开展全民体检和僧尼免费体检，共全民体检47811人，体检率为98.2%，僧尼体检221人，体检率为100%。先心病筛查8763人次，其中疑似病例283人次、确诊8人次、先天性髋关节脱位28人次。2017年全院门诊病人总数37595人次（西医门诊30026人次、藏医门诊7569人次），平均日门诊量为103人次，入院病人821人次（西医住院776人次、藏医住院45人次，住院分娩323人次），出院病人807人次，转院病人263人次，病床使用率82%，治愈率78.2%，好转率21.8%，死亡率0%，病床周转率29次/月，外科手术186例，无痛分娩1例；常规化验7021人次、生化全套821人次，两对半1177人次，艾滋、梅毒、淋病检查598人次，电解质34人次，血常规2781人次、尿常规2618人次，大便常规2233人次，心电图检查1150人次，B超检查8539人次，拍片3114人次，门诊诊断与住院诊断符合率97%，入院诊断与出院诊断符合率96%，手术前后诊断符合率100%，住院病人及住院孕产妇死亡率0，门诊处方书写合格率98%，院内感染0，无菌手术切口感染率0，传染病登记报告漏报率0，“三基”训练考试两次、合格率96%，病例讨论16次，医疗质量检查13次。

2017年5月29日，当雄县卫计委工作人员在县城街道开展流动人口计划生育政策宣传活动

【疾病预防控制体系建设】 2017年，全县共报告法定乙、丙类传染病8种共计218例，总发病率414.39/10万（总人口数52608）。与2016年相比下降47.43%，无甲类传染病和死亡病例，其中发病最多为肺结核80例，发病率152.07/10万，占发病总数36.7%，其次为肝炎67例、发病率为127.36/10万；占发病总数的30.73%。细菌性痢疾20例、发病率38.02/10万、梅毒10例、发病率19.01/10万、淋病1例、发病率1.9/10万、流行性腮腺炎2例、发病率为3.80/10万；包虫病17例、发病率32.31/10万、麻疹21例，发病率39.92/10万，其他传染病1种，发病59例，即为水痘，发病率112.15/10万。2017年当雄县羊八井风湿病集中安置点发现水痘疫情，发病6例，按照国家监测要求均已开展流行病学调查处置，并采集标本2份送市疾控中心检验（结果1份为阳性），在市中心的大力支持下采取相应的防控措施，疫情等到有效控制，无死亡病例。

【“两降一升”工作】 2017年，当雄县孕产妇总数1714人，其中产妇数1032人，建卡1710人，建卡率99.7%，分娩总数1040人，双胎数8对，死胎死产14人，活产1026人，其中男婴514人、女婴512人。产前检查五次数1028人，产检率99.6%，产后访视1028人，率99.6%，非住院产妇新法接生数39人，总住院分娩数993人，住院率97%，高危筛查孕产妇230

人，管理230人。高危产妇住院分娩率100%，孕产妇死亡1例，死亡率97.46/10万。0—5岁儿童总数6332人，死亡15例，死亡率14.61‰。0—3岁儿童总数4070人，死亡12例，死亡率11.69‰。婴儿死亡9例，死亡率8.77‰。新生儿死亡7例，死亡率6.82‰。

（加　措）

【领导名录】

县政协副主席、卫计委主任

巴　　桑（藏族）

副主任

格桑拉姆（女，藏族，11月免）

加　　措（藏族）

当雄县食品药品监督管理局

【概况】 当雄县食品药品监督管理局于2017年完成机构改革后，正式隶属于县政府工作部门正科级单位，领导职数2名，干部职工共6名，其中男干部职工2名，女干部职工4名。民族成分为藏族5名，汉族1名。学历结构为本科学历5名，大专学历1名。主要负责全县810余家餐饮单位、11家学校食堂（含幼托机构）、8家政府机关食堂、43家酸奶作坊点（合作社）、6家蛋糕店、133家商店以及2家药械经营单位、17家医疗机构，其中县级医疗机构1家、乡（镇）卫生院9家、学校医务室2家，私人诊所5家。25家村级卫生室、9家保化品单位的日常监管、药械不良反应的监测及食品、药械、保化品相关信息的发布工作。机构

2017年9月6日，县食品药品监督管理局局长曲扎带队检查餐饮店进货台账登记情况

改革后，新增加原县食安办食品安全综合协调、应急管理职能，食品生产环节、食品流通环日常监管工作。

【党风廉政建设】 年内，当雄县食品药品监督管理局组织干部认真学习贯彻中央、区、市、县纪委全会精神，结合食品药品监管实际，坚持把学习全会精神体现到监管工作全过程。认真落实党风廉政建设主体责任和监督责任，深入推进党风廉政建设和反腐败斗争，持之以恒落实中央“八项规定”、区党委“约法十章”“九项要求”，市委“八项要求”和市食药监局廉政建设会议要求。当雄县食品药品监督管理局先后参加全市食品药品监管系统党风廉政建设会议、拉萨市食品药品企业签订“企业助廉守法”仪式暨动员大会。局领导也及时参加当雄县中心理论组学习活动和县“四讲四爱”学习教育专题讲座以及县纪委组织的全县干部职工观看“榜样”专题片等活动。所有干部职工在注重业务学习的同时也积极提高党风廉政建设意识，并结合本职工作狠抓落实，说办就办、马上就办，做到让广大群众满意。

【行政许可环节】 年内，按照《中华人民共和国行政许可法》的要求，采取“三不放过”（硬件设施不达标不放过、制度不健全不放过、责令整改不到位不放过）的原则，开展材料审核、现场核查工作，对符合许可条件的严格按照工作程序及时受理，不符合条件的督促指导整改。全年共办理食品经营许可证241份，其中流通环节69份，餐饮服务环节172份。

【食品安全整治】 年内，按照全县2017年食品安全整顿工作方案的总体安排，在“三大节日”“两会”“五一”“雪顿节”“当吉仁”赛马节、“中秋节”“国庆节”以及

党的十九大期间，当雄县食品药品监督管理局及时制定工作方案并提前介入，及时与各部门沟通协作，以辖区内商店、超市、餐饮店及集贸市场等食品经营场所为重点监管对象，以粮食、肉及肉制品、乳制品、蔬菜、水果、水产品、酒水饮料等与人民群众密切相关的食品作为重点品种开展专项整治，确保各节日期间辖区内食品安全零隐患，并圆满完成各类活动期间的食品安全保障工作。

2017年7月11日，县食品药品监督管理局工作人员向牧民群众发放食品药品安全宣传资料

【旅游沿线食品药品安全治理】 年内，当雄县食品药品监督管理局联合有关部门每月开展旅游沿线食品药品安全整治工作。重点以排查整治食品流通、餐饮单位无证经营行为，落实各项自律制度为主。整治过程中，共没收过期食品6种，总价值2000余元。另外，在对纳木错售票站和扎西岛进行突击检查过程中，没收三无产品浓缩活力氧116瓶、速达养草本压片糖果11盒以及违规销售的红景天口服液等药品4种，医疗器械2种总价值3265元，并对相关商户下发书面整改通知。

【食品抽检】 年内，根据拉萨市食药局食品抽检任务安排，当雄县食品药品监督管理局在克服路途较远、无专用车辆等困难的情况下完成13批次送检任务：其中省抽3批次，国抽10批次，送检样品有酱腌菜、酥油等与人民群众日常生活息息相关的食品。并配合第三方承检机构完成60批次包括牛肉、羊肉以及各类蔬菜的抽检任务。其中检测出2批次蔬菜不合格，按照《中华人民共和国食品安全法》的规定分别对2家蔬菜经营户进行责令整改处罚。

【举报、投诉案件处置】 年内，当雄县食品药品监督管理局始终将投诉举报工作视为强化监管职能，落实“为民、务实、便民”的有效途径，为切实保障公众饮食用药安全，维护公众合法权益和社会稳定，食品药品监督管理局采取有效措施，保障举报电话随时畅通，做好投诉举报处理工作。2017年，共受理举报事件9起，立案停业整顿1家，整改2家，协调处理2次，情况说明4次。另外，当雄县食品药品监督管理局联合县公安、旅游、工商等部门处理1起打着出售“土特产品”的幌子欺诈游客事件，给游客挽回经济损失7万余元，真正做到“事事有着落，件件有回音”。

【校园食品安全专项整治】 2017年，在春、秋季开学之际、中小考期间、中秋、国庆两节期间、党的十九大前期，开展校园食品安全专项整治13次，出动执法人员90余人，对食品卫生管理差、存在食品安全隐患的学校当场进行指导，并提出整改要求，责令学校及时进行整改。与此同时，当雄县食品药品监督管理局全年共联合安监、消防、教育开展6次校园食品安全联合专项督查，出动执法人员14人，通过检查情况来看，绝大多数学校执行各种规章制度，把好食品采购关、验货关、加工关、销售关，坚持执行48小时留样制度。有效防止学校群体性食物中毒发生。

【国家食品安全城市创建】 年内，国家食品安全城市创建工作开展以来，按照全市统一部署和工作要求，县委、县政府高度重视，迅速启动动员部署工作，扎实推进创建各项目标任务的贯彻落实，截至年底，“创城”相关工作正在稳步开展。

【普法宣传】 年内，在食品药品安全“进机关、进校园、进乡镇、进农村”宣传活动的基础上，结合借助“综治宣传月”“食品安全宣传周”“当吉仁赛马节”“民族团结月”以及“五下乡”宣传活动，以发放宣传册、设立展板、悬挂横幅等多种形式向牧民群众和学生深入宣传《中华人民共和国食品安全法》、创建国家食品安全示范城市、“12331”热线和“0891-6114501”举报电话，不断提高公众对食品安全的责任意识和自我保护意识。2017年，当雄县食品药品监督管理局共参加各类宣传活动8次，发放宣传资料12400余份、围裙4000余条。

（张益鹏）

【领导名录】

局　长

曲　扎（藏族，12月任）

副局长

格桑拉姆（女，藏族，12月任）

当雄县文化新闻出版广电局（文物局）

【概况】 当雄县文化新闻出版广电局（文物局）是人民政府的工作部门，分管县广播电视台、县文化馆、县电影管理站、县新华书店、县民间艺术团5个事业单位。2017年，局机关有5人、电视台12人、文化馆4人、电影管理站4人、民间艺术团28人。2017年，当雄县文化新闻出版广电局（文物局）（以下简称文广新局）认真贯彻落实区市《关于推动文化大发展大繁荣的决定》及新闻出版广电各项工作指示精神和部署，以推动当雄县文化事业建设和大力实施广播电视惠民工程为重要任务，以提升广大牧民群众精神文化水平为长远目标，紧紧围绕县委、县政府的中心工作，紧扣当雄县文化、新闻出版广电事业发展需要，通过全系统干部职工共同努力、多措并举，有效推动当雄县文化、新闻出版广电建设事业健康稳步发展。

【基层公共文化服务体系建设】 基层公共文化服务体系建设工程系国家和自治区实施的重大文化惠民工程，是深入贯彻落实科学发展观的具体体现，也是推进文化大发展大繁荣的一项重要举措。当雄县全面建成8个乡镇文化综合文化站，1个县级文化馆（内设非物质文化遗产陈列室、文化资源信息共享工程中心、图书室等），28个牧家书屋、22个寺庙书屋，1个县级新华书店，1个民间艺术团排练场，工程完成率达100%。当雄县综合文化活动中心每年免费开放经费16万元，5个乡镇综合文化站每年免费开放经费4万元，基本形成县级文化活动中心为重点、乡镇综合文化站为基础，县、乡、村三级文化服务设施网络体系和文化阵地，覆盖率及免费开放率达100%，最大限度为广大牧民群众和僧尼群众创造精神文化生活园地，提供良好的硬件设施环境，有效提升全县公共文化服务的辐射力。

2017年，为进一步完善当雄县公共文化服务体系建设，确保发挥基层文化阵地应有的作用，当雄县文广新局将工作重心向

2017年12月21日，西藏自治区新闻出版广电局党组成员、副局长明珍（前排左三），拉萨市委常委、宣传部部长吴亚松（前排右二）在当雄县电视台演播室调研

"建设好、管理好、使用好"转移为重点,使其发挥最大功能。启动"示范工程",充分发挥羊八井综合文化站、宁中乡综合文化站和曲才村牧家书屋示范点带动作用,基本完成8个乡镇综合文化站的整体改造工程,下一步将对牧家、寺庙书屋进行统一升级改造。及时向各书屋点发放、补充广大牧民群众生产生活各类书籍和广大僧尼喜爱的优秀文化、教育、历史、佛教书籍3120册,价值达10余万元。积极争取县政府支持,采购桌椅设备,解决当雄县书屋点设备不足问题。尤其是借2017年国家第三批公共文化服务体系示范区建设国检为契机,大力改善书屋基础设施建设。规范健全管理、责任制度,协同各乡镇文化站、书屋及时调配、充实人员,及时满足运行需求。

【(四季牧歌剧场)建设项目】 当雄县游牧文化旅游产业示范园及综合文化活动中心(四季牧歌剧场)项目总投资已逾1亿元。其中6800万元为北京援藏投资,1600万元为县文广新局投资,750万元为县旅游局投资,其余部分由县财政垫资,当雄县文广新局正积极争取拉萨市文化产业项目扶持资金。当雄县游牧文化旅游产业示范园及综合文化活动中心(四季牧歌剧场)项目总建筑面积为7503.4平方米。截至年底,该项目的主体工程、舞台布局和内装等工作均已完成,并于8月8日"当吉仁"赛马节开幕式当天正式演出,截至10月30日,共计演出场次37场,观看人数近500人,累计收入5300元。该项目正处于起步阶段,下一步,将对"四季牧歌"主题、视频、剧情等方面进一步完善,"四季牧歌"剧场上面广场,预计2018年5月完工。

2017年9月8日,西藏自治区新闻出版广电局党组成员、巡视员才旺(中)一行在当雄县检查指导"扫黄打非"工作

【文物、非物质文化遗产保护】 当雄县有国家级非物质文化遗产1项(当吉仁赛马会),市级非物质文化遗产黑色帐篷传承人1人,县级非物质文化遗产1项(格萨尔王传说唱艺术),区级文物保护点有2个,区级文物保护单位7个(多吉林寺、羊井寺、嘎洛寺、康玛寺、江热寺、扎西岛寺、色德寺)和不可移动文物点61处。同时,联合相关单位在日常开展文物保护工作的基础上,还加强特殊时期的排查以及消防安全工作,年初与各文物保护单位签订2017年文物安全责任书,定期、不定期深入文物保护单位开展文物安全检查,共检查15次,文物检查常态化达100%,未发生任何文物安全事故。全面完成当雄邦典达索编织技艺、羊八井传统牲畜疗法、羊八井寺羌姆申报区、市级非物质文化遗产名录工作。8月8日,开展国家级非物质文化遗产"当吉仁"赛马节。

【打造羌塘特色文艺品牌】 当雄县民间艺术团始建于1975年,共有22名演职人员。艺术团积极开展"五下乡"及春节、藏历年、"三八"妇女节、"八一"中国人民解放军建军节、民族团结月、"当吉仁"赛马节、"十一"国庆等活动,为各乡镇(村、组)、部队、学校、对外交流等累计演出达66场次,"天湖四季牧歌"专场演出37场次,观众人数达3万余人。为促进文化旅游深度融合发展,5—6月联合举办"相约纳木湖畔寻觅虫草之旅"活动。为进一步激发广大干部职工和农牧民群众阅读的积极性,营造全民阅读的良好氛围,当雄县文广新局在县新华书店门

2017年6月12日，拉萨市文化局文化市场管理办公室科长次央（右二）一行在当雄县检查指导文化市场管理工作

口举办“4·23”世界读书日活动，免费发放各类图书300余册。

【文化市场健康有序发展】 年内，当雄县文广新局联合县文化执法大队、公安、消防、工商等部门，对全县范围内娱乐场所、音响店、网吧、广播电视非法地面卫星接收设备出售点，尤其是校园周边场所及纳木错景区等开展专项整治行动，按照区、市文化、新闻出版广电部门重要工作指示要求，认真开展扫黄打非“清源固边2017”“净网2017”“护苗2017”“秋风2017”等专项行动。截至年底，共办理文化类经营许可证6个，共进行联合检查14次，出动执法人员92人次，检查各类文化经营场所70家，处罚6家，行政罚款1.2万元，尤其是加强检查监控力度，进而保证当雄县文化市场环境的绝对安全，文化市场管理得到进一步规范。

【广电惠民工程】 年内，当雄县文广新局始终如一将广播电视惠民工程纳入重要工作日程，扎扎实实开展广播电视“村村通”“户户通”“舍舍通”惠民工程建设工作。当雄县广播电视“村村通”单收站和收转站共132座，其中收转站有22座，当雄县广播电视“户户通”用户增加到10972户，全县广播电视覆盖率分别达到99.5%和99.5%，综合覆盖率有稳步提升。截至年底，广播电视各类维修、维护机顶盒达241次、调试信号500余次、更换高频头845个、更换接收天线210个、更换卡子136个、更换遥控器160余个，更换机顶盒542个，更换锅盖65个，维修更换设备的情况均已登记造册。

2016年当雄县实施的“精准扶贫”易地集中搬迁安置点为4处，搬迁户为100户，465人，2017年实施的全区风湿病人易地搬迁安置工程搬迁户为150户，为做好这250户的广播电视覆盖工作，当雄县文广新局本着“早谋划、早安排”的原则，提前与县易地搬迁领导小组及县农开办进行沟通。按照已实施广播电视直播卫星“户户通”工程的搬迁户不再重复配发直播卫星设备，易地搬迁户中存在新增户的将从备用设备中优先配发，力争使易地集中搬迁户广播电视全覆盖的要求。根据市新闻出版广电局及县精准扶贫工作领导小组办公室的有关要求，当雄县文广新局对已搬入安置点的群众进行巡查走访。截至年底，当雄县已搬入安置点的群众中不存在广播电视直播卫星设备覆盖盲点（除未搬入的拉多安置点）。

【有线数字电视正式开通】 9月，当雄县广播电视台在全区率先完成主线架设、机房前端安装、网络调试、信号入户和终端机顶盒安装等工作，在全区树立标志性的样板工程。截至年底，当雄县有线数字电视前端及网络建设项目全面完成，数字电视机顶盒安装工作有序推进，县城终端用户均能收看收听到115套电视节目（其中包括12套高清频道和拉萨市广播电视台藏语综合频道、汉语综合频道、文化旅游频道和当雄县自办节目）以及11套数字广播节目，深受县城广大干部群众的欢迎。

【安全播出】 年内，当雄县广播电视台始终将当雄县广播电视安全播出工作作为首要的政治任务工作来抓。为确保安全播出做到“不

2017年8月4日，当雄县电视台技术人员为易地搬迁户安装卫星电视接收器

间断、高质量、既经济、又安全”，在广播电视安全播出日常管理工作中，始终坚持“一级抓一级，层层抓落实”的原则做好安全播出的指挥调度工作。为保证当雄县广播电视安全播出，狠抓日常管理，规范安全播出工作。人员安排到位，确保安全播出，实行安全播出问责制，切实做好安全检查，落实各项措施，建立健全安全播出制度，用制度规范安全播出工作。在日常管理中，当雄县广播电视台严格根据有关规定，根据实际，完善该单位的各项规定和管理制度，如《安全播出管理制度》《机房值班制度》《门卫值班制度》等，并按要求执行落实。在各重要保障期间，为确保当雄县广播电视安全播出做到“零报告”制，在县委、县政府的高度重视下，当雄县文广新局积极制定各项规章制度，并与各级领导和值班人员签订责任书，实行双人双岗制，全力以赴，严防死守，认真做好门卫、机房值班记录及各项工作，做好电视台院内安全保卫工作及机房值班工作，确保广播电视安全、有效的运行，圆满完成各重要保障期间的广播电视安全播出工作。

【完善新闻宣传报道工作机制】 年内，当雄县广播电视台新闻报道工作紧紧围绕县委、县政府工作大局，宣传报道县委、县政府的重大会议、重点工作、重点工程及重大活动和日常活动报道。以提升新闻报道工作的质量和效率为重点，认真总结经验教训，及时调整新闻宣传工作思路，充实力量，精心组织重大活动宣传报道，营造稳定和谐的舆论氛围，最大限度地增进大众的认知共识，为全县经济社会又好又快发展营造良好的舆论氛围，同时通过多角度、全方位对当雄县经济发展、社会稳定、资源特色等进行报道，截至年底，上传视频新闻100余条，采纳播出70余条，给报社供稿80余篇，采纳报道61篇。

【电影放映】 年内，当雄县共有122个放映点，其中2个室内放映点。有胶片放映机14套，数字放映机4套，流动电影放映车4辆，放映队伍4个。当雄县电影管理站充分利用现有设备，一直面向各乡镇、村、组，面向牧民群众进行巡回放映，积极推进农村电影放映工程建设，让电影走进牧区，走进学校，走进部队，走进各单位，让更多的人享受到电影文化艺术生活。截至年底，完成放映场次872场次，300849人次。当雄县数字影院建设项目已基本完工。

（旺堆晋美）

【领导名录】

局　长

次仁平措（藏族）

副局长

扎西次仁（藏族）

当雄县畜牧局

【概况】 当雄县畜牧局由畜牧、林业、科技、科技协会四个机构组成，下设冻精站、检疫站、兽医站、草原站、牧业经济管理站、农牧业机械监理与技术推广站、湿地管理站、马术队。4块牌子1套人马，现有在职干部职工共63名，其中行政编制5人，实有7人，事业编制35人（不含公益性、临时工、乡镇兽防所人员），实有55人。主要负责全县畜牧业生产，草原建设和管理，畜牧、林业、科技项目实施，林业绿化，科技知识普及，科学饲养、牦牛冻精技术应用与推广、动植物卫生监督、湿地管理等工作。

2017 年，当雄县存栏各类牲畜 505223 头（只、匹），其中牦牛 279303 头、绵羊 159979 只、山羊 61540 只、马 4401 匹，出栏牲畜 178358 头（只）；幼畜出生 107134 头（只、匹）成活 100878 头（只、匹），成活率达到 94.2%；成畜死亡 3790 头（只、匹）。肉产量 10418.86 吨，奶产量 11026.64 吨。2017 年全县虫草共计采挖 1303 斤，成交价约 9121 万元。年底人均可支配收入完成达到 14333 元，增长 13.52%，完成目标任务的 100%。（具体数据以县统计局为准）。

【动物防疫】 年内，县检疫站在羊八井、乌玛塘检查站共开展检查 3826 次，出动执法人员 334 次，检查各类畜禽 40968 头（只、羽）；办理电子出证业务共 102 次并认真做好产地检疫及电子出证工作；2017 年县兽医站已完成共防注口蹄疫疫苗 1081965 头（只），2017 年新生羔羊包虫病疫苗注射共计 57509 只；全县 6—10 月开展犬投药共 5 批，共计 32244 只。犬的电子芯片植入与狂犬病疫苗注射工作在当曲卡镇也开始了试点工作，其他乡（镇）的电子芯片植入与狂犬病疫苗注射工作也将相继开展；为 35 名离岗兽医人员发放离岗退任补助资金达 105 万元；为防止村民随意丢弃病死牲畜，引发动物疫病，实行举报机制。对举报此类现象的村民给予一定现金奖励，奖励金额视举报情况而定。为全县 95% 以上的牦牛佩戴了电子耳标，建立起“一畜一档”的牦牛免疫卡和牦牛数据资源库，使当雄县牦牛成为有身份证的牦牛；在老疫区开展消毒灭源工作。在春秋两季期间组织村级防疫员开展两次对乡镇养殖点、畜圈等消毒灭源工作，同时针对老疫区（龙仁乡、羊八井镇、公塘乡）掩埋地每两个月实行拉网式消毒，并做好消毒记录；当雄县城惠民兽药零售店共销售 28 种药类，数量达 61 箱，销售额 9.95 万元，兽药零售店自开业以来一直秉持着低价出售、益于人民的原则，兽药销售良好并且得到当雄县牧民群众的一直好评。

【草业工作】 年内，根据区、市基本草原划定工作要求，当雄县完成基本草原划定工作外业测量、数据录入、勾绘完毕，并于 12 月 16 日顺利通过自治区验收；县草原站对全县 8000 亩草场进行草原“三灭”。2017 年，在龙仁乡郭庆村、公塘乡拉根村、巴嘎当村等地开展人工种草共 1.2 万亩，主要种植披碱草、豌豆、燕麦等作物。同时县草原站连片种植 1200 亩饲草，该饲草收割后主要用于防抗灾物资储备，部分饲草用于当雄净土牧场科学养殖点。为种植出适合当雄气候生长的饲草，县草原站与北京草业研究所合作种植 11 种占地面积为 150 亩的实验饲草地，完成收割、测算工作。2017 年利用温室种植，研究绿麦草、苜蓿等饲草料一年收两次以上的种植技术，从而进一步探索发展草食畜牧业的新路子。根据试验结构燕麦、豌豆均实现一年两次收购的预期目标。

【牧业经济管理站工作】 年内，对全县 28 个村（居）委会村集体“三资”进行审查工作，审查过程中发现已运行的村集体经济有 25 个村委会，未运行的村集体经济有 3 个村委会即乌玛乡巴嘎村、郭

2017年7月20日，西藏自治区党委副书记、人大常委会主任、党组书记洛桑江村（左四）在当雄县检查牦牛产业建设情况

尼村（原因为未协调通电）、公塘乡甲根村（由于起初申报的集体经济变更，变更之后村里未找出合适的载体）。2015年扶持的12家农牧民专业合作社进行全面考核，考核工作严格按照《当雄县农牧民专业合作社考核办法》执行，结合“五有”标准逐一对照检查了合作社办公条件、章程制度、运行情况、经济效益、带动情况等方面的经营状况，并对10家达到县委、县政府相关规定和要求的农牧民专业合作社，下拨剩余20%资金。12家农牧民专业合作社开展全县建档立卡户分红工作，资金达72万元整。鲁登罗桑农牧民建筑施工专业合作社及郭庆牦牛育肥专业合作社于2017年12月9日，被评为“拉萨市市级示范社”称号。

【农机具购置补贴】 2016年当雄县农机购置项目总投资为补贴621.96万元，其中实施完成29万元，县畜牧局结合实际情况，将政策及时惠及全县8个乡（镇），购置农业机械（割草机）271台，国补资金127370元，受益户271户。

【防抗灾工作】 年内，县本级财政预算抗灾物资资金200万元，已购置抗灾物资（精饲料、麸皮饲料、精补饲料）等。截至年底，县级物资储备库（县草原站）储备3327吨抗灾饲料。纳木湖乡拨付抗灾饲料共计566吨，其中颗粒饲料283吨，麸皮饲料283吨。截至年底，在县物资储备库（县草原站）储备3027吨抗灾饲料，其中颗粒饲料1513.5吨，麸皮饲料1513.5吨，干草40吨，人工盐10吨。在县兽医站储备了价值约27.54万元的灾害应急牲畜常用药品及器材，同时乡、镇以及村组储备库储备1565.2吨抗灾饲料，其中颗粒饲料782.6吨，麸皮饲料782.6吨，村组自购干草4279.25吨，燃料1300吨，人工盐32吨，在乡、镇以及村组兽医防疫所储备价值约28万元的灾害应急性畜常用药品及器材。

2017年10月31日，县政协主席、脱贫攻坚指挥部副指挥长次仁桑玻参加当雄县2017年产业项目分红发放仪式

【政策性收入兑现】 兑现2016年野生动物疫源疫病监测员4名兑现补助资金2.88万元，兑现334名村级兽医工资335.17万元，兑现动物防疫员年度绩效考核工作进行奖励资金104.1万元，中央森林生态效益补偿基金（管护补助）已兑现2017年护林员421名补助资金共计613.2752万元。于2017年2月兑现2015年森林生态效益补偿补助资金252.9万元，兑现2017年精准扶贫生态岗位补助资金1381.38万元，兑现2016年精准扶贫定向性补助4256人，每人1550元，共计659.68万元，兑现2017年精准扶贫定向性补助4576人，每人789元，共计361.0464万元，兑现2015年野生动物肇事补偿金463.403万元，兑现2016年、2017年草补补助资金共计3841.61万元。

【业务项目】 年内，畜牧局建设项目为7个，其中2016年续建项目5个，新建项目2个，涉及建设资金3603.39万元。

【农技推广服务中心建设项目】 项目总投资为640万元，该项目建设性质为续建项目，项目建设地点为6个乡2个镇，每个投资为80万元。主要建设内容为新建业务用房230平方米（共6间房）。截至年底，已完成基建、设备、人员等配备工作并通过验收交付使用。

【羊易村牦牛标准化养殖建设项目】 总投资50万元，已全额到

2017年，当雄县畜牧局防抗灾物资储备

位。建设地点为格达乡羊易村，建设内容在原有房屋内改建70平方米的冷库一座，购置配套冷冻设施。截至年底，已完工，已验收。

【冲嘎村牦牛标准化养殖建设项目】 总投资50万元，已全额到位。建设地点为公塘乡冲嘎村，建设牛舍、牛圈2000平方米，其中牛圈1000平方米、棚圈500平方米。饲草库150平方米及饮水槽购置饲料，购置加工设备。截至年底，项目已完工，已验收。

【牦牛养殖示范基地建设项目】 总投资857.48万元（国家投资811.63万元，45.85万元为本级配套），已全额到位。建设地点为公塘乡冲嘎村，项目建设性质为新建。建设内容为牛舍2135平方米、牛圈2650平方米，业务用房223.02平方米，仓库298.89平方米。资金全额到位。截至年底，已完工并完成自验。

【郭庆村牦牛养殖小区项目】 总投资1215.91万元（1100万元为国家现代农业第二批资金，县本级配套115.91万元），已全额到位。建设地点为龙仁乡郭庆村，主要建设内容为牛舍、牛圈、饲草库、冷库等。截至年底，该项目已完成财政投资评审与拉萨市政投建设项目代建管理有限公司签订项目阶段性代建合同，并开工建设，现已完成90%的工程量。

【冷链设施建设项目】 项目建设性质为新建，项目建设地点为公塘乡兽防所院内，项目总投资为150万元。主要建设内容为新建应急物资综合仓库（102.09平方米），疫苗储存冷藏库以及设备购置。截至年底，项目已完工。

【天然草场改良建设项目】 项目建设性质为新建，项目建设地点为龙仁乡郭庆村、曲登村、宁中乡堆灵村。项目总投资为640万元。主要建设内容为种植人工种草2000亩，旱作人工饲草地4000亩。主要种植牧草种子为披肩草和当地豌豆。截至年底，已完80%的工程量。另外，2018年当雄县拟计划建设10个项目，现已完成办理所有项目前置手续并按时上报至市农牧局项目科及农牧厅计财处待审批。

【科技工作】 年内，全县共有94名农牧民科技特派员（自治区级62名、拉萨市级32名），全县共有9个科技活动站。开展科技培训工作，是扩大科协影响的重要途径。截至年底，共开展5次科普宣传活动。稳步实施高寒地区饲草料高效生产技术项目，该项目总资金70万元，实施地点为宁中乡堆灵村3组，面积为900亩，已经实施完毕，饲草长势良好，待验收。

【林业工作】 年内，当雄县财政配套专项资金150万元，种植绿化共计795株，主要新载地点在县政府大院内。2017年当雄县重点区域生态公益林建设工程项目（当雄县拉萨周边防护林绿化工程项目）总投资255.533万元，其中中央预算44万元，县级配套211.533万元，资金已到位，建设地点为羊八井镇、宁中乡。截至年底，已开工并完成50%的工程量（项目指标下达较晚）。根据《西藏自治区人民政府关于大力开展植树造林推进国土绿化的决定》文件要求，畜牧局在宁中乡、羊八井镇搬迁点、国道沿线牧户房前屋后种植左旋柳、藏川杨、沙棘等

5个品种树木,共计1000珠。实施阿热国家重要湿地保护建设项目,总投资300.00万元。项目建设内容主要包括退化湿地恢复、湿地监测监控、湿地管护。截至年底,项目基建(50平方米的监测点)主体已完工,相关设备已完成采购。按照西藏自治区人民政府《决定》和拉萨市林业局下发《通知》的相关要求,总目标为"人均5棵树"、消除"无树村"和"无数户"。按照要求,当雄县海拔4300米以下"无数村"17个,"无树户"2687户。2017年已消除海拔4300以下"无树村"共6个,即羊八井镇桑巴萨村、拉多村、宁中乡堆灵搬迁点、宁中乡曲才村、格达乡格达村、甲多村。已消除"无树户"共200户,种植树苗1000株。另外,向市林业局申报旅游景区公路沿线防沙治沙建设项目,总投资为240万元,主要对项目县城至纳木错景区售票点公路沿线沙化较为严重的地点进行防沙治沙(园林绿化、植被恢复、植树造林)300亩。

【牦牛短期育肥】 年内,全县牦牛存栏数为279680头,计划出栏71066头(自食39107头,出售31959头),新生犊牛37290头,新生成活36634头,成活率为98.24%。2017年全县牦牛短期育肥共计计划出栏5461头(全部为暖季育肥)。截至年底,已出栏2196头(净土公司收购91头)。

【家庭牧场育肥】 年内,家庭牧场共计14个,其中第一批3个,第二批11个,总投为389.74万元,第一批46.93万元(其中2户每户投资20.71万元,1户租赁本组棚圈费用为5.51万元),第二批已投资投资342.81万元,发展11家家庭牧场(18栋畜圈)。截至年底,已运行的14户家庭牧场完成育肥出栏为900头(净土公司收购24头、市场上销售665,自食211头),平均增重39.685千克,平均每头净增收2326.3元,共增收160.3万元,2018年计划育肥出栏1756头。第一批3个家庭牧场从林周购置饲草1.25万千克,享受饲草补贴0.3846万元。

【合作社育肥基地】 年内,当雄县牦牛短期育肥合作社(3家)共计牦牛育肥头数为3565头。截至年底,已出栏2140头(净土公司收购67头),其中龙仁乡郭庆村牦牛养殖育肥合作社牦牛存计划出栏指标1240头。截至年底,已出栏数为1240头(净土公司收购23头);龙仁乡曲登羊阁村牦牛养殖育肥合作社计划出栏指标1425头。截至年底,已出栏数为700头(净土公司收购24头);格达乡羊易村牦牛养殖育肥合作社计划出栏指标900头。截至年底,已出栏数为200头(净土公司收购20头),3家合作社牦牛短期育肥参与贫困户数为141户,户均增收1583.3元。

【牦牛肉市场推广】 12月7—12日,当雄县委副书记、县长其美次仁带领当雄县相关部门负责人对北京、江苏、上海等地身份证牦牛肉市场渠道建立和拓展情况进行考察调研,并洽谈建立一线两点为模式的新市场渠道,一线即为以北京、上海、广州、深圳四个一线城市为核心,两点即为江苏、福建为拓展。截至年底,当雄县净土公司与内地公司(四川锦膳食品有限公司、四川牛道商贸有限公司、广东顺德凤凰优选商业有限公司等)达成"有身份证"牦牛肉订单协议,共计资金1680万元。

【探索适合当雄牦牛育肥新尝试】 对育肥牦牛实施精准化补饲,强度放牧模式;半舍饲模式;全舍饲模式,通过以上三种育肥模式所得出的数据进行对比,探索适合当雄实际和经济效益较高的育肥模式,通过四次称重对比,综合效益分析,结果显示半舍饲育肥效果较好,月均增重9—10公斤。

【精准扶贫产业脱贫】 2016—2017年,18个项目计划总投资88749.66万元,其中产业资金14867.6万元,金融资金32116万元,援藏资金14000万元,行业部门资金2615.4万元,社会自筹25151万元。截至年底,当雄县已开工项目17个,占总项目数的比例为94%;已完工并投入运营的项目4个,占总项目数的比例为22%,占开工项目的比例为24%;取得效益的项目3个,占总项目数的比例为18%,占已完工项目的比例为75%。按照《当雄县产业资金管理办法》要求,当雄县于10月31日举行当雄县产业项目分红资金发放仪式,共计发放了分红资金430.49万元,直接带动建档立卡户3308人、间接带动边缘户3303人实现增收，为贫困群众脱贫奠定了坚实基础。

（索朗德吉）

【领导名录】

局 长

索朗次仁（藏族）

副局长

边巴仓决（女，藏族）

当雄县扶贫开发办公室

【概况】 2017年，当雄县下辖6个乡2个镇，28个行政村，共有12106户53437人，其中，牧业户籍9630户，48163人（占总人口的90.13%）。精准识别初期，全县建档立卡户1835户7809人，2017年，动态调整后，建档立卡贫困户为1858户8280人。截至年底，经县级脱贫考核验收组初步审核，全县贫困发生率低于0.08%，建档立卡户1847户8240人，人均纯收入越过拉萨市17年脱贫标准线3915元，实现“三不愁、三有、三保障”（全县还有11户40人未达到脱贫标准）。

【强化产业保增收】 国民经济和社会发展“十三五”规划时期，当雄县牢牢抓住发展这个牛鼻子，按照“抓长远保增收”目标持续推进以业脱贫。依托当雄畜牧业、旅游业和新能源三大资源优势，经多次论证调整，最终确定18个产业项目，总投资约8.87亿元（援藏资金1.4亿元），探索建立现代畜牧业净土牧场（家庭牧场）。

2017年3月28日，西藏自治区党委常委、拉萨市委书记白玛旺堆（前排左一）在当雄县调研精准扶贫工作

依托当雄畜牧业资源优势，投资9930.76万元（援藏资金5000万元），大力发展净土牧场当雄有“身份证”牦牛肉拳头品牌，营业额达4154万元，受益群众2850余户。全面提升旅游文化产业。利用纳木错、念青唐古拉等景区知名度，抢抓拉萨市旅游大环线机遇，投资2.1亿元（援藏资金9800万元），打造“天湖四季牧歌”产业园和康玛温泉度假村，进一步完善县域旅游配套服务，项目运营后预计带动568户912人增收。此外，扶持西藏羊八井“蓝色天国”旅游开发项目建设，不断提升全县旅游综合服务能力，项目运营后可提供400—600个就业岗位，同时可为750人提供年分红不少于700元的帮扶。加快发展天然水产业。全力打造“当雄天然饮用水”品牌，投资1.2亿元扩建纳木错圣水厂房，壮大水产业，做足水文章，项目建成后，将带动112户297人增收。同时，结合产业帮扶计划，制定《当雄县产业项目资金管理办法》，有效提高产业带动能力；加大转移就业力度。就业是脱贫致富的重要捷径之一，两年来，当雄县按照“就业一人，幸福一家，致富一户”的目标，组织技能培训15期、政策培训2期，共计2879人，拨付培训资金201.2万元。组织招聘会6次，实现转移就业645人。

【强化搬迁谋脱贫】 国民经济和社会发展“十三五”规划时期，当雄县按照区市脱贫攻坚工作部署，立足县域实际，计划通过易地扶贫搬迁实现850户3597人脱贫，2016年，县域内搬迁5处92户462人，从安置点选址到房屋设计，紧紧围绕全域旅游服务理念，按照藏式建筑和蒙古包相融合的风格，采用当下最先进的轻钢材料修建而成，既可作为群众住房，又可作为家庭旅馆营业增收，形成旅游环形上一道亮丽的风景线。同时，依托“三大优势产业”,为5个搬迁点量身打造配套产业项目6个,其中,羊八井镇拉多安置点依托游牧民生活体验馆和羊八井蓝色天国旅游项目带动脱贫;宁中乡堆灵和曲才安置点依托净土牧场和纳木错圣水项目带动脱贫;公塘乡拉根和冲嘎安置点依托四季牧歌文化产业园和康玛温泉度假村项目带动脱贫。此外,在县、乡党委、政府的关心支持下,安置点搬迁户通过自主创业成功开办藏式茶馆、家庭旅馆、便民商店等经营性项目,有效提高家庭收入。2017年,计划迁往拉萨758户3135人。为确保搬迁工作顺利对接,指派一名县级领导前往堆龙德庆区、经开区蹲点,专门对接搬迁群众教育、医疗、就业等配套工作,于年内完成搬迁入住。

【依托政策保障促脱贫】 以教脱贫。截至年底,全县在校贫困生2059人,“两后生”268人。借助义务教育均衡发展,在全县大力营造重视教育、发展教育的浓厚氛围,为以教脱贫提供强大的智力支撑。2012年至今,累计资助全县大学生4183人,落实资助金2290.65万元。其中,2016年为86名建档立卡贫困大学生发放资助金86.3万元。2017年通过“一卡通”为144名建档立卡贫困大学生发放资助金约146.74万元。同时,对“两后生”开展技能培训和学历提升工作,实现就业104人(月平均工资2700元)和继续教育17人的成效。

以补脱贫。两年来,当雄县按照生态保护工作要求,为4965个生态补偿岗位兑现工资2427.96万元。为定向性政策岗位发放补助资金870.32万元。在此基础上,本级开发28个环保监督岗位,与布达拉旅游公司合作开发纳木湖景区生态管护员岗位186个,人均年工资3000元,由县财政承担60%,布达拉旅游公司承担40%。

以保脱贫,根据拉萨市“不落一户、不漏一人”的要求,对全县1065户4433人在享受不同类别(A、B、C)低保资金的基础上,以补差的形式全部实现“两线合一”。此外,从2016年开始,县财政每年预算400万防抗灾经费的基础上,再预算100万元设立重大变故救助基金,为遭受突发事件的困难群众提供必要的保障。截至年底,实施家庭重特大变故救助11人次,救助金21.8万元;城乡医疗救助385人次,救助资金193.15万元。临时救助54人,救助资金11.91万元。以助脱贫,在覆盖全区的合作医疗制度、大病保险、医疗救助等政策的基础上,当雄县每年预算100万元为重特大疾病患者和因病致贫人员实行县级救助,已为10名贫困患者落实县级救助2.95万元。为解决就医难问题,当雄县实行先住院后结算制度和重大疾病提前垫支资金政策。截至年底,为52名建档立卡贫困患者开辟就医绿色通道,为21名贫困群众垫支医疗费156万元。两年来,有48名因病致贫患者入院治疗产生医疗费74.65万元,其中合作医疗补偿52.27万元,大病保险赔付3.37万元,民政医疗救助20.74万元。加上县级救助,因病致贫人员的医疗费用已得到100%补偿。

【团结社会力量促脱贫】 年内,为确保贫困群众收入越线,当雄县按照“百企帮百村”工作思路,充分调动县域内企业、合作社、致富能人等社会力量,通过就业、分红等帮扶形式参与扶贫。专合组

2017年9月28日,拉萨市委扶贫领域专项巡察组组长索朗(左二)听取当雄县精准扶贫工作汇报

织和民营企业帮扶,2016 年 28 家专合组织为 553 户(1279 人)贫困户发放分红 137.8 万元,发放物资折合资金 12.2 万元。2017 年,考虑到产业项目周期长、见效慢的因素,整合 7818.9 万元(产业配套 2967.56 万元,融资 1800.12 万元,自筹 2651.22 万元,行业资金 400 万元)扶持 12 家专合组织"短平快"项目助推产业脱贫。此外,为确保产业分红均衡覆盖全县,根据产业项目分布实际,结合《当雄县产业项目资金管理办法》,按照户均不低于 3000 元、人均不低于 700 元的原则,发放分红资金 430.49 万元,直接带动建档立卡户 3308 人、间接带动边缘户 3303 人实现增收,为贫困群众脱贫奠定坚实基础。国有企业帮扶,县农行为 174 户贫困户发放小额贷款 613.5 万元的同时,充分发挥国有企业主观能动性,专门拿出 218 万元为贫困户购置家电、家具;党员干部结对帮扶。根据"县级干部 4 户、科级干部 3 户、一般干部 1 户"的原则,实现帮扶全覆盖,重点从"扶志气、长思路"和政策宣讲方面实施帮扶,累计入户达万余次,帮扶成效显著。

【改善民生,提升公共服务力】 年内,当雄县以打造宜居环境为重点,全面提升基层公共服务综合能力,2017 年,"十项提升工程"建设项目共计 36 个,总投资 50318 万元,其中,教育项目 15 个,供电项目 6 个,交通项目 4 个,广播电视项目 3 个,危桥改造项目 3 个,卫生项目 2 个,气象项目 1 个,水利项目 1 个,村居活动场所建设项目 1 个。截至年底,当雄县 28 个行政村 100% 实现通公路;95% 的群众可以饮用到自来水或地下水,有 5% 的群众饮用山泉水;28 个村 100% 实现通电;28 个行政村均建有活动场所;28 个行政村广播电视通达率达到 99.5% 和 100% 实现互联网覆盖。

2017年12月11日,日喀则市交叉考核组听取当雄县精准扶贫工作汇报

【党建统领,压实责任打基础】 年内,脱贫攻坚事关发展、稳定和民心,工作开展以来,当雄县始终把脱贫攻坚作为首位工作,中心任务,凡会必提,凡事必讲。抓中心促脱贫。两年来,当雄县先后召开 6 次大型会议,18 次县委常委会,7 次县委专题精准扶贫会和 24 次脱贫攻坚指挥部会议,全面研究部署工作中遇到的新情况新问题。抓党建促脱贫,保持党政正职稳定。当雄县严格落实党政领导"不摘帽不脱责、不脱贫不脱钩、不小康不松劲"的指示精神,立足岗位、以身作则,谋脱贫策、抓脱贫事,身先士卒、率先垂范,把贫困户当亲人待、把脱贫事当事业干,带领全县干部冲在脱贫第一线。充实基层干部力量,确保每个村有第一书记、村民服务中心主任、下沉干部、驻村工作队、大学生"村官"、村干部等力量,平均干部力量达 15 人以上,保证扶贫工作的有序开展。举办村级党组织人员培训,由县组织部、扶贫办等单位,组织党支部正(副)书记、村民服务中心正(副)主任、党员致富带头人、村集体经济负责人等人员进行两期共计 196 人专题培训,为村(居)脱贫攻坚工作提供重要组织保障;制定《当雄县精准扶贫基层考核办法》。重点将基层党组织战斗堡垒作用、党员先锋模范作用,在脱贫攻坚工作中的表现作为基层党建年终绩效考核和干部提拔任用的关键依据。抓宣教促脱贫,当雄县大力宣传脱贫优秀典型,激发群众

内生动力。召开2次脱贫先进典型表彰大会,1次最美家庭表彰大会,1次勤劳致富先进牧户表彰大会,1次“转变观念、脱贫致富”专题培训,有效提高贫困群众“学先进、立志气、争脱贫”的意识。

【退出程序履行情况】 年内,按照区、市脱贫退出要求,在印发《当雄县精准扶贫考核验收方案》的基础上,召开全县脱贫考核验收动员部署会,再次统一思想,明确标准,规范程序,为全县脱贫退出提供根本遵循。与此同时,为确保县级考核验收的实效性,由县委书记亲自挂帅,抽调112名精干力量,组成4个考核验收组,每个考核组由1名县委常委和1名县级领导具体负责,按照考核培训、签订责任书、入户审核、反馈汇报、整改完善的程序展开县级审核工作。

【贫困人口退出履行情况】 年内,根据考核验收组开展情况汇总,全县建档立卡户1858户8280人,通过全方位帮扶措施,按照“一申请、一评议、二审核、三公示、县审定”的程序,有1847户8240人收入稳定越过3915元,实现“三不愁、三有、三保障”。

【贫困村退出审核公示情况】 年内,在审核贫困人口脱贫的基础上,对全县8个乡(镇)28个村(居)严格按照“村(居)申请、乡(镇)和县审核公示”的程序进行贫困村基础设施条件、基本公共服务水平、产业发展等指标进行退出审核,并取得“三率一度”均达标的成绩(贫困发生率低于1%、错退率低于1%、漏评率低于1%、群众满意度95%以上)。

（高辉东）

【领导名录】

主　任

扎西桑珠(藏族)

当雄县水利局

【概况】 当雄县水利局为行政管理部门,2017年,行政7名,事业编制2名,工人2名。党的十八大报告明确提出多谋民生之利,多解民生之忧,解决好人民最关心、最直接、最现实的利益问题。而解决好饮水安全问题,是保障广大人民群众的身体健康,改善牧区人居环境,促进农村经济发展的重要内容,也是全面建设小康社会的客观要求。

【防汛抗旱】 年内,按照县委、县政府的指示,水利局高度重视,及时充实当雄县2017年防汛抗旱领导小组成员,并与各乡镇签订《防汛抗旱目标责任书》,明确各部门防汛抗旱行政责任人,制定严格应急值班制度,做到分工明确、责任到人,防患于未然。

2017年,当雄县财政预算的50万元防汛资金用在患处,确保汛期的安全度汛。截至年底,已投入防汛抗旱资金498069元,购买铅丝笼、编织袋等防汛物资,并及时发放各乡镇。相继完成羊八井镇拉多村4组、宁中乡堆灵村4组、公塘乡甲根村2、3、4组、公塘乡巴嘎当村2、3、4、5组、宁中乡堆灵村5组、格达乡格达村1、2、3组、当曲卡镇曲登村5组河道清淤、疏浚除险加固工作、羊八井镇桑巴萨村5组新建土渠。

【农村安全饮水工程】 年内,结合当雄县部分农饮现状,县政府投入50万元,用于农饮维修新建。

2017年9月1日,拉萨市副市长、当雄县委书记张正主持召开砂场整合工作会议

截至年底，从农饮维修经费中已支出497695元。公塘乡巴嘎当村新建一口大口井；羊八井镇桑巴萨村大学生创业点新建1处机井，井深45米，全自动无塔供水设备一套；羊八井镇水厂维修机井；赛马场供水点维修机井，新建背水台4座，检查井4座，新增管道122米；公塘乡江热寺供水点更换排水管（PE63）60米，更换给水管（PE32）250，更换抽水泵1台，更换线路300米。纳木湖乡色德寺供水点处新建保暖房1座（21平方米），新建钢板蓄水池1座（10平方米），更换抽水泵1台，更换排水管40米；公塘乡冲嘎村更换主管道（PE63）250米，更换分支管（PE32）480米，维修背水台3座，新建背水台2座。

完成5个精准扶贫搬迁点的供水工程。总投资225.89万元，完成（拉多点、堆林点、曲才点、拉根点、冲嘎点）5个精准扶贫搬迁点共100户的饮水入户问题，经水质检测后，各项指标均达到饮用标准。羌塘旅游文化基础设施污水处理建设工程。总投资为196.52万元，建设完成赛马场污水处理系统工程，很大程度上解决赛马场生活污水直排草场的根本问题；当雄县2016年水利工程运行与维护工程。总投资122万元解决全县5个乡（镇）的农村安全饮水维修养护问题，保障牧民饮水需求；积极稳妥推进2017年投资213.08万元的农村安全饮水巩固提升工程及2017年投资282.1万元的农村安全饮水维修养护工程建设步伐。

2017年10月21日，副县长多吉平措在格达乡检查指导“河长制”工作开展情况

【“河长制”工作推进情况】 年内，按照市委、市政府的要求，充实和完善关于当雄县全面推行河长制工作实施方案并成立当雄县关于全面推行河长制实施工作领导小组；在充分调查研究，经县委、县政府反复酝酿、主要领导亲自修改审定后，形成河湖、河长名录。编制和制作“藏汉”两种文字的公示牌，完成19个点设牌工作；对全县范围内河道、河岸进行全面清理，截至年底，共投入人力1500余人次、机械56台、运输车辆85辆，共清理各类河道垃圾128吨；立即组织成立河道巡查督导组，督导组到各乡（镇）巡河督查10余次，在巡河督查中发现问题，要求所辖区负责人及时整改。制定考核办法，考核分值100分，以80分以上为优秀、60分以上80分以下为合格、60分以下为不合格为标准对乡（镇）进行考核。要求每月清洁河道、河岸不少于2次（当月的15日和30日）。结合污染源，已委托第三方正在加紧制定一河一策的相关方案及措施。截至年底，县河长办分别向区、市河长办报送简报共28期，分别向中央电视台（新闻直播间）、《西藏日报》《拉萨晚报》《幸福当雄》《网信当雄》投稿共5期。

（次　旺）

【领导名录】

局　长

索朗多吉（藏族）

副局长

刘　　军（4月免）

当雄县教育（体育）局

【概况】 2017年，当雄县有各级各类学校、幼儿园31所，在校（园）生9129人，其中初级中学1所，在校生2017人；小学9所，在校生5766人；幼儿园21所，在园幼儿1346人。全县现有教职工556人，其中专任教师544人，占教职工的96.11%。小学适龄儿童入学率99.64%，巩固率99.79%；初中适龄少年入学率98.68%，巩固率99.19%；学前两年入园率72.07%、三年入园率53.84%；进城务工人员随迁子女入学率100%；留守儿童入学率100%；三类残疾儿童少年入学率63.08%。

【党建工作】 年内，出台《当雄县教体局先进党支部创建实施方案》等6项推进学校党建工作制度性文件。以“两学一做”、党的十九大学习教育活动为抓手，全年组织291名党员教师系统学习党章党规、习近平总书记系列讲话和教育政策法规170余次。开展主题演讲、征文比赛、红色教育、党员活动日、党员示范课等活动80余场。

【教育改革和发展】 年内，高度重视，全力保障均衡发展。成立由县委书记任组长的义务教育均衡发展工作领导小组，相继出台《当雄县推进县域义务教育均衡发展实施方案》等10余个制度性文件。累计投入教育经费2.88亿元，改扩建校舍面积5万余平方米。投入6615.58万元，实施校园文化建设、学校硬化绿化美化亮化等一批“穿衣戴帽”工程。投入1800多万元添置科学、音体美、理化生教学仪器。全县义务教育阶段学校办学标准达到自治区二类学校标准，惠及学生9139人。在县委、县政府的坚强领导下，在全县各族人民的共同努力下，2017年11月当雄县通过国家义务教育均衡发展评估认定。

【理顺体制、优化管理】 年内，当雄县基本形成政府负责、分级管理、以县为主的义务教育管理体制。抓防流控辍。健全控辍机制，大力实施以县级干部包乡(镇)—乡(镇)干部包村—村干部包组—组干部包户的行政线和教体局干部包校—学校校长包年级—班主任和任课教师包班级的教育线的“双线控辍”制度，巩固“两基”成果实效显著；同时，强化县、乡、校三级教育办公室工作，采取“四书”措施，建立“校长联席会议”和“学生家访工作”制度。出台《学校管理规范化制度》《教育教学质量奖惩暂行办法》《中学规范化管理实施办法》《振兴教育教学三年行动计划》《中小学教学五个环节精细化管理办法》《学校校本教研指导建议》和《学校校本研修指导建议》。

2017年4月13日，当雄县2017年度教育工作暨义务教育均衡工作推进部署大会

【推进教育“五个100%”工程】 年内，推进小学双语教学普及率达到100%方面：从开展薄弱学校双语教学观摩课工程，推进宿舍“小喇叭”工程，“朗读竞赛”工程和汉数试点校共4大类工程，积极推进小学双语教学普及工作。小学数学课程开设率达到100%方面：定期或不定期对学校课程开设情况进行督查，同时，为提高数学教学质量，教育局通过骨干教师上示范课、县级名师送教、教师业务考试、质量监测等手段，提升数学教学质量和水平。小学实验课程开设率达到100%方面：组织全县18名小学科学任课教师，开展实验课观摩现场会，起到良好效果。中学理化生实验课程开设率达到100%方面：选派19名理化生教师到拉萨接受实验课程培训。

【队伍建设】 年内，开展国家、区、市、县、校五级培训。选派125人参加国家级培训，选派43人参加

2017年10月12日，当雄县推进县域义务教育均衡发展自治区评估验收反馈会

区级培训，选派 141 人参加市级培训，开展本级培训 240 人，全县中小学开展校本培训个人 5723 次。提升教师待遇，创设留人环境。贯彻当雄县委、县政府《关于进一步加强师资队伍建设实施意见（2016—2020）试行》。2017 年教师节对全县 35 名优秀和 101 名老教师进行隆重表彰，落实资金 240.18 万元。

【对牧民群众大学生子女资助力度】 年内，在学前、义务教育方面，严格贯彻落实国家义务教育阶段“三包”、营养改善和“两免一补”政策，同时，不断完善结对帮扶机制。在高等教育助学体系方面，2012 年起县委、县政府建立大学生助学体系。截至年底，已累计资助 5440 人次，落实资助金 32421738.4 元。2017 年落实资助金 9525217.4 元，对 1257 名大学生进行资助。

【推进以教脱贫，助力脱贫攻坚】 年内，以“输出一人，脱贫一户”为目标。先后开办培训班 2 期，培训 39 人。其中驾驶技术培训班 1 期，培训 35 人。牲畜科学饲养、常见病的症状与防治等技术培训班 1 期，培训 4 人。同时，根据学前教育发展和保育员队伍建设的要求，当雄县对全县 22 名“两后生”开展幼教相关培训，结业后由教育局安排工作岗位。截至年底，“两后生”中已就业 104 人，月人均工资达到 2708.75 元。各学校按照“扶智、立志、解难、保学、获助”的五条标准，进一步深化结对帮扶，实行学校教师同贫困户和搬迁户子女学生进行“一对一”“一对多”和“多对一”形式的结对帮扶。从激发贫困学生成人成才志向，帮扶贫困学生学习生活，关怀贫困学生心智情感，启迪贫困学生知恩感恩四个方面进行帮扶。落实贫困生资助工作，2017 年落实资助金 146 万元，对全县 144 名贫困大学生进行资助。

【体育工作】 年内，扎实抓好学校体育工作，提升学生体质健康水平。全年开展体育专职教师各类业务培训 30 人次。对全县 7783 名学生进行体质健康测试，优秀率达到 78.5%。开展当雄县第一届校园足球（小学组）联赛。深入推动全民健身工作开展，全县人民身体素质明显提高。出台《当雄县学校体育设施免费对外开放实施方案》。做好“当吉仁”赛马节各项赛事。开展全县第二届“五人制”足球比赛。协助团县委开展全县“五四”干部职工篮球联赛，并为全县公安系统篮球联赛提供支持。努力提高竞技体育水平，为当雄人民争光。在县委、县政府的大力支持下，当雄县运动员发扬团结拼搏精神，获得拉萨市第四届“体彩杯”足球联赛冠军。

【优化教育发展环境】 年内，抓平安校园建设。建立学校、学生、家长、校园周边、民警“五位一体”校园人口管理模式，走访单位、商户 53 户，与各学校签订责任书 84 份，召开安全维稳专题会议 6 次，专项督查 6 次，组织开展维稳安全教育 20 余场次，校园周边安全整治 6 次，交通、消防知识教育 24 场次。联合县卫生防疫站对全县 2000 余间校舍进行消毒 2 次；抓校车管理。联合县交警大队召开全县校车安全工作会议，对校车驾驶员开展安全知识培训，购置新校车 4 辆。

（旦　增）

【领导名录】
党总支书记、局长
钱立坤
副局长
洛桑卓嘎(女,藏族)

当雄县人民医院

【概况】 2017年,当雄县人民医院高举邓小平理论和“三个代表”重要思想的伟大旗帜,深入贯彻落实科学发展观,牢固树立以病人为中心的意识,开拓创新,扎实工作,努力提高服务质量和服务水平,使医院的各项工作有较大的提高。

【思想政治工作】 年内,当雄县人民医院职工认真组织学习党的十九大会议精神和中央“八项规定”、自治区“十项要求”等精神;全院党员积极参加党的群众路线教育实践活动和其他各项组织活动,并组织全院职工学习党中央、区党委、县委下发的各类文件精神,设立党员先锋岗。组织全院职工学习《中华人民共和国执业医师法》和《中华人民共和国护士管理办法》《处方管理办法》等为主的有关法律法规,2017年按照与县委签定的《党风廉政责任书》和有关会议文件要求,认真开展医药购销领域中商业贿赂情况的自查自纠工作,严格执行各项医疗服务收费标准,杜绝医疗服务中的乱收费现象和商业贿赂问题。

2017年11月22日，县委副书记、县长其美次仁主持召开健康当雄建设工作推进会

【业务学习】 年内,为提高全体干部职工的专业技术水平,更好地满足医疗服务要求,年初制定人才培养和引进人才规划,并且以“三基”训练为基础,以自学、讲课和考核等方式经常组织不同形式的业务学习,平均每月业务学习2次以上,2017年度举行“三基”训练考核2次,考核合格率96%。医院在人员缺,工作量大的情况下,为更好地满足广大患者的医疗服务要求,选送理论水平较好,且有培养希望的内、儿、妇、藏医、护理等专业的9名医护人员到拉萨市人民医院和北京市等进修学习。

2017年,医院积极选送到上级医疗部门进修的同时,还抓住援藏医生和基层帮带专家等的优势,顺利通过医院等级评审。年初和年底举行交通事故医疗救治和高原反应医疗救治等为内容的急救演练活动,提高医院医务人员的理论和技术水平。护理部在外科病区开展“优质护理年”活动;并在“5·12”护士节期间组织全院护理人员举行“护理操作表演赛”,提高全院护理人员操作技能。全院护理人员轮流讲座一次,获取护士执业资格证书率明显增多,各项护理技能操作得到进一步提高,护理三级查房、护理文书书写等得到进一步规范,护理差错为0。

【医疗服务】 年内,当雄县人民医院按照拉萨市政府和市卫计委的统一布置,组织医院的骨干力量专门成立领导小组和专家组,对全县牧民群众和城镇居民开展全民体检和僧尼免费体检,共全民体检47811人,体检率为98.2%,僧尼体检221人,体检率为100%,先心病筛查8763人次,其中疑似病例283人次、确诊8人次、先天性髋关节脱位28人次。2017年,全院门诊病人总数37595人次(西医门诊30026人次、藏医门诊7569人次),平均日门诊量为103人次,入院病人821

人次(西医住院776人次、藏医住院45人次,住院分娩323人次),出院病人807人次,转院病人263人次,病床使用率82%,治愈率78.2%,好转率21.8%,死亡率0%,病床周转率29次/月,外科手术186例,常规化验7021人次、生化全套821人次,两对半1177人次,艾滋、梅毒、淋病检查598人次,电解质34人次,血常规2781人次、尿常规2618人次,大便常规2233人次,心电图检查1150人次,B超检查8539人次,拍片3114人次,门诊诊断与住院诊断符合率97%,入院诊断与出院诊断符合率96%,手术前后诊断符合率100%,住院病人及住院孕产妇死亡率0,门诊处方书写合格率98%,院内感染0,无菌手术切口感染率0,传染病登记报告漏报率0,“三基”训练考试两次、合格率96%,病例讨论16次,医疗质量检查13次。

【等级评审】 年内,以等级医院评审为核心,邀请市级专家来医院进行二乙复审工作、组织各科主任护士长到兄弟医院考察学习二乙复审工作经验,结合医院实际,认真做好部署,做好各项迎评工作。此次二乙复审工作将围绕“质量、安全、服务、管理、绩效”作为评审的重点,把工作重点转移到质量与安全的持续改进上来,通过评审促进医院管理更科学、更规范,为促进医院全面、协调、可持续发展打下坚实基础。

【确保等级医院评审顺利通过】 年内,当雄县人民医院首先成立等级医院评审办公室,明确专人负责,细化责任目标,落实责任到人。健全医疗、护理、感染控制、药事等管理组织,完善质量管理体系。突出重点,狠抓落实。对照等级医院评审标准及33项核心条款,开展院内自评工作,每个科室针对薄弱环节和缺陷进行认真梳理,明确标准,明确差距,明确目标,逐条逐项落实。医院建立医疗、护理人员技术档案,重新修订各项规章制度、岗位职责、医疗技术目录、应急预案职责等相关规定,重点加强首诊负责制、交接班制度、疑难病历讨论、三级医师查房制度、手术分级管理制度等核心制度及法律法规的考核,督促执行和落实。按照PDCA循环原理,以综合绩效考核为手段,重新修订综合绩效考核标准,增加一票否决条款,采用系统追踪检查方法进行质控考核,使全院质控管理不断完善和提高,基础质量、环节质量、终末质量不断持续改进。建立医疗缺陷管理制度和护理不良事件上报制度,完善医疗不良事件预警和防范措施,落实医疗安全责任制和责任追究制,较好地防范医疗差错、事故的发生。

【抗菌药物临床应用】 年内,当雄县人民医院继续加强抗菌药物临床应用、临床路径管理和单病种质量控制工作。医院健全临床用药监管制度,下达临床科室抗菌药物使用指标,重点规范Ⅰ类切口手术抗菌药物的使用,加强外科等科室临床用药监管,加强病历专家点评,严格落实处罚措施,使特殊使用级抗菌药物直线下降,门诊抗菌药物使用率达到16%,住院抗菌药物使用率控制在60%以下,手术预防用药及清洁手术用药得到明显控制,部分清洁手术已不使用抗菌药物。加强临床路径和单病种管理。

【推广优质护理服务】 年内,当

2017年5月4日,当雄县卫生局党组书记、县人民医院院长巴桑主持召开卫生计生工作暨党风廉政建设工作会议

2017年12月20日，当雄县人民医院顺利通过二级乙等评定

雄县人民医院护理部继续在外科病区开展“优质护理年”活动；并在“5·12”护士节期间组织全院护理人员举行护理操作表演赛，提高全院护理人员操作技能。全院护理人员轮流讲座一次，获取护士执业资格证书率明显增多，各项护理技能操作得到进一步提高，护理三级查房、护理文书书写等得到进一步规范，护理差错为0。为更好医院感染控制工作，加强医疗垃圾的处理，2017年医院在原有基础上，完善医疗垃圾分类处理的制度，现有垃圾处理符合有关环保要求。

【应急工作管理】 年内，当雄县人民医院重点开展医院感染现患率调查和Ⅰ类手术切口感染监测工作，大大增强预防院内感染和安全防范意识，使医院感染率、一类（无菌）切口感染率均低于要求标准。严格执行麻醉药品及第一类精神药品管理规定，确保合法、合理、安全使用。

【藏医药工作】 藏医药深受牧民群众的喜欢和广泛关注，为更好地发展具有牧民特色的藏医药事业，坚持每季度召开一次藏医药工作会议，研究藏医药的发展，使藏医工作也有较大发展，藏医门诊病人也比往年增加很多。藏医住院病人达到45人次，门诊7569人次，藏医理疗92人次。拔罐67人次、针灸123人次、放血58人次，热盐敷75人次，TDP理疗108人次，金针38人次，推拿70、擦涂102人次，热机10，火灸5，药浴2人次。根据当雄县境内地热资源丰富的实际，对需要做藏医温泉治疗群众，举办2期温泉治疗方面的讲解，参与人数达463余人次。2017年在国家藏医药适宜技术推广项目的推动下医院藏医药卡擦室，药治室，理疗室等的作用和效果突显。同时，为进一步加强医院和基层藏医人员的药材识别水平，按照传统习惯，2017年7月，医院组织藏医科和基层藏医人员9名到当雄县藏药材相对丰富的巴嘎当境内进行为期一周的藏药材识别和标本采集活动，共采药316余种，完善藏医药文化室的药材标本，并举办藏医药材识别知识竞赛，参加人员9人，前三名选手发放荣誉证书和奖金，从而使藏医技术人员对当雄县藏药材的分布、种类和自然分布等有新的了解和认识，提高识别药材能力。

（多　杰）

【领导名录】

卫计委主任、医院院长

巴　　桑（藏族，11月免）

院　长

索朗多吉（藏族，11月任）

副院长

扎西次仁（藏族）

钱燕玲（女，北京援藏，11月任）

当雄县中学

【概况】 当雄县中学始建于1986年，是当雄县唯一的一所初级中学，2002年学校完成新校址搬迁，新校址位于县城西段，面临青藏铁路和青藏公路，背靠当曲河，占地总面积120000平方米。校舍面积26768平方米，包括教学实验综合大楼一栋，学生宿舍14栋，教职工宿舍9栋，学生餐厅3栋，教工食堂1栋。

【办学规模】 截至年底，当雄县中

学已形成七、八、九每个年级12个班的规模，其中七年级720人，八年级617人，九年级680人。农牧民子女占99%，寄宿生占98%。2016—2017学年度，全县13—15周岁适龄少年2393人，初中在校生2056人。截至年底，初中阶段入学率为93.04%。建校31年来，学校秉承着"团结、务实"的校训，倡导"有序、和谐"的办学理念，以"办人民满意教育"为奋斗目标，制定出台当雄县中学"三、三"发展规划，让学生进得来，留得住，学得好。

【机构与师资】 年内，学校设校长办公室、财务室、总务处、教研室、教务处、群团部、德育处、卫生处、图书馆。

截至年底，学校有教职工170人，其中专任教师167人，教师平均年龄33岁。学历方面，研究生5人，本科145人，专科3人，学历合格率100%。专任教师中少数民族教师107人，占专任教师总数的71%。党员教师93人，占专任教师总数的46%。高级职称5人，中级职称71人。

【党建工作】 年内，当雄县中学以"保持共产党员先进性教育""深入学习党的十八大精神"和"创先争优"等活动为契机，结合中学的实际情况，在全校范围内深入开展党的十八大重要思想为主要内容的学教活动，使广大党员教师牢固树立正确的教育观和人才观，充分认识到教育在社会经济发展中的先导性、全局性作用，真正做到"党以重教为先"。学校提出把党员教师培养成"师德的楷模、教学的能手、德育的专家、服务的基石、教研的先锋、防控的主力"的目标任务，为学校的各项工作奠定人力基础。严格入党程序和资格审查，把责任心强、业务过硬的教职工吸收到党组织中来，让入党起到调动教师工作积极性、主动性和模范带头作用。

【教育科研】 年内，学校继续加强教师的教研工作。注重教材的开发，开发一系列适合于中学的校本教材，如针对文化知识水平差的学生开发的《当雄县中学提高班教材》，针对德育教育开发的《当雄县中学德育手册》，汉语文组编定的针对初三复习所用的《汉语文复习资料》，藏语文组自己发表的学生作文集《牛犊之梦》。

【德育工作】 年内，在学生德育教育过程中，根据学校的实际情况，结合思想道德教育的需要，做好教室、走廊、橱窗等各场所的环境布置，同时各班以纪念日、传统节日，党员德育课，德育展板、德育走廊等德育资源，开展富有教育意义的活动，同时大力宣传学生中的好人好事，为学生树立可亲、可信、可敬、可学的榜样，通过榜样引导学生崇尚先进，学习先进，养成良好的道德行为。建设良好的校园文化氛围。同时结合新颁布的《中小学生日常行为规范》，加强课间活动、卫生、文明礼貌等各方面的检查，对各班级中的问题生、调皮生，学校举办规范训练班，邀请校外辅导员、法制副校长进行教育、规范训练、个别引导等形式加强教育。

【后勤管理】 年内，强化后勤常规管理，努力抓好校园管理的各项检查。为确保学校安全、有序地运行，进一步细化《临时工分工种量化考核制度》，管理过程中重

2017年5月29日，拉萨市委常委、市政府党组副书记、常务副市长暴剑（中）在当雄县中学检查指导工作

2017年5月4日，当雄县中学举行"四讲四爱"、五四青年校园舞蹈比赛

视安全、卫生、节水节电等工作的检查，将各项制度真正落到实处。切实抓好环境卫生、校园安全工作。大力开展美化校园、亮丽校园等活动。进一步加强开源节流工作，管好用好学校的财力、物力。本着负责的态度，搞好采购管理工作。重点抓好节水节电工作，强化文印管理工作。为了学生的卫生安全，2017年县中学根据工作需要成立卫生处，专门负责学校的卫生安全和学生的卫生教育工作。

【中考】 2016—2017学年，县中学在市、县教育（体育）局的领导下，全体师生奋力拼搏，认真贯彻《当雄县中学量化考评方案》，狠抓教学质量，2017年中考又取得可喜的成绩。基本情况是全校550人参加中考，重点高中45人，普通高中282人，职业技术248人，其中500分以上43人，600分以上有2位学生，升学率达到100%。

【体育艺术】 体育艺术工作是丰富师生校园生活的重要手段，学生体育达标率90%以上，体育课及格率95%以上。另外，本学年学校根据实际需要开展各类活动。工会在6月、10月组织全校教职工开展集体生日活动，体育组在5月开展校级足球联赛，音体美教研组在十一月组织学生美术比赛，藏语文教研组和汉语文教研组11月组织学生开展书法比赛等。

【均衡工作】 11月4日，国家教育督导组对当雄县中学义务教育均衡发展工作进行督导检查，在此验收过程中，县中学得到各级领导的高度赞扬。

（尼玛卓嘎）

【领导名录】

党总支书记

钻　珠（藏族）

党总支副书记、校长

拉　布（藏族）

当雄县牦牛冻精站

【概况】 当雄县牦牛冻精站地处藏北羌塘草原南部，距拉萨市180公里的当雄县境内，海拔4300多米，年平均气温1℃，紧靠交通大动脉青藏线。西藏当雄县牦牛冻精站始建于1963年，最早为马场，1976年改为种畜场，1988年7月正式筹建为冻精站。1999年7月，由国家农业部颁发西藏自治区拉萨市当雄县牦牛种公牛站经营许可证，是西藏自治区牦牛改良繁育体系的重点单位，也是全国唯一的一座牦牛冻精站。主要任务是生产、推广、供应优良品系牦牛的细管冻精，同时进行牦牛繁育技术咨询、人工授精及胚胎移植等相关方面的技术培训。

西藏当雄县牦牛冻精站占地约9.2公顷，建筑面积4200平方米，总投资930万元。分为冻精生产科研区和职工生活区。建成综合实验室，现代化种公牛舍，饲料贮藏室，拥有无塔供水器，冻精生产设备是从法国IMV公司引进的细管冻精全套设备。

【品种改良】 当雄县牦牛冻精站现饲养6个良种品系（帕里、斯布、半血野牦牛、嘉黎娘亚、青海大同、当雄县）45头牦种公牛，其中采精种公牛35头，后备种公牛10头。繁殖母牛120头，后备母牛75头。有围栏草场70公顷，天然牧草地725公顷。具有独立的畜种场所。现有员工25人，其中畜牧师1人，助理畜牧师2人，经验丰富的技术人员6人,牧工18人。建站以来,累计向社会提供优良牦牛冻精50多万粒/剂,产生广泛的社会效益和经济效益,为西藏牦牛的品种改良工作做出重大贡献。

在牦牛品种改良及繁育技术研究上取得丰硕的科研成果:1989年12月"牦牛冷冻精液研制"获得西藏自治区科技进步三等奖;1993年9月"牦牛冷冻精液研制"获得拉萨市科技进步二等奖;1995年10月当雄县牦牛冻精站牦牛冻精荣获第二届中国农业博览会金奖、银奖;2000年生产第一批牦牛细管冷冻精液;冻精站与西藏自治区畜牧科学研究所合作进行牦牛胚胎移植研究工作,于2006年9月成功获得4头胚胎移植牦犊牛,这标志着西藏自治区牦牛胚胎移植繁育成功,填补此项科研的空白,该项目于2008年底荣获西藏自治区科学技术一等奖;在2006—2007年实施的《拉萨市当雄县优质乳用品种牛引进及推广》项目,成功获得牦牛与娟姗牛的杂一代犏牛。从2008年开始到2010年,一直实施科技厅项目《当雄牦牛本品种选育》,取得良好的成绩,2012年年底,国家农业部颁发种畜禽经营生产许可证。

【冻精生产】 年内,加强种公牛的饲养管理,严格按照种公牛饲养标准饲喂,每天由专人早晚对种公牛进行训话、调教,每年6月开始生产细管冻精,2017年保质保量生产出8973支优质细管冻精,为来年大面积推广牦牛冷冻精液夯实基础。牦牛冻精的制作品种为斯布、帕里、娘亚、1/4的野血、青海大通,各品种共生产细管冻精6431支,羊制作品种为藏羊,共生产细管冻精63080支。

【家畜遗传制作】 年内,牦牛冻精站和全国畜牧总站签订《家畜遗传物质制作保存协议》,6月,按照协议牦牛冻精站有专人准备系谱,选用牦牛冻精站优良的种公羊和母羊,做好前期项目的准备工作。7月,全力配合全国畜牧总站技术人员进行羊冷冻精液和胚胎制作工作,达到项目的要求。

【人才队伍建设和壮大】 年内,因牦牛冻精站紧缺技术人员,根据县长的指示,2017年7月,从各个乡镇兽防所将专业知识以及实践操作较好的畜牧专业人员调剂到冻精站,对专业技术人员进行冻精生产方面的操作规程培训。

【人工授精培训】 年内,为了做好细管冻精的推广工作和加强冻精站技术人员的人工授精技术,2017年10月,北京奶牛中心专家张新慧在冻精站给干部职工进行人工授精技术培训,牦牛冻精站干部职工积极学习并且进行实践操作,牦牛冻精站职工初步掌握人工授精技术。

(四郎卓玛)

【领导名录】

站　长

罗布桑珠(藏族)

2017年7月4日,西藏自治区副主席其美仁增(前排左二)在当雄县牦牛冻精站检查指导工作

城市建设·环保

当雄县住房和城乡建设局(城市管理局)

【概况】 当雄县住房和城乡建设局(城市管理局)(以下简称住建局)为当雄县人民政府工作部门,2017年,有干部职工在编人数13人,其中,正科级干部2人,副科级干部1人,科员2人,事业编制2人,工人6人。聘用临时工37人,其中环卫保洁工人33人,城管工人4人。下设及管理部门有,当雄县小康安居工程领导小组办公室、当雄县市容卫生管理办公室、自来水公司。主要工作职责,根据拉萨市国民经济和社会发展目标,拟订全县城乡建设、建筑业、住房保障的发展战略、中长期规划、政策措施改革方案并组织实施。编制城乡建设、住房保障年度计划并监督实施,负责平衡、调度和监督使用建设资金。承担规范全县住房和城乡建设管理秩序的责任。参与土地利用总体规划纲要的审核。拟订住房和城乡建设的发展规划和经济政策。负责建设项目工程报建、开工许可管理和监督指导招投标工作,综合管理施工企业的资质初审、工程质量、安全监督工作,组织或参与建设工程重大质量、安全事故的调查处理;会同有关部门负责对国家级、自治区级、市级重点风景名胜区、世界自然遗产项目和世界自然与文化双重遗产项目的保护监督管理工作。负责全县房屋交易告知单办理审核工作,县城环境卫生管理、整治及自来水厂监管工作等县人民政府交办其他工作。

2017年7月3日,拉萨市住建局建管科科长旦增林木(右二)在当雄县施工工地检查工作

【综治维护】 年内,按照市、县相关要求,为维护当雄县经济社会跨越式发展和长治久安的良好局面,彻底消除各类不稳定因素,全面落实人防、物防、技防等安全措施,认真开展维护社会稳定的各项工作。全县年初提出维护稳定工作的各项要求以来,当雄县住建局组织建设系统召开维护稳定

工作会并传达市县维护稳定工作会精神，要求建设系统干部职工立即从思想和认识上，高度重视维稳工作，在日常工作中，时刻保持高度警惕性，把上级的相关要求贯彻执行下去，要严格按照当雄县住建局制度的维稳各项工作安排贯彻落实。继续执行建设工程各施工单位值班制度，建立以项目经理带班24小值班制度，确保发生事件和紧急情况的信息上报并及时处理，安排的各值班人员要严格履行职责，认真落实建设工程处来人员带包检查，出入登记的工作，发现可疑人员与物品，要果断处置。针对各项建设项目临近冬季停工建设，各施工单位要尽快建立和完善安全生产各项工作，确保各项工程停工后的安全防范措施。

2017年8月19日，副县长张洁主持召开安全生产和扬尘防治部署会议

【党风廉政建设】 年内，严格落实党风廉政建设责任制，结合工作实际，推进学习型机关的建设，通过专题组织生活会，制定每周三晚上7点组织全局干部职工召开支部学习会的制度，及时学习传达上级关于党风廉政建设的部署和要求，年内，召开党风廉政建设学习会议20次，切实将学习制度落到实处。明确要求施工企业签订《企业助廉守法承诺书》，坚决抵制商业贿赂，严格要求施工企业不得向住建局党员干部、国家公职人员行贿、赠送礼金礼品。坚决贯彻落实县纪委转发《关于严格执行严禁在项目评审验收中发放和收受红包有关要求的通知》等有关文件精神，严格要求局干部职工在工程验收中不收取红包，做到实事求是，干干净净做事、清清白白做人。同时，结合局工作实际，制订《当雄县住建局2017年度党风廉政建设工作计划》及《当雄县住建局2017年度党风廉政建设责任制及责任追究制度》。

【"两学一做"专题教育】 年内，深入开展"两学一做"专题教育常态化，是中央做出的一项重大决策部署，是深化党的思想政治建设和作风建设的重要举措，是严肃党内政治生活、严明党的政治纪律和政治规矩的重要抓手。住建局坚持以"两学一做"专题学习教育常态化的开展为契机，认真组织学习党章党规党纪，深入研读习近平总书记系列重要讲话精神。把整顿软弱涣散基层党组织作为补齐"短板"、加强基层党建的关键举措，找"病因"、挖"病灶"、开"药方"，开展实实在在的整顿工作。根据县委组织部软弱涣散基层党组织集中整顿工作的通知要求，整顿工作开展以来，住建局党支部把软弱涣散基层党组织整顿作为落实党要管党、从严治党的重要举措，作为加强基层服务型党组织建设的重要抓手，加强分类指导，进行集中整顿，坚持时间服从任务和质量，细化工作任务，明确工作步骤，压实有序推进，确保集中整顿工作取得实效。

【2017年续建项目】 当雄县2015年乡镇周转房项目：在全县建设396套周转房，概算投资7725.44万元，该工程共分三个标段，截至年底，二、三标段已完工，一标段正在进行收尾工作，准备组织验收。当雄县规范化建设村（居）活动场所项目：新建及改扩建26个村委会用房业务及配套设施，其中2016年开工建设17个，2017年开工建设9个，总投资7193.45

万元。截至年底，项目已完工，并组织初验，正在对初验中存在的问题进行整改。

【2017年新建项目】 当雄县羊八井镇特色小城镇建设项目（一期）：建设内容包括道路建设（改造）工程、沿街建筑风貌改造工程及景观改造工程。截至年底，该项目已完成立项、地勘、风评及可研评审、初步设计评审、图纸审查、概算批复办理等工作，正在进行招投标工作以及外立面改造工程。

当雄县农贸市场大门两侧商品房建设项目，建设内容为新建门面房建筑面积1256.44平方米，以及给排水、电气等附属设施，概算总投资363.19万元，截至年底，主体已完工，完成总工程进度的60%。

2017年，当雄县当曲卡镇棚户区改造项目：项目估算总投资1208万元，建设内容为当曲卡镇当曲村三组7-15巷基础建设路面硬化工程以及49户搬迁安置房建设工程，涉及受益户数151户。截至年底，7—15巷基础建设路面硬化工程已建设完工。

拉萨市特色小城镇当雄县羊八井镇棚户区改造项目：总投资475.2万元，涉及户数264户，根据当雄县第十二届人民政府第15次常务会议研究决定，将该项目整合至当雄县羊八井镇特色小城镇建设（一期）工程统一实施。

当雄县中学地热供暖建设项目：总供暖面积3.74万平方米，其中散热器部分10894平方米（教学楼、副楼、体育馆），地暖部分26506平方米，项目估算投资2991.8万元。截至年底，已完成管道铺设及机房主体建设。

【2017年拟建项目】 乌玛塘乡农贸市场商品房建设项目：项目总投资480.59万元，总建筑面积为1219.36平方米，共建18套商品房及其附属设施，正在办理项目前置手续。

2017年8月6日，县住建局局长普布扎西安排部署2017年“当吉仁”赛马节期间卫生保洁工作

拉萨市当雄县县城污水厂处理及收集系统工程，新建一座近期污水日处理量为1500立方米，远期设计污水日处理量3000立方米的污水处理厂及配套管网附属设施，项目概算投资4434.01万元。截至年底，该项目已取得项目的立项、用地预审意见、风评、能评和项目的可研评审、初设评审、可研批复、概算批复及环境影响评审等前期工作，正在办理环评批复，同时，已完成监理招标工作。

当雄县小康安居工程郭庆村整体搬迁项目，对当雄县龙仁乡郭庆村实施整体搬迁，共搬迁安置农牧民224户。该项目主要建设内容为住宅34412.46平方米，其中120平方米户型71套，150平方米户型100套，180平方米53套，厕所191.76平方米，室外总体附属120359.97平方米及设备购置等。工程估算总投资13235.17万元，截至年底，项目已完成地勘、立项、风评的办理。剩余前期手续正在抓紧时间办理当中，待前期手续办理完成立即开展代建工作。

【廉租房实物配租及租赁补贴情况】 2017年，住建局紧紧抓住中央关于“保增长、保民生、保稳定”有利契机，进一步扩大城市低收入群体廉租住房补贴覆盖面，全年共有95户、131人享受廉租住房补贴。

【建筑施工工地管理】 年内，认真

2017年6月20日，县住建局副局长格桑达瓦检查建筑施工工地安全生产及扬尘治理工作开展情况

贯彻落县委、县政府关于安全生产及扬尘防治相关会议精神，严格执行执行县委、县政府相关工作部署安排，按照《2017年全市建筑施工安全生产大检查、大排查、大整治专项行动工作方案》的任务及时间安排，住建局对全县施工工地的临时设施和建筑起重机械进行专项检查，在检查中坚持安全发展观和"安全第一，预防为主，综合治理"的方针，进一步强化安全生产意识，调动上上下下、方方面面抓好安全生产工作的积极性和创造性。进一步加强当雄县建筑工地文明安全施工管理，减少工程建设对城市环境的污染，切实加大当雄县建筑工地安全生产、建筑工地扬尘的整治力度，住建局采取深化扬尘污染治理，制定并下发《当雄县建筑施工扬尘污染防治方案》，严格按照《拉萨市住房和城乡建设局关于进一步加强施工现场扬尘防治工作的通知》，要求各施工单位要严格落实厂区围挡、涂料覆盖、分段作业、择时施工、洒水抑尘、冲洗地面和车辆等有效降尘措施。年内，住建局组织对在建工地进行检查56次，排除安全隐患125处，责令当场整改25处、限期整改77处，停工整改45家次。

【城乡环境卫综合整治】 年内，县住建局认真贯彻落实区、市环境保护督察工作会议精神，严格按照县委、县政府的整改要求，明确"各负其责、全面推进、综合整治、长效管理"的原则，着力解决城区、乡（镇）环保方面存在的突出问题，建立健全长效管理机制，不断提高环境卫生管理水平，为当雄县2017年的中央环保迎检顺利开展提供切实保障。联合县发改、县国土、县环保、当曲卡镇等相关单位对县城的各大交通沿线存在的建筑垃圾违章堆放点进行彻底排查，共排查出大型建筑垃圾违章堆放点10处，小型建筑垃圾违章堆放点34余处，共清理建筑垃圾500余车1500多吨。深入开展"禁白"工作，针对卫生死角，联合县直相关单位、县城居民群众开展县城背街面、县城段河道以及公路铁路沿线白色垃圾整治工作4次，通过专项整治县城环境得到极大改善。全面开展县城综合环境整治工作，深入排查县城周边私搭乱建的建筑、广告牌位，乱摆摊设点的现象，全面清理沿街面商户违规占用道路现象20余起。

【城管执法】 年内，在城管工作方面，严格制定县城的管理方案并加以整治，包括占道经营、私搭乱建和乱挖乱放等不良现象。实行责任分段制度，工作落实到具体每一个人身上，各自分管管辖范围，大幅度提高工作效率。2017年，住建局新招聘城管工人4人，不断完善城管管理工作。

【环卫工作】 年内，县城环卫队员33人，并配备相关的垃圾处理工具，大大改善县城的卫生状况。

【自来水管理】 自来水公司是关系到民生的重要服务公司之一，自来水公司经营的好坏和群众受益和政府形象密切相关。当雄县各级领导高度重视饮用水问题。2017年圆满完成县城饮用水供水任务，全年无任何饮用水安全事故，为全县人居生活质量提供有力保障。同时，于8月开始为全县1200余户用水户安装智能水表，由原来的抄表收费转变为预付费模式，对当雄县自来水资源的节约起到关键作用。

【行政审批登记管理】 年内，住建局紧紧结合机关效能建设，不断强化、优化行政审批服务能力，安排各类业务工作人员进行学习培训施工许可办理、房屋交易登记办理等相关专业知识，截至年底，办理施工许可证23件，房屋交易告知单30件。

【人才培训】 年内，采取“请进来、送出去”的办法，抓好住房和城乡建设管理人员和专业技术人员“两支队伍”的建设。加强政策法规建设，按照“轻重缓急、急用先立、逐步完善、整体推进”的原则。针对建设领域存在的突出问题，大力开展调研工作，加快法制建设进程。同时加大政策法规的宣传力度，加强行政执法监管，规范执法行为，促进当雄县住房和城乡建设事业科学发展。加强统计信息和档案管理，要着手建立城乡建设档案管理系统，继续深化城乡建设档案管理工作，做到有专门管理人员、设专门档案室（有醒目的标志），档案实行分区建档、区分管理、专业管理等。

（冯　鹏）

【领导名录】

局　长

普布扎西（藏族）

副局长

格桑达瓦（藏族）

当雄县环境保护局

【概况】 2017年，当雄县环境保护局圆满完成县委、县政府交办的迎接中央环境保护督察工作、创建生态文明、加大环境监管力度确保当雄生态环境持续良好。

【推进中央环境保护督察迎检工作】 年内，县委、县政府迅速成立组织机构，制定并下发《当雄县迎接中央环境保护督察工作方案》《当雄县迎接中央环境保护督察专项整改工作方案》《当雄县2017年环境保护督察工作方案》等，自5月16日开始，由县级干部带队，分赴各乡（镇）、县直单位及部分企业，开展环境保护专项督察2次，及时对发现的环境问题提出整改要求，确保全县环境保护责任到位、措施到位、落实到位。按照发现问题“不查清不放过、不处理不放过、不整改不放过、不建立长效机制不放过”的要求，遵循“五个一”（一个问题、一个领导、一个专班、一个方案、一个时限）的标准进行整改。针对自治区提出的5项重点整改问题，已完成5项，完成率100%。县委、县政府专题部署，成立大气十条专项工作组、水十条专项工作组、土十条专项工作组等11个专项整改工作小组，分管该项工作的县级干部担任各小组组长，副组长由牵头单位负责人担任，严格按照有关要求，抓好专项整改，取得明显效果。集中梳理党的十八大以来，全县各领域、各单位贯彻落实中央、区、市、县关于生态文明和环境保护各项重大决策的典型做法，整改存在的突出问题。截至年底，已收集整理汇总各乡（镇）、单位、企业2013—2017年环保工作各项基础资料，统一汇编，分类分装，做到一企一档、一个项目一档分类管理。针对中央环保督察组交办的举报案件，

2017年8月28日，中央第六环保督察组副组长、环境保护部副部长翟青（前排左一）了解纳木错湖泊生态环境规划及项目实施基本情况

当雄县委、县政府严格落实领导包案制度，县级干部负责分管领域的举报案件，同时确定每个举报案件的牵头责任单位，从快、从实做好举报案件的办理工作，每天整理、上报信访件的办理情况。截至年底，共收到拉萨市转办中央第六批环保督察举报案件16件（其中主办案件12件，已办结12件；协办案件4件，已办结4件）为确保已办结的案件不反弹，自9月12日起，当雄县人民政府组织现场督办组对全县中央环保督察重点交办件、群众重复投诉件及群众关注度高的突出环境问题整改情况进行“回头看”督办（看实情、督落实），确保所有交办问题整改落实到位。

2017年4月20日，县委副书记、县长其美次仁主持召开领导干部环境保护工作培训会

【加强生态创建，推进生态文明】年内，建立体现生态文明要求的目标体系、考核办法、奖惩机制，把资源消耗、环境损害、生态效益等指标纳入经济社会发展综合评价体系；县委、县政府研究确定到2020年争创全市第一个“国家生态文明建设示范县”的目标。5月4日，自治区环境保护厅次仁央宗副厅长、拉萨市贡扎曲旺副市长、河海大学陈阿江教授共同启动创建当雄“国家生态文明示范县”仪式，并与南京河海大学签订“河海大学环境与社会西藏研究基地”战略协议，为当雄县环境保护提供技术支撑，分别邀请中央环保督察技术专家组成员张修玉博士、河海大学、西藏大学的教授就环境保护工作进行培训授课，使当雄县创建工作迈上实际性的轨道。加大生态文明建设投入，本级财政投入1241.249万元，国家重点生态功能区转移支付资金296.44万，用于环境保护管理、环境质量监测、环境保护宣传、环境监测执法、道路沿线环卫综合整治、城镇绿化、环境保护基础设施运维等。截至年底，全县已完成25个行政村、5个乡（镇）的自治区级生态创建工作，并获得自治区命名，自治区级生态村达到89.3%，自治区级生态乡（镇）达到62.5%。未创建的3个行政村，3个乡（镇）、县，于10月份接受自治区环保厅生态创建现场考核，待自治区审核命名。

【严格把关环评、防范环境风险】年内，当雄县环评预审41个，辖区内建设项目环境影响登记备案100个，无一件越权审批。严格实施项目“三同时”管理，严格落实各项目实施过程中的环境监管，截至年底，未出现环境监管不力的问题，未发生建设项目环境污染事故。

【开展环境监测】年内，制定《关于申请批准〈当雄县环境质量监测方案〉请示》，并获得拉萨市环保局批准《关于对当雄县环境质量监测方案的批复》。按照监测方案对县域大气、地表水、地下水、集中饮用水源地进行监测，监测结果显示，当雄县水、大气质量状况与上年度相比无变化。县域环境质量总体保持良好。

【实施环保项目】年内，做好农村饮用水源地环境保护工程。2017年5月，组织实施《2016年度当雄县农村饮用水源地环境保护工程》，项目总投资200万元，该工程分布在公塘乡拉根村、甲根村、冲嘎村，共20个饮用水源点位进行环境保护，该项目的实施为当地牧民群众的饮用水水质安全得到保障，有效解决当雄县农村水源地基础设施条件差、饮用水存在安全隐患的问题，改善农村生活环境。截至年底，该项目已竣工，通过验收。实施空气自动监测站项目。在当雄县建设环境监测站3座（主站1座，子站2座），项目总投资300.05万元。项目前期工作已全部完成，要求项目施工单位及监理单位开展设备采购工作，于12月底第一批设备到场安装。

【环境执法】 年内，开展环境监察工作，积极开展环境安全隐患排查工作和环境保护工作专项督查。截至年底，未发现任何重特大环境安全的问题。并针对部分环保工作不力的单位下达督查通报3期。积极推进环境保护执法，截至年底，全县共计开展各类环境保护执法140余次。确保将各类环境保护问题消灭在萌芽状态。2017年，接到2个环保信访案件，分别为纳木错清洁能源推广工程民工工资纠纷问题和市政府"12345"热线转办举报案件，截至年底，按照市政府和县信访局要求结案办理，信访、举报案件处理率达100%。为进一步及时、高效、妥善地处置各项环境突发事件，维护环境安全和社会稳定，最大限度地降低突发环境事件造成的危害和影响。当雄县制定《当雄县突发环境污染事故应急处置预案》，该方案涵盖适用范围、工作原则、组织体系及职责、事件分级、预防预警、应急响应、应急终止等全方位内容，使得当雄县在环境突发事件的应对和预防能力大大提升。

【增强环保意识】 年内，多管齐下，充分利用"逐梦当雄""网信当雄""幸福当雄"等微信公众平台宣传当雄县生态环境保护，并围绕"禁白"、生态创建、污染防治等工作，先后开展6次规模较大的环保宣教活动，尤其是结合2017年的"四讲四爱"主题教育实践活动、"6·5"世界环境日、"12·4"国家宪法日，10家县（中）直单位和8个乡（镇）紧紧围绕"绿水青山就是金山银山"的世界环境日主题，分别在县城和8个乡（镇）设立宣传点，开展丰富多样的宣传活动。

截至年底，共悬挂横幅60余条，发放宣传单7000余张、环保购物袋20000余个、设立宣传牌28个、"禁白"铅笔500余支、参与群众达9000余人；通过各种形式宣传，进一步增强群众关心环保、支持环保、参与环保的积极性，同时营造社会各界共同履行环保责任，呵护环境质量，共建生态当雄的良好氛围。

2017年6月5日，县环境保护局组织工作人员在县城开展"6·5"世界环境日宣传活动

【"禁白"工作】 年内，县环保局组织各相关部门、各企业召开"禁白"工作安排部署会，明确各单位"禁白"工作目标任务，制定下发《关于印发〈当雄县2017年"禁白"工作实施方案〉的通知》，同时与各相关单位、各企业签订《目标责任书》，多次召开"禁白"工作推进会，成立以县长为组长的"禁白"工作领导小组，办公室下设在县环保局，分管县级领导担任办公室主任。"禁白"办联合相关单位在辖区内开展3次"禁白"专项整治行动。对当雄县使用白色塑料袋的场所进行"禁白"工作。共出动执法人员30余人次，执法车辆10余车次，查获并收缴一次性不可降解塑料袋1000多个，一次性不可降解泡沫快餐盒500多个，说服教育300余人次。同时设立

"禁白"公示牌及宣传牌共15余个、及时公布"禁白"举报电话，投入资金5万余元，确保"禁白"工作落实到位。当雄县作为拉萨的北大门，做好源头"禁白"至关重要，为切实做到严禁白色塑料袋进入当雄县乃至拉萨市，当雄县充分发挥各检查站的作用，盯紧、盯牢各车辆，逐一逐个检查，做到白色塑料袋源头控制的目的，为人民群众创造一个健康、卫生、良好的生活环境。截至年底，乌玛塘一级检查站查获23袋（约300斤）白色塑料袋。羊八井一级检查站查获5袋（约80斤）白色塑料袋。为8个乡（镇）、纳木错景区、检查站发放环保袋20000余条环保袋，1000余册环保宣传册，促进基层"禁白"工作的有效开展；为进一步巩固全县环境卫生，当雄县每周五组织全县干部职工整治全县环境卫生并形成长效机制，截至年底，开展40余次环境卫生治理行动，全面治理旅游沿线、县域河道、乡（镇）、旅游景区"白色垃圾"，共参与人数2000余人，清理白色垃圾20余吨，使当雄县"白色污染"现象得到综合控制。

【设立生态岗位，推动生态脱贫】年内，为切实加强生态环保建设，深入推进生态扶贫工作，从建档立卡贫困户中选取28名环保监督员、28名乡村保洁员、186名纳木错自然保护区管护员，2017年落实资金721800元，242名建档立卡贫困户实现生态脱贫。

（张　伟）

【领导名录】

局　长

平　措（藏族）

副局长

杰　布（藏族）

当雄县综治委护路护线工作领导小组办公室

【概　况】青藏铁路当雄段自K1742+400M至K1879+200M，管段全长136.8公里，途径6个乡（镇），15个行政村，管段内共管段近2/3左右靠近草场，并有多处路段与青藏公路近距离平行。县护路办下设3个大队，12个中队，共731名护路队员。

【铁路护路联防工作】年内，县委、县政府始终将铁路护路联防工作列入重要议事日程，并成立由县级干部带队的维稳督导检查组，加强对铁路护路联防工作的督导检查。拉萨市政府副市长、县委书记张正，县人大常委会主任康加贵，县委副书记、县长其美次仁，县委副书记、常务副县长郭春杰，县委常委、县政法委书记、县公安局局长扎西亚培等主要领导经常性深入铁路沿线实地调研工作开展情况，了解存在困难。召开专题会议4次，解决护路队员工龄出勤补贴增资经费398.16万元，109国道保洁补助26.46，护路队员团体意外险购置费36.12万元，护路队员健康体检费39.6万元，护路队伍过冬牛肉购买资金36.5万元，"三大节日"慰问金36.55万元，并形成长效机制。县委高度重视护路办自身建设，年初共选调两名优秀干部进入护路办，充实办公室力量，全年共提拔或进一步使用干部2人次。

【成立领导小组】年内，成立由县

2017年10月10日，西藏自治区党委常委、拉萨市委书记白玛旺堆（后排右六），拉萨市委常委、常务副市长暴剑（后排右四），拉萨市副市长、当雄县委书记张正在当雄县乌玛塘护路大队检查铁路护路巡防守护工作

委副书记、常务副县长郭春杰为组长，县委常委、县政法委书记、县公安局局长扎西亚培为副组长，相关职能部门及沿线乡（镇）主要负责人为成员的综治委铁路护路联防工作领导小组，全面领导当雄县铁路护路联防工作。领导小组定期不定期召开会议共6次，同时，强化督导检查力度，确保各项巡防守护措施落到实处。年初，领导小组与各涉铁乡（镇）签订《2017年度铁路护路联防工作目标管理责任书》，明确属地联防、联管、联控责任。各乡（镇）与村（组）、“双联户”层层签订责任书，形成一级抓一级，层层抓落实的工作格局。

2017年3月18日，西藏自治区护路护线办主任熊雷在当雄县检查指导护路联防工作

【召开专题工作部署会议】 年内，当雄县护路办共召开学习、执勤、党建、队建、安全生产、政治教育专题部署会议共23次。护路办与各大队、中队、班组、护路队员层层签订工作责任书，细化各项任务，明确各项工作职责。

【护路工作】 年内，严格按照“定人、定岗、定责”和24小时不间断、无空白、无盲区、无缝隙守护要求，认真执行交接班制度，每天坚持定时清道检查、上线巡逻，防止人为破坏和牲畜上道。在各交通要道设置检查点，对过往行人、车辆进行检查登记，对在铁路沿线准备上道拍照的旅游人员及时进行劝离。在隧道、桥梁、涵洞、基站等重点部位、重点目标、重点区段科学布防力量，重点守护。经常性组织开展应急演练，有效锻炼应急队伍快速反应和处置突发事件的能力。

【开展铁路治安专项整治】 年内，公安机关全面加强管控，严厉打击盗抢铁道物资和破坏铁路设备、设施案件。县护路办联合公安、工商等部门，加大对铁路沿线废旧金属收购站点的管控力度，开展专项治理4次，与全县境内的3个收购站点均签订《拒收铁路器材责任书》。加强预防牲畜上道工作。深入铁路沿线各行政村及牧户，大力宣讲爱路护路知识，与各行政村及牧户签订《预防牲畜上道管理责任书》共67份。加强沿线未成年人、“五残”人员的监护管理，强化宣传力度，并与沿线各行政村签订《未成年人监护管理责任书》15份，与沿线“五残”人员监护人签订《“五残”人员监护人维护铁路运输安全协议书》共34份。县护路办组织各护路大队对铁路物防设施隐患进行排查共15次，排查护栏损坏、涵洞积水等隐患共165处，并及时向市护路办、青藏铁路公司、当雄警务区做通报，同时进行跟踪，确保隐患修复到位。加强矛盾纠纷排查化解。县护路办将此项工作作为一项重要工作来抓，每月定期组织开展涉铁矛盾纠纷排查化解。2017年，当雄县境内无涉铁矛盾纠纷。

【督导检查】 年内，县维稳一线指挥部社会面督导组，对铁路护路工作进行重点督导检查。护路办、铁路沿线各乡（镇）、护路大队层层成立督导检查组，采取明察暗访的方式，不间断在铁路沿线开展多层次的督导检查。全年各级督导组督导检查656次，督导巡线里程达27.896万公里。

【党的十九大期间铁路安保】 年内，县委常委会专门听取《当雄县党的十九大维稳安保工作方案》，方案对当雄县党的十九大期间的铁路安保工作进行专题部署；县护路办先后组织召开3次会议，传达学习中央、区市护路办关于做好党的十九大期间铁路护路联防工作的有关通知精神。沿线各乡(镇)、派出所、各护路大队站在讲政治、顾大局、保稳定的高度，深刻认识确保党的十九大期间青藏铁路当雄段安全畅通的极端重要性，坚决克服麻痹松懈思想，充分认清当前当雄县铁路护路联防工作面临的严峻形势和艰巨任务，切实加强组织领导，细化工作方案，落实工作措施，确保万无一失。

【轮岗支援拉日铁路护路工作】 年内，按照自治区护路办制定的《青藏铁路专职护路联防队员轮岗参与拉日铁路临时任务守护方案》，当雄县抽调80名护路队员，坚持以老带新，协助拉日铁路队员做好日常巡逻守护工作。同时，积极推广当雄县铁路护路联防好的经验做法，开展“传、帮、带”工作。2017年派出2批160人次支援拉日铁路护路工作；按照自治区护路办的统一部署要求，于5月底完成减员61名护路队员的任务，并顺利完成交接工作。

【坚持“以劳养护”工作】 年内，在各大队修建蔬菜温棚6座，种植黄瓜、青椒、大白菜、莴笋等各类蔬菜。通过大力发展种植业，全年为护路队员节省伙食开支7万余元。通过队员自己的劳动付出，极大改善队员的伙食条件，减轻经济负担，也调动队员工作积极性。自治区党委常委、拉萨市委书记在检查护路大队工作时，对大队“以劳养护”工作给予充分肯定，专门安排援藏资金150万元用于扩建护路大队蔬菜温棚。

【护路联防信息化建设】 年内，自治区护路办为当雄县配备天翼对讲机共731部，并在县护路办建立天翼对讲手机系统平台。县护路办高度重视信息化建设工作。县护路办与各大队签订《天翼对讲手机管理责任书》，加强日常管理；逐步在各大队迁入综治信息网、政务网，进一步完善信息化建设；天翼对讲手机系统发挥作用明显，在队员管理方面，通过手机定位，能够及时获悉队员所在位置和行动轨迹，实时进行手机呼叫点名，有效提高护路队员在岗率。守护队员通过手机，及时将护路工作有关信息上传到平台，即安全又快捷，进一步提高工作效率。

【队员思想政治教育】 年内，当雄县护路办年初制定专职护路队员思想政治教育计划，结合“两学一做”学习教育实践活动和“四讲四爱”喜迎党的十九大主题教育实践活动，整合各方面资源，邀请县党校、政法、民宗等部门开展内容丰富、形式多样的思想政治教育培训，教育引导广大护路队员坚定不移地反对分裂，维护祖国统一，维护民族团结，坚决与以十四世达赖为首的分裂势力斗争到底。

【队员综合培训】 年内，按照年初制定的专职护路队员培训计划，联合县公安、消防、卫生、人社等部门，组织开展以军事训练、技能培训、业务知识，法律法规、安全生产管理为主要内容的综合培训共计32场次1200人次，通过培训，护路队员思想认识、业务技能、军事素质、法治意识得到进一

2017年2月21日，拉萨市政法委副书记付银昌（左五）一行带队在当雄县铁路沿线护路大队、中队执勤点检查铁路巡防守护工作

步提高，为推进护路队伍正规化建设提供保障。

【爱路护路宣传到位】 年内，为进一步加强爱路护路宣传，县护路办积极拓宽宣传渠道，创新宣传方式，丰富宣传内容。通过设立宣传牌、悬挂横幅、发放宣传资料、邀请文化传媒部门现场录制宣传片等多种多样的形式，在全县广大干部职工、中小学生、群众及过往人员中广泛开展爱路护路宣传。2017 年以 3 月综治宣传月、6 月法制宣传日、“9 · 16”西藏平安日、“12 · 4”国家宪法日等活动为契机共计发放宣传品 5632 份，展示展板 221 块，悬挂横幅 120 条，制作宣传片 1 片。受教育人群达到 3.2 万人次，营造良好的爱路护路氛围。

【建立建强党团组织】 年内，当雄县建立健全护路办党总支、3 个大队级党支部及 12 个党小组，实现“把党支部建立在大队”的目标。截至年底，护路办党总支共有党员 120 名，入党积极分 12 名。各党支部严格落实“三会一课”、民主生活会、党员学习、联系群众等基层党组织工作制度，发挥党团组织的凝聚力，进一步筑牢党的基层组织。

【党员示范引领】 年内，开展创建“党员先锋岗”活动，要求全体党员要充分发挥党员先锋模范作用，在思想上带头，更要在行动上带头，立足实际工作、讲奉献、讲担当，形成各项工作党员冲锋带头的良好氛围，有效带动其他队员的工作积极性；专门制作并配发“党员责任段”“党员先锋岗”红袖标及党员先锋岗红旗。通过党员先锋岗发挥作用带动 63 名后进护路队员。先锋岗守护队员在日常巡防守护工作中发挥作用明显，全年共计驱离停靠车辆 86 台次。劝离靠近铁路闲杂人员 65 人次，重点区域设卡登记过往行人 86 人，车辆(含摩托车)62 台，制止牛、羊上道 24 起 136 头 / 只，制止人员上道 5 起，移交铁路相关部门 5 起，排除铁路安全隐患 86 处。

【后勤保障到位】 年内，县委、县政府持续加大护路基础保障力度，截至年底，总计投入资金 760.2464 万元，主要用于专职护路队员出勤补助，营房装修及院内硬化，购买护路队员人身意外险，爱路护路宣传，护路队员体检费，购买主副食品、冬季保暖服装及装备等。后勤保障的强有力支撑，为当雄县护路联防工作提供不竭动力。

【规范护路队员出勤补贴】 年内，经县委、县政府研究决定将护路队员工龄进行分等定级，每满两年为一级，每达到一级提高 120 元的出勤补助，按等级递增。通过此举进一步规范护路队员的出勤补贴，同时激发护路队员的工作积极性，切实稳定护路队伍；为策应当雄县环境立县战略，在确保铁路安全畅通的前提下，县护路办积极组织护路队员捡拾铁路沿线及靠近铁路的公路沿线的白色垃圾，长期的坚持，取得很好的成效，并得到县委、县政府的肯定。为此，县政府召开专题会议，研究解决 26.46 万元用于护路队员生活补贴。护路工作具有自身的特殊性，护路队员工作环境恶劣，发生人身意外事件的可能性极大。为此，县委、县政府未雨绸缪，专门解决资金共计 36.12 万元用于购买护路队员团体意外险。为进一步建立建强护路队伍基层党组织建设，县护路办经过调研，在当雄县当曲卡护路大队进行试点，着力推进护路大队党支部规范化建设，在大队创新地开展老队员讲变化，新旧对比教育，党员先锋岗创建等活动，并取得成效，下一步将认真总结，提炼出可复制、可推广的经验，并覆盖到其他护路大队。2017 年是当雄县实现两年脱贫，三年巩固任务的承上启下之年，县护路办积极策应这一核心工作，全年共招收 128 名政治合格的精准扶贫建档立卡户进入护路队伍，帮助他们解决就业问题，进而实现脱贫。

(钟 伟)

【领导名录】

县政法委副书记、护路办主任
洛桑登巴(藏族)

邮政·通信

当雄县邮政分公司

【概况】 2017年，当雄县邮政分公司加快转型发展的战略部署和工作要求，加快营业投递平台转型，着力打造金融和邮务类两支专业营销团队，集中资源大力推进重点业务和重大营销项目，全局经营发展继续保持较快发展，管理工作和团队建设取得新成效。2017年，实现邮政业务收入133.76万元。

【业务发展】 年内，当雄县邮政分公司在拉萨市邮政分公司党组的正确领导下，在当雄县邮政分公司全体职工的集体努力下，各项工作有序开展，但在经营管理、业务发展上也存在着很多不足，截至年底，累计完成各项业务收入133.76万元，完成全年预算进度的100.11%，同比增长5.86%。上半年，在储蓄余额严重下滑的情况下，在大项目、大企业与当地农行竞争不具备优势的情况下，下半年，当雄县邮政分公司积极转变发展思路，调整营销方向，主攻本地小商户，有力地扭转余额下滑的情况，实现余额年增长约595万元。

【队伍建设】 年内，加强内部管理，使当雄县邮政分公司各项工作逐步走上正轨。之前各项管理工作比较粗放、松散，很多环节上存在有章不循，无章可循的现象，职工缺乏凝聚力，思想较为涣散。下半年开始，重点整治内部管理，加强对收寄、分拣、投递等各个环节规范和管理，对羊八井邮政所亍展专项检查活动，及时整改、纠正存在的问题和不足，同时注重了解职工思想和需求，加强沟通协调，提高职工的凝聚力和工作积极性，当雄县邮政分公司各项工作逐步走上正轨。

【市场监管】 年内，在经营管理、业务发展上还存在很多问题，基础管理工作存在很多的不足，需

2017年12月29日，县邮政分公司经理晋美召开晨会

2017年6月11日，当雄县邮政分公司工作人员开展宣传业务活动

要进一步规范和加强。员工素质和业务素质都有待提高，员工的基础管理意识和责任感有待加强。发展意识过于薄弱，发展思路过于狭窄，发展方式过于单一，在业务发展上需要改进、加强。

【加强学习、转变作风】 年内，在加强内部管理，做好人员管理和业务管理的前提下，提高发展意识，加强营销手段，转变发展思路，改变工作作风，使各项业务得到平稳发展。

【函件业务】 年内，以纳木错景区为主线，充分利用当雄县的旅游资源，加强与集邮函件广告局合作，纳木错景区门票，开发明信片和邮资封片册并做好营销工作。

【包裹业务】 年内，在做好前台收寄服务的同时，注重与旅游公司合作，发展协议大客户。

【报刊业务】 年内，做好集中大收订工作，在保持党报党刊发行稳定的基础上，抓好中直单位和私有企业等重点客户和重点报刊的营销工作，同时深入全县各中小学院校，争取在教辅类业务的发展上实现突破。

【集邮业务】 年内，要继续大客户开发，突出发展个性化邮票，充分利用当雄县旅游市场，签订集邮产品代售客户，促进集邮业务发展。

【速递业务】 年内，通过对客户的积极引导，实现业务转型，同时积极发展协议大客户，并继续抓好“思乡月”的专项营销活动和军包收寄活动。

【代理金融业务】 年内，抓好合规经营，以增加储蓄余额为中心任务。以代发代付业务为中心，加大业务宣传力度，在巩固和维护现有的储蓄业务客户的基础上加大发展新的客户，同时不断提高储蓄从业人员的业务素质、工作效力和服务水平。

【农牧区邮政服务】 年内，努力做好邮政普遍服务工作，切实加强乡邮通信工作的基础管理工作，保证农牧区邮件、报刊的正常投递，加强乡邮人员车辆和运行设备的管理，确保乡邮工作正常有序地开展。加强和县发改委的沟通与协作，做好乡镇空白网点的运营工作。

（晋　美）

【领导名录】

经　理

晋　美（藏族）

当雄县电信局

【概况】 中国电信集团公司当雄电信局位于当曲河东路4号，于1999年挂牌成立。始终把发展作为第一要务，以拓展的新思路，改革的新面貌，致力于推进战略转型和服务经济社会信息化，着力提升企业核心竞争力和价值创造力。主要服务于当雄县及所辖的6个乡2个镇28个行政村的电信通信网络经营、建设及维护（含兰西拉一级主干线）。管理合作营业厅2个，乡镇营业厅6个，渠道代理网点5家。当雄县电信局有内部职工6名，传输局驻段人员1名，宽带装维中心6名，合作营业厅人员11名，6个乡镇工作人员16名，维系中心4名，开放渠道代理商4名，移动终端维修人员1名,合计51名。

【精准扶贫】 2017年,按照拉萨市经济工作会议及当雄县经济工作会议安排部署,紧紧抓住发展和党的十九大两个大事,以“精准扶贫”为重点,针对6个乡2个镇,通过全体员工的努力,实现新入网电信移动用户5378户,电信宽带用户297户,运营收入达到2105万元。

【业务发展】 2017年,当雄县电信公司已经拥有1.5万户移动用户,市场份额为40.06%。宽带用户2823户,市场份额为97.8%。为方便群众,在公塘、纳木湖乡、宁中乡、乌玛乡、龙仁乡、格达乡开设室外自助缴费机24小时服务,解决牧民群众办理业务及缴费难的现象。

【网络覆盖】 年内,当雄县电信局不断加快网络建设步伐,优化网络设施。在原有的基础上新增6个4G基站,为当雄的通信奠定4G基础,6个乡2个镇(即28个行政村)开通IPRVE光网络接入,不但可以访问互联网,还可以观看高清电视,为下一步远程教育提供基础服务。

【创新机制】 当雄县政府办公OA专线,市县财政内网专线,当雄“当吉仁”赛马节提供现场直播网络平台服务(全世界通过毛毛TV网观看“当吉仁”赛马节状况)。当雄县电信局的各项工作都有新的进展,员工的工作主动性,队伍的凝聚力、向心力进一步增加,积极性有明显的提高。

当雄县电信局以紧紧围绕服务县党委及政府为大局,勇担社会责任,充分发挥综合信息服务主力军的作用和特点,在推动经济社会发展、为构建小康当雄,生态当雄,“逐梦当雄”等方面发挥好积极作用,不断超越自我,以饱满的热情、执着的追求、昂扬的斗志为建设美丽家园幸福当雄再创辉煌。

(边 琼)

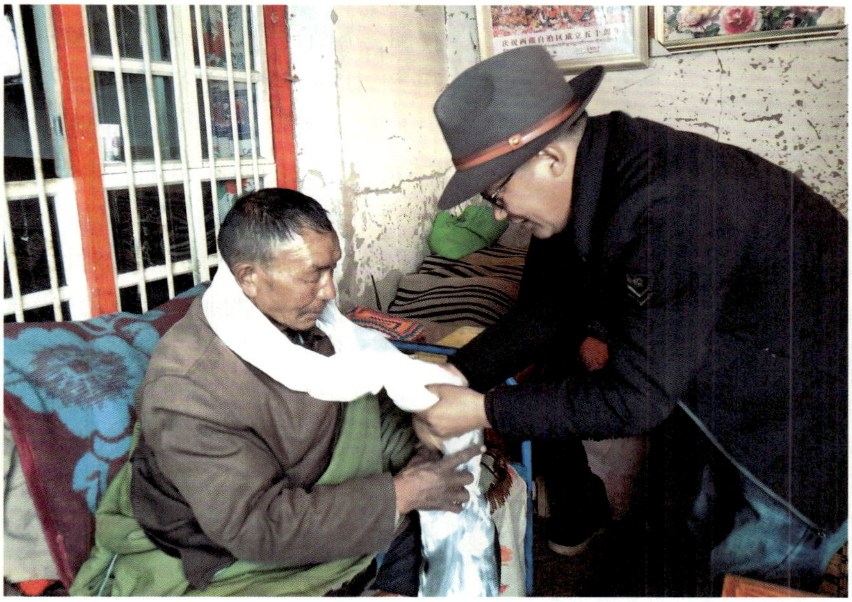

2017年2月8日,县电信局副局长边琼在公塘乡冲噶村慰问退休老干部

【领导名录】

局 长

谢海涛(6月免)

琼达次仁(藏族,6月任)

副局长

边 琼(藏族)

中国移动通信集团西藏有限公司当雄县分公司

【概况】 中国移动通信集团西藏有限公司当雄县分公司,位于当雄县当曲河东路165号,于2006年5月正式挂牌运营,主要负责当雄县的国家公众移动通信网的经营、建设和维护。当雄县移动分公司现有在职正式员工14人,直销员5人,当雄县移动分公司服务于当曲卡镇、羊八井镇、宁中乡、公塘乡、龙仁乡、纳木湖乡、乌玛塘乡、格达乡8个乡镇,22个行政村,网络覆盖率95%。在6个乡镇设有服务渠道,管理自办营业厅2个,合作营业厅11个,渠道代理店12家。

【业务发展】 年内,当雄县移动分公司坚持发展速度和质量并重,一方面紧抓区域经济和信息化发展机遇,不断提升“客户、网络、服务、支撑”能力,继续保持行业主导地位;另一方面顺应行业发展新常态新形势,通过“产品、销售、管理”转型,推动降本增效,实现价值深耕。总体来说，公司干部员工克服各种困难，通过拓展业务与提升管理，不断推动“保增长、促转型”，用3G网络创造4G成绩，继续保持公司中高速发展势头。狠抓份额、坚持主导地位。收入结构逐步改善，客户价值稳步提升，家庭市场初具规模。夯实基础，保持竞争能力，提升网络能力、巩固网络优势，提升服务能力、改善客户感知，提升支撑能力、助力市场发展。全面转型，深耕价值效益，提升产品与销售能力，加快降本增效，优化治理体系，提升企业形象。

【网络覆盖】 年内，经过全体干部员工的奋勇拼搏，努力奋斗，当雄县移动分公司在网客户数达到23650多户，运营收入突破2800万元，较2016年增长200余万元。2017年共新建基站40个，其中2G基站20个，3G基站95个，4G基站90个，网络信号覆盖8个乡镇，28个行政村。保障当雄县首届“相约纳木湖畔，寻觅虫草之旅”活动、当雄县“当吉仁”赛马节、当雄县乌玛塘乡赛马节、当雄县羊八井镇赛马节、军演基地等通信保障，大力提升网络质量，确保活动期间通信畅通。大力开展家庭宽带资源建设，2017年，共新建家庭宽带小区19个，开通小区端口数共计1900多个，家庭宽带资源覆盖县政府、羊八井镇、格达乡、当曲卡镇、羊八井镇、龙仁乡、公塘乡等区域。积极落实工信部提速降费、4G套餐推广等政策，开展“八项举措”，提升网络质量和服务水平，优化资费套餐，降低语音、流量、宽带等业务资费，让老百姓用得起、用得放心。

【创新机制】 年内，当雄县移动分公司秉承中国移动“正德厚生、臻于至善”的企业核心价值观，努力做“有价值、可持续”企业。在追求卓越的发展过程中，坚持物质文明和精神文明“两手抓，两手硬”的方针，快速提升各项经营指标的同时，不断通过完善体制、强化管理、诚信服务、回报社会、全面提升等内强素质、外塑形象的举措，积极推动物质文明、政治文明、精神文明、生态文明四项文明建设，努力为企业的全面、持续和健康发展注入源源不断的思想动力，实现企业硬实力带动软实力、软实力促进硬实力的良性循环，呈现出文明花开、硕果满园的大好局面，收到内增凝聚力，外增吸引力，提高向心力，发展生产力的良好效果。

当雄县移动分公司抓住服务、业务、网络、客户不断创新服务模式、提升服务质量，适应广大客户的需求。2017年，当雄县移动分公司已拥有2.2万客户，市场发展稳中求进，当雄县移动分公司以优质的网络、真情的服务、便捷的业务赢得广大客户的认可，塑造企业良好的社会形象。

作为一个窗口型的服务行业，不断提升服务水平和客户感知，让每位顾客乘兴而来、满意而归既是实际需要，也是企业精神文明建设的内在要求。为此，把创新服务方式作为突破口，不断深化服务内涵，在开展针对性、亲情化、个性化的服务上下功夫，推出服务下乡、客户经理一对一服务等一系列的活动，改进和提升服务，并把良好的企业信誉贯穿经营的全过程，竭力塑造移动的服务品牌，切实保障客户权益。

2017年8月8日，拉萨分公司网络部和当雄县移动分公司员工在保障“当吉仁”赛马节期间网路畅通

【队伍建设】 年内，当雄县移动分

2017年5月17日，当雄县移动分公司工作人员在县城开展“电信日”活动

公司以民主化管理模式和廉洁自律的行动带动并强化全员的向心力，充分发挥全员凝聚力，积极营造一支敢干事、能干事、会干事、干成事的领导班子集体，锻造出一支反应快，能征善战、士气高涨、打得赢的员工队伍，促进全员的团队意识提升，建立起一个廉洁奉公、志在创新，坚定发展信心的领导班子和员工队伍，促使公司发展和精神文明实现双赢，扎实文明发展的根基，彰显移动通信发展的更高水平。

机遇与挑战并存，当雄县移动分公司一路风雨一路歌，发展自己、奉献社会之心矢志不渝。将继续秉承中国移动“正德厚生、臻于至善”的企业核心价值观，持续追求价值，共创简单美好，奋勇拼搏，努力奋斗，紧紧把握住移动互联网时代发展趋势，努力改善网络和服务，坚持以人为本，践行社会主义核心价值观，不断总结经验，完善机制，克服前进中的困难，改进工作中的不足，以不断奋发向上、追求卓越的姿态发展企业，为当雄经济社会发展做出更大的贡献。

（刘　欣）

【领导名录】

经　理

张丽娟（女）

中国联合网络通信有限公司西藏自治区分公司当雄县营业部

【概况】 中国联合网络通信有限公司西藏自治区分公司当雄县营业部位于当曲河东路61号，于2010年3月成立，拉萨联通当雄县营业部始终坚持“客户为本 团队共进 开放创新 追求卓越”的原则，主要服务于当雄县及所辖的6个乡2个镇的通信网络经营、建设及维护工作。当雄县营业部现有自有营业厅1个，合作营业厅2个，员工6名及代维员工5名。

【企业责任】 年内，当雄营业部始终坚持将发展作为生产经营的第一要务，同时认真履行企业责任，勇于担当国家使命，积极响应国家号召，在推进业务发展的同时，不断推进提速降费工作，倾力回馈社会，推动传统产业转型升级，推动互联网经济与实体经济的深度融合，助力当地经济增长，民生改善等工作。

【团队建设】 年内，拉萨联通完成激活经营单元，全面推广划最小网格承包责任制，当雄县营业部也很快完成班子建设，并进一步梳理和优化工作流程、人员分工，强化服务意识与服务质量提升。认清在经营管理、业务发展中存在的问题，与友商之间还存在一定的差距，员工素质与职业素质有待提高，发展乏力等问题，制定一系列改进措施，力求提高业务发展能力，提高服务水平与质量，提升企业社会地位与价值。联通营业部坚持加强与当地政府及相关单位的沟通与协调，在为地方、群众服务的同时，取得地方政府及相关单位对联通工作的支持与肯定，在互惠互利中促进工作的展开与完成。

【网络建设】 年内，当雄县联通营业部不断加快网络建设，优化网络覆盖，截至年底，当雄县联通网络共覆盖6个乡2个镇，其中新建4G基站3个，全县基站达33个。尤其是新建光纤宽带ONU端口108个，为宽带发展打下基础。

当雄县营业部综合办公大楼

【业务发展】 年内，当雄县营业部始终坚持服务与发展并重，一方面抓紧县域经济与信息化发展机遇，充分抓住节日营销契机，以指标改善为抓手，促进规模发展与效益提升，实现产品客户规模增长和收入提高。另一方面在经济发展的同时促服务水平的提高，积极响应国家“提速降费”的号召，提升网络质量和服务水平，优化资费套餐、降低语音、流量及宽带等业务资费，真正让老百姓用上用得起、放心的好产品。2017年，营业部主营收入较2016年提升11%。

【市场管理】 年内，当雄县营业部严格按照工信部《电话用户真实身份信息登记规定》要求，对所有用户进行实名登记与管理，对于用户资料的真实性、一致性严格审查之后予以登记，对于资料不全、不真实等情况严禁进行入网或资料登记等业务。营业部在自治区公司政策指导及拉萨分公司全局统筹、周密规划及营业部全力配合与努力下，充分利用营销政策、物资与成本，在渠道建设及业务拓展上取得可喜成绩，完成公司下达的经营指标与任务。

（赵　丹）

【领导名录】

经　理

旦　增（藏族，12月免）

赵　丹（12月任）

金 融

中国农业银行股份有限公司当雄县支行

【概况】 中国农业银行股份有限公司当雄县支行作为当地主要的金融机构，现有6个营业网点，11台取款机。服务覆盖面达75%，现有员工32人，员工平均年龄35岁，其中党员14人。农行当雄县支行开办的业务产品涉及贷款业务、结算业务、银行卡、自助银行、网上银行、电话银行、现金管理、消费信贷、代发工资等业务，通过多年不懈的努力，服务范围从传统单一的存贷款、结算业务向种类齐全、功能完备的现代金融业务过渡，通过物理网点、自助设备、网上银行的多元化的服务渠道，共同构成强大的金融服务体系。截至年底，县农行本外币各项存款余额为77446万元，较年初增长14599万元，本外币各项贷款余额为166895万元，较年初增长91095万元，实现中间业务收入127.8万元，实现净利润总额2656万元。

2017年10月18日，县农行当雄县支行组织员工观看党的十九大直播

【业务开展】 年内，农行当雄县支行始终坚持以科学发展观为指导，紧紧围绕自治区经济社会发展战略部署，实施农牧区业务、商业性服务和政策性业务协调并进发展方略，凭借自身网点、网络、资金、产品优势，致力于服务地方的跨越式发展。2017年，全行累计发放各项贷款91285万元，支持地方基础设施建设和优势骨干企业的发展壮大，努力满足城乡居民的金融需求。特别是坚持面向“三农”，认真贯彻落实上级行的各种优惠金融政策，以“金、银、铜、钻”4卡为载体的农牧户小额信用贷款、安居工程贷款、惠农卡的业务，先后同当雄县98%的农牧户建立信贷关系，同时以钻石卡贷款帮扶贫困户为契约，每年为全县贫困户解决扶贫资金上千万元，通过信贷助推功能，促进农牧民发展生产和脱贫致富，有力地推动地方农牧民的经济发

2017年11月23日，县农行当雄县支行信用卡分期综合营销活动

展，受到各级部门的高度肯定和广大农牧民的广泛赞誉。

【精准扶贫】 年内，当雄县支行为响应精准扶贫号召，助力当雄县扶贫攻坚。按照当雄县政府关于精准扶贫的相关精神，开展精准扶贫工作。为早日实现建档立卡贫困户脱贫致富，提前谋划，深入了解贫困户现状，积极准备精准扶贫贷款相关资料，优化信贷业务流程，倾斜信贷资源配置。个人精准扶贫贷款余额2731.2万元，贷款户数1877，累计发放精准扶贫贷款证627本，惠及全县8个乡镇，28个行政村。对当雄县精准扶贫产业项目库中的合作社及企业，进行上门营销，并制定“一户一档”，解决融资困难问题。全年累计发放合作社及小企业贷款金额900万元，余额1265万元，贷款户数5户。

伴随着西部大开发战略的深入和西藏经济社会的跨越式发展步伐，农行当雄县支行继续深化“三农”金融服务，全面贯彻落实中央赋予的各项“优、特、宽”的金融政策，加大自助银行的建设力度和大力发展电子银行业务，夯实基础管理工作，全面防控各类风险，提高县农行核心竞争力，进一步提升农行的形象。

（旦　塔）

【领导名录】

行　长

罗布群培（藏族）

副行长

索朗旦增（藏族）

乡（镇）概况

当曲卡镇

【概况】 当曲卡镇位于县城所在地，总面积359平方公里，其中草场面积35.34万亩，可利用草场32.16万亩，平均海拔4300米。全镇辖当曲卡和曲登2个居委会，11个居民小组（当曲卡居委会5个小组、曲登居委会6个小组）。全镇共768户，人口3317人，其中曲登居委会366户1622人，当曲卡居委会402户1695人。

【经济运行情况】 年内，当曲卡镇农村经济总收入为9669.6万元，比2016年增长40.8%，其中一、二、三产业产值分别为7086.5万元、221.1万元、2361.9万元，人均纯收入为16366.2元，比2016年增长18.03%。全镇共有村集体经济和合作社13个，带动镇经济社会大力发展。

【学习宣传贯彻党的十九大精神】 年内，为积极响应县委关于开展深入学习宣传贯彻党的十九大精神和习近平新时代中国特色社会主义思想、学习宣传贯彻区市第九次党代会、区市党委九届三次全会精神的安排部署，全镇广大党员干部及牧民党员开展党的十九大精神学习活动，以村级组织换届工作为契机，创新性地开展"换届＋宣讲"模式，通过带头走村入户、张贴宣传标语、召开专题座谈会等方式开展宣讲工作。年内，共开展各类宣讲活动20余场次，召开专题座谈会3次，3000余名党员干部及牧民群众参与其中，使党员干部党性意识得到不断增强。

【"两学一做"学习教育常态化制度化】 年内，当曲卡镇党委把"两学一做"常态化制度化工作作为一项政治性、长期性、根本性任务，紧紧扣住"学"的内容，突出"做"的实效，不断提升党员干部的思想政治素质，全年镇党委共开展"两学一做"专题学习会20

2017年12月6日，拉萨市副市长、当雄县委书记张正在曲登居委会检查指导换届工作

余次，切实提升党员干部执政能力和工作水平。

【党建工作】 年内，按时完成村居组织换届选举工作。按照区市党委、县委关于村（居）组织换届选举工作动员部署暨培训会的要求，及时成立村级组织换届工作领导小组和换届工作检查督导组，研究制定《当曲卡镇换届工作实施方案》，严明换届程序，强化监督检查，严肃换届纪律，确保村级组织换届工作顺利开展。截至年底，产生新一届村级组织班子成员32名，为推进当曲卡镇经济社会发展提供坚强的组织保证。

贯彻落实全区深度贫困地区抓党建促脱贫工作会议暨县区组织部长座谈会精神。按照县委统一安排部署，及时组织党员干部和村居班子成员，通过党员领导干部带领学、基层党组织扎实学、党小组成员互学互鉴等方式，深入学习全区深度贫困地区抓党建促脱贫工作会议暨县区组织部长座谈会精神以及各项扶贫政策，扎实推进“智志”双扶工作，教育引导贫困户树立脱贫致富的观念，充分发挥基层党组织和党员在脱贫攻坚中的战斗堡垒作用；贯彻落实全区村级组织活动场所标准化建设工作现场会议暨推进会议精神的情况。及时将会议精神传达到各居委会，并安排专人负责村级组织活动场所标准化建设工作，制定相关监督机制，确保2个居委会组织活动场所如期投入使用。深化“强党、固基、扶村”工作情况。严格按照县委要求，

2017年4月20日，中共当曲卡镇委员会2017年度落实党风廉政建设责任制汇报会

精心选派村居第一书记、下沉干部、驻村工作队共11名，并严格规范其日常工作行为，切实发挥基层一线力量在建强村居党组织方面的引领作用。

【脱贫攻坚】 年内，当曲卡镇建档立卡贫困户共147户490人，其中劳力为176人，建档立卡贫困户中一般贫困户70户251人，低保贫困户76户238人，五保贫困户1户1人。2016年实现国家脱贫标准74户，剩余74户贫困户2017年全部脱贫。

以业脱贫：共有村集体经济和合作社13个，2017年经整合县级和村级产业扶持资金共计44.29万元。分红涵盖当曲卡镇全部贫困户147户，实现当曲卡镇贫困户的增收。转移就业方面：截至年底，贫困人口中168人次实现劳务输出，67人实现转移就业。汽车驾驶增驾培训5人，保洁培训13人，保育培训4人，引导性培训25人，搬迁户岗前培训26人。以迁脱贫：当曲卡镇25户78名搬迁户将按照县级搬迁时间安排搬迁至拉萨经开区，截至年底，已实现转移就业人数有14人，劳务输出2人次；以补脱贫：当曲卡镇以补岗位共计528名，2017年共计兑现以补岗位资金141.1877万元。以教脱贫：全镇共计97户156名贫困在校生，其中大学生23人，截至年底，共计兑现12名贫困大学生以教脱贫资金154906元。以保脱贫：当曲卡镇共有低保户76户238人，已全部纳入建档立卡贫困户，在享受不同类别（A、B、C）低保金的基础上，以补差的形式全部实现“两线合一”，共计兑现资金42.2万元。以助脱贫：共25户25人，2017年按照137.4元每人的标准享有合作医疗补助，全镇147户贫困户门诊核销医疗费共计38656元。

【民族团结】 年内，当曲卡镇党委

按月定期开展民族团结活动，加强党和国家对民族政策的宣传、民族团结典型的选树、培养和宣传，并每年评选出民族团结进步家庭，提高群众在民族团结创建工作中的积极性。

【教育工作】 年内，当曲卡镇党委、政府主要领导定期走访学校，积极解决教育过程中出现的实际问题。小学入学率达 99.6%，巩固率 100%；初中入学率达 98.65%，巩固率 100%。共有 148 名在校大学生，截至年底，发放教育资助资金 165906 元。

【民政工作】 2017 年，全镇共有低保户 76 户 238 人，截至年底，兑现 60 岁以上退伍军人补贴 8100 元；发放残疾人补贴 58740 元；寿星老人和经济困难老人补贴 59250 元，兑现低保金 + “两线合一” 资金 422003.5 元。

【卫生健康工作】 2017 年，按照县委、县政府和县卫计委要求，不断加大包虫病联防联控力度，安排专人入户筛查包虫病，筛查人数共计为 3016 人，筛查率为 93%。筛查到的包虫病患者确诊的有 15 人，12 人需要做手术，3 人服药治疗，按卫生部门相关规定进行免费治疗。

【就业和社会保障】 2017 年，当曲卡镇镇劳务输出 1326 人次，收入 271.1245 万元，转移就业 152 人，收入 115.8810 万元。镇全民参保工作，已采集人数为 2588 人，采集率占全镇牧民群众的 74%，未采集 845 人，包括在校生、在编僧尼、长期在外人员。

【基础建设】 年内，当曲卡镇达到村村通水，户户通电，95% 以上的村组道路通畅，科技、教育、文化、卫生等基础设施都已完备。并投入 15 万元资金对当曲卡居委会 2 组的道路进行维修；当曲卡居委会新建 2 口深水井，已投入资金 10 万余元。曲登居委会道路维修，投入资金为 38 万元，其中 25 万为民生资金，13 万为曲登居委会驻村工作队申请经费。

【生态环保】 年内，当曲卡镇党委、政府将生态环保工作纳入重要议事日程，经常性研究和部署落实生态环保工作，及时协调解决生态环保工作重点、难点和热点问题。年内，新增 6 名环卫工，负责每日对辖区内道路沿线卫生的清理；每周五组织干部职工清理辖区街道的卫生。加强对水源、土壤、大气的保护和治理，积极创建生态文明乡（镇）。深入推进“河长制” 工作，设立专项经费 17 万元，2017 年镇辖区河道整治工作得到明显改善。持续跟进曲登 5 组砂石厂整改回填工作。加大环保宣传工作，共计制作横幅 10 条，宣传栏 10 个，宣传手册 700 余本，发放环保购物袋 1500 余个，共设立环保经费 22 万元。

【牧业生产】 年内，当曲卡镇紧围绕改善和提高牧民生产生活条件、增加牧民收入为任务发展畜牧业。全面落实 “预防为主，防重为治”，为全镇适宜注射疫苗牲畜注射 “A 型” 和 “O 型” 防疫病疫苗，疫病免疫注射率达到应免牲畜的 100%，保障人民群众生命财产安全，确保畜牧业持续健康发展。

（鱼普哲）

【领导名录】

党委书记

米玛旺堆（藏族）

2017年4月10日，当曲卡镇2017年基层党建暨经济工作会议

党委副书记、镇长

刘　源

党委副书记、人大主席

次　珠（藏族）

副书记

美拉卓玛（女，藏族，11月任）

纪委书记

达　次（藏族）

组织委员

美拉卓玛（女，藏族，11月免）

曲　吉（女，藏族，11月任）

统战委员、人武部部长

拉巴次仁（藏族）

政法委员、派出所所长

贡觉益西（藏族）

副镇长

巴桑拉姆（女，藏族）

查　果（女，藏族）

田惠林（土家族）

羊八井镇

【概况】 羊八井镇位于当雄县西部，念青唐古拉山南麓，中尼公路与青藏公路、青藏铁路交会点。平均海拔高度4300米。全镇国土面积1142.67平方公里，其中草原总面积6.07万公顷，可利用草场面积5.52万公顷。镇直单位6个，驻镇单位17个，企业6家。辖甲玛、拉多2个村委会和桑巴萨1个居委会。镇辖区有两座寺庙，僧尼共有141名。辖区内有一所小学，教职工有45人，在校学生共801人。全镇低保户92户、367人，寿星老人42人，“五保户”10人。

截至年底，全镇总人数5618人、1119户，总劳力1909人，妇女2878人，适龄儿童有701人，其中牧民人数5511人、1092户，牧民总劳力1895人，牧民妇女2827人。镇机关有63名干部职工，公务员32人，专技人员17名，工人8名，公益性岗位3名，临时工3名，其中研究生3人，本科32人，大专13人，高中6人，中专6人，初中1人，小学2人，其中大专以上学历占76%，党员54人，团员5人，群众4人。全镇共有4个党委，21个党支部，其中桑巴萨居委会有6个党支部，拉多村有8个党支部，甲玛村委会有7个党支部。“两委”班子成员21名。截至年底，全镇党员共423人，机关党员54人，牧民党员共369人，其中拉多村正式党员有121人，桑巴萨居委会正式党员有118人，甲玛村委会有130人。全镇共建档立卡贫困户186户、770人（甲玛村47户、213人；桑巴萨居委会78户、282人；拉多村61户、275人）占全镇总户数的17%，总人数的14%。实施搬迁96户、384人，其中拉萨搬迁有74户、274人；拉多七组搬迁22户、110人。

【牧业生产】 年内，全镇牲畜共有61778（头、只、匹），同比减少3.96%，其中牦牛22147头、绵羊19623只、山羊19694只、马314匹。幼畜成活12134（头、只、匹），成活率为100%，春秋防疫苗注射率每年均达到100%。

【经济发展】 年内，全镇农村经济总收入116966235元，纯收入10353689.1元，其中第一产业61836066.6元，第二产业6162190元，第三产业48967978元，牧民人均纯收入18787.3元。羊八井镇结合辖区内有世界著名的地热发电站、羊八井温泉旅游度假景点、丰富的火山灰矿、高岭土矿等资资源优势，各村居一直致力于发展壮大村集体经济，甲玛村、桑

2017年9月3日，西藏自治区党委副书记、主席齐扎拉（前排左三）在羊八井镇检查易地搬迁工作

巴萨在923街道开设甲玛宾馆和唐雪客栈，宾馆的运营，填补了羊八井镇政府所在地无宾馆的空白，并且提高羊八井镇的旅游接待能力。2017年，桑巴萨唐雪客栈实现2.5万元营业收入，甲玛宾馆实现15万元营业收入。

【申报产业项目】 年内，全镇各村居注重产业项目与牧民意愿相结合，近期脱贫与长远增收相结合，积极申报鲁登罗桑农牧民专业合作社商品混凝土搅拌站等22项精准扶贫项目。得到实施的项目有鲁登罗桑农牧民专业合作社商品混凝土搅拌站和羊八井镇蓝天温泉度假村、农牧民文化体验馆等项目。

【基础设施建设】 年内，辖区内相继实施火车站改扩建项目、拉那高速公路项目、923风貌改造工程项目等共4个重点项目，各项目的实施将带动全镇经济和各项社会事业健康、快速发展。

【"四讲四爱"学习活动】 年内，全镇上下紧紧围绕"四讲四爱"学习教育活动，制定《羊八井镇"两学一做"学习教育实施方案》《羊八井镇党员学习计划》，召开相关工作推进会议27场次，集中时间力量，分阶段、分步骤要求全镇机关党支部和村党支部带头学习，形成每周星期四上午6：30集中学习的良好氛围。全年集中学习9次、撰写心得体会2篇。组织全镇机关党员和3个村（居）及21个村民小组农牧民群众、青少年

2017年2月3日，县委副书记、县长其美次仁在羊八井镇指导小康安居选址工作

学生、寺庙僧尼中深入开展"四讲四爱"主题教育实践活动共9次。各村居以歌咏、演讲比赛等形式开展"四讲四爱"活动5次。羊八井镇与格达乡开展1次"四讲四爱"交叉宣讲活动，牧民群众代表281人参与活动。

【精神文明建设】 年内，为隆重纪念西藏百万农奴解放58周年，组织全镇干部职工及镇直各部门开展"3·28"西藏百万农奴解放纪念日演讲比赛活动；开展"激扬青春共迎五四"系列主题活动，活动内容包括拔河、藏式桌球、夹气球、棋类等贴近基层青年、喜闻乐见、愿意参与、便于组织的文艺体育活动共10项。通过活动的开展，极大地提高全镇各族干部群众及牧民群众参与文化活动的积极性和展现积极进取、奋发向上的精神风貌。截至年底，活动室已配备1套台球桌、1副藏式橄榄球等各式各类文体设备，同时不断丰富书籍，包括经济类、法律类、少儿类、报刊类等藏汉书籍共计2000余册。为利用其设备和资源，积极开放文化室，活动室气氛活跃，形成党员、干部、群众共同学习的局面。

【文化宣传】 年内，羊八井镇开展为期3天的赛马活动，节目包括马长跑、马短跑、藏式举重、服装表演等项目，活动期间镇政府联合派出所积极引导，妥善解决水电、交通等系列安全问题，定期巡查；各参赛选手积极参与，节目精彩纷呈，呈现一场精彩的草原盛会。羊八井镇政府将珍藏多年的伟人领袖"毛主席"刺绣肖像献给县文广部门，为党的十九大胜利召开献上一份贺礼。羊八井镇充分利用广大牧民收割牧草聚集之际，走进割草田间地头，开展宣讲精准扶贫、"四讲四爱"等系列宣传文化活动。

【学习党的十九大精神】 10月18日，全党和各族人民期盼已久的中国共产党第十九次全国代表大会在北京人民大会堂隆重开幕。羊八井镇与各村居“两委”共计100人，收听收看举世瞩目的中国共产党第十九次全国代表大会开幕盛况，同时镇、各村(居)召开党的十九大相关宣讲会议共11次。

【民生资金落实】 年内，圆满完成2015年度全镇966户4982人的草原补助奖励资金兑现工作，兑现草补资金共计32390.38元；落实净土公司销售牦牛肉资金。当雄县设立有身份证的牦牛肉以来，助推当雄县经济快速发展的同时，对广大农牧民群众经济生活谋福利，兑现羊八井镇牧民销售的91头牦牛资金664113元，受益群众达85户。完成羊八井镇2016年涉农保险资金兑现工作。兑现的涉农保险主要有2016年羊八井镇种植业、养殖业因自然灾害造成的损失，此次兑现资金共计3476400元，受益牧户849余人。落实兑现2014年草原补助奖励机制资金发放工作，共计2781467.96元，966户群众受益。落实完成兑现2015年牲畜自然死亡保险补偿资金工作，共计2958900元，705户群众受益。圆满完成落实精准扶贫生态岗位各类相关资金兑现工作。其中，落实2017年上半年生态岗位资金，以每人1500元工资，兑现生态岗位数248个，资金共计372000元。落实重点公益林管护人员工资，73名发放共计992723.2万元，落实2016年春秋两期疫苗资金，受益户66户，资金共计25410元整。落实精准扶贫定向性政策资金，受益群众414人，资金共计326646元。落实精准扶贫生态补偿转移就业岗位资金，受益82人，兑现资金246000元。落实精准扶贫生态岗位双岗多报人员资金，受益群众13人，兑现资金共计39000元。落实2016年精准扶贫定向性政策资金，受益群众408人，兑现资金483072元，落实2017年下半年生态岗位资金，受益群众有248人，兑现资金共计372000元整。

2017年10月26日，镇党委书记洛桑桑旦，党委副书记、镇长兰辉在拉多村检查精准扶贫建档立卡贫困户户档资料完善情况

【精准脱贫】 年内，根据“六脱”措施，结合羊八井镇实际，精准发力，扶贫工作取得较好的成绩。以业脱贫：实现固定岗位133人，每月平均工资1500元；以迁脱贫：116户478人，搬迁至拉萨的94户、368人，搬迁至拉多7组的22户、110人。以补脱贫：定向性补偿822人，享受资金809718元；生态补偿岗位261人，享受资金783000元；新增生态补偿岗位82人，享受资金246000元；精准扶贫春秋两期疫苗66人，享受资金25410元。以教脱贫：135户253人(包含两后生7户9人)。以保脱贫：21户49人。以助脱贫：医疗救助31户37人。为使贫困户在日常行为中逐步改善懒惰、懈怠思想，树立一个积极上进，遵守岗位职责，热衷参与各类培训，在工作和生活中恪尽职守的一面，特制定出台藏汉双语版的《羊八井镇建档立卡贫困户约法十章》准则条例，并逐一讲解条例内容，将条例张贴在贫困户家中最显眼的地方。为使条例发挥约束作用，镇党委、政府成立精准扶贫督查小组，定期不定期在923街道及人员密集处的餐饮店、茶馆等地督查贫困户有无出现赌博、酗酒等情况。截至年底，羊八井镇贫困群众未出现任何违规行为；

2017年10月1日，羊八井镇干部利用割草时期开展“四讲四爱”和精准扶贫政策宣讲活动

为使贫困户从思想上拔除贫困的“穷根”，从素质上提升造血能力，从行动上激发自我发展欲望，羊八井镇先后对具有鲜明致富代表的贫困户开展争创表彰活动。2016年评选4名具有“先进典型代表”贫困户树立光荣榜。2017年对19名非建档立卡致富能手和贫困边缘户进行表彰，每人奖励5000元。同时对存在依赖政府扶持资金，有劳力不愿就业，等靠要思想严重的“最懒惰家庭”达迪在全镇扶贫大会上进行曝光及通报批评，并作表态发言；镇党委和政府充分发挥职能作用，结对帮扶发挥桥梁纽带作用下，与拉萨市及镇周边的企事业单位，产业资源沟通协调，实现就业转移254人，其中固定岗位133人。即护路队38人、环卫工人12人、道路清理工17人、辅警2人、厨师7人、驾驶员13人、兽医4人、保安18人、保洁员13、服务行业9人，每月工资收入平均达到1500元以上。临时性就业岗位144人，年收入平均达到5000元。2015年精准识别后的185户、761人，人均收入1960.32元。2016年185户、761人，人均收入达到6012.03元，同比增长33%。2017年，186户、770人，人均收入达到12200元，同比增长49.2%，确保贫困户生活达标，实现“三有”“三不愁”“三保障”。

【基层党建】 年内，羊八井镇党委，村（居）党委贯彻落实党的十八大和十八届三中、四中、五中、六中全会精神、党的十九大精神，贯彻落实习近平总书记系列重要讲话精神，通过领导干部集中学习、个人自学、体会交流等形式，统一党员干部的思想，为经济发展提供坚强的思想保障。为选优配强村（居）党组织领导班子队伍，镇党委切实履行监督管理制度，制订《村居换届选举工作方案》，成立以镇党委副书记为组长的调研摸底组。并明确工作职责，重点强调要广泛征求群众意见，充分酝酿各村后备干部推荐人选，切实做好人员分配和后备干部推荐工作。成立的换届调研摸底小组，分批深入各村（居）、组、户，采取现场访问、填写测评表、个别村干部和群众谈话、发放意见表等形式，对3个村（居）后备干部人员储备情况等各项基本情况开展全面的摸底调研工作。调研中收集民主推荐表和民主测评表2000余份，谈话169人次。羊八井镇风湿患者集中安置点（现改名彩渠塘村民委员会），于2017年11月7日正式成立，属羊八井镇二类村。为及时规范村委会运行，拿出“只争朝夕、背水一战”的作战精神，重点对彩渠塘村委会进行调研，进一步调整充实村两委班子候选人名单，将彩渠塘换届工作提上日程。羊八井镇于12月3日起陆续在3个村（居）和彩渠塘村委会召开“中共羊八井镇第九届村居党委换届”选举大会，成功选举产生新一届村级党委委员22名。

【环境保护】 年内，利用会议、标语、板报、新闻、传单等群众喜闻乐见的方式，在辖区内开展环保政策、法规的宣传，散发传单3000张，张贴标语12幅，悬挂横幅8条，同时在羊八井中心学校开设专栏，提高中小学生的环保意识，宣传环保的重要性。为保护辖区109国道沿线、923街道、兵站、青藏铁路沿线以及辖区内的主要河流，进一步调整充实环保队伍，截至年底，环境保护岗位达325个，

2017年4月18日，羊八井镇召开推行“河长制”暨迎接中央环保督察工作部署动员大会

其中，野生动物保护人员30人，草场监督员125人，湿地管理员24人，沙化土地封禁管护员17人，护林员90人，山洪看护员4人，水资源管控员10人，道路养护员10人，环境监测员3人，保洁员12人。全镇实行环境保护分片包区责任制，为加强环境保护，21个自然小组，组成21名环境保护监督员，6名副科级以上干部形成环保监督包村（居），3名正科级干部形成环保督查领导小组。通过各负其责，确保辖区环保工作落到实处。

【环境督导】 年内，为打造干净、整洁、文明的生活环境，羊八井镇从94名联户代表选拔13名组成羊八井镇环保督导检查组，对辖区内的923街道及兵站街面进行环境的突击检查，辖区内环境督导检查次数23余次，对商户门前脏、乱、差的个体户进行当面批评5次。投入345300元资金，用于充实环保队伍，另外配备11个集中垃圾箱，2辆垃圾车，1个拖拉机车，1个垃圾掩埋点，改善镇区生态环境建设，人民生活条件。加强镇区水源保护区的管理工作，保证饮用水水源地的环境质量，保证镇区饮用水安全。

【社会事业】 年内，根据县委、县政府的指示精神，对辖区内26名没有返校的学生及家长进行思想教育工作，调查了解3次，经过教育再教育，劝服26名同学重返课堂；响应上级部门，关于做好包虫病防治工作和杜绝家犬包虫病传播流行的指示号召，及时召开家犬包虫病投药工作部署会议，联合镇兽防所深入镇直各单位、村（居）开展家犬包虫病驱虫药投药工作；协助镇卫生院组织全镇牧民群众开展包虫病检查采血工作，已完成采血检查5013人，占全镇总人口的89%。通过拉网式入户调查对全镇94户366名农村低保户进行专项清理整顿。整治对象包括大学已毕业开始享受养老保险、身份无法核实、死亡或家庭生活水平已超过最低生活保障水平线等不符合低保条件的农村低保户进行专项清查。调查中发现件6户6人不符合低保条件，取消低保待遇，并进行公示。圆满完成桑巴萨三组3名孤儿移交拉萨市儿童福利院的所有手续相关工作。

【民生项目】 年内，当雄县财政投入105万元，用于桑巴萨居委会一组、五组、六组党员活动室建设。桑巴萨唐雪客栈休闲娱乐中心投入150万（国投60万、自筹30万、贷款60万）。县发改委拨付农村公路资金20—30万元，分别投入拉多一组、四组，桑巴萨三组、六组，甲玛村道路建设维修。甲玛利民洗衣店投入100万（国投40万、自筹20万、贷款40万）。根据镇人大提交的21项提案议案，即维修桥梁、便桥、水渠、河堤、道路、草场等配套设施建设，决定从2017年民生项目50万中拨付。

【人大工作】 年内，羊八井镇第九届人民代表大会第二次会议圆满闭幕。会上，听取并审议2016年羊八井镇政府工作报告、2016年财务工作报告、人大主席团工作报告等三大报告，报告实事求是地总结和回顾过去一年主要工作和取得的新成绩。同时对羊八井镇第九届人民代表大会第一次会议上代表所提出的20条意见、问题，进行答复。拉萨市人大常委会副主任杨林为组长及七县一区代表组成的第二验收组领导一行在羊八井镇检查指导人大之家工作开展情况。通过相互交流学习，促进和明确“人大代表之家”创建的目标和工作要求，完善各项工作机制。

【纪委工作】 年内，羊八井镇纪委召开纪委专项会议 13 次，学习纪委通报等各类文件。教育引导党员干部切实增强纪律意识，引以为戒，推动党风政风持续向善向好；镇纪委同镇派出所在全镇范围内开展党员干部赌博和带彩娱乐问题专项整治行动。全镇党员干部观看警示教育片《代价》，进一步增强羊八井镇基层干部的拒腐防变能力，得到良好的启迪教育。通过在各村（居）及人员聚集区 923 街道张贴宣传海报，在街道显眼处悬挂横幅 3 条，向群众发放宣传海报共计 102 张。对羊八井镇精准扶贫资金落实到位情况和资金管理使用情况进行检查，重点对当雄县羊八井甲玛利民洗衣店建设项目、当雄县羊八井桑巴萨休闲娱乐中心建设项目、当雄县羊八井畜产品加工销售专业合作社的扶贫资金使用情况进行专项检查。对检查中发现的生产建设进度缓慢等存在的问题要求立即整改，以实际成效进一步提高群众满意度和获得感；20 名镇干部参与签订《家庭助廉承诺书》，进一步加强羊八井镇党员干部作风建设。

【人社工作】 年内，羊八井镇城乡居民养老参保人数 2869 人，城镇居民养老保险人数 76 人，城镇居民医疗参保人数 96 人。牧民富余劳动力劳务输出 610 人，其中建档立卡贫困户固定就业人数 110 人，实现保安、销售员、驾驶员、护路员、保洁员等 7 种岗位，劳务输出临时性务工人数 66 人。牧民群众培训人数 104 人，其中建档立卡贫困户培训项目有保安、保洁、驾驶员、销售员等 44 人。往届应届高校毕业生 43 人，其中 2017 年公务员已就业 3 人，企业招聘就业 2 人。

（其美卓嘎）

2017年12月13日，羊八井镇彩渠塘村民委员会暨村务监督委员会选举大会

【领导名录】

党委书记
　洛桑桑旦（藏族）
党委副书记、镇长
　兰　辉
人大主席
　达瓦次仁（藏族）
副书记
　巴桑琼达（女，藏族）
纪委书记
　努那比（回族）
组织委员
　贺　健
人武部部长
　贡嘎扎西（藏族）
党政办主任
　尼玛卓玛（女，藏族）
人大副主席
　达　珍（女，藏族）
副镇长
　格桑梅朵（女，藏族）
　普布扎西（藏族）
　杜　阳（女）

纳木湖乡

【概况】 纳木湖乡位于当雄县城以北 30 公里处，坐落在海拔 5100 米的拉根山山口北部、著名的旅游景点纳木错湖东面。与那曲地区班戈县和那曲县接壤，平均海拔 4800 米，牧民群众居住分散，具有典型的高原大陆性气候特

2017年8月28日，中央环保督查组副组长、环境保护部副部长翟青（前排左四）一行在当雄县纳木湖乡督导调研

点，高寒缺氧，常年大风，降雪量大，天气变化大，自然灾害频繁。

纳木湖乡国土面积2831.14平方公里。辖4个行政村，25个自然小组，1137户5288人。全乡建档立卡贫困户248户971人（纳木湖村81户254人、恰嘎村66户306人、达布村49户219人、色德村52户192人）。2017年，干部职工51名，其中行政人员32名、事业单位人员13名、工人1名，公益性岗位3名、合同工2名，平均年龄达29.7岁。纳木湖乡现有2个党委、3个党总支、26个党支部，371名党员（其中9名预备党员，牧名党员320名，占86.3%），6个团支部，团员74名。

【经济发展】 年内，全乡可利用草场总面积2630291亩，其中恰嘎村1086000亩、纳措村711443亩、色德村465013亩、达布村367835亩。全乡牲畜总头数100836头（只、匹），其中牦牛37574头、绵羊58475只、山羊3861只、马926匹。截至年底，实现GDP第一产业8781.1万元，第二产业215.47万元，第三产业2840.63万元，经济总收入达11837.2万元，牧民人均纯收入达到13720.3元。

【专业合作社】 年内，纳木湖乡成立专业合作社6个，其中服务旅游业4个（达布夏季牧乐园专业合作社、亚拉嘎布专业合作社、恰嘎酸奶加工专业合作社、达布圣湖机械租赁合作社、色德羌塘酸奶加工专业合作社、纳措阿酷卓巴建筑施工专业合作社），牧家乐项目1个（纳措村牧家乐项目）。国民经济和社会发展“十三五”规划期间将进一步发展壮大旅游产业，建设集中连片牧人生活体验区、打造品牌牲畜产品、发展特色手工艺品，实现由第一产业向第三产业的转型。

【教育事业】 年内，纳木湖乡共有幼儿园2所、小学1所。扎西岛幼儿园现有老师5人，学生81人。恰嘎村幼儿园现有老师（临时工）1人，学生45人。乡完小现有老师31人，在校学生516人。全乡小学入学率99.6%，小学巩固率100%，中学入学率98.65%，中学巩固率100%，2017年新增大学生17人。

纳木湖乡高度重视教育事业，建立扶贫教育基金，帮助贫困大学生及内地中学生解决上学难的问题，部分基金奖励给积极配合乡教育工作的牧民家长，每年出资2万元，充实壮大教育扶贫基金。并将教育入学率和巩固率纳入村规民约管理。入学率和巩固率与贫困户的界定挂钩，对享受农村低保家庭不送子女上学的，第一次罚款，第二次直接取消其享受国家任何扶贫政策。同时，加大扫盲培训力度，开展脱盲人员的巩固培训。与此同时积极联系县宣传部、妇联办、团委、劳动局、消防等有关部门举办牧民实用技术培训班，各种实用技术培训达10次，切实提高牧民群众的就业率。

【卫生服务】 年内，纳木湖乡卫生院现有医护人员9名，救护车一辆，医疗药品共2类（西药、藏药）370个品种。全乡参合人数5288人，参合率达100%。人口与计划生育方面，以稳定生育水平，提高人口素质为核心，继续加强计生基础工作，树立优先优育风尚，2017年新生婴儿92人，人口自然增长率控制在正常范围内，群众生育观念发生转变，人口素质得到进一步提高。

【基础设施不断完善】 年内，纳木湖乡不断加大基础设施投入，解决达布村46公里，纳措村公路51公里。村村通广播电视覆盖率达100%。通电户1137户，覆盖率达100%。

【精准扶贫】 年内，纳木湖乡建档立卡贫困户255户1157人，占全乡总人口的22.13%。2016年实现脱贫88户330人，2017年计划实现全乡贫困人口255户1157人全部脱贫，4个行政村完成减贫退出，全乡脱贫摘帽。大力实施“六脱”：纳木湖乡通过“以业”措施，截至年底，贫困人口中320人实现劳务输出，79人实现转移就业；参加培训方面：300余人次。辖区内2个合作社积极参与产业帮扶带动，为148户贫困家庭每户分红增收。通过“以迁”措施，2017年，将对60户贫困人口实施易地搬迁至拉萨堆龙德庆区，同时，为搬迁群众开展就业技能培训，确保每一户搬迁群众搬得出、留得住、能就业、可致富。通过“以补”措施，纳木湖乡“以补”岗位共计809名（其中650名为建档立卡贫困户，159名为边缘贫困户）就地转成护林员、环境保护监督员、草原监督员等生态保护人员，实现生态保护和脱贫攻坚的双赢，2017年建档立卡贫困户，边缘贫困户资金到账的已经全部兑现；对于新增的岗位人员在发放岗位资金时已经进行岗位职责的说明；通过“以教”措施全乡共计117户174人，小学入学率达99.6%，巩固率100%；初中入学率达98.65%，巩固率100%。通过“以保”措施，全乡共计184户832人，对无法依靠产业扶持和就业帮助脱贫的家庭实行政策性保障兜底8户38人。通过“以助”措施纳木湖乡帮扶17人，实施健康扶贫工程，全部建档立卡贫困户人人享有基本医疗卫生服务，及时进行门诊报销，有效解决因病致贫、因病返贫问题。

【精神文明建设】 年内，以党员远程教育站点建设为契机，进一步加大村级文化活动室建设力度，充实村文化室报刊、书籍，提升村级文化阵地的为民服务能力。以元旦、春节等节庆日为契机，组织牧民开展集体锅庄、舞蹈等文艺活动，丰富牧民群众文化生活。以提升对外形象为目标，积极动员广大干部群众参与社会捐助、爱心助残、送温暖献爱心道德实践活动，营造良好的社会氛围。

【基层党组织建设】 年内，机构5个，编制46人，其中行政编制32人（含政法编），事业编制14人。全乡现有领导12人、驻寺特派员4人；乡党委现有委员7人，领导班子成员10人，机关支部现有委员5人。纳措村“两委”班子7人，纳措村级综合服务中心下沉干部5人；达布村“两委”班子7人，达布村级综合服务中心下沉干部5人；恰嘎村“两委”班子8人，恰嘎村级综合服务中心下沉干部5人；色德村“两委”班子6人，色德村级综合服务中心下沉干部5人。全乡机关党员51人，牧民党员320人。

【“四讲四爱”主题教育实践活动】 年内，在抓好自身建设的同时，纳木湖乡政府按照“建一流队伍、创一流业绩、树一流形象”的目标，着力强化干部队伍素质，积极探

2017年7月12日，县委常委、宣传部部长格桑加措在纳木湖乡检查“两学一做”工作开展情况

索新形势下乡干部队伍建设的新路子，取得明显的成效。政府班子不断强化下属的政治理论学习、努力提高干部的政治思想素质。通过培训教育，使干部丰富知识，开阔视野，洗涤思想，更新观念，为提高农村工作服务质量奠定扎实的政治思想基础。突出建强村级班子，开展廉政建设、农村财务管理、信访治安案件排查化解等专题培训2期，综治、“双联户”培训1次，提高村干部素质，业务能力。截至年底，全乡干部集中学习党的十九大会议精神6次，采取定期谈心、工作交流、帮解难题等手段，做好村干部的教育引导工作，取得良好成效。

（加　措）

【领导名录】

党委书记
　　赵泽辉
党委副书记　乡长
　　遵　追（藏族）
人大主席
　　普　琼（藏族）
党委副书记
　　黄　翔
纪检书记
　　益西多吉（藏族）
组宣委员
　　白玛卓嘎（女，藏族）
统战委员、武装部部长
　　次仁旺堆（藏族）
政法委员
　　强巴曲旦（藏族）
人大副主席
　　索朗坚参（藏族）
副乡长
　　德　央（女，藏族）
　　郭源振
　　次仁顿珠（藏族，5月任）
司法所所长
　　丹增群培（藏族，12月任）

格达乡

【概况】 格达乡位于当雄县西南约125公里处，东面与堆龙德庆区相接，西南与尼木相接壤，北面与那曲县班戈县相望，交通不便，气候恶劣，发展滞后，属当雄境内自然环境、经济基础最差的乡镇之一。全乡面积1834.25平方公里，可利用面积1360.68平方公里，平均海拔4500米，风力资源丰富，年刮风日多达245天。有丰富的地热资源，药材资源和动物资源等。

2017年，全乡总人口4698人，1013户。辖区有格达乡派出所、格达乡中心小学、格达乡卫生院、格达乡兽防站4个乡直单位，1座寺庙（多吉林寺），格达乡辖4个村委会（甲多村、格达村、央热村、羊易村）。

【牧业生产】 年内，格达乡牲畜共有79965（头、只、匹），其中牦牛31500头、绵羊33293只、山羊14724只、马448匹，按实际，及时足额发放2016年和2017年草补资金。同时全乡846座高标准畜圈进行验收。按照传统惯例和延续，与乡兽防站联合开展春秋两季牲畜防疫工作的同时，乡兽防所每年研制20余种藏兽药，低价出售给群众，春秋和秋季防疫苗注射率达到100%。顺利实施有身份证牦牛肉的销售和家庭牧场建设前期工作，确保畜牧业持续健康发展。

【基础设施建设】 年内，投入使用甲多村村组水泥路，顺利实施304省道硬化工程，全面改造乡政府附近街道两边商铺和部分单位

2017年2月8日，乡党委书记孙伟入贫困户家了解情况

变压器增容单设，确保群众的正常用电。

【教育工作】 年内，强力推进素质教育，巩固“两基”成果，切实提高办学质量和办学效益。中小学入学率分别达到95.51%和100%，中小学巩固率分别达到95.13%和98.25%。同时下辖四村都新建了幼儿园，全乡幼儿园入园率和巩固率分别达到80.23%和97.5%。

【卫生工作】 年内，格达乡已完成农牧区家庭医疗账户本的全部更新工作。依托4个村级卫生室，全民健康体检人员参与率100%，孕妇和婴幼儿实现零死亡率。新农合参保率达100%，当雄县妇女“两癌”筛查指标在格达乡顺利完成。

【社会民生工程】 年内，严格按照“三不愁、三有、三保障”标准，积极采取“六个精准”和“五个一批”等各类精准脱贫举措，对全乡239户1008人顺利通过区市各级检查考评组的验收。在已投入运营的2个新能源产业项目的基础上，2017年12月与友豪光伏公司成功签订羊易村光伏土地租赁协议，为来年开春顺利实施光伏产业项目奠定坚实基础。

【社会保障事业】 年内，格达乡社会保障体系进一步完善，全乡牧民群众生活水平进一步提高，文化广播电视覆盖率达到100%，生态环境得到进一步改善。同时，还认真做好审计、工商、科技文化、民族宗教、统计、气象、档案等方面工作，促进社会事业全面发展。

2017年7月4日，格达乡中心小学学生集体参观国防教育基地

【作风建设】 年内，坚持实事求是，大力倡导求真务实的工作作风，教育广大干部说实话、办实事、鼓干劲、求实效，坚决摒弃官僚主义和形式主义，不搞哗众取宠，不求急功近利，认认真真地抓好各项工作的落实。

【工、青、妇工作】 年内，进一步加大对贫困妇女儿童、空巢老人、单亲特困母亲家庭、农村留守流动妇女儿童、病残妇女儿童等特殊群体的帮扶关爱力度，先后多次组织开展慰问活动，送去糌粑、面粉、大米等生活必需品。乡妇联组织开展贫困妇女儿童救助及和谐家庭、文明家庭、村（居）“妇女之家”创建活动，在促进妇女儿童发展环境优化、维护妇女儿童合法权益和提升妇女素质等方面有较大进步。

【人武工作】 年内，格达乡人武部认真完成上级下达的征兵任务，乡党委、政府带领全乡干部职工圆满完成军事演习期间牧民群众和牲畜撤离到指定安全地点的重大任务。

【“两学一做”教育实践活动】 年内，格达乡紧紧围绕保持党的先进性和纯洁性，以为民务实清廉为主要内容，以“学习共产党党章党规，学习贯彻习近平总书记系列重要讲话精神，做合格党员”为总要求，以落实中央、区、市、县委关于“两学一做”的相关规定为切入点，严格落实总要求，深入开展“两学一做”教育实践活动：将其“作为一项重大政治任务，尽好责、抓到位、见实效”；面向全体党员，深化党内教育的重要实践；巩固拓展党的群众路线教育实践活动和“三严三实”专题教育成果，进一步解决党员队伍在思想、组织、作风、纪律等方面存在的问题，保持发展党的先进性和纯洁性。

【“四讲四爱”主题教育实践活动】 年内，按照区、市、县的统一部署，格达乡开展“四讲四爱”主题教育实践活动，严格按照时间节点，完成规定动作。进一步汇聚正能量、增强凝聚力；进一步团结群众、打牢执政基础；进一步激发干部群众主动性、创造性，加快全乡各项事业发展。

【村级组织换届】 年内，第九届村级组织换届工作，乡党委积极而为、顺势而动，充分发挥主导作用，做到超前谋划，精心准备，在选举前，进行摸底调研。在选举中严格标准，程序规范，保证整个选举过程的公平、公正。通过顺利完成村级组织换届选举工作，选优配强村居“两委”班子成员，进一步增强村级组织凝聚力、战斗力。

（王剑磊）

【领导名录】

党委书记
孙　伟
党委副书记、人大主席
罗布占堆（藏族）
党委副书记、乡长
索朗曲旦（藏族）
党委副书记
严学理
纪委书记
次仁索郎（藏族）
党委委员、人武部部长
巴桑次仁（藏族）
党委委员、组织委员
刘晓学
党委委员
扎拉贡布（藏族）
宣传委员、人大副主席
白玛拉姆（女，藏族）
党委委员、派出所所长
嘎　桑（藏族）
副乡长
秦天强
其　美（女，藏族）

2017年12月3日，格达乡央热村总支部委员会换届选举大会顺利召开

公塘乡

【概况】 “公塘”系藏语译音，意为“凹滩”，平均海拔4367米。1960年设公塘乡，1970年改公社，1984年复置乡，位于县境东北部，面积1595平方公里。截至年底，全乡总户数1433户，总人口6528人，其中妇女人口3343人。牧民总户数1307户，6171人，其中妇女3156人。牧民劳动力2936人，其中妇女劳动力1332人。全乡现有5个党委，20个党支部，571名党员（含预备党员），其中乡机关党员52名，团员220名。2017年，乡机关干部职工56人，大专及以上学历45人。乡境内寺庙三座（康马寺、江热寺、巴嘎当旦康）。青藏铁路公塘段全长10.8公里，桥梁6座，人畜通道10个，涵洞15个，沿线78户，涉及1村4个组。全乡以牧业为主，牧养山羊、绵羊、黄牛、马，各类牲畜存栏51148（头、只、匹）。产虫草、贝母、雪莲花等。

【机构编制】 截至年底，公塘乡机关有公务员37名，事业编制工作人员11名，专业技术人员9名，工人7名，公益性岗位人员3名。班子成员共11名，设乡委员会书记1名，乡人民代表大会主席1名，乡长1名，专职副书记1名，副乡长2名，乡人大副主席1名，组织委员1名，宣传委员1名，人武部部长1名，纪检书记1名。

【经济发展】 年内，牧业仍然是全

2017年11月13日，拉萨市委常委、常务副市长暴剑（中）在公塘乡检查指导工作

乡的基础产业，着重开发牦牛、绵羊等畜产品的加工区，纯绿色天然食品需求量将是一大增长点，牧业基础地位将进一步突显。同时，积极响应县委、县政府打造全域旅游方案，充分利用公塘乡区位优势，增加旅游业收入，带领群众吃上旅游饭。为此，全力以赴，以抓好基础产业为主导，深挖潜力，依托精准扶贫精准脱贫，做大量工作。全乡经济社会呈现良好发展势头。

【村级组织换届】 年内，自村级组织换届选举工作启动以来，各村持续开展换届宣传工作，挨家挨户走访，统计选民人数、摸清选民意愿。组织召开村民代表会议，民主评议和考核现任村“两委”班子，推选候选人初步人选，对各组织候选人进行政审，酝酿制定人事方案。对各村进行离任审计、对“三务”公开情况进行检查，为顺利完成换届工作打下坚实基础。开展村级党组织调整设置工作，全乡19个党小组升格成党支部，4个村党支部升格为村党委。截至年底，各村村“两委”及配套班子已全部换届完成，此次换届公塘乡新任村“两委”班子成员5名，连任25名。

【精准扶贫】 年内，公塘乡共有建档立卡贫困户197户916人（其中冲嘎村56户274人，拉根村61户284人，甲根村50户203人，巴嘎当村30户155人），占全乡总户数15.1%，总人数14.96%。公塘乡在县委、县政府的大力支持下，在县扶贫办的精心指导下，在各帮扶单位及帮扶责任人的尽心帮助下，依托“六项脱贫措施”，公塘乡建档立卡贫困户，已有194户903人达到人均纯收入3915元以上的脱贫标准（剩余3户13人），实现精准脱贫。其中人均纯收入3915—6000元的共计19户92人、6000—10000元的90户421人、10000元以上的85户386人。加强领导，高度重视。成立由乡党委书记任组长的脱贫攻坚工作领导小组，下辖六个专项推进组，成立精准扶贫办公室，全力推进脱贫攻坚各项工作。制定实施精准扶贫推进会议制度，年内，共召开扶贫攻坚专项推进会18次，专题研究部署扶贫攻坚工作。及时传达学习各级精准扶贫工作会议精神、政策理论知识，及时传导压力，增强坚决打赢脱贫攻坚战的紧迫感和责任感。充分调研制定《公塘乡精准扶贫工作实施方案》《公塘乡“十三五”扶贫开发工作规划》和《公塘乡“十三五”易地扶贫搬迁试点实施方案（2016—2017）》，确保公塘乡精准扶贫精准脱贫工作扎实有序推进。乡班子成员包村，全乡干部职工包户，每名干部职工结对2—4户，详细掌握每户贫困群众基本情况，有针对性开展政策宣讲，进行思想教育引导，帮助理清收支账；组织入户宣传教育。采取多种方式进行宣传教育引导，宣传贯彻落实扶贫政策，教育引导贫困群众转变观念，增强脱贫志气，消除“等、靠、要”的思想，营造人人关心、人人支持、人人参与的精准扶贫工作氛围。2017年，公塘乡共组织召开2次精准扶贫脱贫先进典型表彰大会，共表彰8名脱贫先进典型、2个在精准脱贫工作中起到良好带动作用的先进合作社、2名致富带头人。对自主脱贫意识较差、思想懒惰的10名贫困群众进行集中教育。组织贫困户召开座谈会，让贫困户相互交流国家给人民群众带来的各项脱贫政策，确保精准扶贫工作人人皆知，扶贫政策公开透明，党的恩情深入人心。填写收支明白卡，依托“六脱”措施，实现脱贫。以业脱贫情况。公塘乡积极协调辖区内企业公司，帮助解决就业岗位，2017年，西藏冰川矿泉水公司（5100）为冲嘎村提供10个工作岗位，每个岗位为贫困户增加收入约2万元。发展壮大村集体经济，带动贫困户脱贫。冲嘎村运输车队合作社，实现贫困户就业3人，年增收3万元，为10户贫困户分红3万元。拉根村砖厂合作社、拉根村牧民施工队，每年实现贫困户就业4人，人均年增收1.6万元，为13户贫困户分红3.9万元；鼓励外出就业促脱贫。公塘乡通过多种渠道转移建档立卡贫困户中剩余劳动力外出就业，冲嘎村、拉根村人工种草、土地平整项目，为50余人提供工作岗位，人均增收1000余元；各村新建村级活动场所、新建幼儿园，累计实现60余人提供工作岗位，人均增收6000余元。截至年底，全乡共实现以业脱贫126户126人。以迁脱贫情况。公塘乡着眼长远，规划先行，统筹考虑，将生产生活条件困难、交通不便、无房屋的建档立卡贫困户纳入以迁脱贫范围。同时，为达到“搬得出、安得稳、能致富”的目标，公塘乡积极开展技能培训，联系工作岗位，加强基础设施建设，累计培训贫困群众9批次158人，其中搬迁群众119人。实现以迁脱贫112户526人，其中异地搬迁脱贫82户360人，本地搬迁脱贫30户166人。以补脱贫情况。为保护牧区生态环境，公塘乡加大减畜工作力度，落实草原生态保护奖励补贴、草畜平衡补助、湿地保护补偿等奖励补助资金；落实草场监督员、护林员、环保监督员及水资源管护员等13个生态岗位补助，其中，草场监督员224个、护林员114个、沙化封禁护林员27个、疫病检测员37个、湿地管理员57个、水资源管护员8个、乡村的道路维修员10个、环保监督员4个、保洁员4个、山洪灾害水管员25个、地质灾害群防群测员1名、水土保持监管员9个、旅游厕所保洁员2个，共计522个。其中建档立卡户271个，低保户77个，边缘户174个，每户建档立卡贫困户年增收3000—9000元。以教脱贫情况，幼儿园到高中阶段的289名学生全部实现15年义务教育（其中幼儿园52名、小学153名、初中60名、高中20名），严格落实“三包”经费。积极教育引导贫困户家庭适龄子女入学。全额补贴32名大学生大学期间的学费、路费，并按区内5000元/年、区外6000元/年的标准补助生活费用。以助脱贫情况，公塘乡严格落实当雄县医疗救助制度，按照比例救助与定额救助相结合，事后救助与事前、事中救助相结合，大病住院救助与门诊救助相结合的方式，落实重点救助建档立卡贫困户的工作要求，增加报销比例，减少家庭支出，防止“因病致贫、因病返贫”的现象。公塘乡合作医疗参保人数6125人，参保率100%。2017年救助建档立卡贫困户33人共21.4万元，其中一般贫困户17人共16.8万元，低保贫困户16人共4.6万元。以保脱贫情况，公塘乡将丧失劳动力，缺乏自我发展能力，无法通过以业脱贫、以补脱贫、以迁脱贫和其他措施脱贫的家庭，严格按照现行低保政策要求开展“兜底”工作，分类重点保障的原则，符合

2017年8月24日，当雄县副县长、公塘乡党委书记胡小平在甲根村检查指导防洪工作

低保政策的24户103人全部纳入保障范围，切实做到应保尽保。加强监督，严格考核，在精准扶贫工作开展过程中，公塘乡不定期对各村工作开展情况进行督导检查，保证工作顺利有序推进。年内，共组织开展专项督查8次，提出整改问题15条。同时，为确保公塘乡贫困户是真正脱贫，公塘乡成立4个评估自验工作小组，深入建档立卡贫困户家中，按照“三看三步走”（三看：入户看收支情况，看生活条件，看保障状况；三步走：民主评议，测算核实，村级公示）的工作要求，对贫困群众收入和支出情况进行实地了解，填写收入测算表197份。

2017年10月24日，公塘乡组织精准扶贫群众收支情况入户调查

【畜牧工作】 年内，公塘乡紧紧围绕“增加牧民收入”这个核心任务，不断加快牧业发展步伐，加大投入力度，实现产业发展水平的快速提升。全乡畜牧业肉产量达到1984.58吨，奶产量9.14吨，全乡畜牧业指标全部完成。全乡2017年冬虫夏草收入30公斤、贝母收入876公斤、雪莲花收入1987.45公斤，其他收入38.47万元。完成春秋两季牲畜重大疫病强制免疫工作，注射各类牲畜108225（头、只、匹），实现“四不漏”。兑现2015年野生动物肇事补偿资金46.04万元。兑现牲畜保险理赔金223.98万元。2016年、2017年草原生态保护奖励机制资金631.84万元。发放2016年、2017年草场监督员误工补助197.96万元，发放2015年5月—2017年5月公益林护林员工资168.82万。

【统筹改善医疗卫生基础】 年内，农牧民参加农牧区医疗制度人数6113人，其中25名“五保户”，个人筹资标准为30元，个人筹资183390元，国家补贴839926.2元，参保率达到100%。实施全民免费健康体检工作，体检率为100%。截至年底，全乡合作医疗门诊报销5000余人次，报销金额892156.69元。对农牧区夫妇进行国家免费孕检。巩固落实农牧区“一孩双女”补助政策，全年累计补助127人，补助资金241920元。

【文化事业】 年内，与县民间艺术团、电影放映站联系，为各村（组）累计演出场次达18场，观众人数达2000余人次。积极参与“当吉仁”赛马节，弘扬牧区传统文化。全乡广播、电视覆盖率全部达到100%。

【社保工作】 年内，城镇居民医疗保险参保248人，参保率达到100%，其中低保77人。城乡居民养老保险参保人数2730人，参保率100%，收缴参保基金28.33万元。

【“四业工程”】 年内，组织牧民群众特别是建档立卡贫困户参与职业技能培训项目多次，对78人进行职业技能及实用技能培训；职业介绍96人，实现农牧民劳动力转移就业905人，高校毕业生创业培训13人。

【基层党建】 年内，公塘乡坚持以围绕中心抓党建，抓好党建促发展的工作思路，严格落实党建工作目标责任制，始终把“严”的要求贯穿党建工作全过程，做到真管真严、敢管敢严、长管长严，持续深化落实全面从严治党。

【自身建设】 年内，按照“集体领导、民主集中、个别酝酿、会议决策”的原则，制定完善《党委议事程序和规则》，强化领导决策作用，突出党委统揽全局的地位。建立月谈话制度，党委书记每月与每一名班子成员谈话一次。

【党风廉政建设】 年内，成立党风廉政建设工作领导小组，落实“两个责任”。乡党委与班子成员、各村党支部签订党风廉政建设责任书，推动从严治党向最基层延伸。对村级党务、村务、财务工作公开情况进行检查。依托“先锋公塘”微信公众号等新媒体，强化干部职工廉洁从政教育，使其植于心、践于行。

【作风建设】 年内，把纪律和规矩挺在前面，不断加强理想信念教育，严格党内政治生活，锻炼党员干部党性。认真坚持“三会一课”、党性定期分析、民主评议党员等组织生活制度，对在民主评议中不合格的党员，提出处理意见。同时建立每月开展批评与自我批评制度。年内，共组织开展各类督查行动30次，通报2起，有效促进干部队伍作风转变。

【基层组织建设】 年内，强化村党支部建设，积极探索新形势下牧民党员培养、管理的新路径。加强基层党支部建设，大力开展软弱涣散基层党组织整顿，做好冲嘎村党支部整改升级和巴嘎当村党支部巩固提升工作，增强基层党组织的凝聚力、战斗力和号召力。2017年全乡共发展党员10名，如期转正24名，培养入党积极分子15名。完成各村村级活动场所标准化建设。

【制度建设】 年内，制定完善《公塘乡干部管理规定》《公车管理制度》《信息报送考核制度》等制度8项。针对牧民党员开展“设岗定责”，调动牧民党员参与村级事务的积极性，增强党员的优越性。畅通党员“进出”机制，建立《不合格党员处置办法》和《党员能进能出制度》，将党员履职义务差、严重偏离党员标准的不合格党员清出党员队伍。深入贯彻实施“强党、固基、扶村”战略，选派17名优秀党员干部下沉，进一步充实村级组织工作力量，推动服务管理重心下移。坚持党建带团建机制，成立公塘乡党（团）员志愿者服务队，使基层党组织建设与群团工作有机结合，共建互促。

【“四讲四爱”主题教育实践活动】 4月19日，公塘乡“四讲四爱”主题教育实践活动全面铺开，涵盖全乡4个行政村、19个村民小组，2座寺庙，1个巴嘎点。成立以乡党委书记为组长的领导小组，下设专门办公室，成立由干部职工、牧民群众共23人组成的宣讲团，大力开展宣讲工作。利用集中宣讲、张贴宣传栏、发放宣传资料、召开座谈会、组织演讲比赛等多种形式，有序推进各个主题的宣讲活动。同时，充分利用虫草采挖、赛马节、疫苗注射等机会，将宣讲内容送到群众面前。截至年底，公塘乡发放宣传海报1315份，在醒目位置张贴宣传栏、宣传标语8处，组织集中宣传25场次，受教育群众达到6000余人，实现宣讲全覆盖。

【矛盾纠纷排查】 年内，公塘乡在春节、藏历年、“萨嘎达瓦”节和虫草采挖期间、草场转移工作、村级组织换届选举期间的等敏感节点，在全乡范围内开展矛盾纠纷

2017年10月9日，公塘乡组织开展“四讲四爱”主题教育实践活动“回头讲”交叉宣讲活动

排查调处工作，做到矛盾纠纷发现得早、处理得快、解决得得当。2017 年，共调解各类矛盾纠纷 14 起，调解成功 14 起。

【机关保卫】 年内，严格单位带班、值班制度。每周安排 1 名主要领导和 1 名副职领导带班，3 名工作人员值班，实行 24 小时值班制度。确保“三不出”的目标任务，责任明确、措施得力。确保乡机关维稳工作得到有效落实，乡党委、政府决定，对不在岗、擅离职守的值班人员采取说服教育、经济处罚、上报有关单位等措施。一旦违纪，将严肃处理。对乡政府工作人员实施严格的请销假制度。

【安全工作】 年内，寺庙建设、学校教学、企业生产、群众生产生活各项治安问题是稳定发展的主要环节，为确保各项工作有序开展，乡党委安排部署专项工作小组，并由主要领导牵头，分别和相关单位加强共建工作，在有计划的指导同时，为寺庙、学校、企业安全生产生活提供便利。

【巩固民族团结】 年内，将民族团结进步宣传作为一项长期工作，结合“四讲四爱”主题教育实践活动，全年常抓不懈，2017 年，利用各宣传节点在乡、村、学校、寺庙（嘎巴）宣传民族团结 30 余场次，受教育群众达 4000 余人次。

【畅通信访渠道】 年内，全乡各级、各部门党员干部主动深入基层、深入群众、主动下访，加强信息排查，畅通信访工作渠道。2017 年，共办理（接待）群众来信来访来电 4 批 10 人次，办结 4 件，办结率达 100%。

2017年3月8日，公塘乡庆祝“3·28”文艺会演

【管理落实】 年内，紧紧围绕坚持一个中心“以服务群众为中心”，突出两个重点“突出三支队伍能力素质建设、突出机关‘龙头作用’和党员‘先锋模范作用’”，狠抓三个落实“抓管理落实、抓作风落实、抓制度落实”，明确四个到位“责任到位、考评到位、措施到位、奖惩到位”。

（饶　金）

【领导名录】

副县长、党委书记

胡小平

党委副书记、乡长

平　措（藏族）

党委副书记、人大主席

强巴旦增（藏族）

政法委员、派出所所长

李金垒（女）

副书记

洛松泽成（藏族）

纪检书记

达瓦卓嘎（女，藏族）

组织委员

饶　金

统战委员、武装部部长

年　扎（藏族）

宣传委员、人大副主席

拉巴仓决（女，藏族）

副乡长

普布桑珠（藏族）

丁正策

色玛拉（女，回族）

龙仁乡

【概况】 龙仁乡的“龙仁”藏语意为“长谷”。1998 年当雄县撤区并乡后正式成立，位于当雄县东部，距县城约 20 公里，平均海拔 4416 米。全乡国土面积 432 平方公里，草场面积 373.9 平方公里。龙仁乡下辖3个行政村(曲登羊阁村、郭庆村、龙仁村),15个村民小组,共有1025户4952人;建档立卡贫困户183户829人,其中一般贫困户179户819人,低保贫困户3户9人,“五保”贫困户1户1人,贫困人口占全乡人口总数的16.9%;有党的基层组织20个(党委1个、村级党委3个、党支部16个),党员384人,其中牧民党员352人;辖区内有宗教活动场所3个,僧尼5人。境内资源匮乏,畜牧业是全乡支柱产业,牧民人均年收入16396.65元。

【经济发展】 年内,龙仁乡深入贯彻落实党的十八大、十九大、十八届三中、四中、五中、六中全会和中央第六次西藏工作座谈会精神,深入贯彻落实习近平总书记系列重要讲话精神,坚持“五位一体”总体布局和“四个全面”战略布局,紧紧围绕改革发展稳定大局,把长足发展和长治久安作为总目标,把维护祖国统一、加强民族团结作为工作的着眼点和着力点,把改善民生、凝聚人心作为经济社会发展的出发点和落脚点,把党要管党、从严治党作为推进工作的重要保证,重点围绕“两学一做”学习教育、“四讲四爱”主题教育实践活动、精准扶贫精准脱贫,落实基层党建七项重点任务等基层基础工作,攻坚克难补短板、开拓创新求突破,全乡各项事业取得新的成绩。

【基层党建】 年内,龙仁乡党委先后召开党委会、书记会等10余次,专题分析基层党建形势任务、推进“两学一做”学习教育常态化制度化、村“两委”换届选举、落实基层党建重点任务等各领域工作。通过健全党建工作联系点制度,10名班子成员分别与4个支部建立党建联系点。扎实推进村级组织活动场所标准化建设,对全乡3个村活动场所进行新建或改扩建。调整村党支部第一书记2名,选派15名干部民警,直接联系服务群众。“一对一”帮扶培养村级后备干部16名。截至年底,全乡共开展专题学习讨论68场次。严格落实发展党员工作5个环节19个基本程序。全年各支部发展党员14名,预备党员按期转正12名。年内,落实村干部报酬待遇,兑现“三老人员”生活补贴。

2017年7月20日,西藏自治区党委副书记、人大常委会主任洛桑江村(中)在龙仁乡曲登羊阁村调研家庭牧场工作开展情况

【学习教育】 年内,龙仁乡牢牢抓住“关键少数”,层层示范、以上率下,形成上行下效、整体联动的总体效应。坚持深学,教育引导党员干部牢固树立“四个意识”,把落实“三会一课”制度作为推进基层党组织规范化建设的重要内容,乡党群办为4个支部统一印制“三会一课”记录簿、会议签到薄,并专门列出学习计划、内容清单,做到学有目标、学有重点。据统计,全乡共开展集中学习研讨80余次,书记讲党课活动12场次,各级党组织实现全覆盖。

【村(居)换届选举】 年内,村(居)组织换届选举是基层党建和组织工作的大事。村级组织换届选举工作能够按照县委、县换届办要求部署,稳步推进各阶段各环节工作任务,呈现出平稳有序、程序清晰、氛围浓厚三个方面特点。全乡各级党组织和主要负责人认真履行职责,及时对有关工作进行安排部署,用心用力抓好贯彻落实,确保整个换届选举工作高起点开局、高质量推进。各级党组织始终坚持把党的领导贯穿换届选举工作全过程，乡村两级均成立工作领导小组和工作机构，党组织书记切实履行“第一责任人”职责，总揽全局、全程参与、主动担当。层层签订目标责任书，进一步强化责任意识、明确工作任务、压实工作责任，扎实推进换届选举工作。紧紧围绕调查摸底、集中整顿、离任审查等“八个方面”重点工作，打牢换届基础。工作中，采取座谈交流、听取汇报等形式，全面了解掌握现任班子机构、工作实际和党员群众思想动态，做到底数清、情况明。严格按照政策程序开展候选人提名推荐工作，乡党委组织全乡各级党组织和广大党员干部群众对村（居）组织班子成员候选人初步人选进行推荐、酝酿，在广泛征求意见建议的基础上，并经党委会议研究同意。制定人事安排方案。工作前期，乡村两级制定人选推荐提名产生办法，结合“两推”情况，确定候选人预备人选，并组织开展考察工作，班子职数设置及候选人任职资格条件符合政策规定。

2017年3月14日，拉萨市委常委、常务副市长暴剑（右四）在龙仁乡郭庆村调研

【党风廉政建设】 年内，龙仁乡党委领导班子切实担负起管党治党的政治责任，坚持向中央和习近平总书记对标对表，紧紧围绕改革发展稳定大局，在落实责任、强化措施、完善制度、常抓不懈方面狠下功夫，在思想认识、方法措施上紧跟党中央和区市县党委全面从严治党坚定步伐，全乡各级党组织和党员干部坚守责任担当，在夯实基础、强化责任上用心用力，落实主体责任，齐抓共管的局面得到巩固发展，持续深入推动党风廉政建设责任制落地落实。着眼管党治党形势任务，乡党委始终把提高政治站位作为第一要求，把落实全面从严作为基本遵循，紧紧扭住党风廉政建设主体责任这个“牛鼻子”，立足基层实际，紧扣目标要求，从严从实履行主体责任，扎实推动全面从严治党向基层延伸。“一盘棋”思想树立牢固，坚持全方位、多维度思考党风廉政建设工作，确保方位不偏。乡党委先后多次召开专题会议，对党风廉政建设工作进行研究部署，解决困难和问题。主业主责突出，为压实传导责任，明确“责任田”，理清“明细账”，与班子成员签订《龙仁乡党风廉政建设责任清单》14份，与村级组织签订党风廉政建设目标管理责任书3份，责任清单包括4个层面30项内容，通过明责定责，使责任可落实、可追究。

乡纪委深入贯彻落实中央八项规定、区党委“约法十章”“九项要求”和市委“八项要求”精神，坚持问题导向，持之以恒反对和纠正“四风”，坚决纠正损害群众利益的不正之风。紧盯元旦、春节、藏历新年、端午、雪顿节、十九大等重要节点，抓住重点环节对公车私用、公款吃喝、工作纪律等问题进行督促检查。同时，继续在乡机关党员干部中实施“三个一”（每月一会、每周一学、每日一操）活动，纵深推动作风转变、效能提升。

【脱贫攻坚】 年内，按照县委、县政府对贫困户进行建档立卡。先后组织召开专题会议10余次，进一步理清思路、明确措施。严格落实精准帮扶措施，帮扶责任单位170名党员干部与贫困户结对认亲，实现全覆盖。大力推进项目建设，实施产业扶持促脱贫；立足实际，推进就业促脱贫。帮助

2017年11月17日，组织乡人大代表在龙仁乡“人大之家”一起学习党的十九大精神

有劳动力贫困户解决护路、环卫等就业岗位16个。帮助贫困户报名参加扶贫劳动技能培训，提升自身发展动能。有效发挥村集体经济、农牧民专业合作社等载体的带动辐射作用，直接增加贫困群众现金收入。重点对牧民群众实施搬迁，充分考虑资源及就业条件，因地制宜，科学规划，有序搬迁，确保搬得出、稳得住、能发展、可致富。对因学致贫的贫困户，大力实施教育扶贫措施，建立健全残疾儿童救助体系并成立龙仁乡困难学生帮扶工作领导小组，细化帮扶方案，严格落实“三包政策”，及时兑现大学生相关补助，减轻贫困学生家庭的教育负担和脱贫压力，真正实现以教脱贫。坚持“重生态、利长远”的原则积极推进以补脱贫措施。按照一人一岗原则，共安排生态补偿岗位306个，实现人均年增收3000元。针对无劳动力贫困户，给予定向补助，人均增收1550元；为避免因病致贫、因病返贫，对城乡居民因患大病发生的高额医疗费用给予报销，大力学习宣传各项卫生医疗政策，严格落实以助相关政策，引导广大群众“有病就医、放心就医”。贫困群众参加“新农合”实现全覆盖，大力推进民政兜低保障，确保所有无劳动能力及无经济收入的贫困群众享有最低生活保障。提高最低生活保障水平，加大“五保”、低保户的保障能力。对因病致贫返贫牧户通过大病救助、大病保险等方式予以扶持。

【民族团结工作】 年内，龙仁乡党委、政府全面落实党的民族宗教政策，不断深化干部驻村、驻寺工作。广泛开展民族团结宣传教育活动，深化感党恩主题教育，加强统战民宗工作、加强和创新寺庙管理，深化“三个离不开”教育，持续深化开展民族团结进步创建活动，大力表彰民族团结先进典型。2017年，全乡没有发生一起民族纠纷和一起破坏民族团结的事件。

【民生改善】 年内，龙仁乡党委、政府做好普惠性、基础性、兜底性民生建设，扎实做好保障和改善民生各项工作，努力满足群众多样化的民生需求，切实增强人民群众获得感。教育方面，扎实推进义务教育均衡发展，圆满完成义务教育均衡发展迎接工作。及时兑现以教脱贫相关资金，发放贫困户大学生免费教育资助资金。对全乡辍学学生开展劝学返校工作。组织乡中心小学开展多元多样文娱活动。民政方面，及时了解生产生活需求，兑现60岁以上退伍军人补贴。全面摸排特殊群体现状，如实做好统计上报工作。卫生方面，基层医疗卫生条件明显改善，新修建卫生院大楼整体工程已完工。覆盖式开展包虫病人筛查及救治工作，宣讲教育成效明显。

【生态保护】 年内，龙仁乡党委、政府对阿热湿地43户142人，实施生态搬迁工程，促进可持续发展。合理安排305个生态保护岗位，构建生态安全屏障。全面推行河长制，建立健全职责明确、协调顺畅、运作高效的工作机制。

（强巴次旦）

【领导名录】

党委书记

达瓦次仁（藏族）

党委副书记、乡长

许 再 兴

党委副书记、人大主席

索朗多布啦（藏族）

党委副书记

韩建聪

党委委员、纪委书记

达　　珍（女，藏族）

党委委员、统战委员、武装部部长

索朗加措（藏族）

党委委员、宣传委员、人大副主席

益　　西（女，藏族）

党委副书记、组织委员

拉　　卓（女，藏族）

党委委员、政法委员、派出所所长

拉巴平措（藏族）

党委委员、郭庆村党委第一书记

晋　　多（藏族）

副乡长

旦增曲珍（女，藏族）

副乡长、派出所副所长

邹万明

政务办主任

群培次仁（藏族）

党群办主任

向巴泽仁（藏族，11月任）

司法所所长

格桑玉珍（女，藏族，11月任）

宁中乡

【概况】 宁中乡地处念青唐古拉山主峰脚下，距当雄县城25公里、拉萨130公里，辖区东西宽47公里、南北长54公里，总面积0.17万平方公里，全乡平均海拔4300米左右。下辖4个行政村（曲才村、麦灵村、巴灵村、堆灵村）34个村民小组，共有党员652名，全乡总人口1780户，共11072人。

【思想建设】 年内，全乡上下全面贯彻落实党的十八大和十八届三中、四中、五中、六中全会和中央经济工作、农村工作、全国扶贫开发工作和区、市、县第九次党代会、经济工作、农村工作、扶贫开发工作、宗教工作等重要会议精神和决策部署，深入贯彻落实习近平总书记系列重要讲话精神，特别是治边稳藏重要战略思想，认真落实区、市党委及县委2017年中心任务和重点工作，围绕推进“五位一体”总体布局和协调推进“四个全面”战略布局，坚持“稳中求进、进中求好、补齐短板”工作总基调，以新的发展理念为指导，以供给性结构性改革为主线，推进经济建设、政治建设、文化建设、社会建设、生态文明建设和党的建设，坚决打赢脱贫攻坚战，以扎实有效措施维护中央权威，确保党中央及区市县委各项决策部署落地生根。

【经济发展】 年内，全乡紧紧依托独特的生态环境和资源优势，突出净土特色，以推进高原有机牧业生产为基础，大力发展净土健康产业，着力提升牧民生产生活水平，推动全乡经济跨越式发展。圆满完成春季牲畜防疫工作。积极组织牧民群众参加2017年当雄县“当吉仁”赛马节各项活动。同时大力实施科技宣传推广、科普基础设施建设和实用技能培训，使科技成果惠及广大牧民群众。

【脱贫攻坚】 年内，围绕“六脱”措施，把提高群众勤劳致富意识、提升自身发展动力作为扶贫、脱贫的有效举措，促进贫困群众增收致富。截至年底，全乡共脱贫359户，脱贫率达99.7%。精准实施以业脱贫。依托产业园区、度假村改扩建、唐滨湖旅游开发等项目建设，进一步完善扶贫产业体系，规划扶贫产业布局，科学安排就业岗位，带动贫困群众增收。

2017年10月6日，拉萨市委常委、常务副市长暴剑（中）在扶贫联系点当雄县宁中乡堆灵村看望慰问结对帮扶户

2017年5月4日，当雄县人大常委会副主任、宁中乡党委书记朗嘎在宁中乡一小开展预防青少年犯罪宣讲

对有意愿的贫困劳动力开展就业技能培训，全年共组织45名扶贫对象参加驾驶资格、驾驶提升、挖掘机、厨师等各类培训，实现全就业。全年全乡通过各种形式，实现贫困户转移就业650人。精准实施以迁脱贫，全乡计划以迁脱贫192户760人，其中拉萨搬迁152户578人、沿线搬迁40户182人。

2017年，全乡积极配合县住建部门实施完成曲才、堆灵两个点40户易地扶贫搬迁项目，已全部搬迁入住。同时积极动员，落实拉萨市小康安居工程250户申报工作；精准实施以补脱贫。安排草场监管员、护林员、民间兽医、野生动物保护员、沙化保护员、湿地保护员、公路养护员、环保监督员、街道周边保洁员、水资源监管员、地质灾害群测群防员等生态补偿岗位650个，建档立卡贫困户中符合条件、有劳动能力、责任心强的群众全部纳入以补岗位。兑现各类生态补助资金165.75万元，涉及311户624人。精准实施以教脱贫，继续实施中小学“三包”政策、当雄县在校大学生全额资助等政策，全年共为332名在校大学生兑现资助金236.4592万元。精准实施以助脱贫。依托新型合作医疗、当雄县重大疾病救助、“先治疗、后结算”等政策，落实贫困群众基本医疗保障和重特大疾病医疗救助等工作，报销比例达100%，较其他参保群众高出30%，有效避免“因病返贫”现象发生。精准实施以保脱贫，全乡以保脱贫91户377人，全部为低保贫困户。全乡坚持把推进社会福利保障与精准扶贫开发有效衔接起来，把符合低保政策的贫困户全部纳入最低生活保障范围，全年共对全乡社会保障兜底32户125人发放最低生活保障金22.96万元。

【民族团结】 干部驻寺工作实现常态化，寺庙公共服务水平不断提高，广大僧尼“四个意识”全面加强，宗教领域和谐和睦。全面贯彻落实党的民族政策，坚持各民族共同团结奋斗、共同繁荣发展，深入开展民族团结宣传教育和民族团结进步创建活动，巩固各族人民手足相亲、守望相助、和谐发展的局面。

【社会事业】 年内，宁中乡党委、政府主要领导定期深入两所学校开展检查指导，严肃监管“三包”经费的落实。完成2017年新入学的97名大学生登记工作，为兑现当雄县在校大学生资助金打下基础。完善残疾人相关信息，及时兑现低保生活保障。动员和宣传包虫病筛查和救治工作，已完成全乡60%的筛查任务。完成全民参保信息录入及牧户财务信息录入工作，基础信息平台建设更加完善。

【生态环保】 年内，不断完善乡村组联户环境监管网络，实现环境保护工作规范化、精细化、长效化。加大“禁白”环境宣传，加强对乡域范围内的环境卫生整治，投入20余万元妥善处理3起（同一案件）环保举报案件，为迎接中央环保督察及创建国家生态文明示范县做出积极贡献。不断巩固草畜平衡成果，及时兑现草畜平衡奖励、野生动物肇事补偿等各类生态补偿金。

【基层党组织建设】 年内，根据县委组织部的统一安排部署，完成基层党组织调整设置工作，4个村党支部调整为村党委，34个党小组调整为组党支部。完成村组织换届选举调查研究、民主测评、人事推选等前期准备工作，为换届选举工作打下坚实基础。同时深化下沉、驻村工作，围绕各项工作重点，有效促进基层组织建设。

【党员队伍建设】 年内，以“两学一做”学习教育常态化制度化、“四讲四爱”主题教育实践活动为契机，大力加强党员的教育管理工作，严格按照相关规定程序培养发展党员，有效保证党员队伍质量。截至年底，共开展“四讲四爱”主题宣讲387场次，受教党员群众28607人次，发展党员11人。充分发挥党员先锋模范作用，结对建档立卡贫困户360对，同时各基层党组织认真落实“三会一课”“四议两公开”等制度，基层各项工作更加规范。加强基层党建保障工作，按月发放并及时提高村干部基本报酬，规范使用村级组织工作经费，认真落实“三老人员”每月生活补贴及增资。村级组织活动场所标准化建设有序推进，为基层组织工作规范化创造基础条件。各村集体经济管理规范，在促进基层党组织建设和带动牧民群众增收致富发挥积极作用。

（王　胜）

【领导名录】

县人大常委会副主任、乡党委书记

朗　　嘎（藏族）

党委副书记、乡长

左 世 成

党委副书记、人大主席

普　　琼（藏族）

副书记

鲁 永 生（藏族）

党委委员、政法委员

西热桑布（藏族）

党委委员、统战委员

普布桑布（藏族）

党委委员、纪委书记

肖　　玮

党委委员、组织委员

王　　胜

党委委员、宣传委员、人大副主席

巴桑央珍（女，藏族）

副乡长

才登罗布（藏族）

旦增群培（藏族）

邱 学 彦

2017年5月16日，宁中乡召开第九届人民代表大会第二次会议

乌玛塘乡

【概况】 乌玛塘乡位于县城以东30公里处，素有当雄县“东大门”之称，与林周、那曲、嘉黎三县交界，平均海拔4548米，总面积1760平方公里。全乡主要矿产资源有石膏矿、铅锌矿、铜矿等，自然资源主要有虫草、贝母等，旅游资源有历史悠久的藏北八塔、天然矿物质温泉等。乡辖4个村委会，21个行政小组，共有1632户，8970人。乡党委下设5个党委和党总支，其中农村党委和党总支4个，有党员609名，机关35名，牧民党员574名。2017年国民生产总值27525.1372万元，其中第一产业24054.1372万元，第二产业234万元，第三产业3237万元，牧民群众人均收入达18500元。

【机构设置】 乡政府设置综合办公室5个，即党群综合办、政务综合办、经济发展和社会事务办、维护稳定和综合治理办、财务所和文化服务中心。为进一步践行党的群众路线，方便群众、服务群众，乡政府专门设有乌玛塘乡便民服务大厅，为广大牧民群众提供便捷的窗口服务。

【党建工作】 2017年，乌玛塘乡以村（居）组织换届选举为契机，严格按照《中国共产党章程》和《中国共产党农村基层组织工作条例》有关规定，完成辖区3个村党支部调整设置为村党委，1个村党支部调整为村党总支，21个党小组调整为党支部工作。选举产生支部班子成员。乡党委始终把村（居）活动场所建设作为一项加强基层组织建设的基础性工作来抓，定期不定期进行建设进度督查和监督检查，确保4个村（居）活动场所按期完工并交付使用。严格对照七项任务内容清单逐项进行自查。开展党员组织关系集中排查，党员基本情况做到底数清、情况明。开展党代会代表和党员违纪违法排查，给予违纪党员处分。开展基层党组织换届专项检查，确保换届遵守纪律，无违纪现象。开展抓党建促脱贫攻坚工作。扎实开展"强党、固基、扶村"工作，配齐配优第一书记、村级服务中心主任、纪检监督员等下沉干部17人，进一步向基层拓展业务重心，直接服务广大群众。通过"四讲四爱"主题宣讲转变群众观念，结对帮扶解决群众困难，树立致富典型引导群众脱贫致富热情。抓严抓实学习教育。以定期集中学习讨论、书记讲党课、自主学习等形式开展"两学一做"活动，并按照"三会一课"要求，按期召开支部委员会、党小组会、党员大会、上党课活动。

2017年7月13日，乌玛塘乡党委副书记、乡长兰棣在汛期期间查看水情

【宣传、文化工作】 年内，开展丰富多彩、健康向上的活动，丰富干部群众文化生活。积极营造良好节日氛围，在主要路段及各村居悬挂国旗，举办升国旗仪式和唱红歌活动。成功举办2017年乌玛塘乡赛马节，弘扬传统民族文化。

【畜牧工作】 乌玛塘乡草原总面积122.21万亩，其中可利用草原面积68.27万亩，禁牧草场53.94万亩。草原承包面积80.7万亩，承包总户数1363户。乌玛塘乡严格按照草原生态保护补助奖励机制工作要求，控制牲畜数量，实现畜牧发展与生态保护的动态平衡。2017年，全乡牲畜总头数62180头只匹，继续保持牲畜数量低于保准线。春、秋季疫苗注射前夕，乌玛塘乡党委、政府召开疫苗注射工作动员大会，安排相关工作，与相关单位签订责任书。疫苗注射期间，乡、村两级工作领导小组明确工作责任，督促疫苗注射严格按照实施方案、操作规程进行，确保牲畜应免疫尽免疫，有效避免重大动物疫情事故的发生，为乡畜牧业的发展提供有力的保障。

【教育工作】 年内，开展教育宣传工作，确保入学率。学校开学前期，乌玛塘乡组织开展"义务教育法""三包"政策宣传工作。做好辖区适龄儿童、学生家长的思想工作，确保入学率。做好"防流控辍工作"，促进教育事业发展。针对学生家长对子女接受教育积极性不高，虫草采挖结束后不及时送学生返校等问题，乡村两级组织乡干部、下沉干部、驻村工作队和村"两委"结合"四讲四爱"主题活动等形式，通过入户劝学的方式对群众进行广泛宣传教育，实现全乡小学入学率99%，巩固率100%，中学入学率99%，巩固率100%。均衡教育顺利通过国家级验收，教学质量、办学条件等得到保障。

【合作医疗】 2017年，乌玛塘乡参加合作医疗的人数8729人，参与率100%。通过国家拨款和个人筹资1463158.2元，截至年底，共计支出693509.73元，现金余额2925791.53元。

【新型农村社会养老保险】 2017年，乌玛塘乡参保农村户口人数3707人，城镇户口人数16人，参保率98%，年满60岁享受养老金9人，征缴2017年养老保险金具有农村户口的共369600元，具有城镇户口的共1600元。

【精准扶贫】 年内，根据自治区贫困人口动态调整方案相关要求再次进行识别、自然增减、漏报清退等调整工作，乌玛塘乡全乡贫困人口为294户，1432人。乌玛塘乡通过落实“六脱措施”，针对贫困户不同的致贫原因、不同的家庭情况，为每户制定脱贫计划，并积极协调合作社、公司参与精准扶贫工作，通过分红、发放帮扶资金的形式帮助贫困户脱贫。通过悬挂横幅、张贴扶贫标语，结合“四讲四爱”宣讲活动，按照“五个一批”的工作要求，引导和支持贫困人口立足本地资源，通过自身发展生产，自觉参与脱贫工作，实现就地脱贫。

【“四业工程”】 年内，乌玛塘乡坚持“民生为本、人才优先”的工作主线，按照“就业保民生、社保安民心”目标要求，狠抓创业促就业，积极构建和谐劳动关系，稳步推进“四业工程”取得较好成效。就业、再就业和转移就业500余人，组织参加招聘200人余次，劳务输出3000余人次。

【民政工作】 年内，制定乡、村两级防抗灾预案，加强防抗灾宣传，摸清全乡易发灾区、易受灾点。完成乡贮备库建设，筹备建设村级贮备库。对存款超标、有车辆的低保家庭进行清理清查，清理出17户，80人。完成建档立卡低保户核实和建档立卡低保户中的生态岗位和定向性补助统计，建档立卡低保户中的易地搬迁和建档立卡低保户中的刑满释放人员统计和残疾人一人一表登记工作。

【环保工作】 2017年，乌玛塘乡环保工作主要围绕迎接中央环境保护督查开展。对历年来环保工作台账进行分类整理，深入自查整改。自查梳理出的环境综合治理问题全部完成整改，顺利完成乡域内环保工作。群众反映的环保问题得到及时处理。通过定期组织群众开展清洁卫生治理活动，不断改善人居环境和旅游环境；4个村及乡积极开展生态村、生态乡创建工作。

【铁路护路工作】 乌玛塘乡铁路里程25公里，有4个机站、1个无人车站、48个涵洞、16座桥梁。乌玛塘乡党委、政府一直高度重视铁路护路工作，在长期的铁路护路工作中，形成以专职护路队员为主，乡干部职工和义务党员为辅，敏感时期协同合作的护路模式，确保铁路运输安全。

【“双联户”工作】 年内，乌玛塘乡146个联户单位积极参与维稳、

2017年12月5日，中国共产党郭尼村委员会召开换届选举大会

2017年5月4日，乌玛塘乡开展“五四”青年节活动

政策宣传、环境整治、牲畜防疫等工作中来。2017年，获得村级先进“双联户”的共30个联户单位，获得乡级先进“双联户”的有6个联户单位，获得县级“先进双联户”的2个联户单位。

（兰　棣）

【领导名录】

党委书记
　　拉巴次仁（藏族）
党委副书记、人大主席
　　旦增克珠（藏族）
党委副书记、乡长
　　兰　棣
副书记
　　拉　琼（藏族）
纪委书记
　　次　曲（女，藏族）
宣传委员、人大副主席
　　扎西拉珍（女，藏族）
副乡长
　　吉　宗（女，藏族）
　　谭耀华
　　冉　强
组织委员
　　普布曲珍（女，藏族，12月任）
人武部部长
　　仁增多吉（藏族）

附　录

受县（区）级以上表彰的先进集体名录

表 1

获奖单位	获奖名称	表彰时间	授予单位
当雄县委、县政府	2017 年西藏自治区民族团结进步模范集体	2017 年	自治区党委、自治区政府
当雄县环境保护局	2016 年度西藏自治区环保考核中获得良好成绩	2017 年	自治区政府
共青团当雄县委员会	2017 年"西藏五四红旗团委"荣誉称号	2018 年	共青团自治区委员会
宁中乡政府	自治区驻村工作队先进组织奖	2017 年	自治区强基办
宁中乡政府	自治区铁路护路先进单位	2017 年	自治区综治办
宁中乡政府	自治区"先进双联户"集体	2017 年	自治区综治办
当雄县民政局	自治区级双拥模范县	2017 年	自治区双拥办
农行当雄县支行	"四好"领导班子	2017 年	中国农业银行西藏自治区分行营业部
当雄县委、县政府	拉萨市 2017 年度民族团结模范集体	2017 年	拉萨市委、市政府
当雄县委员会办公室	2016 年度全市信息工作先进集体	2017 年	拉萨市委、市政府
当雄县委政法委	2017 年度"先进双联户"创建活动先进县	2017 年	拉萨市委、市政府
当雄县信访局	2016 年度信访工作先进集体	2017 年	拉萨市委、市政府
当雄县护路办	2017 年度铁路护路联防工作第一名	2017 年	拉萨市委、市政府
当雄县中学汉语文教研组	在拉萨市第 33 个教师节表彰大会上荣获"优秀教师团队"	2017 年	拉萨市委、市政府
乌玛塘乡强基办	拉萨市级组织奖	2017 年	拉萨市委、市政府
乌玛塘乡巴嘎村驻村工作队	第六批驻村工作队先进集体	2017 年	拉萨市委、市政府
郭庆村	"双联户"先进村（居）	2017 年	拉萨市委、市政府
当雄县政府办公室	全市政府系统办公室主任会议先进个人	2017 年	拉萨市政府

续表1

获奖单位	获奖名称	表彰时间	授予单位
当雄县安全生产监督管理局	市级年度先进单位	2017 年	拉萨市政府
当雄县环境保护局	2016 年度全市环境保护工作先进集体	2017 年	拉萨市政府
当雄县畜牧局	草原生态保护工作先进集体	2017 年	拉萨市政府
当雄县商务局	2016 年度全市招商引资工作目标考核“二等奖”	2017 年	拉萨市政府
当雄县文化新闻出版广电局（文物局）	“深入开展‘四讲四爱’主题教育实践活动 喜迎党的十九大”第三届拉萨市民间艺术团文艺调演舞蹈类一等奖	2017 年	拉萨市政府、市委宣传部
当雄县文化新闻出版广电局（文物局）	第三届拉萨市民间艺术团文艺调演 舞蹈类三等奖	2017 年	拉萨市政府、市委宣传部
当雄县文化新闻出版广电局（文物局）	第三届拉萨市民间艺术团文艺调演 原创作品三等奖	2017 年	拉萨市政府、市委宣传部
当雄县委宣传部	2016 年全市互联网工作先进单位	2017 年	拉萨市委宣传部
当雄县司法局	2011—2015 年全县法治宣传教育先进集体	2017 年	拉萨市委宣传部、市司法局、市普法办
当雄县公安局交警大队	拉萨市公安局“党的十九大”安保维稳工作集体嘉奖	2017 年	拉萨市公安局
当雄县公安局当曲卡镇派出所	拉萨市公安局“九大专项行动”先进集体	2017 年	拉萨市公安局
当雄县国家税务局	2016 年全市税务系统先进集体	2017 年	拉萨市国家税务局
当雄县民政局	拉萨市首届应急救灾帐篷搭建比赛中荣获一等奖	2017 年	拉萨市民政局
当雄县中学	“拉萨市第五届中学生汉字听写大赛”中荣获县（区）组团体三等奖	2017 年	拉萨市教育局、拉萨市国家语委
甲多村驻村工作队	拉萨市级先进驻村工作队	2017 年	拉萨市强基办
当雄县总工会	2016 年度全市工会工作目标责任考核三等奖	2017 年	拉萨市总工会
当雄县民政局	拉萨市三八红旗集体	2017 年	拉萨市人力资源和社会保障局、拉萨市妇女联合会
当雄县人民法院民事审判庭	拉萨市巾帼文明岗	2017 年	拉萨市人力资源和社会保障局、拉萨市妇女联合会
共青团当雄县委员会	“2016 年度拉萨共青团工作目标考核”第二名	2017 年	共青团拉萨市委员会
宁中乡政府	拉萨市“先进双联户”集体	2017 年	拉萨市综治办
当雄县工信局	2016 年度质量标准品牌建设“先进单位”	2017 年	拉萨市创建全国质量强市示范城市领导小组
当雄县净土产业投资开发有限公司	2016 年度质量标准品牌建设先进单位	2017 年	拉萨市创建全国质量强市示范城市领导小组
共青团当雄县委员会	“2016 年度拉萨市预防青少年违法犯罪工作目标考核成绩”突出奖	2017 年	拉萨市预防青少年违法犯罪工作领导小组办公室
当雄县委宣传部	2017 年度全市“四讲四爱”主题教育实践活动先进集体	2017 年	拉萨市“四讲四爱”主题教育实践活动领导小组

续表1

获奖单位	获奖名称	表彰时间	授予单位
公塘乡党委	“双联户”先进集体	2017年	当雄县委
当雄县纪律检查委员会	2017年度当雄县民族团结进步模范集体	2017年	当雄县委、县政府
当雄县纪律检查委员会	当雄县创先争优强基惠民优秀组织单位	2017年	当雄县委、县政府
当雄县政府办公室	2011—2015年当雄县实施妇女儿童发展规划先进集体	2017年	当雄县委、县政府
当雄县公安局	当雄县2017年民族团结进步模范集体	2017年	当雄县委、县政府
当雄县人民法院	2011—2015当雄县实施妇女儿童发展规划先进集体	2017年	当雄县委、县政府
当雄县司法局	当雄县实施妇女儿童发展规划2011-2015年先进集体	2017年	当雄县委、县政府
当雄县民宗局	当雄县民族团结进步模范集体	2017年	当雄县委、县政府
当雄县财政局	当雄县2017年度目标绩效“争先二等奖”	2017年	当雄县委、县政府
当雄县信访局	当雄县2016年度目标绩效争先进位考核单位争先奖	2017年	当雄县委、县政府
当雄县商务局	当雄县2016年度目标绩效争先进位考核单位争先“一等奖”	2017年	当雄县委、县政府
共青团当雄县委员会	“当雄县2016年度目标绩效争先进位考核单位”争先奖	2017年	当雄县委、县政府
格达乡政府	2017年度当雄县民族团结进步模范集体	2017年	当雄县委、县政府
格达村驻村工作队	当雄县创先争优强基础惠民生活动优秀组织单位	2017年	当雄县委、县政府
羊八井镇中心小学	当雄县小学统考第二名	2017年	当雄县委、县政府
公塘乡中心小学	当雄县小学统考第三名	2017年	当雄县委、县政府
宁中乡第一中心小学	振兴教育教学质量突出贡献奖	2017年	当雄县委、县政府
宁中乡第二中心小学	当雄县小学统考第一名	2017年	当雄县委、县政府
当雄县委员会办公室	2011—2015年当雄县法治宣传教育先进集体	2017年	当雄县政府
当雄县委统战部	2011—2015年当雄县法治宣传教育先进集体	2017年	当雄县政府
当雄县委政法委	2011—2015年当雄县法治宣传教育先进集体	2017年	当雄县政府
当雄县人民法院	2011—2015年当雄县法治宣传教育先进集体	2017年	当雄县政府
当雄县司法局	2011—2015年全县法治宣传教育先进集体	2017年	当雄县政府
羊八井镇政府	当雄县2016年度目标绩效争先进位考核乡镇进位奖	2017年	当雄县政府
羊八井镇政府	2016年护路联防工作先进乡镇	2017年	当雄县政府
公塘乡甲根村	法治示范村先进集体	2017年	当雄县政府

说明：由于各单位资料提供不全，可能有遗漏

受县（区）级以上表彰的先进个人名录

表2

姓名	性别	民族	工作单位	获奖名称	表彰时间	授予单位
德　吉	女	藏	公塘乡巴嘎当村	先进“双联户”	2017年	自治区党委
阿　果	男	藏	公塘乡巴嘎当村	先进“双联户”	2017年	自治区党委
朗　杰	男	藏	公塘乡巴嘎当村	先进“双联户”	2017年	自治区党委
次旺平措	男	藏	公塘乡巴嘎当村	先进“双联户”	2017年	自治区党委
罗　达	男	藏	公塘乡巴嘎当村	先进“双联户”	2017年	自治区党委
卓　嘎	女	藏	公塘乡巴嘎当村	先进“双联户”	2017年	自治区党委
其　美	女	藏	公塘乡巴嘎当村	先进“双联户”	2017年	自治区党委
顿　杰	男	藏	公塘乡巴嘎当村	先进“双联户”	2017年	自治区党委
增　果	男	藏	公塘乡巴嘎当村	先进“双联户”	2017年	自治区党委
欧坚罗拉	男	藏	公塘乡巴嘎当村	先进“双联户”	2017年	自治区党委
斯　多	男	藏	公塘乡巴嘎当村	先进“双联户”	2017年	自治区党委
阿旺赤列	男	藏	当雄县委统战部	自治区级涉宗领域优秀干部	2017年	自治区党委、自治区政府
格桑曲珍	女	藏	当雄县民族宗教事务局	市级先进宗教工作者	2017年	自治区党委、自治区政府
桑　布	男	藏	当曲卡镇当曲居委会	先进“双联户”	2017年	自治区党委、自治区政府
斯曲巴桑	藏	男	羊八井镇甲玛村	西藏自治区民族团结进步模范个人	2017年	自治区党委、自治区政府
索朗加措	男	藏	龙仁乡曲登羊阁村	区级优秀驻村干部	2017年	自治区党委、自治区政府
云丹加措	男	藏	当雄县纪委	全区纪检监察系统先进工作者	2017年	自治区纪委、人力资源和社会保障厅、总工会
次仁嘎玛	女	藏	当雄县纪委（监察局）	全区纪检监察系统学习党的十九大演讲比赛二等奖	2017年	自治区纪委
多登玉珍	女	藏	当雄县人民法院	全区法院刑事审判工作先进个人	2017年	自治区高级人民法院
旦增伦珠	男	藏	当雄县人民检察院	强基础惠民生驻村先进个人	2017年	自治区强基办
阿　旺	男	藏	当雄县中学	优秀评卷教师	2017年	自治区教育厅
敬仁强	男	汉	当雄县中学	“一师一优课、一课一名师”评审活动中荣获自治区级优课	2017年	自治区教育厅
邓　浪	男	汉	当雄县中学	西藏自治区首届基础教育教学成果奖（三等奖）	2017年	自治区教育厅
卓　嘎	女	藏	当雄县信访局	2016年度全市信访工作先进个人	2017年	拉萨市委、市政府

续表2

姓名	性别	民族	工作单位	获奖名称	表彰时间	授予单位
强巴次旦	男	藏	热庆日追特派员	市级优秀驻寺干部	2017年	拉萨市委、市政府
桑布	男	藏	当曲卡镇当曲居委会	先进“双联户”	2017年	拉萨市委、市政府
斯曲巴桑	藏	男	羊八井镇甲玛村	拉萨市民族团结进步模范个人	2017年	拉萨市委、市政府
谭耀华	男	汉	乌玛塘乡人民政府	第六批驻村工作队先进个人	2017年	拉萨市委、市政府
陆庆	男	汉	当雄县统计局	统计工作先进个人	2017年	拉萨市政府
边巴旺姆	女	藏	当雄县工信(商务)局	2016年度全市招商引资工作先进个人	2017年	拉萨市政府
仁增晋巴	男	藏	当雄县中学	“拉萨市第二届足球邀请赛”第一名	2017年	拉萨市政府
平措次仁	男	藏	公塘乡人民政府	藏语文工作先进个人	2017年	拉萨市政府
边巴	男	藏	羊易村委会	拉萨市2017年“先进双联户”	2017年	拉萨市委政法委
李政鹏	男	汉	当雄县委宣传部	2016年度全市文化市场综合执法工作先进个人	2017年	拉萨市委宣传部
蔡琳川	男	汉	当雄县司法局	2011—2015年全县法治宣传教育先进个人	2017年	拉萨市委宣传部、市司法局、市普法办
多登玉珍	女	藏	当雄县人民法院	全市法院审判执行工作中表现突出，被评为办案标兵	2017年	拉萨市中级人民法院
永红	男	藏	当雄县人民法院	全市法院纪检监察工作中表现突出，被评为优秀纪检干部	2017年	拉萨市中级人民法院
吾金平措	男	藏	当雄县人民法院	全市法院审判执行工作中表现突出，被评为优秀法官	2017年	拉萨市中级人民法院
陈敏	女	汉	当雄县人民法院	全市法院宣传工作中表现突出，被评为宣传能手	2017年	拉萨市中级人民法院
洛桑次仁	男	藏	当雄县人民法院	2017年度全市法院信息工作先进个人	2017年	拉萨市中级人民法院
蒋聪慧	女	汉	当雄县国家税务局	优秀共产党员	2017年	拉萨市国家税务局
格桑达娃	男	藏	当雄县国家税务局	优秀党务工作者	2017年	拉萨市国家税务局
格松娜措	女	藏	当雄县委宣传部	2016年度拉萨市全国文明城市创建工作先进个人	2017年	拉萨市文明办
边巴央宗	女	藏	当雄县总工会	五一劳动奖章	2017年	拉萨市总工会
敬仁强	男	汉	当雄县中学	2017年拉萨市第二届教师微课大赛中获得三等奖	2017年	拉萨市教育局、拉萨市互联网信息办公室
罗布次仁	男	藏	当雄县中学	拉萨市教育系统“四讲四爱”优秀讲员	2017年	拉萨市教育局
旦增卓嘎	女	藏	公塘乡人民政府	拉萨市妇女信访代理员先进个人	2017年	拉萨市妇女联合会
赤列	男	藏	当雄县龙仁乡郭庆村1组	最美家庭	2017年	拉萨市妇女联合会

续表2

姓名	性别	民族	工作单位	获奖名称	表彰时间	授予单位
德吉曲珍	女	藏	当雄县羊八井镇桑巴萨村6组	最美家庭	2017年	拉萨市妇女联合会
卓　嘎	女	藏	共青团当雄县委员会	2016年度拉萨市“优秀共青团干部”称号	2017年	共青团拉萨市委员会
马　明	男	汉	当雄县中学	第五届拉萨市“青年奖章”	2017年	共青团拉萨市委员会、拉萨市青年联
卓　嘎	女	藏	共青团当雄县委员会	当雄县2017年度民族团结进步模范先进个人	2017年	当雄县委
次旦扎西	男	藏	公塘乡甲根村	先进双联户	2017年	当雄县委
强　洛	男	藏	公塘乡甲根村	先进双联户	2017年	当雄县委
次旦扎西	男	藏	公塘乡甲根村	先进双联户	2017年	当雄县委
索　德	女	藏	公塘乡甲根村	先进双联户	2017年	当雄县委
旦增桑珠	男	藏	公塘乡甲根村	先进双联户	2017年	当雄县委
次仁多杰	男	藏	公塘乡甲根村	先进双联户	2017年	当雄县委
扎　西	男	藏	公塘乡甲根村	先进双联户	2017年	当雄县委
扎西顿珠	男	藏	公塘乡甲根村	先进双联户	2017年	当雄县委
曲　吉	女	藏	当雄县委宣传部	2011–2015年当雄县实施妇女儿童发展规化先进个人	2017年	当雄县委、县政府
尼玛多布杰	男	藏	当雄县宗教办	“六五普法”先进个人	2017年	当雄县委、县政府
仁青曲达	男	藏	当雄县公安消防大队	2017年度当雄县普法先进个人	2017年	当雄县委、县政府
次仁曲珍	女	藏	当雄县民政局	当雄县妇儿优秀工作者	2017年	当雄县委、县政府
益西赤列	女	藏	当雄县教体局	优秀教育工作者	2017年	当雄县委、县政府
巴　珠	男	藏	职教中心	优秀教师	2017年	当雄县委、县政府
格桑德吉	女	藏	当雄县中学	优秀班主任	2017年	当雄县委、县政府
加　措	男	藏	当雄县中学	优秀班主任	2017年	当雄县委、县政府
丁次白姆	女	藏	当雄县中学	优秀班主任	2017年	当雄县委、县政府
才旦卓玛	女	藏	当雄县中学	优秀班主任	2017年	当雄县委、县政府
次旦卓嘎	女	藏	当雄县中学	优秀教师	2017年	当雄县委、县政府
索朗次仁	男	藏	当雄县中学	优秀教师	2017年	当雄县委、县政府

续表2

姓名	性别	民族	工作单位	获奖名称	表彰时间	授予单位
旦正措	女	藏	当雄县中学	优秀教师	2017年	当雄县委、县政府
索朗宗果	女	藏	纳措小学	优秀教师	2017年	当雄县委、县政府
其美旺姆	女	藏	当雄县幼儿园	优秀班主任	2017年	当雄县委、县政府
多吉卓嘎	女	藏	幼儿园	优秀教师	2017年	当雄县委、县政府
阿　桑	男	藏	羊八井小学	优秀班主任	2017年	当雄县委、县政府
格松曲培	男	藏	羊八井小学	优秀教师	2017年	当雄县委、县政府
拉巴卓玛	女	藏	格达小学	优秀教师	2017年	当雄县委、县政府
次卓嘎	女	藏	公塘小学	优秀班主任	2017年	当雄县委、县政府
次仁噶吉	女	藏	公塘小学	优秀班主任	2017年	当雄县委、县政府
彭　多	女	藏	公塘小学	优秀教师	2017年	当雄县委、县政府
米玛拉姆	女	藏	公塘小学	优秀教师	2017年	当雄县委、县政府
德吉央宗	女	藏	公塘小学	优秀教师	2017年	当雄县委、县政府
平　措	女	藏	龙仁小学	优秀班主任	2017年	当雄县委、县政府
白玛卓嘎	女	藏	龙仁小学	优秀班主任	2017年	当雄县委、县政府
普布拉姆	女	藏	龙仁小学	优秀教师	2017年	当雄县委、县政府
阿旺江泽	男	藏	宁中一小	优秀班主任	2017年	当雄县委、县政府
尼玛扎西	男	藏	宁中二小	优秀教师	2017年	当雄县委、县政府
聂佳宁	女	藏	宁中二小	师德标兵	2017年	当雄县委、县政府
张国祯	男	藏	乌玛二小	优秀教师	2017年	当雄县委、县政府
罗　珍	女	藏	乌玛一小	优秀教师	2017年	当雄县委、县政府
巴　郎	男	藏	乌玛一小	优秀班主任	2017年	当雄县委、县政府
达瓦曲珍	女	藏	乌玛一小	优秀班主任	2017年	当雄县委、县政府
曲吉拉姆	女	藏	乌玛一小	优秀班主任	2017年	当雄县委、县政府
斯曲巴桑	藏	男	羊八井镇甲玛村	当雄县民族团结进步模范个人	2017年	当雄县委、县政府
边　巴	男	藏	羊易村委会	“先进双联户”	2017年	当雄县委、县政府
巴桑曲吉	女	藏	龙仁乡曲登羊阁村	优秀驻村干部	2017年	当雄县委、县政府

续表2

姓名	性别	民族	工作单位	获奖名称	表彰时间	授予单位
巴乌多吉	男	藏	龙仁乡龙仁村	先进联户单位	2017年	当雄县委、县政府
巴桑央吉	女	藏	甲多村驻村工作队	先进驻村(居)工作人员	2017年	当雄县委、县政府
拉巴琼达	女	藏	当雄县妇联	2011—2015当雄县法治宣传教育先进个人	2017年	当雄县政府
罗布次仁	男	藏	当雄县中学	优秀法律讲员	2017年	当雄县政府
多吉次仁	男	藏	当曲卡镇当曲卡居委会	县级优秀驻村工作队队员	2017年	当雄县政府
格桑措姆	女	藏	公塘乡人民政府	2011—2015全县普法宣传教育先进个人	2017年	当雄县政府

说明：由于各单位资料提供不全，可能有遗漏

说 明

一、本索引采用主题分析法编制。索引范围包括篇目、类目、部(门)目、条目等。
二、本索引按主题词首字汉语拼音音序(同音按音调)排列,若首字拼音相同则按第二字音序排列,以此类推。
三、索引款目后的数字表示内容所在的页码,数字后的拉丁字母(a、b、c)表示栏别(从左至右)。
四、篇目、类目、部(门)目用黑体字。

A

爱路护路宣传到位 210a
安全播出 181c
安全工作 237a
安全生产 157b 84c
安全生产大检查 157c
安全生产整治 163b
安置帮教 141b

B

8月 62b
把好选人用人关 95a
班子建设 137b
办公室内部管理 80c
办学规模 196c
包虫病综合防治 175a
包裹业务 212a
保持反腐高压态势 136b
保障妇儿合法权益 120b
保障消费者权益 162c
报刊业务 212b
编制年度报告及经济运行分析 143b
不动产登记工作 148a

C

财政宏观调控 146b
财政科学化精细化管理 147b
采取有效措施、搞活牧区市场 152c
参与中心工作 89b
藏医药工作 196b
草业工作 183b
畅通信访渠道 237a
倡导核心价值 108a
成立领导小组 207c
成品油管理 134c

成品油加油站油气回收专项整改 152c
城管执法 203c
城市建设·环保 200
城乡发展 83c
城乡环境卫生综合整治 203b
城乡居民养老保险 172c
城镇居民医疗保险 173a
冲嘎村牦牛标准化养殖建设项目 185a
充分利用各类会议协商议政 87c
除陋习、树新风 95b
畜牧工作 235a 244b
创先争优强基础惠民生活动 102a
创新机制 213b 214b
创新民主监督 88a
创新寺庙管理 110b
创新招商项目,抓"接力" 155c
慈善工作 171b
从严治团 115b
促进企业安全生产 154a
村(居)换届选举 238c
村(居)组织换届选举 103c
村级组织换届 72b 232a 233a
村居"会改联"换届选举 120c

D

打击整治工作 132c
打牢换届基础 105a
打造"安专迷"型组工干部 100c
打造羌塘特色文艺品牌 180c
大事记 56
代表服务管理 78a
代表建议督办 78c
代表履职活动 78b
代理金融业务 212b
当曲卡镇 219a
当雄县安全生产监督管理局 156b
当雄县财政局 145b
当雄县畜牧局 182c
当雄县电信局 212c
当雄县督查室 96a
当雄县发展和改革委员会 143a
当雄县扶贫开发办公室 187a
当雄县妇女联合会 118c
当雄县工商行政管理局 162a
当雄县工信(商务)局 151c
当雄县公安局 132a
当雄县公安消防大队 125a
当雄县国家税务局 158c
当雄县国土资源规划局 147c
当雄县环境保护局 204b
当雄县教育(体育)局 191c
当雄县净土产业投资开发有限公司 165a
当雄县旅游局 160a
当雄县牦牛冻精站 198c
当雄县民政局 168a
当雄县气象局 164a
当雄县羌塘旅游文化发展有限责任公司 166c
当雄县人力资源和社会保障局 172a
当雄县人民代表大会常务委员会 76b
当雄县人民代表大会常务委员会办公室 80a
当雄县人民代表大会常务委员会工作报告 12
当雄县人民法院 138b
当雄县人民法院工作报告 34
当雄县人民检察院 136a
当雄县人民检察院工作报告 37
当雄县人民武装部 124a
当雄县人民医院 194a
当雄县人民政府 82a
当雄县人民政府办公室 85b
当雄县食品药品监督管理局 177a
当雄县水利局 190b
当雄县司法局 140a
当雄县统计局 150a

当雄县卫生和计划生育委员会 174c
当雄县文化新闻出版广电局(文物局) 179a
当雄县信访局 121a
当雄县邮政分公司 211a
当雄县中学 196c
当雄县住房和城乡建设局(城市管理局) 200a
当雄县综治委护路护线工作领导小组办公室 207b
当雄县总工会 112a
"当吉仁"赛马节 130b
"当吉仁"赛马节安保 135a
"当吉仁"赛马节物资交流会 163b
档案工作 76a
党的十九大期间铁路安保 208c
党的十九大维稳 111a
党的十九大维稳安保 130c
党风廉政建设 71a 76a 79c 81c 85a 86c 91c 150b 152a 157a 177b 201a 236a 239a
党管武装 72b
党建、党风廉政建设 163c 164c
党建工作 138a 150b 157a 159a 192a 197a 220a 244a
党建统领,压实责任打基础 189b
党外代表人士 111b
党要管党、从严治党 139b
党员队伍建设 99b 243a
党员示范引领 210a
党员思想政治教育 97c
党支部工作 174b
党组织、党员队伍建设 152a
道路交通宣传 133b
德育工作 197b
等级评审 195a
地理位置 54a
地貌 55a
地名普查 171c
地质灾害防治 148c
碘盐推广 152b
电影放映 182c
定期招商督办 155b
冬春火灾防控 126a
动物防疫 183a
冻精生产 199a
督办事项落实情况 96c
督察工作 75c
督导检查 208c
杜绝安全生产事故发生 152c
队伍建设 129b 137c 141a 160a 192c 211b 214c
队员思想政治教育 209c
队员综合培训 209c
对牧民群众大学生子女资助力度 193a
对外交流与合作 89a
对外宣传 106c
对乡(镇)人大工作指导 78c

E

2月 57a
2017年拟建项目 202b
2017年新建项目 202a
2017年续建项目 201c
儿童福利 171a

F

发挥办公室桥梁纽带作用 75a
发挥参谋助手 85c
发挥委员主体作用 88c
法治 128
法律法规宣传 114a
法律援助 141c
法治工作 86b

法治宣传 140b
防抗灾工作 184b
防汛抗旱 190b
非公经济 111a
扶贫帮困 79b
扶贫开发 70c 103a
服务民生改善 89a
服务群众 79b
服务人大代表 80b
服务提升 161a
附录 247

G

改进招商服务,提“能力” 156a
改善民生,提升公共服务力 189a
概况 54a 67a 74a 76b 80a 82a 85b 87a 89c 91a 96a 97b 106a 110a 112a 115a 118c 121a 124a 125a 128a 132a 136a 138b 140a 143a 145b 147c 150a 151c 156b 158c 160a 162a 164a 165a 166c 168a 172a 174c 177a 179a 182c 187a 190b 191c 194a 196c 198c 200a 204b 207b 211a 212c 213c 215b 217a 219a 222a 227c 230b 232c 237c 241a 243c
干部队伍建设 124c
干部教育培训 98b
干部选拔任用 98b
高校毕业生管理 172c
格达乡 230b
各项工作督查情况 97a
各项会议服务 80b
跟踪招商力度,化“动力” 156a
工、青、妇工作 231b
工伤保险 173a
工业经济 83c
工业企业 153c
工业企业情况 153b
工业企业指标数据完成情况 153c
工作职能 156c
工作作风 84c
公司产品 165b
公诉侦查 136a
公塘乡 232c
巩固打击传销成果 163a
巩固民族团结 237a
共青团当雄县委员会 115a
关于2017年国民经济和社会发展计划执行情况与2018年国民经济和社会发展计划的报告 42
关于当雄县2017年财政预算执行情况和2018年财政收支预算的报告 49
管理落实 237b
广电惠民工程 181b
规范办事流程 100c
规范护路队员出勤补贴 210b
规范化建设,提高办文效率 74c
规模以上工业 150a
郭庆村牦牛养殖小区项目 185b
国家食品安全城市创建 178c
国务院安委会检查 158a

H

函件业务 212a
行政区划 171b
行政审批登记管理 204a
行政许可环节 177c
合作社育肥基地 186b
合作医疗 245a
核算中心 169c
“河长制”工作推进情况 191b
弘扬主流思想 108a

后勤保障 86b
后勤保障到位 210b
后勤管理 197c
“护城河”查验 132a
护路工作 208a
护路联防信息化建设 209b
环保工作 245b
环境保护 83c 225c
环境督导 226a
环境执法 206a
环卫工作 203c
回应群众关切 89b
会费收缴及管理 115a
婚姻登记 171c
火灾、救援情况 125a

J

9月 63b
机构编制 232c
机构设置 243c
机构与师资 197a
机关保卫 237a
基本公共卫生服务 175c
基本医疗服务 176a
基层党建 225b 235c 238b
基层党组织建设 229c 242c 99a
基层公共文化服务体系建设 179b
基层基础工作 134a
基层平台 173c
基层组织建设 236a
基础建设 221b
基础设施不断完善 229a
基础设施建设 223a 230c
疾病预防控制体系建设 176c
集体土地确权 148a
集邮业务 212b
纪委工作 227a
技能培训 113c 173c
加大“三农”投入 146c
加快审批进度，推进项目落地 149b
加强生态创建，推进生态文明 205a
加强思想引领，弘扬时代主题 116b
加强协调，形成工作合力 90c
加强学习、转变作风 212a
家畜遗传制作 199b
家庭牧场育肥 186a
价格认定工作 145a
坚持“以劳养护”工作 209a
坚持保障和改善民生 146c
坚持党管干部原则 77a
坚决服从服务于县委中心工作 77a
坚守纪律底线，动辄则咎 95c
监察体制改革 137a
检务保障建设 137a
建立和健全企事业职工代表大会制度 114c
建立建强党团组织 210a
建筑施工工地管理 202c
健全普法宣传教育机构 140c
交通建设 144b
教育改革和发展 192a
教育工作 221a 231a 244c
教育科研 197b
教育事业 84a 228b
“禁白”工作 206c
金融 217
经济发展 54b 67c 82a 160b 222c 228a 232c 238a 241c
经济管理 143
经济药用植物 55b
经济运行情况 146a 219a
经济总量 150a
经营范围 165a 167a
精神文明创建 106b

精神文明建设 223b 229b
精准扶贫 151b 171c 213a 218a 229a 233b 245a
精准扶贫精准脱贫 82b 175b
精准扶贫产业脱贫 186c
精准扶贫转移就业 174a
精准脱贫 224c
净化旅游环境 130a
净土健康产业 82c
净土健康产业发展 165a
境外藏胞 111b
纠正“四风” 95a
九届二次全委会 68a
九届三次全委会 68c
救灾救济 170b
就业和社会保障 221a
就业再就业 173c
举办各类文艺活动 120b
举报、投诉案件处置 178b
军事 124
均衡工作 198b

K

开拓创新，理清工作思路 90a
开展“安全生产月”活动 158b
开展“护校安园”专项行动 134c
开展“巾帼”关爱活动 119b
开展“九小场所”消防安全检查 135a
开展“两学一做”学习教育 79a
开展扶贫领域监督执纪问责工作 93b
开展妇联主题活动 119a
开展岗位练兵活动 126c
开展环境监测 205c
开展健康服务活动 119a
开展联合执法大检查 145a
开展铁路治安专项整治 208b
开展无证无照取缔工作 163a
开展消防安全检查 125c
开展新“两规”编制工作 120c
开展宣传教育活动 118c
开展招商活动 155a
抗旱及汛期气象服务 164b
抗菌药物临床应用 195c
科技工作 185c
科学编制年初预算 145c
控编减编 100a
控告申诉检察 136c
矿产建设管理 148b
矿产资源 55a 148a

L

劳动监察 174b
老干部服务与管理 100b
“两降一升”工作 176c
老龄工作 171b
冷链设施建设项目 185b
离退休干部职工思想政治建设 100a
理论业务学习 86c
理清发展思路 67a
理顺体制、优化管理 192b
“立改”举措更加具体 109b
“立行”构架更加得体 108a
“立志”导向更加明朗 107b
6月 60b
联户增收工作 131a
廉政教育 93a
廉租房实物配租及租赁补贴情况 202c
粮食工作 145a
林业工作 185c
临时救助 169b
“两学一做”常态化制度化 101a
“两学一做”教育实践活动 231c

“两学一做”学习教育 81b
“两学一做”学习教育常态化制度化 219c
“两学一做”专题教育 201b
龙仁乡 237c
轮岗支援拉日铁路护路工作 209a
落实干部待遇 98c
落实惠民政策 102c
落实辖区矛盾纠纷排查化解机制 132b
旅馆业管理整顿 134c
旅游产业 82c
旅游产业发展 167a
旅游市场监管 163a
旅游沿线食品药品安全治理 178a
旅游资源 55a
履行节能职责 154b

M

矛盾纠纷排查 137a 236c
矛盾纠纷排查化解 122c
矛盾纠纷排查调处 130c
牦牛短期育肥 186a
牦牛肉市场推广 186b
牦牛养殖示范基地建设项目 185a
民生改善 240c
民生项目 226c
民生资金落实 224a
民政工作 221a 245b
民政项目建设 171c
民族团结 110a 220c 242b 84b
民族团结工作 240b
摸清换届底数 104c
摸清消极思想 107c
牧民党员党性教育 99c
牧业经济管理站工作 183c
牧业生产 221c 222c 230c

N

纳木湖乡 227c
内保重点单位安全检查 134c
宁中乡 241a
凝聚青年力量，助力平安建设 118a
农村安全饮水工程 190c
农机具购置补贴 184a
农技推广服务中心建设项目 184c
农牧民人均收入 150a
农牧区医疗制度建设 175c
农牧区邮政服务 212c

P

贫困村退出审核公示情况 190a
贫困人口退出履行情况 190a
品牌营销 161c
品种改良 198c
普遍联系青年，参与和服务大局 117a
普法宣传 149c 179a
普通群众思想政治教育 98a

Q

7月 61b
旗帜鲜明讲政治 76c
企业年报公示 162a
企业责任 215c
气候 54b
气象现代化建设 164b
强化搬迁谋脱贫 187c
强化产业保增收 187a
强化管理 161a
强化政治担当 87b
强基惠民 151c
求真务实，开创工作新局面 90b

全国第三次农业普查 150c
全面深化改革 71c
全民参保 173b
全社会固定资产投资 150a
确保等级医院评审顺利通过 195a
确保选举大会依法依规 105b
确保重要商品市场供应 152c
群团组织 73b
群众感党恩意识不断增强 102b
群众致富门路进一步拓宽 102b

R

人才队伍建设和壮大 199b
人才培训 204a
人大工作 226c
人大宣传工作 81b
人工授精培训 199c
人民调解 140c
人民医院创二级乙等 175c
人社工作 227b
人武工作 231c

S

商务信息 152b
商务信息上报工作 153a
商务执法 153a
设立生态岗位，推动生态脱贫 207a
社保工作 235c
社保体系 84b
社会保障事业 231a
社会救助 168a 172a
社会救助联席会议制度 170b
社会救助业务培训 170a
社会局势持续稳定 70b
社会局势更加和谐稳定 102a
社会面管控 132c
社会民生工程 231a
（四季牧歌剧场）建设项目 180a
“四讲四爱”学习活动 223a
“四讲四爱”主题教育实践活动 107b 174b 229c 232a 236b
“三结合”整体宣教模式 108b
3月 57b
4月 59a
10月 64b
11月 65b
12月 66a
“四业工程” 235c 245a
“四针对”重点宣教模式 108c
社会事业 168 226b 242c 72c
社会事业发展 147a
社会消费品零售总额 150a 152b
社会治理 129a
社区矫正 142a
涉危、涉爆物品审批与监管 134c
涉宗干部队伍建设 111b
申报产业项目 223a
审判执行 138c
生态保护 240c 221b 242c
生态文明建设 72a
生态文明知识宣传普及 116b
生育保险 173a
失业保险 173b
实名制管理 100a
实施环保项目 205c
实施信访干部轮岗培训 122b
食品安全整治 163a 177c
食品抽检 178a
始终保持惩治腐败高压态势 92c
市场管理 153a 216c
市场监管 211c
市场宣传 165c

市委督查室下发督查、督办事项落实情况　96b
事务管理　86a
受县（区）级以上表彰的先进个人名录　250
受县（区）级以上表彰的先进集体名录　247
“双联户”工作　245c
“双随机”年报抽查　162b
“双拥”优抚　171a
树立先进典型　114b
数据质量实现新提高　151a
税收征管　158c
司法体制改革　137a
司法为民　139a
思想建设　241b
思想政治工作　194a
思想政治建设　124b
思想政治教育　125b
寺庙创建评选　110c
寺庙火灾防控　126b
速递业务　212b

T

探索高原特色牦牛产业链　166b
探索适合当雄牦牛育肥新尝试　186c
探索水产业　166a
特载　1
提高初信初访办理效率　122c
提高换届认识　104b
提高商标品牌意识　162b
提升办公室文字材料质量　74b
提升部队综合保障能力　127b
体育工作　193c
体育艺术　198b
天然草场改良建设项目　185b
调研考察　88b
铁路护路工作　245c
铁路护路联防　131c
铁路护路联防工作　207b
统筹改善医疗卫生基础　235b
统计报表　154c
统计服务水准不断提升　151b
统计工作　154a
突出日常监督，体现关心爱护　95b
突出政治大局　87b
土地登记管理　147c
土地利用规划　149b
团队建设　215c
团结社会力量促脱贫　188c
推动干部作风监督常态化　95b
推动领导干部接访下访　123a
推广优质护理服务　195c
推进教育“五个100%”工程　192c
推进以教脱贫，助力脱贫攻坚　193b
推进中央环境保护督察迎检工作　204b
退出程序履行情况　190a
脱贫攻坚　220b　239c　241c
脱贫攻坚“志智”双扶工作　103b

W

5月　59a
完善管理措施，严格依法管理　135a
完善调解联动工作体系　121c
完善新闻宣传报道工作机制　182b
完善政法经费保障机制　147a
网络覆盖　213a　214a
网络建设　215c
网络建设和管理　107a
“网格化”管理　129a
危爆物品安全监管　134c
“五保”供养　168c
“五带动”示范宣教模式　109a
“五送”活动　113a
为民办实事解难事　102c

为企业创造良好环境 155b
为县委决策提供参考 74b
违法行为打击到位 133c
围绕法律监督，开展执法检查 77b
围绕公正司法，进行司法监督 78a
围绕经济工作，决定重大事项 77a
围绕民生工作，组织代表考察 77c
卫片执法 149a
卫生服务 228c
卫生工作 231a
卫生健康工作 221a
慰问帮扶 112c
文化产业发展 106b
文化市场健康有序发展 181a
文化事业 235b 84a
文化宣传 223c
文化执法 107a
文体活动 113a
文物、非物质文化遗产保护 180b
乌玛塘乡 243c

X

西藏国税系统法治基地 159c
县级干部思想政治教育 97c
乡（镇）概况 219
乡镇人大工作 81a
项目合作呈多元化方向发展 156a
项目建设 144a 160c 83a
项目库建立 154c
项目申报 144c
消防宣传 126c
校园食品安全专项整治 178c
协调服务 85c
新型农村社会养老保险 245a
信访工作 121a 149c 84c
信访信息系统应用 122a
信息工作 75a
信息调研 111c
刑罚执行监督 136c
兴边富民 111a
宣传、文化工作 244b
宣传教育 75b
学习党的十九大精神 224a 79a 81b
学习教育 238c
学习宣传贯彻党的十九大精神 219a
巡视巡察工作 94c

Y

1月 56a
“一门救助、协同办理”平台建设 170a
严打整治 129b
严格把关环评、防范环境风险 205b
严格依纪依规问责 93a
严厉打击违法违规行为 149a
严肃查处基层“微腐败” 94b
羊八井镇 222a
羊易村牦牛标准化养殖建设项目 184c
养犬管理暨流浪犬清理整治 135a
野生动物资源 55b
业务发展 211a 213a 213c 216a
业务开展 167b 217c
业务项目 184c
业务学习 194a
医疗服务 194c
医疗救助 169b
医疗卫生 84a
依托政策保障促脱贫 188a
以习近平新时代中国特色社会主义思想为指导 坚定不移推进全面从严治党 29
以严厉问责倒逼责任落实 96a
隐患排查到位 133a
应急工作管理 196a

用好管党治党戒尺　92a
优化教育发展环境　193c
邮政·通信　211
有线数字电视正式开通　181c
有序推进权责清单工作　99c
娱乐场所管理整顿　135a
预防职务犯罪　136b
圆满完成党的十九大安保任务　135b
援藏工作　72a

Z

在建旅游项目　167b
在中共当雄县第九届委员会第三次全体会议上的讲话　1
增进政治共识　87a
增强环保意识　206b
增强职工安全意识　114c
战略布局　160b　165c
招商信息　155a
招商引资　83b
招商引资培训　155a
招商引资指标数据完成情况　154b
召开县纪委第二次全体会议　91b
召开专题工作部署会议　208a
征兵工作　124c
整合社会资源,服务青少年成长　117b
政治　67
政策性收入兑现　184c
政法工作　128b
政府工作报告　17
政府机构改革　100a
政务工作　85c
政务公开　85a
政协第二届当雄县委员会常务委员会工作报告　24
政协机关建设　88c　91a
政协提案和人大建议案办理情况督查　97a
政治规矩摆在首位　95a
政治理论学习　112a
支部建设　74a
职称评定　172b
职工基本养老保险　173a
职工基本医疗保险　173a
制订法治宣传工作计划　140c
制度建设　236b
制度建设　75b
中共当雄县纪律检查委员会(监察局)　91a
中共当雄县委办公室　74a
中共当雄县委统战部(民族宗教事务局)　110a
中共当雄县委宣传部　106a
中共当雄县委员会　67a
中共当雄县委政法委员会　128a
中共当雄县委组织部(编办)　97b
中国联合网络通信有限公司西藏自治区分公司当雄县营业部　215b
中国农业银行股份有限公司当雄县支行　217a
中国人民政治协商会议当雄县委员会　87a
中国人民政治协商会议当雄县委员会办公室　89c
中国移动通信集团西藏有限公司当雄县分公司　213c
中考　198a
主动接受监督　139c
注重提案办理协商　88a
驻村工作　137b
抓党建促脱贫攻坚工作　103a
抓好党的一九大期间信访工作　123a
抓好学习,夯实基础　101c
专项调查持续拓展　150c
专业合作社　228b
转变作风　81a
资金投入　103b
自来水管理　203c
自然资源　55b
自身建设　112b　235c
自治区、拉萨市领导在当雄调研　118c

宗教工作 110a
综述 54
综合性文稿起草 80a
综治维护 200c
组织建设 70c 79a
组织领导 154b 75b
组织培训 93b
作风建设 137c 231b 236a 92b
做好保障,分类指导 101a
做好群众来访工作 75a
做好宣传,营造氛围 101b
做好引进人才与留用工作 98c
做好重大会议会务工作 75a